위기의 대한민국과 공직자의 소명의식

정정길

박영사

서문

위기의 뿌리와 극복방안을 찾는 지적(知的) 방황의 시작

<1> 대한민국은 인류역사상 유례를 볼 수 없는 기적적인 발전으로 세계를 놀라게 하고 있다. 최빈국에서 출발하여 짧은 시간에 선진국이 되더니, 이제는 세계 최고 수준을 자랑하면서 인류의 발전을 선도하는 부문도 많아졌다. AI를 활용한 인터넷망이 지하철 철도 물류 주거안전 환경보호 등등 생활의 곳곳을 smart화하여, 다른 나라들이 추종하기 어려울 정도로 삶의 수준을 향상시키고, 반도체 전기-전자제품 조선 등이 산업기술 면에서 세계를 선도한다. 여기에 K-pop 드라마 연예계가 한류돌풍을 일으킨다. 한글이 문자 없는 민족들에게 복음이 되고, 세계 공용문자의 가능성도 보인다. 민족 역사상 최고의 번영과 영광을 누리게 된 것이다.

그러나 번영과 영광의 뒤안길에서는 심각한 위기가 대한민국을 벼랑 끝으로 몰아 가고 있다. 일자리를 찾지 못해 좌절하는 무수한 대학생들, 헬(hell) 조선을 외치는 청년들, 새로운 직장을 찾아 헤매는 중년 퇴직자들, 유아원부터 과외비를 마련하기 위해 허덕이는 젊은 부부들, 선진국 중에서 가장 높은 자살률 등이 모두를 암담하게 만든다. 그런데도 위기극복을 담당해야 할 정치-정부는 구제불능으로 보이기도 한다. 불구대천의 원수를 만난 듯이 서로 싸우는 정치인들, 주말마다 벌어지는 여-야 지지집단의 대대적인 길거리 집회, 언제 유혈 충돌이 일어날지 모르는 격렬한 대립, 범람하는 거짓 정보 속에서 좋아하는 것만 사실로 믿는 대부분의 국

민들, 혼란 속에 움츠러든 공직자들의 모습 등등이 번영과 영광을 전혀 무의미한 것으로 만들고 있다. 왜 이렇게 되었을까? 해결책이 존재하기라도 하는가?

위기를 극복할 방안을 알기 위해서는 위기의 원인을 알아야 한다. 필자는 위기의 원인과 극복방안을 탐색하면서 오랫동안 지적(知的) 방황을 하였다. 그리고 필자의 전공분야인 정책-정부관리에 한정시켜 공직사회의 개혁을 하나의 방안으로 생각하였다. 이 책은 이러한 필자의 지적 방황과 그 결과에 대한 보고서이다. 20여 년 전에 필자가 이러한 위기를 감지하게 된 과정과 위기 악화에 대한 필자의 관찰을 소개하는 것에서부터 시작해 보기로 한다.

<2> 필자는 서울대학교 행정대학원에서 공직자를 양성하는 교육을 담당하다가 울산대학교의 총장직을 담당하였다. 당시 울산대학교는 재단의 지원이 획기적일 뿐만 아니라, 정몽준 이사장이 학교 운영의 모든 것을 총장에게 일임하는 것으로 유명하였다. 학교발전을 위한 노력이 성과를 얻을 수 있는 최상의 조건을 갖추었기 때문에 필자는 감사한 마음으로 학교운영을 맡았다. 그런데 얼마 지나지 않아 충격적인 사실에 부닥쳤다. 2003년 7월에 부임하였는데 2005년 4월 기준으로 지난해 졸업생의 취업률을 보고하라는 교육부의 지시를 받았을 때였다. 졸업생이 거의 전부 공직사회나 교수직으로 진출하던 서울대학교에서 재직할 때는 전혀 관심도 없었던 일이었다. 그리고 울산대학교와 같이 취업조건이 좋은 대학은 취업률이 80% 이상이 될 것이라고 가볍게 생각하였다. 그러나 결과는 나를 놀라게 하였다. 겨우 60%에 턱걸이한 것이었다. 나의 충격은 컸다. 울산은 조선 자동차 석유화학 등 세계수준의 공장들이 입지하고 있었을 뿐 아니라, 이들 공장에 납품하는 세계수준의 부품업체들도 무수하게 많았다. 그리고 인구 100만 도시에 4년제 대학교는 울산대학교뿐이었으므로 취업조건은 탁월하였던 것이다.

이뿐만 아니다. 당시 울산대학교는 재단의 획기적인 지원으로 풍부한 장학금을 지급하고 국내외 연수 프로그램을 대대적으로 실시하고 있었다. 정몽준 이사장의 대학발전을 위한 지원은 그야말로 대학역사에서 유례가 드물 정도로 획기적이

었다. 이 책의 끝 후기에서 자세히 썼지만, 몇 가지만 지적하면, 최신의 종합체육관(190억 예산)을 건설하고, 외국어 문학 전공 학생들은 장학금을 주어 모국어 대학(미국, 프랑스 등)으로 보내어 한 학기의 연수를 시키고, 서울대학교, 고려대학교 등 서울 시내 10개 대학에 100명 정도를 보내어 한 학기 동안 학점을 취득해 오도록 하면서 장학금을 지급했다. 이뿐만 아니라 서대문 근처에 훌륭한 기숙사도 마련하였다. 더욱 획기적인 재단의 지원은 조선공학 일류화 사업이다. 1년에 26억을 투입하여 한 학년 70명 학생 대부분의 등록금과 생활비를 지급하고, 졸업 후의 취업 보장과 선진국 일류대학에서의 박사과정을 위한 전면장학금 등을 지원하였다. 이어서 화학 화공 등 모든 공학 계열에 확대하여 전국 대학의 산학협동 프로그램의 전범이 되었다. 이리하여 울산대학교는 언제나 대학평가 순위 20위 내에 자리하여 지방에서 가장 우수한 대학으로 지역거점국립대학 2-3개와 어깨를 나란히 하게 되었다.

당연히 졸업생 취업률은 80% 이상이 되어야 한다고 짐작했다. 그러나 취업률은 60% 근처에서 맴돌며 개선되는 것 같지 않았고, 심지어는 약간 나빠지는 것 같은 느낌마저 들었다. 나는 심한 혼란에 빠졌다. 한참 후에야 이러한 졸업생 취업의 어려움이 대학의 힘으로 좌우하기 어려운 경제-사회적 변화에 뿌리가 있음을 알게 되었다. 경쟁력 강화를 위해 도입하는 컴퓨터와 로봇, AI 등이 질 좋은 일자리를 빠른 속도로 빼앗고 있었던 것이다. 그리고 이 변화는 인류사회의 큰 흐름으로 멈추지 않을 것도 분명해지고 있었다. 나는 이명박 대통령을 보좌하기 위해 2008년 7월 울산대학교를 떠났지만, 상황의 진전을 계속 지켜보았다. 그리고 2014년에 울산대학교 재단 이사장을 담당하여 다시 울산대학교로 돌아가게 되었는데, 상황은 더욱 악화되어 있었다. 이후 2020년부터 2024년까지는 학부의 정규과정 과목을 담당하여 학생들에게 직접 강의를 하면서 계속 악화되는 상황을 지켜보게 되었다. 학생들의 취업상태는 최악의 상태에 빠져든 것 같았다.

그리고 취업문제는 오래전부터 대학생들의 차원을 넘어 전 국민적 문제로 변질되어 있었다. 구조조정으로 중도 퇴직한 중년들이 크게 증가하고, 초고령자들이 생계비를 위해 일자리를 찾아 헤매는 모습이 일상화되었다. 모든 세대에 걸쳐 광범위하게 발생한 일자리의 상실이 심각한 사회문제들을 파생시키고 기존의 문제들을 악화시키면서 대한민국을 위기 상황으로 몰아가고 있다. 제1장에서 자세히 보겠지만, 사람들의 생계를 위협하는 일자리부족 문제와, 이것과 얽혀 있는 수많은 문제들이 계속 악화되어 대한민국을 벼랑 끝으로 몰아가고 있는 상황이다.

<3> 이러한 위기를 극복하려면 위기의 원인과 이를 발생시킨 상황을 정확하게 이해해야 한다. 그런데 많은 사람들이 혼란스러운 정치가 위기의 주범이라고 생각한다. 얼른 보면 혼란스러운 정치가 이러한 위기를 발생시키는 것 같다. 그러나 정치적 혼란은 위기를 악화시키는 데 일조하고, 위기 극복을 어렵게 하는 것은 틀림없지만, 위기의 뿌리는 아니다. 위기의 핵심적 원인은 <질 좋은 일자리의 상실>에 있고, 이 문제는 세계화된 시장에서 살아남기 위한 경쟁력 강화에 그 뿌리가 있다. 아이러니하게도 이 경쟁력 강화가 우리가 오늘의 영광을 누릴 수 있게 만들어준 1등 공로자이다. 원래 경쟁력 강화의 열풍은 세계화 정보화 과학기술발전이라는 거대한 인류사회의 흐름에서 발생하게 된 현상이다. 우리는 이 거대한 흐름에서 다행스럽게 주류를 탔고, 많은 국민들이 혼신의 힘으로 노를 저어 오늘의 번영을 이룩한 것이다. 결국 심각한 일자리 문제와 자랑스러운 영광은 동일한 인류사회의 경제-사회적 변화에 그 뿌리가 있는 것이다. 일자리 문제가 해결이 불가능할 정도로 어려운 이유가 여기에 있다. 그리고 정치적 양극화-혼란 등등도 이런 흐름에서 파생된 표피적인 증상(제2장에서 볼 수 있다)의 하나이다. 그러므로 이 증상이 없어지면 쉽게 위기가 사라진다고 생각하는 것은 큰 착각이다. 병의 뿌리를 정확하게 진단하고 대책을 세우지 않으면 위기를 벗어날 수가 없다. 그리고 혼란스러운 정치풍토도 개선할 수 없다.

위에서의 논의를 요약하면, 컴퓨터 로봇 AI를 광범위하게 활용하여 우월한 경쟁력으로 기적적 선진화를 가능하게 만든 반면, 일자리 문제를 악화시켜 오늘의 위기상황의 뿌리도 만든 것이다. 이 간단한 사실이 의미하는 바는 심각하다. 일자리 문제를 해결하기 위해 경쟁력을 포기하면, 모든 것이 허물어진다. 우리는 자연

자원과 축적한 자산이 부족하여, 오로지 두뇌와 혼신의 노력으로 쌓아 올린 경쟁력에 의지하여 오늘까지 왔기 때문이다. 인적 경쟁력 하나만으로 선진국의 지위를 누릴 뿐 아니라, 현재의 일자리도 지키고 있는 것이다. <경쟁력을 강화하면서 동시에 일자리 문제의 해결>. 이것이 위기극복을 위한 문제해결에서 추구해야 할 목표이다. 가능할 것인가?

국정 주도집단이 지혜와 지식을 총동원하여도 어려운 일이다. 사실 새로운 정권이 출범할 때마다 일자리 창출을 시도하였지만, 감소속도를 늦추는 것이 최선이었다. 정책의 합리적 관리를 위하여 전문성을 축적하고 있는 공직사회가 기반을 만들고, 여기에 외부의 지식인들이 지혜를 더하여 상당한 기간 준비를 하여야 한다. 그리고 정치인들이 국정관리 주도집단답게 공직사회를 적극적으로 지원해야 가능성이 생긴다. 위기극복을 위해서는 공직사회의 개혁과 공직자들의 변화가 필수적이다. 공직사회의 풍토개혁에 대해서는 이미 많은 연구가 축적되어 있으므로, 필자는 연구가 부족한 정신자세에 대하여 탐색하였다. 그리고 그 결과를 이 책에서 보고하는 것이다. 즉 공직자의 소명의식 강화를 위하여 탐색한 방안을 보고하는 것이다.

<4> 정치적 위압과 혼란, 국민들의 차가운 시선에 움츠러든 공직자들의 소명의식을 일깨우기 위해서 무엇을 해야 하는가? 먼저 살펴본 것이 조선조 선비들이 국왕에게 간언을 하는 마음자세였다. 즉, 바른말을 하다가 귀양도 가고 심지어는 죽임도 당하면서 간언을 그치지 않게 만든 마음 자세가 어떻게 함양되었는지를 알아보려고 하였다. 그래서 성리학(주자학)을 공부하게 되었고, 이러한 공부를 한 선비들이 실제로 어떤 행동을 하였는지를 알기 위해서 조선조 당쟁사를 검토하였다. 그러나 이것만으로는 무언가 부족하였다. 그래서 부족한 부분을 메우기 위해 무사도 기사도 독립운동가와 혁명가들의 전기와 평전 등을 공부하는 등 한참 동안을 헤매었다. 마지막으로 화랑을 연구하였는데, 이러한 7-8년에 걸친 지적(知的) 편력은 후기(後記)에 간단하게 기록하였다. 혹시 나와 같이 무모한 노력을 할 사람에게 참고가 될 것으로 생각한 것이다. 그리하여 이 책에서는 주자학, 화랑에서 파악

한 마음자세를 정리하여 보고하고, 여기서 얻은 교훈을 현재 공직사회의 상황에 맞추어서 공직자의 소명의식 강화방안을 제시하였다. 마지막 결론 부분에서는 지식인 정치인(특히 대통령 등 지도자들)이 공직자들을 격려하고 훌륭한 공직자를 양성하는 것이 중요함을 강조하였다. 그리고 공직자들도 소명의식을 가져 달라고 부탁하는 것으로 책을 끝내었다.

비록 공직자들이 소명의식을 지니고 행동하더라도 상황이 크게 좋아지지는 않을 것이다. 지식인들과 정치인들이 같이 변화되어야 제대로의 효과가 발생하기 때문이다. 그러나 공직사회의 변화는 이성과 지식이 선도하는 국정관리 체제를 구축하기 위해서 필수적인 요소이다. 공직은 각각의 분야에서 합리적 국정관리를 위해 필요한 정보와 지식을 축적하여 정치지도자들이 정책의 큰 틀을 만들 때 그 합리성을 뒷받침하고, 바람직한 정책내용 결정과 효율적 집행을 위하여 만들어진 유일-독점적 직위이기 때문이다. 당연히 공직자들이 이 역할을 잘 수행해야만 위기극복의 실마리가 잡힐 수 있다. 공직자가 분발하여야만, 좌절하는 젊은이들에게 희망의 미래를 약속할 수 있는 출발을 할 수가 있는 것이다.

무엇을 바꾸어야 하는지는 분명하지만, 그것을 위해서 무엇이 합리적인 방안인지가 확실하지 않다. 더구나 좋은 방안을 찾아내어도 그 방안을 실천할 수 있을지도 알 수 없다. 국민 모두가 희생과 헌신적 노력을 각오해야 하기 때문이다. 아예 불가능하다고 좌절하는 사람들이 대부분이다. 오늘의 영광을 창조해 준 위대한 지도자들이 다시 나타난다면 얼마가 좋을까? 그러나 기다리고만 있어서는 안 된다. 언젠가 <백마 타고 올 초인을 위해 작은 씨를 뿌리는> 사람들이 많이 나와야 한다. 그래야 가혹한 날씨에도 한두 개가 싹을 틔워 희망의 실마리를 만들 것이다. 필자는 이런 심정으로 공직사회의 변화를 위한 방안을 찾고자 하였다. 필자의 전공분야이기 때문이다. 후학들이 더 좋은 방안을 만들기를 고대한다. 그리고 정치풍토와 지식사회 개혁에 대해서도 여러 선각자들이 분발해 주시기를 기원한다.

<5> 책의 개요, 제1장 벼랑 끝으로 밀려가는 대한민국 – 컴퓨터, 로봇, AI

가 일자리를 빼앗으면서 파생되는 다양한 문제들, 즉 대학졸업생의 방황, 중년들의 조기퇴직과 가정파탄, 학교폭력과 마약문제, 교육문제, 사교육비문제, 주택문제, 가계부채문제, 재정적자 등등과 고질적인 저출산-고령화문제가 국가를 심각한 위기상황으로 몰고 가고 있음을 밝힌다.

제2장 국정관리의 대혼란과 공직자의 소명 — 위기상황을 발생시킨 근본적인 시대적 변화를 검토한다. 세계화 정보화 과학기술발전이 맞물려 일면 경쟁력 강화를 위한 컴퓨터 로봇 AI의 광범위한 활용을 불가피하게 만들어 일자리를 급속하게 감소시키고, 타면 불안 불만 불신이 가득 찬 3불사회적 부조리를 만연시키고 있음을 밝힌다. 그리고 이들이 외부인 주도정치와 양극화, 정책관리의 대혼란을 초래하고 있음을 밝힌다. 그리고 이러한 혼란 속에서 위기극복을 하기 위해서 공직사회의 분발이 절실함을 밝힌다.

제3장 공직자의 역할과 책임(정책의 민주성과 공직자의 공익수호) — 국민의 대표로 선출된 대통령이 집정부를 이끌고 추진하려는 정책이 공익을 훼손할 때, 신분보장을 받는 공직자들이 이를 저지할 수 있는 정당성 논리를 밝힌다. 특히 좌우가 극단적으로 대립하는 상황에서 공익을 훼손하는 정책을 추진할 경우 공직자가 담당하여야 할 역할을 탐색한다.

제4, 5, 6장 성리학을 공부한 조선조 선비들과 어린 화랑의 소명의식 — 공직자들의 소명의식을 함양시킬 수 있는 방안을 찾기 위해, 조선조 선비들이 목숨을 걸고 국왕에게 간언하게 만든 정신적 자세를 함양시킨 요인을 탐색한다. 그 핵심이 되는 성리학(주자학)이 선비들에게 강한 소명의식을 함양시키게 된 논리를 확인하고, 선비들의 실제 행동을 조선조 당쟁과정에서 살펴본다. 그리고 정규군인이 아닌 어린 소년들이 자원입대하여 목숨을 버리고 싸우게 만든 요인들을 탐색하여 조선조 선비들과 다른 상황에서 소명의식 강화에 작동한 요인들을 탐색한다.

제7, 8, 9장 공직자의 소명의식을 함양하고 강화하는 방안 탐색 — 화랑과 조선조 주자학자들의 소명의식에 공통적으로 나타난 소명의식 강화 요인들을 정리하고, 이를 현재의 공직자들을 위한 소명의식 함양방안 탐색에 적용하였다. 공직자 개개인들의 소임을 밝히기 위한 방법을 검토하고, 이러한 소임을 수행하기 위한 소명의식을 함양하는데 따르는 어려움을 검토하였다. 조선조 주자학자나 화랑들의 경우와 너무나 다른 한국의 현실적 조건을 검토하였다. 공직자의 소명의식 강화를 위하여 공직사회풍토 개선이 절실함을 밝히고, 소명의식을 강화하기 위한 여러 가지 방법도 검토하였다. 무엇보다도 공직자들이 자신들의 소임이 중요함을 인식하고 업무수행능력을 향샹시키는 것이 필수적임을 밝혔다. 그리고 지식인과 정치인들의 각성이 큰 도움이 되고, 특히 대통령을 비롯한 정부 지도자들이 소명의식 강한 공직자들을 격려하고 훌륭한 공직자들을 양성하는 것이 국가의 장래를 위하여 극히 중요함을 강조하였다. 그리고 공직자에게는 소명의식을 지니고 살아가는 것이 행복한 삶이며, 젊은이들에게 밝은 미래를 물려줄 수 있는 가능성을 만드는 보람 있는 인생임을 강조하는 것으로 책의 결론을 맺었다.

<6> 이 책은 10여 년에 걸친 준비 끝에 완성되었으므로, 수많은 선배 동료 후학 제자들의 도움을 얻었다. 더욱이 이 책의 대부분이 선행연구 없이 쓰였고, 특히 주자학과 화랑의 소명의식 부분은 필자의 전공이 아니었으므로, 분야의 훌륭한 교수들의 도움이 결정적이었다. 후기에서 자세히 썼으므로 여기서는 대표적인 몇 분에게만 감사의 말씀을 드리기로 한다. 가장 중요한 도움을 준 분은 한국학중앙연구원의 한형조 교수로서 성리학의 기본적 내용, 그리고 전통유학과의 차이를 알게 해주었다. 박병련 교수는 조선조 관료들의 행태와 성리학의 비판적 시각을 알려 주어 큰 도움이 되었고, 최진덕 김학수 교수의 도움도 컸다. 화랑연구에서는 이기동 전(前) 한국학중앙연구원장, 노태돈 서울대학교 명예교수가 원고를 꼼꼼히 읽고 귀중한 지적으로 수준을 높여주었다. 공직자의 공익수호를 논의한 제3장에서는 서울대학교의 김동욱 교수가 원고를 읽고 좋은 지적을 하였다. 부산대학교 김행범 교수와 서울대학교 이달곤 교수는 모든 원고를 읽었는데, 특히 장관 국회의원 등 정부의 다양한 경험을 지닌 이 교수는 큰 도움이 되었다. 모든 원고를 자세히 읽고 여러 가지 지적을 하여 도움을 주었을 뿐만 아니라, 필자의 공직사회에 대한 여러 가지 판단이 크게 틀리지 않았음을 암묵적으로 보여 주어, 필자가 안심하고 이 책을

출판할 수 있게 되었다. 이 책의 거의 대부분이 선행연구가 없는 것이었기 때문에 곳곳에서 필자가 잘못된 판단을 하고 있는 것이 아닌지 걱정을 하였던 것이다. 성리학 부분에 대한 글은 한국행정학회 세미나에서 한형조 교수와 서강대학교 백민정 교수의 토론, 그리고 정재근 원장이 마련한 한국유교문화진흥원 세미나에서 발표 후에 보인 유학자분들의 반응 등이 부정적이 아님이 짐작되어 안심을 하였다. 세 분께 감사드린다. 그리고 책이 완성된 후에 핵심적 내용을 두 부분으로 나누어 발표한 주민자치학회 세미나에서 많은 분의 다양한 의견을 듣고, 걱정을 덜게 되었다. 전상직 주민자치학회장의 배려에 감사드린다. 마지막으로 박영사의 조성호 이사, 책의 편집에서부터 치밀한 교정까지 수고한 전혜민 대리에게도 감사드린다. 이 책은 이 모든 분의 도움으로 완성되었다. 다시 한번 감사드린다.

2025년 12월
정 정 길

한국행정문제연구소

책의 내용을 요약한 오디오북을 제작하여 유튜브에 올렸습니다.
다음과 다음과 같은 두 가지 방법 중 한 가지를 선택하여 들어보실 수 있습니다.

1. YouTube에서 “정정길, 공직자 소명의식”을 입력
2. QR 코드를 스캔하여 이용

차례

제1장

벼랑 끝으로 밀려 가는 대한민국

제1장

벼랑 끝으로 밀려 가는 대한민국

1-1 화려한 영광과 심각한 위기상황

일본의 어린아이들이 한글로 된 이름표를 달고 다닌다!

믿을 수 없는 일이 현해탄 건너에서 벌어지고 있다. 요즈음 일본의 초중등학교 아이들 중 상당한 숫자가 한글로 자신들의 이름표를 만들어 옷이나 가방에 달고 다닌다는 것이다. 일본의 정체성을 상실한다고 국수주의자들이 분개하고 부모들 중에서도 걱정하는 사람들이 많다고 한다. 그러나 BTS의 노래를 들으며, 모든 발음을 표기할 수 있고 배우기 쉬운 한글의 매력에 빠진 아이들 사이에 이런 행동은 빠른 속도로 확산되고 있다고 한다. 그래서 지식인들도 걱정하기 시작했다고 한다. 우리가 생각해도 걱정될 일이다. 얼마 전까지만 해도 도저히 상상할 수도 없었던 이러한 일이 어떻게 발생했을까? 단순하게 BTS와 한글의 인기만이 원인이 아님은 분명하다. 생활의 모든 측면에서 한국의 선진화된 모습을 알게 되면서 나타난 현상임이 틀림없다.

우리는 그동안 세계가 놀라고 부러워하는 기적적 발전을 이루었다. 그리하여 선진국에 진입하였다. 단순하게 선진국에 진입한 정도가 아니라 세계최고수준을 자랑하면서 인류의 발전을 선도하는 부문이 많아졌다. AI를 활용한 인터넷 망이 교통 물류 주거 안전 의료 환경보호 등등 생활의 곳곳을 스마트화 하여 다른 나라들이 추종하기 어려울 정도로 삶의 수준을 향상시키고, 산업기술 면에서도 반도체, 전기-전자제품, 조선 등이 세계를 선도하고, 방위산업, 자동차와 배터리 분야도 선두 그룹에 진입하여 급속한 발전을 거듭하고 있다. 영화 드라마 연예계가 한류 돌풍을 일으키고, 화장품과 음식까지 세계적 사랑을 받고 있다. 여기에 최근에는 한글이 세계적인 문자로 각광을 받아 문자 없는 민족들의 귀중한 문화유산보존과 의사전달 수단이 되고, 디지털 적합성으로 세계적인 공용문자로 채택될 가능성이 커지고 있다고 한다. 이 모든 것들이 대한민국을 최선진국으로 만들어 세계의 지식인들이 놀란 눈으로 바라보고 있다. 우리 모두를 자랑스럽게 하고, 이러한 기적적 생활을 누리는 행운에 감사하게 만든다. 민족 역사상 최고의 번영과 영광을 누리게 된 것이다.

그러나 번영과 영광의 화려함 뒤에는 어두운 그림자가 언제나 존재하기 마련이다. 불행하게도 이 그림자가 점차 위험한 상태로 바뀌어 최근에는 아주 심각한 상태가 되었다. 그리하여 그동안 애써 축적해온 중요한 것들을 파괴할 수 있는 상태로 악화되어, 우리를 벼랑 끝으로 몰아가고 있다. 안타깝게도 화려함 뒤에 감추어진 어두움이 쉽게 관찰되지 못하여 많은 사람들이 이 위기의 심각성을 이해하지 못하고 있다. 벼랑 끝으로 계속 몰리어 가는 것도 알지 못하는 사이에 엄청난 파멸로 치달을 수 있는 가능성이 커지게 되었다. 변화가 너무나 빠른 시대이기 때문에, 최정상에 올라 그 화려함에 잠시 취해 있는 사이에 곤두박질칠 위기에 부닥친 것이다.

그렇다고 너무 좌절해서는 안 된다. 그동안의 발전과정에서 우리는 수많은 위기를 만났다. 그러나 이들을 극복하고 오늘의 발전을 이루었다. 지도자들의 탁월한 리더십과 국민들의 희생과 헌신적인 노력으로 역사적 변곡점을 큰 실패 없이 통과하여 온 것이다. 그러므로 국정관리의 주도자들이 각성하고 국민들이 희생과 헌신을 다시 한번 각오하면 위기를 극복할 수 있다. 그러나 이를 위해서는 먼저 위기를 불러온 근본원인과 내용을 정확하게 파악하여야 한다. 그리고 이러한 상황에서 위기를 극복할 임무를 부여받은 주체들의 바람직한 행동을 탐색해야 한다.

안타깝게도 많은 사람들이 위기발생의 원인을 한 곳으로만 생각한다. 위기가 혼란스런 정치에 의하여 발생하였다고 믿는 사람들이 많은 것이다. 정치가 문제를 해결하지 못해서 문제가 악화되고 있다고 생각하는 사람도 많다. 그래서 정치만 제대로 되면, 위기가 극복될 것이라는 기대가 크다. 그렇다! 정치만 제대로 개혁되면 문제의 상당 부분을 해결할 수도 있을 것이고, 그리고 중대한 문제의 경우는 그 해결을 위한 시동과 추진동력을 만들 수 있다. 그리고 정치가 국가발전의 걸림돌이라는 모욕은 받지 않을 것이다. 그래서 국회의원선거와 대통령선거가 대단히 중요하다. 그러나 이것만으로는 턱없이 부족하다. 무엇보다도 정치의 문제가 정치인 개인의 문제가 아니라 제도적-구조적인 요인에서 대부분 발생하기 때문이다. 정치인 중에는 훌륭한 사람이 많다. 그러나 외부적 상황이 이들의 행동을 제약한다. 그래서 한두 번의 선거를 잘 치르는 것이 위기극복에 도움이 되는 것은 틀림없지만, 위기발생의 근본상황을 이해하지 못하면, 위기극복은 불가능하다. 양극화와 적대정치에 휘말린 정치상황의 개혁도 불가능하다.

위기의 뿌리는 경제 사회적 상황에 있고, 이 경제 사회적 상황이 정치상황을 결정적으로 좌우하기 때문이다. 물론 정치상황이 경제-사회적 상황을 악화시켜서 악순환을 일으키는 것도 사실이다. 그러나 정치상황이 좋아진다고 경제-사회적 상황이 좋아지는 것은 아니다. 상황악화는 서로 영향을 미치는 악(惡)순환을 하지만, 선(善)순환은 다른 것이다. 정치개혁이 되더라도 대단한 추가적 노력을 기울여야 겨우 경제-사회적 상황을 개선할 수 있다. 그런데, 이 경제-사회적 상황이 엄청난 문제에 부닥쳐서 정치의 양극화를 부채질 하고, 모든 것을 위기로 몰아가고 있다.

이 근본적인 문제 상황을 제대로 이해해야 오늘의 위기를 벗어나 후손들에게 희망의 미래를 물려줄 방안을 찾을 수 있을 것이다.

1-2 위기상황의 주범인 양질의 일자리 감소

현재 위기 상황의 주범은 <양질의 일자리 감소>이다. 이것이 가장 힘든 문제들의 근본원인이 되면서, 다른 중요한 문제들을 악화시키고 있다. 1990년대 말에 닥친 IMF 사태를 극복하면서 심각해지기 시작한 취업문제가 계속 악화되어 지금은 최악의 상태로 변화되는 느낌이다. 혼란스러운 정치상황이 일자리 문제를 비롯한 위기상황을 악화시키고 있는 것은 틀림없지만, 일자리 문제의 심각성과 비교하면 혼란스러운 정치상황은 표피적이고 일시적인 증상일 뿐이다. 병의 뿌리를 정확하게 진단하고 대책을 세우지 않으면 혼란과 위기를 벗어날 수가 없다.

현재의 일자리 부족문제는 산업기술의 구조적 변화에서 비롯되었다. 세계화의 대대적 진전으로 기업들이 경쟁력 강화를 위하여 도입하는 컴퓨터와 로봇이 일자리를 차지하기 때문에 발생한다. 이 기술적 변화가 빼앗아 가는 일자리 숫자가 새로이 창출되는 일자리 숫자보다 훨씬 많아지면서 발생한 문제이다. 그리고 컴퓨터와 로봇이 공급하는 상품의 품질과 가격의 우수성은 인간들의 생활을 편리하고 풍요롭게 만들고 있기 때문에 거스를 수 없는 시대적 흐름으로 더욱 속도가 빨라지는 것 같다. 아마도 인류문명이 멸망하기 전에는 중단되지 않을 것이다. 이리하여 21세기가 시작되면서 악화되기 시작한 일자리 문제가 지금은 심각한 상태에 부닥친 느낌이다. 대학생의 상당수가 아예 취업을 생각조차 않는다고 한다. 더욱이 일자리 부족에서 파생되고 악화된 문제들이 저출산-초고령화 문제 등 새로이 등장한 문제들과 얽혀서 우리를 벼랑 끝으로 몰아붙이고 있다. 벼랑 끝에서는 떨어지지 않으려고 발버둥을 치는데, 뒤쪽에서는 이를 알지 못한 채 벼랑으로 밀고 있는 형국이다.

일자리 문제의 심각성은 모두가 잘 아는 사실이지만, 꼭 다시 한번 상기할 필요가 있다. 일자리 감소는 생계수단의 박탈이므로 일자리가 없는 국민이 많으면,

사회가 뿌리부터 흔들린다. 그리고 심각한 각종 사회문제를 파생시키고, 기존의 문제도 악화시킨다. 세대의 구분없이 국민들(청년, 중년, 노년) 모두가 고통을 당하고 있다.

대학생이 중심이 되는 청년들의 고통은 국가의 미래를 어둡게 한다. 취직이 너무나 어렵기 때문에 인생의 꽃이라고 불리던 대학시절의 낭만은 전설 속의 이야기가 되고 말았다. 좋은 학점을 받기 위해 학교 공부에도 매달리고, 각종 스펙을 쌓기 위해 학원에도 나간다. 일류 기업의 입사시험에 합격하거나 9급 공부원 시험에 합격하면, 캠퍼스에 축하 플래카드가 펄럭인다. 그러나 상황이 더욱 악화되어 취업준비가 취업에 도움이 되지 못하는 사태가 발생하기 시작하였고, 드디어는 취업을 처음부터 포기하는 경우가 증가하였다. 2020년대에 들어 대학생들의 80%가 취업을 포기하였다는 극단적인 조사가 나오기도 하였다. 얼마만큼 믿을 수 있는 조사인지는 모르지만, 취업문제가 심하게 악화되고 있는 것만은 확실하다.

취업을 하지 못한 대졸생들은 부모의 품에서 살아갈 수밖에 없다. 불행하게도 그러한 부모의 도움이 오래 갈 수는 없다. 아직은 그동안 축적된 자산이 무직인 젊은이들을 부양시키고 있지만, 이 능력도 빠르게 사라져 가고 있다. 젊은이들의 앞날에 대한 좌절감은 대단히 심각하다. 이 좌절감은 여러 가지 문제를 파생시킨다. 젊은이들의 잠재적 능력이 없는 것은 절대 아니다. 이들은 대부분이 부모들 보다 지적으로 우수하고, 최신의 전자기기를 자유롭게 활용하며 업무 처리능력도 우수하다. 합리적이고 공정한 마음 자세를 지니고, 원칙을 어기지 않고 남에게 피해를 끼치지 않으려고 노력한다. 그러나 이러한 잠재력과 올바른 마음 자세에도 불구하고, 일자리 부족은 여러 가지 부정적인 행태를 유발한다. 급속한 변화와 양질의 일자리 부족 때문에 평생직장은 고려도 하지 않고 2-3년이나 아니면 잠시 근무할 일자리를 구하려고 한다. 따라서 직장을 구해도 그 분야의 전문성을 축적하는 식의 장래에 대한 준비를 하지 않는다. 직장에서 서로 돕거나 배려하는 일은 시간낭비로 생각하여 칼같이 퇴근시간을 지키고, 급한 일이 생긴 동료가 있어도 도울 생각을 하지 않는다. 상관이 시켜도 자신의 일이 아니면 절대 하지 않는다. 직장에서 회식을 해도 개인적 일이 있으면, 나가지 않는다. 이것보다 더 걱정되는 일이 있다. 미래에 대한 계획은 소용없는 일로 생각하고, 내집 마련은 불가능한 꿈이기 때문에 주식투자나 비트 코인을 사는 등 일확천금을 꿈꾼다. 더욱 걱정스러운 것은 Z세대(다음에서 볼 것이다)의 많은 젊은이들이 미래는 점차 더 나빠져 가고 있다고 믿는 것이다. 어른들의 눈으로 보면, 미래의 꿈이 전혀 없는 하루살이 인생이다. 아주 우수하여 특별한 젊은이들은 자신의 일을 위한 전문성을 키우고 미래를 준비하지만, 소수의 예외적인 경우이고, 거의 대부분의 젊은이는 미래를 꿈꾸지 않는다. 이들이 대한민국의 장래를 짊어져야 할 사람들이다.

여기에 더하여 대졸생 취업의 어려움은 여러 가지 사회적 문제를 파생시키거나 악화시키고 있다. 일류대학 입학을 위한 비정상적인 노력과 경쟁이 극심해졌다. 옛날에는 일류대학을 나와야 신분상승을 할 수 있다고 믿고 고등학교 시절에 대학입시를 위한 과외를 하였다. 일자리 문제가 악화되면서, 일류대학을 나와야 취업의 가능성이 있다고 생각되어 초등학교를 거쳐 이제는 유아원에서부터 과외 공부를 시킨다. 다른 애들보다 우수해야 한다는 부모의 강박관념이 어린애를 능력 이상의 경쟁 속으로 몰아넣어 심한 스트레스와 좌절이 일상화된다. 건강한 육체적-정신적 성장을 저해한다. 한편 이러한 조기 과외는 대량교육을 하는 중고등생들의 학원과외 보다 훨씬 더 많은 경비를 요구한다. 엄청난 사교육비는 웬만한 맞벌이 부부로서 감당하기 어려워 저출산의 큰 원인이 되기도 한다. 학원비를 위하여 허드렛일을 하는 부업(second job)을 구하여 피곤한 생활을 하는 젊은 부부도 많아진다.

일류대학교에 입학해야 취업의 가능성이 어느 정도 있다는 생각은 전혀 다른 문제도 파생시킨다. 대학입학시험을 극도로 얽어매는 것이다. 일류대학의 입학을 사회적 신분상승의 기회라고 생각하던 시절부터 그러했지만, 이제는 취업의 가능성이 걸려있다고 믿기 때문에 그 정도가 더욱 심해졌다. 대학입시는 무조건 객관적으로 공정성이 확보되어야 한다. 결국 대학에서는 객관식 문제나 단답식 문제를 출제할 수밖에 없다. 논술이 그나마 숨통을 트지만, 이러한 객관식 위주의 대학입학시험은 고등학교까지의 교육 내용과 방법을 완전히 결정한다. 최근에는 중고등학교의 교육이 일부 개선되어 창의성과 분석적인 지식을 습득시키는 성과도 조금 내고 있지만, 아직도 절대적으로 부족하다. 과학기술의 급속한 발전에 따라 세계적 기업들과 경쟁하면서 일자리를 제공하는 기업들은 창의성 있는 대학졸업생을 절실하게 요구하기 때문이다. 더욱이 우리 기업들의 산업기술이 세계를 선도하면서 지금의 일자리를 만들고 있는데, 추월된 선진국들의 기업들이 맹렬하게 추격하고 있고, 후발국 중에서도 무서운 속도로 달려오는 기업들이 많아지고 있다.

그런데 전혀 짐작하기 어려운 요인이 대졸생 들의 취업에 방해요소로 등장하였다. 저출산이다. 아이를 한 명이나 두 명 정도를 가지다 보니 어린애 시절부터 고통을 참고 힘든 일을 하는 버릇을 들인 적이 없어서 인내심이 극히 약하다. 조금이라도 힘들거나 조건이 마음에 들지 않으면, 취직을 하지 않으려고 한다. 중소기업에서는 사람을 구하지 못하여 호소하는데, 웬만한 대학의 졸업생은 중소기업의 취업을 거부한다. 중소기업은 봉급액수도 문제지만, 언제 회사가 망하여 직장을 잃을지 모른다는 우려 때문에 부모도 반대하는 경우가 많다. 양질의 일자리가 사라지면서 더욱 심각해진 문제이다. 양질의 일자리 창출이 너무나 어렵고, 일자리가 생겨도 이를 감당할 능력을 지닌 대학생을 키우기 위한 교육개혁도 절실하다.

그런데, 저출산은 일자리 문제의 심각성을 감소시키는 엉뚱한 효과를 만들기도 하였다. 자식이 한 명뿐이면 같은 집에 살면서 생활비를 부모가 부담해도 큰 어려움이 없다. 더구나 부모가 죽은 후에는 자식이 집을 상속받게 되어, 자식이 자신의 집을 마련해야 하는 부담이 없다. 더욱이 자식이 하나 밖에 없는 젊은이들이 결혼을 하면 생활비도 두 부모집에서 부담할 뿐만 아니라, 양쪽 부모가 다 죽은 후에는 집 두 채를 상속받는다. 한 채는 팔아서 생활비로 쓸 수 있다. 과거 자식이 3-4명 되던 시절과는 전혀 다른 상황이 전개된다. 과거에는 자식들이 스스로 살 집을 마련해야 했지만, 지금은 다르다. 이것이 IMF세대와 2000년대에 태어나서 코로나가 시작되던 시절 대학에 입학한 코로나 세대(Z세대) 사이에 나타난 큰 차이점이다. 일자리가 갑자기 대량으로 축소되던 시절, 즉, IMF 사태를 극복하던 2000년도 쯤부터 2020년 경까지 대학을 졸업하여 취업난을 겪었던 사람들(M세대)은 대단한 고통을 겪었다. 형제자매가 2-3명이 되는 경우가 많아서 부모의 도움도 없었지만, 더욱 고통스러운 것은 과거 고도성장시대의 경험에 사로잡힌 부모들의 태도였다. 취업상황의 어려움을 정확하게 이해하지 못한 부모들이 미취업이 자식들의 노력과 의욕부족으로 보고 심리적 압박을 가했기 때문이다. 대학졸업생들은 필사적인 노력으로 온갖 시도를 해보지만, 취업도 어렵고, 내집 마련은 꿈도 꿀 수 없게 되었다. 결혼도 어렵게 되었다. 이 세대(M세대)들이 현실의 벽에 좌절하면서 <Hell 조선!>을 부르짖게 된 것이다. 그러나 더욱 힘든 세대는 이 시기에 구조조정으로 명에 퇴직한 40-50대(X세대) 중에서 자식이 많은 사람들이다. 생활비가 가장 많이 들던 시기에 실직을 당한 것이다.[1)]

IMF 사태로 예상치 못한 취업난이 계속되는 동안 출산기에 도달한 사람들은 출산을 부담스럽게 생각하게 되고 이것이 다른 요인들과 결합하여 출산을 극도로 기피한 것이 끝머리 X세대와 M세대들이다. 이리하여 이들의 자식들이 대학에 진학한 코로나 시대(2020년대)에 접어들자 상황은 크게 반전되었다. 대학입학생(Z세

1) X세대의 끝자락인 1970년대 초에 태어났다는 장강명의 글(2024)은 자신의 세대와 M세대의 고통을 잘 지적하는 것으로 보인다. <사회적 성공은 자기계발 따위로는 도저히 이룰수 없는 먼 목표로 느껴지고, 독하게 해도 안되고 — 아무것도 할 수 없다는 생각은 → —p34 <가랑비에 옷 젖듯, 미세좌절 이것이 쌓일수록 제아무리 낙관적인 이도 결국 굴복한다. "시원하게 풀리는 일이 하나도 없네" p.96 <Hell 조선> <이생망-이번 생은 망했다>가 나올 수밖에 없다.
한편 Z세대(2020년대에 대학생활시작)를 집중분석한 책(대학내일 20대연구소, 2024)에서는 M세대가 희망을 지니고 온갖 노력을 하였지만 좌절하여 "Hell 조선"을 외친데 비하여 Z세대는 처음부터 미래에 대하여 기대를 하지 않고 현실에서 최대한 행복을 찾으려는 긍정적인 사고를 하게 되었다고 지적한다. <Z세대는 호황을 한번도 경험한 적도 없었을뿐더러 — 경제도 인구도 서서히 내리막으로 가는 우하향시대에 접어들었다. 심지어 기댈 수 있는 다음 세대도 없는데 120세까지 살아야 할지 모른다> 이런 시대적 판단에서 내일보다 더 좋은 상황인 오늘에 충실하여 긍정적인 마음을 유지하고, 불확실하면서 오늘보다 상황이 나쁠 미래에 대비하기 위해서는 건강을 유지하는 것이 중요하다고 생각한다. 물론 이러한 긍정적인 자세의 가장 밑바탕에는 취업을 강요하지 않는 부모의 지원이 있는 것이다. 그러나 모든 부모가 이렇게 능력이 있는 것은 아니다. 오히려 능력이 부족한 경우가 더 많을 것이다. 다만, Z세대의 정신적 주류가 비관적인 미래에 직면하여 긍정적인 자세를 유지하려는 것임을 말하는 것이다.

대) 중에는 형제가 없는 경우가 대부분이 되었고, 한명 밖에 없는 자식이라 부모의 품에서 살아가면서 자신의 집을 마련한다거나 생계비를 벌기 위한 취업전선으로 내몰리지 않게 된 것이다. 더욱이 이들의 부모들 세대는 취업의 어려움을 이해하고 있어서 자신들이 윗세대로부터 받았던 스트레스를 자식에게 물려주지 않으려 한다. 이리하여 코로나 세대들이 중소기업이나 힘든 일자리를 기피하고, 부모의 품에서 생활하며 취업 문제를 크게 걱정하지 않는 사태가 벌어진 것이다. 그리고 이 상황 반전이 취업난 문제를 크게 완화시켜서, 정부가 취업문제를 해결해야 한다는 압력이 약화된 것이다. 심각한 문제가 수면 아래로 잠수한 것이다. 이것이 최근 이 문제가 관심의 대상에서 멀어진 이유이다.

그러나 부모의 도움이 오래 갈 수는 없다. 부모 중에는 생계비를 충당할 수 있는 자산을 축적하지 못했거나, 연금 등이 충분하지 못한 경우도 많다. 자식에게 물려줄 변변한 집이 없는 사람도 많다. 무엇보다도 이렇게 무위도식하면서 부모의 품에서 살아가는 삶은 고달프고 스트레스와 불만에 시달릴 수밖에 없다. 부모에게도 대단한 심리적 부담을 준다. 결혼을 포기한 젊은이도 많다. 이러한 생활을 오랫동안 계속하면 건전한 시민의식을 지니기도 어렵고 공동체를 건강하게 유지발전시키려는 의욕도 사라진다. 앞으로 우리 대한민국을 짊어질 많은 젊은이가 이렇게 변화되어 간다.

일자리가 감소하면서 중년의 직장인들이 겪는 고통은 대졸생보다 훨씬 더 심각하다. 기업 간의 경쟁이 치열해지면서 40대 후반이나 50대 초반에 조기 퇴직하는 중년 퇴직자들이 증가하면서 발생하는 문제이다. 불행하게도 이 시기가 자녀들의 교육비 등 생활비가 가장 많이 소요되는 기간이다. 대졸생들과 달리 부모의 도움도 기대할 수 없다. 누구도 도와주지 않는다. 당연히 새로운 일자리를 찾으려고 엄청난 노력을 하지만 너무나 어렵다. 그래서 퇴직금으로 투자나 자영업을 시도하는 사람이 많다. 그러나 거의 대부분이 잘못된 투자판단이나 중간에 개입한 사기꾼에게 속아서 돈을 다 잃는다. 개인 사업을 한답시고 조그만한 카페나 식당을 열었다가 망하고, 최근에는 비교적 자본금이 적게 드는 커피집을 열고 있다. 그래서 대도시의 거리에는 커피집이 넘쳐나서, 아마도 세계에서 인구 대비 커피집이 가장 많은 국가가 되었을 것이다. 그러나 너무나 경쟁이 치열하고 잘 알지도 못하는 분야에 진입하기 때문에 거의 전부가 실패로 끝난다.

중년퇴직하고 취업이 불가능하거나 퇴직금마저 잃고 나면, 좌절감이나 패배의식이 심각해져서 선량한 시민의식을 지니기가 무척 힘들어진다. 사회에 대해서 적대의식을 지니기 쉽고, 자신보다 잘 산다고 생각되는 사람들에 대한 적개심도 강해진다. 정부에 대하여 불만이 심해지고, 과격한 행동으로 정치과격화-양극화를 부채질 한다. 가장의 역할을 할 수 없는 처지에 대한 자괴감, 자책감이 심해져서 생의 의욕을 상실하기 쉽다. 자포자기에 괴로워하면서 가정이 파탄에 빠지는 경우가 많아지고 이혼이 급증한다. 이혼까지의 과정에서 부부간의 갈등이 자녀들에게 심각한 심리적 타격을 입힌다. 자녀들은 계속되는 스트레스를 견디지 못하여 학교에 가면 약한 애들을 괴롭히고, 싸움을 일삼는다. 학교폭력이다. 최근에는 마약까지 이들을 유혹한다. 상담교사가 아무리 방과 후에 이들을 설득하고 달래어도 집에 가서 부모의 싸움을 보면, 상담효과는 흔적도 없이 사라진다. 다음 날 등교하면 어제와 비슷한 행동을 되풀이한다. 1960년대 후반 미국의 슬럼가에 사는 문제 흑인 학생들의 상담에서 되풀이된 현상이다.

초고령화의 급속한 진전은 일자리 문제를 더욱 심각하게 만들고 있다. 정상적으로 정년퇴직을 하고서도 건강하여 일자리를 찾으려 한다. 더욱이 연금의 혜택을 받지 못하는 사람들이 많다. 수명이 연장되면서 생계가 어려운 노인들이 계속 늘어난다. 생계를 위하여 무슨 일이든지 해야 한다.

일자리 감소가 가져오는 제일 심각한 피해 중의 하나가 정치의 양극화와 과잉화이다. 다음의 제2장에서 자세히 검토하겠지만, 양질의 일자리가 살아지면서 이를 담당할 중산층을 약화시켜 사회가 소수의 상류층과 대다수의 일반 대중으로 양극화되고, 이것이 정치적 양극화의 뿌리를 만든다. 일자리를 찾지 못한 다수의 국민들이 불안과 불만의 일상생활을 하게 되고, 여기에 더하여 SNS를 통한 편향된 정보 습득이 보편화되어 상호불신이 심각해지면서, 외부인주도정치와 인기-선동정치가 횡행하게 되어 정책결정의 합리성, 집행의 효율성을 방해하고 정책관리가 혼란 속에 빠지게 된다. 드디어 정치가 국가발전을 가로 막는 참담한 사태가 벌어진다.

그런데 양질의 일자리는 계속 사라지고 있다. 얼마 전까지만 하여도 컴퓨터와 로봇의 도입으로 인한 일자리 상실은 큰 문제가 아닌 것으로 인식되어 왔었다. 새로운 기술혁신이 처음에 발생시키는 일종의 과도기적-마찰적 실업의 발생은 얼마 지나지 않아 해소되는 것이 역사적인 경험이었기 때문이다. 새로운 기술이 다른 부문에서 새로운 일자리를 많이 만들었던 것이다. 그러나 이번만은 상황이 다른 것 같다. 기계가 육체노동만을 대신하는 것이 아니라, 정신노동도 대신하기 때문이다. 그리고 일자리가 사라지는 속도가 빨라 다른 분야에서 새로운 일자리가 생겨나는 것을 훨씬 앞지르기 때문이다.

새로이 증가하는 일자리는 로봇과 컴퓨터가 대신하기 어려운 서비스 업무로 좁혀진다. 그러나 이런 일들은 대부분이 생계비를 충당하지 못 하는 허드렛일들이다. 간병업무, 보건위생업무 등은 그나마 나은 편이지만, 미용업무, 손톱이나 발톱 다듬는 업무 등은 경쟁이 치열하여 수입이 생계비를 충당하지 못하는 경우가 많다. 일자리가 많이 증가하는 연예계나 스포츠 등은 보수격차가 심하고 충분한 보수를 받는 사람의 숫자가 너무 적다. 그리고 스포츠는 활동기간이 너무 짧다. 크게 증가되는 업무인 택배는 노동이 지나치게 과도하고, 대리운전은 일할 기회도 적어 생계비 충당과는 거리가 멀다. 편의점이나 커피집 식당 등에서 아르바이트 하는 것은 말할 것도 없다. 한 마디로 새로이 증가되는 업무는 생계를 보장해주기 어려운 직종들이다.

새로 증가되는 일자리 중에는 고급 일자리도 물론 있다. 새로운 기술을 적용하여 새로운 기계 제품 등을 제작하는 연구-기술직 업무거나 새로운 일들을 기획하는 업무 등이다. 이러한 고급업무는 증가되는 일자리 자체의 숫자도 적다. 설상가상으로 AI가 이런 업무도 대신하기 시작했다. 전문이론적 지식과 사실정보를 축적하여 일을 하는 변호사, 회계사 등의 업무가 AI에 의하여 대체되는 부분이 급속도로 증가한다. 의사들의 환자진료에서는 이미 상당한 부분을 컴퓨터에 의존하고 있다. 머지않아 판검사의 업무, 행정공직자들 업무의 상당 부분도 AI가 담당할 것이다. 과거에는 육체노동이 기계에 의해 대체되는 부분이 많았지만, 앞으로는 정신노동이 AI에 의해 대체되는 부분이 훨씬 더 많아질 것으로 보인다. 정신노동의 상징인 고급 전문직종의 거의 대부분이 AI에게로 넘어가는 것이다.

결과적으로 제대로 된 일자리를 찾지 못하는 국민들의 숫자가 엄청나게 증가하고 있다. 이리하여 일자리를 찾지 못한 대학졸업생들은 미래에 대한 희망을 잃어가고, 중년 퇴직자들은 계속 일자리를 찾아 헤매고, 생계비를 감당하지 못하는 노령자들은 절망감에 시달린다. 선진국 중에서 우리나라의 자살율이 가장 높다고 한다.

1-3 취약한 사회안전망과 재정위기

일자리가 없어서 생계를 유지하기 어려운 국민은 어떤 방법으로든지 구제해야 한다. 그러나 이들을 구제하기 위한 사회안전망이 충분하지가 않다. 설상가상으로 재정문제가 사회안전망의 기본을 위협하기 시작했다. 각종 연금제도와 사회보험이 위기에 봉착하기 시작했고, 비상시에 이들을 지원해야 할 일반재정의 건전성도 급속히 상황이 나빠지고 있다.

연금과 기금의 재정문제도 심각하다. 이 문제는 일자리 감소와 관계없이 저출산 고령화 때문에 심각해진 것이다. 가까운 기간 내에 국가재정에 큰 부담을 지우게 될 것으로 거론되는 연금 기금은 주로 국민연금, 건강보험기금이다. 특히 국민연금이 가장 큰 걱정거리가 되고 있는데, 이는 국민 전체를 대상으로 하고 있어서 그 규모 자체가 타 연금 기금과는 비교가 되지 않을 뿐만 아니라 저출산 고령화의 직격탄을 맞게 되기 때문이다. 현재와 같은 저출산 및 저성장을 전제로 하면, 현재 1,000조 원의 엄청난 기금 잔액이 2055년에는 완전히 소진될 것이라는 예측

(2023년 5월 발표한 제5차 재정추계)이 제시되고 있다. 그 이전에 돈을 더 내고 적게 가져가는 개혁이 불가피하다. 이러한 개혁보다 상황이 더 나빠지면, 일반 재정자금으로 지원해야 하는 상황이 될 것이다.

그러나 상황은 이보다 훨씬 나쁠 것으로 짐작된다. 출산율은 현재 상태를 유지할지 몰라도 고령화는 추정보다 더욱 심해질 것으로 짐작되고, 거기에 더하여 일자리 문제가 더욱 악화될 것으로 예측되기 때문이다. 2023년의 발표는 아마도 2022년까지의 통계를 근거로 추정한 것일 것이다. 그런데, 경제성장률을 중요한 변수로 잡아서 성장률에 따라 고용이 결정될 것을 전제로 하고 있다. 그러나 고용 증가가 없는 성장, 심지어는 고용이 감소되는 성장이 지금 우리가 걱정하는 문제이다. 출산율이 현재와 동일하고 경제성장이 현재와 비슷해도, 일자리가 계속 감소되어 취업자 숫자가 감소해 가면, 연금 기여금 납부자는 더욱 감소될 것이다. 여하튼 국민연금의 재정적자는 2055년 훨씬 이전에 연금수령액수 감소와 연금기여금 납부액 증가를 동반하는 획기적인 개혁을 불가피하게 만들 것이다. 모두를 고통스럽게 할 것이다. 그리고 기금이 고갈되는 시기에는 일반재정자금의 지원을 받아야 하는 최악의 상태에 빠질 가능성이 크다. 그리고 그 시기도 2055년보다 훨씬 이전이 될 것이다.

건강보험과 노인장기요양보험도 재정문제가 심각하다. 후자는 규모가 작기 때문에 여기서 논의하지 않겠지만, 건강보험의 재정은 크게 신경 써야 할 문제이다. 국회예산정책처가 2023년 10월에 발표한 바에 따르면, 2028년에 적립금 20조 원의 소진이 예상되며, 2032년 누적적자액은 61.8조 원에 달할 것으로 전망(2032년의 지출 총액은 195조 원 정도)하였다. 이 추정은 급격한 고령화 추세는 고려하였지만, 국민연금이나 마찬가지로 일자리 감소에 따른 보험료 수입의 감소는 고려되지 않았으므로, 실제로는 훨씬 더 빠른 시기에 심각한 상황이 예상된다.

이렇게 하여 국민연금과 건강보험에서는 보험료 납부액수의 증가와 수혜의 감소가 모두를 고통스럽게 만들고, 더욱이 일반재정의 지원이 불가피한 상황이 되어

가고 있다. 그리고 빠른 시기에 고통스러운 개혁을 하지 못하면, 짐작하기 어려운 파멸적 사태를 맞을 것이다. 그런데 재정적 지원이 필요한 부문은 이것만이 아니다. 코로나 사태 등으로 피해를 본 국민들을 돕는 복지비적 지출이 급증하였다. 주택문제와 연계되어 증가되는 가계부채가 언제 터질지 모르는 시한폭탄과 비슷하다.

그런데 이러한 지원을 담당해야 할 국가재정의 상황이 급속도로 악화되고 있다. 국가가 부담해야 할 채무가 지금 당장은 선진국들에 비하여 그렇게 나쁘지 않지만, 악화속도가 너무나 빨라서 언제 위기가 닥칠지 모른다는 것이 전문가들의 의견이다. 우리나라의 국가부채를 보면 미국이나 일본보다 양호하여 크게 걱정하지 않아도 된다는 생각을 할 수도 있다. 그러나 일본은 명치유신 이후 150년에 걸쳐 축적한 잠재력을 지니고 있고, 미국은 아예 비교도 할 수 없는 잠재력과 성장력을 갖추고 있는 나라이다. 구체적으로 보면 2021년 현재로 우리의 일반정부 부채(정부부채와 비영리 공기업의 부채를 합한 것)가 국내 총생산(GDP)에서 차지하는 비율이 59.6%로서 OECD 평균치 89.2%보다 양호하다. 그러나 2011년부터 2021년까지의 변화를 보면, 45.3%에서 59.6%로 31.6%나 증가하여 이탈리아, 프랑스에 이어 세 번째로 증가속도가 빠르다. 엄청난 국가부채를 후세대에게 떠넘기려 하고 있는 것이다. 이 모든 것들이 대한민국을 벼랑 끝으로 몰고 있다. 자세한 것은 <별첨 1>을 참고하시기 바란다.

1-4 위기극복의 어려움

이러한 위기상황을 모두가 모르고 있었던 것은 아니다. 적지 않은 선각자들이 이 심각한 상황을 걱정해 왔다. 그래서 이를 극복하기 위한 정부 차원의 노력도 해 왔다. 박근혜 정부에서는 공직자연금의 재정 건전성을 위한 개혁을 어느 정도 하였고, 일자리 문제는 노무현 정권부터 시작하여 정권마다 해결을 위한 노력을 해 왔다. 그러나 일자리 문제해결을 위해서는 무엇보다 기업의 활성화가 중요하지만, 이것도 그렇게 쉽게 진전되지를 않는다. 더욱이 기업의 활성화만으로 문제가 해소되지 않는다. 이명박 정부에서 2008년도의 세계적인 경제 위기를 빠른 속도로 극복하여 세계적인 주목을 받고, 기업 활성화로 일자리 문제를 상당히 해소하였다. 그럼에도 불구하고 컴퓨터 로봇 AI의 대대적인 활용으로 가속화되고 있던 일자리 감소는 그 속도를 늦추는 이상의 효과를 얻기 어려웠다. 이 문제는 경제 활성화만으로 해결할 수 있는 단계를 훨씬 넘어선 것이었다. 뿐만 아니라 저출산-고령화 문제 등 다른 중대한 문제들도 그 해결을 위한 정책을 추진하기가 무척 어려워졌다. 그래서 문제의 근본적인 해결보다는 문제가 파생시킨 표피적이고 단편적인 증상을 처리하는 정도에 그치는 경우가 많아지고, 적대적 과잉정치가 집단 이기주의에 떠밀려서 문제를 악화시키는 정책을 결정하기도 하고, 편파적인 해결책에 매달리기도 한다.

설상가상으로 시급한 문제들이 계속적으로 등장하여 정책결정자들의 시간을 빼앗는다. 이 책에서 전혀 취급을 하지 못한 북한의 핵문제를 포함한 국제 정치 문제도 그렇지만, 여러 가지 생활 주변의 문제들이 끊임없이 등장하여 정책결정자나 공직자들의 시간과 노력을 빼앗아 간다. 세칭 민생 문제이다. 과일, 채소, 휘발유 가격이 갑자기 오르기도 하고, 생활 물가 전체가 올라서 서민들이 고통을 당하기도 한다. 국제 경제 상황이 나빠져서 원자재 가격이 오른다거나, 세계적인 경쟁력을 갖춘 제품의 판매가 갑자기 새로운 외국기업의 제품에 의하여 추월을 당하는 식의 일상적 경제 문제가 끊임없이 등장한다. 여기에 주기적으로 등장하는 불경기가 서민들에게 큰 고통을 준다. 건설 경기가 나빠져서 중소 건설업체들이 도산하기도 하고, 전세 가격이 갑자기 상승하고, 이에 연계된 주택 가격과 가계 부채 문제가 주기적으로 불쑥 나오기도 한다. 전세 사기나 다단계 사기, 보이스 피싱도 등장하고, 사이버 범죄도 크게 증가하기 시작했다. 학교폭력 문제, 청소년 마약 문제도 학부모들을 불안하게 만든다. 코로나, 조류 독감, 각종 전염병과 가축의 질병 등이 정부의 해결을 기다린다. 태풍, 가뭄도 주기적으로 등장한다. 이해관계가 대립되는 집단 간의 갈등도 빈번하다. 그리고 사건 사고가 매일 발생한다. 그리고 정부의 처리를 기다린다. 더욱이 웬만한 사회문제는 모두 정부가 해결해야 한다는 식의 사고가 아직도 많은 국민들의 머리를 지배한다. 이런 상황 속에서 정부는 일상적 업무에 매달려 언제나 바쁘다.

웬만한 문제는 정부가 모두 해결해야 한다. 우리들 대부분은 이러한 사고에 빠져 있다. 이것을 김병준 교수는 국가주의라고 부르고, 이 국가주의가 현재의 한국에서 발생시키는 수많은 문제를 지적하고, 이를 해결하기 위한 대책을 제안하였다.[2] 물론 국가주의가 무조건 나쁜 것은 아니다. 원래 국가주의는 공동체에서 발생하는 문제는 정부가 해결해야 한다는 당연한 주장인데, 이 주장 속에는 중요한 문제의 최종 책임은 국가의 최고 지도자에게 있다는 사고를 암묵적으로 내포하고 있다. 그리고 이 사고는 수천 년 동안 동양 사회를 지배하여 국왕의 백성들 생활에 대한 책임을 강조하는 정치 규범으로 작동하여 왔던 것이다. 당연히 훌륭한 사고이다. 그러나 산업화라는 경제 사회적 변화와 민주화라는 정치적 변화가 복합되면서 중대한 부작용을 산출하였다. 공동체의 문제가 복잡해지고 억제되었던 다양한 요구가 폭발적으로 증가하면서 국가가 감당할 수 없는 상황이 전개된 것이다. 더욱이 우리나라는 고도성장과 민주화라는 시대적 발전을 최단 시간 내에 달성함으로서 문제 상황이 급변하였다. 그리하여 초기의 고도성장을 위하여 추진하던 많은 정책들이 형평과 복지가 중요한 시대가 되면서 효과보다는 부작용을 더 산출하는 사태가 속출하게 되었다. 국가 관리의 책임자들인 정치인과 공직자들의 문제해결 지식이 문제의 복잡성을 감당하기에는 턱없이 부족한 상황이 되었고, 설상가상으로 이해가 대립되는 집단들의 요구를 해결하기 위한 실절적인 결정권이 극도로 취약해진 것이다. 이리하여 일면 정부가 해결해야 된다고 생각하는 문제는 대단히 어려워지고 숫자도 크게 증가하는데, 정부의 해결능력은 턱없이 부족하여 여러 가지 편법으로 문제를 우회하는 행태가 벌어지게 되는 것이다. 그러므로 공공업무를 최대한으로 민간의 지율적 결정에 맡기고, 중앙정부의 업무를 지방자치단체로 분권화하면서 이러한 축소가 불가능한 업무만 정부가 담당해야 한다.

이러한 국가기능수행에 대한 근본적인 개혁이 없기 때문에 증가된 국가적 문제들 중 상당수가 해결이 거의 불가능한 고질적인 문제로 변화되면서 그 심각성이 커져 가는 것이다. 무수한 정책들을 추진해 보지만, 국가운명을 좌우할 중대한 문

2) 김병준(2021)교수의 책은 필자와 같은 고민을 하는 사람들에게 꼭 권하고 싶은 책이다.

제는 계속 악화되어 간다. 앞에서의 논의를 요약해 보면 그 심각성이 명확해진다. 무엇보다도 일자리 창출을 위한 다양한 정책들을 추진하지만, 양질의 일자리는 계속 감소되어 오늘의 위기가 발생하였고, 모처럼 일자리가 나와도 중소기업이나 힘든 일을 기피하는 젊은이들이 증가하여 부모의 품에서 살아간다. 모처럼 취업을 해도 주식투자나 가상 화폐에 매달려 일확천금을 꿈꾸며 장기적인 시각으로 전문성을 키우려는 생각을 하지 않는다. 불확실하고 어두운 미래를 잊어버리고 그때그때의 삶에 집중한다. 미래 상황은 더욱 불확실할 뿐만 아니라 지금보다 더 나쁠 것이라는 비관적 전제하에 미래대비를 위하여 건강을 유지하는 식의 생각도 한다. 한편 부모들은 자식을 일류대학에 입학시켜야 그나마 취업 가능성이 있다고 생각하여 어린 자식을 유아원부터 과외 열풍 속으로 몰아넣는다. 사교육비가 엄청난 부담이 되어 저출산의 큰 원인이 되고 있다. 대학입학시험의 공정성과 객관성을 강조하여 창의성 있는 고등교육의 발목을 잡는다. 세계적 기업들과 경쟁하여 살아남아야 하는 기업에 절실하게 필요한 인재공급에 커다란 장벽이 된다. 국가 경제를 지탱해온 세계적 선도기업들이 외국의 후발 기업들에 의하여 맹추격을 받는다. 찰라적 방심이 이들 기업을 몰락시키고 국가 경제에 심각한 타격을 줄 수 있다는 사실을 모르는 대부분의 국민들이 걸핏하면 이들 기업을 괴롭힌다. 중년 퇴직문제와 정년 이후의 노령인구의 일자리 문제도 심각해지고 있다. 전세문제를 비롯한 주택문제가 가계부채를 악화시키면서 악순환을 계속한다. 다양한 대책을 추진하지만 저출산 문제는 악화일로를 걷고 있고, 초고령화 문제가 급속도로 진행되어 복지재정을 더욱 악화시키고 있다. 저소득계층의 생계유지를 위한 재정지출이 크게 증가하면서 국가부채도 크게 증가되었다. 그리고 이러한 문제들이 계속 악화되어, 언제 떨어질지 모르는 벼랑 끝으로 밀리고 있다. 이들 문제를 해결하기 위한 정책들을 종합점검하여 근본적인 대책을 세우지 않으면, 사회 전체가 갑자기 폭발하든지. 아니면 헤어날 수 없는 수렁 속으로 빠져 들것이다.

중대한 문제의 해결을 위한 정책들은 모두가 국회의 의결을 거쳐야 하거나, 최소한 대통령의 최종결정이 있어야 한다. 그러므로 위기를 심화시키는 문제들을 해결하기 위해서는 국정관리를 담당하는 정치인과 공직자들의 노력이 절대적이다.

그리고 이들의 행동에 결정적인 영향을 미치는 국민들의 여론이 중요하고, 이 여론을 좌우하는 지식인들의 역할이 무엇보다 중요하다. 이들이 문제해결에 적절한 합리적 정책을 결정하고 집행할 수 있도록 해야 하는 것이다. 불행하게도 21세기가 되면서, 정책문제의 해결을 위한 합리적인 정책을 결정하거나 효율적인 집행을 하는 것이 대단히 어려워졌다. 제2장에서 자세히 검토하겠지만, 경제 사회적 환경이 정책문제를 더욱 심각하게 만들면서 합리적 해결책을 탐색하는 것이 어려워지고, 정책관리의 주체인 정치인들과 공직자들의 행동도 합리적 정책결정에 적절하지 못한 상태가 되었다. 당연히 정책의 효율적인 집행도 어렵게 되었다. 정치는 정책관리의 어려움을 정확하게 이해하기 힘든 아마추어들에 의해 주도되고, 적대적이고 양극화된 정치가 합리적인 결정을 극도로 제약한다. 그리고 전문성으로 정책의 합리성을 뒷받침해야 하는 공직자들은 과잉정치의 위력에 눌리어 제 역할을 못하고 있다. 그리고 정치적으로 편향된 지식인들이 강력한 주장을 하고, 합리적인 지식인들의 목소리는 잘 들리지 않는다.

이러한 정책환경 속에서 정책관리는 혼란을 면하지 못한다. 중요한 문제들은 계속 악화되고 어두운 미래를 후손 세대에게 떠넘기려 하고 있다. 도대체 무엇을 어떻게 해야 하는가?

국정관리의 주체들, 즉, 정치인과 공직자들이 환골탈태의 대변화를 하고, 이들을 비판적으로 격려해야 할 지식인들이 대각성을 하는 것이 위기극복을 위해서 필수적인 일들이다.

그러나 이것이 너무나 어렵다. 불가능하다고 생각하는 국민이 대부분이다. 국가와 후손들을 위하여 훌륭한 개혁방안을 찾아내는 것도 어렵고, 방안을 찾아내었다고 하더라도 개혁을 추진하기 위하여 각자가 부담할 댓가나 희생을 부담하지 않으려고 할 것이라는 것이 주된 이유이다. <별첨 1>의 정책 대종합계획(Grand Policy Mater Plan)에서 자세히 논의했지만, 위기극복을 위한 대책은 크게 두 가지 정책의 묶음(일자리의 창출과 사회안전망의 구축)으로 요약될 수 있다.[3] 그런데 두 가지가 모두 국민들의 대단한 희생과 고통 감수가 있어야 추진이 가능하다. 간단하게 보면 다음과 같다. 일자리 창출을 위하여 기업들이 자유롭게 활동할 수 있도록 각종 규제를 풀고, 지나친 노조 활동을 자제하여야 한다. 그리고 교육개혁을 통하여 필요한 인재를 양성하여 공급해야한다. 이렇게 해야 사라지는 일자리를 보충하거나, 일자리 감소의 속도를 늦출 수가 있는데, 규제해제로 인한 희생이나 노동조합의 자제가 필수적일 뿐만 아니라, 대학입시개혁 등 교육개혁도 많은 희생을 필요로 할 것이다. 민간에서의 부족한 일자리는 공공사업의 추진으로 보충하여야 하고, 그것으로도 취업이 어려운 사람들을 위한 생계비 지원을 하고, 또 국민연금이나 건강보험의 재정위기를 조세 수입으로 해소해야 한다. 그러므로 복지비의 증가로 악화되고 있는 일반 재정상의 적자를 메우는 것에 더하여, 추가되는 이러한 재정지출은 막대한 조세 수입을 필요로 하고, 이것은 바로 기업이 열심히 일하여 조달하는 세금의 대폭적인 증가를 필요로 한다. 막대한 조세를 부담해야 하는 기업이나 고소득층이 쉽게 수용할 수 있는 일이 아니다.

이러한 상황에서 국민들의 표를 얻어 국회의원이 되고, 정권을 장악하려는 정치인들이 개혁안을 추진하려고 하겠는가? 공직자들이 공익을 위하여 개혁을 위한 정책을 추진하는데 헌신할 수 있겠는가? 국가의 위기를 극복하기 위하여 주도적인 역할을 담당해야 하는 지도집단이 어느 때부터 개인의 편익만을 추구하려는 이기적인 자세로 변화하였다. 정치인들은 국회의원 당선과 정권쟁탈에만 혈안이 되고, 공직자들은 자신의 안위에만 매달리며, 지식인들은 방관 자세로 변화하든지 편파적인 사고에 집착하는 행태로 변질되었다. 물론 예외적인 애국적 인사들도 상당수 있지만, 타락된 전체 분위기가 이들의 목소리를 파묻어 버린다. 그래서 국가, 후손, 공익을 위하자는 목소리는 국민들을 기만하는 가식적인 주장으로 들리고, 이런 주장에 따라 움직이면 자신만 손해를 본다고 믿는다. 그러면서 문제가 심각하다는 선각자들의 목소리를 들어도, 지나치게 과장을 하는 정도로 치부하고, <큰 문제는 없겠지>라는 마음 자세가 된다. 이러한 분위기 때문에 좌절하는 사람들이 많다.

3) 김병준(2021)에 구체적인 내용들이 많이 예시된다.

그래서 철저하게 망해야 모두가 각성을 할 것이니, 그냥 흘러가는 대로 내버려 두는 것이 옳다고 믿는 사람도 많다. 빨리 망해야 빨리 각성할 것이라고 믿는 사람도 많다. 그래서 필자가 지금 하는 일은 고생만 하고, 오히려 시대의 흐름에 역행하는 것이 아니냐는 걱정을 하기도 한다. 그러나 필자는 그렇게 생각하지 않는다.

한 국가가 선진국의 지위를 누리다가 패망한 후에 국민들이 대각성을 하여 다시 일어선 사례는 아주 드물다. 선진국이 패망하는 유형에는 3가지가 있다. 로마형(型)과 2차 대전 후의 일본 형(型), 그리고 혼합형이 있다. 로마 형은 내부가 썩어서 붕괴된 경우이고, 일본 형은 외국과의 전투에서 패전하여 패망한 형이다. 내부붕괴형은 주도층들이 타락하고 부패하여 사회 전체의 관리체제와 신뢰 체계가 모두 파괴되기 때문에 다시 일어설 수가 없다. 신뢰에 기반한 국가 관리 체계를 다시 구축하는 것이 거의 불가능하기 때문이다. 로마(西로마)는 서기 5세기에 패망하여 가르발디가 이탈리아를 통일하기까지 무려 1400여 년 동안 비참한 신세를 면하지 못했다. 사실 통일 이탈리아가 지리적 위치는 로마제국의 중심지에 있지만, 문화는 물론이고 민족의 혈통도 상당히 달라졌을 것이다. 한마디로 로마는 역사에서 영원히 사라졌을 것이다. 역사의 무대에서 완전히 사라지지는 않았지만, 만주족이 세운 청나라도 혼합형으로 비슷하게 패망하였다. 만주족이 자신들의 독립국을 세우는 것은 거의 불가능할 것이다. 반면, 2차대전 시의 일본은 주도층의 타락이나 부패가 없었으므로 국가 관리체제나 신뢰체계가 패전 후에도 손상을 크게 입지 않았고, 정치지도자들과 공직자들이 중심이 되어 빠르게 재건이 될 수 있었던 것이다. 사실 일본은 이러한 내부의 건강한 체제가 없었더라도, 다시 일어섰을 것이다. 인구가 1억을 훨씬 넘고, 성장잠재력과 국민들의 도덕심이 탁월하여(후쿠시마 원전 사태 때의 피해자들 행동은 세계를 놀라게 하였다), 선각자들이 힘을 합치면 쉽게 재기할 수 있을 것이다. 인구가 많고 영토가 넓은 미국 중국 러시아 등도 비슷할 것이다. 그러나 우리는 다르다. 역사상 처음으로 선진국으로 겨우 진입하였고, 작은 국토, 5천만에 불과한 인구에 성장잠재력도 충분치 않기 때문이다.

<큰 문제는 없겠지>라는 마음 자세는 국가가 내부적으로 패망하기 전에 지

도층에 공통적으로 나타나는 현상이다. 명나라가 멸망하기 직전, 굶주림에 견디지 못한 농민들이 곳곳에서 폭동을 일으켰는데도 무자비하게 농민들을 수탈하던 관리들이나, 전투 중 굶주리는 군사들에게 군량공급을 거절하면서 앞장서서 개인재산 늘리기를 계속하던 황제의 마음 자세가 이러했을 것이다. 이 명나라 마지막 황제는 즉위 직후, 부패하고 타락한 간신들의 우두머리 환관을 처형하여 많은 백성들의 환호를 받던 지도자이다. 이러한 지도자가 타락과 부패에 물들어 있는 풍토에 동화되어 결국 나라를 망치고, 가족도 죽이고 자신도 자살로 생을 마감하였다. 당연히 관리들도 가족들과 더불어 분노한 농민군에게 살해 당하고 재산도 다 빼앗겼다. 사전에 비극적 결과를 예측하고 개혁을 주장하던 충신들도 이러한 참극에서 벗어날 수 없었다. 국가의 주도계층이 <내가 조금 나쁜 짓을 한다고 큰일이 나지는 않겠지> 라고 생각하면서 타락한 짓을 하는 행태는 국가 사회를 내부적으로 붕괴시키고, 이렇게 패망한 국가는 다시 일어서지 못한다.

대한민국의 주도층들이 이렇게까지 심하게 부패한 것은 아니지만, 자신의 이익이나 안위만을 내세우는 풍조가 최근에는 위험수위에 가까워지고 있다. 이런 상태에서 일자리 문제 등 심각한 문제들을 방치하여 악화되면, 우리 사회도 내부붕괴의 위험을 면치 못 할 것이다. <폭삭 망해야 번쩍 정신이 들어서 다시 일어설 것> 이라는 말도 옳지 않다. 정신이 번쩍 드는 사람들은 벼랑에서 떨어진 사람들이고, 이들은 다른 사람들을 설득하거나 끌고 나갈 힘이 없게 될 것이다. 천만다행으로 탁월한 지도자들이 등장하여 국민들을 설득하는데 성공하더라도, 모두가 힘을 합칠 때쯤이면 모든 것이 끝나 있을 것이다. 21세기의 급속하게 발전하는 과학기술의 흐름 속에서 멀리 낙후되어 선진국들을 따라 잡는 것은 하늘의 별따기가 될 것이기 때문이다.

1-5 새로운 행운을 기원하며

우리는 그동안 세계의 많은 국가들이 부러워하는 발전을 이룩하였다. 경제의 기적적 고도성장과 정치적 민주화를 짧은 기간에 연이어 성공시켜 세계를 놀라게 하였다. 부존자원이나 축적된 자산도 없는 상태에서 출발하여, 원조를 받던 최빈국이 외국에 원조도 주면서 10대 경제강국이 되었다. 이 글의 시작에서 밝혔듯이 모든 부문에서 선진국적 모습을 자랑하게 되었다. 경제 산업기술 등에서 세계 최고의 수준을 자랑하는 분야가 많을 뿐 아니라, 문화-예술 측면에서도 세계 제일에 가까운 분야가 많다. 특히 IT분야와 이를 활용하는 생활의 편의시설은 단연 세계 최고 수준이다. 명실상부하게 선진국의 선두를 달리는 모습이다. 인류역사상 유례를 찾기 힘든 기적이라고 무수한 외국의 학자들이 놀라고 칭송한다.

그러나 이런 성과가 대가없이 이룩된 것은 아니다. 고도성장과 정치민주화의 연이은 성취라는 신화를 창조하면서 많은 국민들이 고통과 희생을 감내하였고, 그 이후에도 무수한 위기와 도전에 직면하였다. 몇 번이나 부닥친 역사적 변곡점에서 도박적 선택을 강요받기도 했다. 그리고 비록 적지 않은 잘못도 저질렀지만, 결정적인 실패 없이 이러한 위기와 도전을 극복하였고, 변곡점도 통과하였다. 훌륭한 지도자들의 탁월한 리더십과 헌신적인 국민들의 노력과 희생으로 성취한 것은 틀림없지만, 대단한 국가적 행운이 따라주었음도 틀림없다. 그러지 않고서야 인류역사상 유례를 찾기가 쉽지 않은 기적을 우리만이 이룰 수 있었겠는가? 끊임없이 등장하는 위기, 도전, 방향 전환의 수많은 고비를 치명적인 좌절 없이 넘을 수 있었겠는가?

그러나 우리 모두가 알고 있듯이 준비가 안 된 민족에게는 국가적 행운이 와주지 않는다. 모처럼의 행운이 와도 이를 붙잡을 수가 없다. 수출주도의 경제대국이 될수록 점점 더 강한 영향을 미치는 국제 문제, 저출산 고령화 등 복잡하고 뿌리 깊은 국내적 문제들, 특히 일자리 문제 등을 해결할 합리적인 방안을 마련하고 이를 충실히 집행하여야만, 우리 앞에 찾아 오는 행운도 잡을 수 있다. 그런데 이것이 무척 어렵다. 너무나 어려워서 좌절하기 쉽다. 그러나 어렵지만 불가능한 것은 아니라고 믿는다. 1960년대에 기적적 성장을 시작하던 때를 회고해 보시라. 최선이 아니면, 차선의 방법, 그것도 안 되면 차차선의 방법이라도 찾고, 우리의 지혜를 모아 혼신의 힘으로 노력을 하면, 과거의 기적에는 미치지 못해도 후손들에게 희망을 주는 미래를 만들어 갈 수가 있을 것이다.

이러한 위기 극복의 노력은 국정관리 주체들의 변화에서부터 출발하여야 한다).[4] 그리고 추진할 정책내용측면에서 커다란 변화가 보완되면 금상첨화가 될 것이다. 정책내용 측면에서는 국정방향의 기본 틀의 변경을 위한 정책 대종합계획(Grand Policy Master Plan)의 수립이 획기적인 도움이 될 것이다. 그리고 젊은이들에게 희망을 줄 수 있는 청사진이 될 것이다. 그러나 이 부분을 이 책에서 논의하는 것은 지나친 부담이 되므로 간단한 개요를 <별첨 1>로 책의 끝에 첨부하였으니, 한번 봐주시길 바란다. 국정관리 주체 측면에서는 정책결정권을 장악하고 있는 정치계를 대개혁으로 환골탈태시켜야 하고, 정책결정과 집행에서 실질적 역할을 담당하는 공직자들의 획기적인 태도 변화가 필요하다. 그리고 이들의 국정관리를 비판하면서 여론을 주도하는 대학교수 연구원 언론인들의 지식인들이 크게 각성하여야 한다. 이 책에서는 필자의 전공 분야에 속하는 공직자의 태도변화를 집중적으로 논의하려고 한다. 정치 개혁과 지식인 각성에 대해서는 더 훌륭한 분들이 수고해주기를 기대한다.

공직자들의 소명의식과 행동 변화는 정치권의 대개혁에 못지 않게, 어떻게 보면, 더 중요한 측면이 있다. 공직자들이 국가 관리의 핵심이 되는 정책을 합리적으로 결정하고 효율적으로 집행하는 과정에서 실질적인 주도 역할을 담당하고 있기 때문이다. 정책의 합리적 결정과 효율적 집행을 뒷받침하는 전문지식과 정보를 축적하고 있는 1차적 책임자들이기 때문이다. 이들 분야별 전문가인 공직자들이 문제해결을 위한 실질적인 시작을 해야 일반 여론을 주도하는 지식계층이 방향을 잡을 수 있으며, 정책결정권을 지닌 정치권을 설득하거나 국민들의 협조를 받을 수 있다. 이들의 힘만으로는 작은 성취만이 가능하겠지만(아무것도 할 수 없다고 믿는 사람이 많다), 이들이 분발하지 않으면 아무런 출발도 할 수 없다.

---

4) 정덕구 NEAR(2023) 재단이사장의 주관으로 20여 명이 넘는 원로와 학자들이 모여 대한민국의 다양한 위기상황과 대책을 논의한 책이 참고가 된다.

그러나 이러한 일을 주도해야 하는 중견 및 고위 공직자들은 너무나 힘든 환경에 처해 있다. 아래에서는 아직 업무를 처리할 전문성이나 공무에 헌신하는 자세를 습득하는 중이고, 위에서는 정권이 바뀔 때마다 신분을 위협하는 신호가 내려온다. 바깥의 시민단체들이나 국민들도 대부분이 비판적이다. 이렇게 하면 복지부동이라 호통치고, 저렇게 하면 영혼 없는 족속들이라고 모욕한다. 정치적 압력과 통제만이 아니라, 갖가지 규정들과 걸핏하면 정책문제까지 관여하는 감사가 공직자들을 얽어맨다. 이러한 악조건들을 개혁하여 이들로 하여금 헌신적인 일꾼이 되도록 해야 한다. 공직풍토를 획기적으로 개혁해야 하는 것이다. 행정학자들이 계속하여 주장해온 이슈이다. 내용이 그렇게 어렵거나 복잡한 것도 아니다. 그래서 이 책에서 그 필요성이나 개혁의 내용을 자세히 검토할 필요는 없다. 행정학회에서 학자들과 공동으로 공직풍토개혁안을 만들어 이를 추진하는 실천적 행동이 절실한 분야이다. 그래서 이 책의 마지막 부분에서 공직풍토개혁을 위한 방향만 간단하게 검토할 것이다.

* 김병준(2021), 『국가, 있어야 할 곳에는 없고, 없어야 할 곳에는 있다』, 도서출판 선
* 김재훈(2023), 『우리나라 재정건전성의 개선가능성 탐색』, 한국행정연구 제32권 제3호
* 김준기(2020), 『국가채무』, 박영사
* NEAR 재단 편저(2023), 『한국의 새길을 찾다』, 청림출판
* 대학내일 20대연구소(2024), 『Z세대 트렌드 2025』, 위즈덤하우스
* 앤 헬렌 피터슨(Anne Helen Peterson) (박다솜 역) (2020), 『요즘 애들(This Generation)』, 알에이치코리아(RHK)
* 장강명(2024), 『미세 좌절의 시대』, 문학동네

제2장

정책관리의 대혼란과 공직자의 소명

제2장

정책관리의 대혼란과 공직자의 소명

21세기에 접어들면서 대한민국은 급격한 경제-사회적 변화에 휩싸였는데, 이 변화가 일면 일자리 감소 등 해결이 극히 어려운 고질적인 문제들을 발생시키고, 타면 이 문제들을 주도적으로 해결해야 할 정부운영 주체들에게 충격을 주어 문제들을 제대로 해결하지 못하게 만들고 있다. 이 경제-사회적 변화는 세계화, 과학기술발전, 정보화가 맞물려서 발생하였고, 이 변화로 발생한 일자리 감소 등 문제들은 제1장에서 대강 살펴 보았다. 이들 문제가 대한민국을 벼랑 끝으로 몰고 있다는 것도 자세히 보았다. 그런데 이 변화가 정부운영 주체들인 정치인과 전문직업직 공직자들의 정책관리를 혼란 속으로 몰아넣게 된 과정을 살펴보아야 위기탈출을 위한 방안을 강구할 수 있다. 이 장에서는 주로 정치인과 공직자들의 정책관리에 초점을 맞추어 이 과정을 검토하기로 한다.

2-1 어린 사과나무 뿌리뽑기

사과나무는 심은 뒤 6-7년이 지나야 맛있는 사과가 열린다고 한다. 그런데 성미 급한 과수원 주인이 3-4년 후에 참지 못하고 사과나무를 뽑아버리고, 포도를 심는다. 어릴 때 할아버지로부터 포도가 장래성이 있다는 이야기를 자주 들었기 때문이다. 포도가 잘 자라서 풍작이 되었는데, 전국적으로 과잉생산이 되어 크게 손해를 보았다. 시대가 변하여 할아버지 때와는 달리 많은 과수원에서 포도를 심었던 것이다. 소문을 들으니 최근에는 블루베리가 수익성이 좋다고 하여 포도를 뽑고 블루베리 심을 계획을 세운다. 이런 일들을 되풀이하면 과수원은 망해버린다.

옆집 논의 벼는 무성하고 키도 큰데, 자기 벼는 연약하고 키도 작아서 속이 상한 농부가 있었다. 참지 못한 농부가 자기 논의 벼를 뽑아 올려 키를 키웠다. 당연히 대부분이 말라 죽고, 비교적 뿌리가 크고 깊이 박혀서 원래부터 튼튼하던 벼만 조금 살아남았다. 약한 놈들 빨리 자라게 하려는 농부의 의도와는 정반대의 상황이 벌어졌다. <장자>에 나오는 이야기다.

이렇게 어리석은 과수원 주인은 좀처럼 보기 힘들다. 물론 어리석은 농부의 경우는 더욱 그렇다. 그러나 문제해결을 위한 정책의 관점에서 바라보면, 과수원 주인이나 농부의 이야기는 그렇게 비웃을 일이 아니다. 그리고 대한민국의 정부에서는 이런 일들이 흔히 벌어진다. 사실은 많은 선진국에서도 비슷한 어려움을 겪고 있다. 해결해야 할 문제들이 서로 얽히고설키어 해결이 너무나 어렵기 때문이다. 21세기가 되면서 더욱 두드러지게 나타나는 현상이다. 특히 고질적이고 심각한 문제가 그렇다. 이렇게 해도 해결이 안 되고, 저렇게 하면 다른 곳의 피해가 너무 커서 중단할 수밖에 없다. 그래서 새로운 방법을 쓰면 되겠지라는 막연한 기대로 정책이나 사업을 변경한다. 과거에 유행하다가 폐기된 철지난 대책을 추진해 보기도 한다. 바람직한 상태를 빨리 만들기 위해서 집권 초에 무리하게 추진한다. 농부의 벼 뿌리 뽑아 올리기 작전이다. 당연히 엄청난 피해를 유발한다. 이런저런 실패를 하여도 흐지부지하면서 추진하는 척하고, 피해가 있어도 없는 척 가장하기도 한다.

현장에서는 이런 일들이 벌어져도 정권 상층부에서는 알지도 못하고 지나가는 경우도 많다. 물론 정권이 바뀌면 새로운 일들이 악순환을 되풀이한다.

정책의 관점에서 바라보면, 문제해결의 어려움은 크게 두 가지로 요약된다. 첫째는 과수원 주인과 같이 무엇이 바람직한 정책인지를 정확하게 판단하지 못하는 것이고, 둘째는 벼 뿌리 뽑아 올리는 농부와 같이 정책효과가 나타날 때까지 기다려야 함을 모르고 무리하게 밀어붙이는 것이다. 위의 예에서는 두 가지가 모두 인지적 차원에서 합리적 지식을 갖지 못하여 발생하는 것으로 보이지만, 주인이 혼자서 모든 것을 결정하지 않는 민주정부에서는 인지적 한계만이 작동하는 것이 아니다. 오히려 이해관계가 대립되는 집단 간의 갈등 때문에 합리적으로 결정된 정책을 뿌리뽑기도 하고, 불합리한 정책을 새로 결정하기도 한다. 그리고 천천히 기다려야 할 것을 성급하게 밀어붙이기도 한다.

문제 때문에 고통 받는 국민들의 요구, 문제해결을 위하여 채택할 정책이 발생시킬 것으로 보이는 피해를 부담할 국민들의 저항, 이들의 지지를 얻으려는 정치인들의 경쟁적 선동과 상호대립 등이 정책의 합리적 결정과 효율적 집행을 극도로 방해하여 정책관리를 무능력과 혼란 속으로 몰아넣는 것이다. 결국 문제해결을 담당하는 정책관리자와 정부에 대한 신뢰는 추락하고, 정부의 정책 추진능력은 약화되어 정부의 무능을 더욱 심화시킨다. 물론 모든 정책이 이렇게 실패만 하는 것은 아니다. 그랬다간 국가가 벌써 망했을 것이다. 과거에는 비교적 성공적인 정책이 많았다. 그래서 우리가 선진국의 문턱에 온 것이다. 불행하게도 21세기에 들어서면서부터 정책의 성공은 무척 힘들게 되었다. 해결해야 할 문제가 근본적인 일자리 부족에서 출발하여 복잡하게 얽히기 시작했기 때문이다. 설상가상으로 국정환경이 너무나 악화되어 문제해결을 담당하는 정부의 능력을 극도로 제약하고 있다. 앞의 제1장에서 지적하였지만, 정부가 웬만한 사회문제는 해결해야 한다는 국가주의적 사고가 팽배한 속에 민주화가 진전되면서 억눌렸던 각종 요구가 분출하면서 해결해야 할 문제는 급속도로 팽창되었는데, 정부의 능력은 턱없이 부족하기 때문이다. 복잡한 문제를 해결할 지적 능력이 부족한 것은 말할 것도 없고, 서로 대립되는 이해관계를 조정할 정치적-행정적 능력이 민주화에 따라 크게 위축되었기 때문이다. 이런 식으로 문제해결의 필요성은 폭증하는데, 해결능력은 크게 위축되는 현상은 우리나라만의 문제가 아니다. 오랫동안 최선진국의 지위를 유지하고 있는 미국이나 독일도 비슷하다. 1970년대까지 이들 국가의 정부에 대한 국민의 신뢰도가 70%대였는데, 2020년대 현재는 30%대의 초라한 상태가 되었다.

왜 이러한 사태가 벌어지고 있는가? 무엇이 그 원인인가? 그 원인을 극복할 수 있는가? 대통령을 비롯하여 국회의원들이나 이들을 뒷받침하는 공직자들이 모두 애국심도 없는 악한들도 아니고 머리가 멍청한 바보들도 아니라는 것은 분명하다. 그런데 왜 정치인들은 인기주의에서 벗어나지 못하고, 전문성으로서 정책의 합리성을 뒷받침하게 되어있는 공직자들은 제 역할을 하지 못하고 있는가? 또 자신들의 이익을 주장하는 국민들도 과거에는 이렇게까지 이기적인 사람들이 아니었다. 도대체 무엇이 잘못되었는가? 이러한 문제들의 해답을 얻기 위해서는 국정관리의 환경이 되는 경제-사회적 변화를 알아야 한다. 이 변화가 일면 국민들을 괴롭히는 문제들을 발생시키고, 타면 이를 해결해야 할 정책관리주체들이 제 본분과 책임을 망각하는 행동을 유발시켰기 때문이다.

2-2 국정환경의 대악화 - 3불(不)사회의 심화 -

한국사회는 21세기에 접어들면서 탈현대사회의 전형적인 부조리에 시달려 왔다. <3불사회>라는 병리현상이다. 불안(不安), 불만(不滿), 불신(不信)이 가득 찬 사회이다. 원래 이 세 가지 부조리는 인간사회의 어느 곳에서나 존재하는 현상이다. 그러나 탈현대사회가 되면서 이런 현상이 악화되었고, 1990년대에 접어들어 선진국 모두가 극심한 부조리에 시달리게 되었다. 우리나라는 1990년대 말에 IMF 사태를 맞으면서 심각한 문제가 되기 시작하였다. 지금은 다른 어느 국가보다 더욱 심각한 상황이 되었다. 다음에서 보겠지만, 인터넷이 가장 발달한 국가가 되어 상호불신이 극도로 치닫고 있기 때문이다.[1)]

왜 이런 상황이 벌어졌을까? 1990년대 초부터 인류사회를 휩쓸고 있는 세계화, 정보화, 과학기술발전의 급속한 진전이 서로 맞물려서 만들어낸 병리현상이다. 이 세 가지 인류사회의 대변화는 인간의 생활을 혁명적으로 개선하고 있는 거스를 수 없는 조류로서, 아마도 인류문명이 멸망할 때까지 멈출 수 없는 흐름이 될 것이다. 그만큼 인간의 생활을 하루가 다르게 편리하게 개선시키는 변화인데, 불행하게도 세 가지 병리현상을 악화시키는 치명적인 대가를 치루는 것이다.

세계화는 자유무역과 정보통신의 급속한 발전에 힘입어 경제 사회 문화 등 각 분야에서 대대적으로 진행되면서 인간의 생활을 편리하고 풍요롭게 만드는 혁명적 변화를 이끌었다. 그러나 이러한 밝은 면과 더불어 어둡고 고통스러운 병리현상에 큰 영향을 미치고 있다. 1990년대에 접어들어 독일이 통일되고 소련 등 공산권이 붕괴하면서 자유무역이 확대되어 기업 간의 경쟁이 치열하게 되었다. 국제시장에서의 경쟁 패배는 국내 경제 사회에 대혼란을 초래한다. 경쟁에서 패배하여 중견기업 하나만 도산해도 하청업체의 노동자를 포함한 수천 명의 실업자가 발생하고 이에 따른 부작용이 경제-사회적 문제를 광범하게 파생시킨다. 당연히 기업만이 아니라 정부도 기업의 경쟁력 강화를 위하여 총력을 기울이게 된다. 경쟁력강화를 위하여 생산비절감(가격경쟁력강화)과 품질향상(품질경쟁력강화)이 절대적인데, 이를 위하여 사람 대신 컴퓨터와 로봇의 사용이 급격하게 증가하게 된다.

과학기술의 발전은 로봇(자동기계)과 컴퓨터의 성능을 향상시키고, 제작비를 낮추게 하여 이들의 사용을 더욱 촉진시키고 있다. 이 변화는 인건비 절감을 위한 구조조정과 맞물려 질 좋은 일자리를 크게 감소시킨다. 인공지능(AI)의 개발로 진행되는 산업의 스마트화(smart化)는 이런 경향을 더욱 가속화하고 있다. 일자리를 얻지 못한 대학졸업생과 구조조정에서 밀려 나온 중년실업자들이 크게 증가되고 있다. 원래 좋은 일자리는 중산층의 터전이므로, 이들의 감소는 이 자리를 차지해야 할 중산층을 하류층으로 몰아내는 결과를 가져온다. 사회는 소수의 상류층과 다수의 하류층이 양극화되는 불안한 구조를 지니게 된다.

1) 이재열(2024)이 좋은 참고가 된다.

취업은 정말 어렵다. 그래서 대학졸업생 중에 아예 취업을 포기한 대학생들이 크게 증가되었다. 그럴듯한 자리는 소위 일류대학졸업생이 아니면 꿈도 꾸지 못한다. 그래서 일류대학 입학을 위해서 유치원부터 과외를 시켜야 한다. 유아원부터 감당해야 할 엄청난 사교육비가 젊은 부부를 괴롭히는 등 엄청난 부작용을 파생시킨다. 앞의 제1장에서 자세히 본 바와 같다. 과잉보호로 연약하게 자란 학생들이 힘든 일은 하지 않으려고 한다. 자식을 장래가 불안정한 중소기업에 보내지 않으려는 학부모들도 많다. 한쪽에서는 취업이 어렵다는데 중소기업에서는 사람을 못 구한다고 하소연한다. 한편 좋은 일자리는 계속 줄어든다. 부모에게 얹혀서 살면서 불안과 불만에 시달리는 젊은이들이 계속 늘어나서 국가의 미래를 어둡게 하고 있다. 더욱 심각한 것은 중년 퇴직자들의 재취업문제이고, 건강하면서도 생계유지에 고통 받는 고령자들의 증가이다.

생계수단을 얻지 못하면 사람은 <**불안**>에 시달릴 수밖에 없다. 본인만이 아니라 옆에서 지켜보는 부모 형제 친한 친구들 모두가 불안하다. 일자리를 얻지 못한 사람들이 많은 사회는 전체가 불안에 시달린다. 더욱이 지금의 상황이 개선될 가능성이 보이지 않는다. 그럴듯한 직장을 얻어 지금의 고통이 사라지리라는 희망이 사라지고 암담한 미래가 더욱 좌절감을 부추긴다.

현재의 고통과 미래에 대한 좌절감 속에 심리적 불안은 당연히 <**불만**>의 불씨가 된다. 일자리를 오랫동안 구하지 못하거나, 중년퇴직 후에 여러 가지 사업에 실패하여 그나마 모았던 퇴직금마저 잃게 되면, 가정은 파탄으로 치닫고 본인은 극도의 좌절감에 시달린다. 처음 몇 년간은 스스로의 잘못으로 자책하지만, 시간이 흐를수록 자신을 돕지 못하는 주변을 원망하고 자신을 그런 상태로 몰아넣었다고 믿게 되는 사회 전체에 대하여 적대의식을 지니게 된다. 모든 것이 불만스럽게 된다.

가까스로 일자리를 구했거나 지키고 있는 사람들도 불만스럽기는 비슷하다. 옛날에는 세 사람이 하던 일을 두 사람이 하게 되면 적당한 휴식과 가족과의 생활이 줄어들고 일에만 파묻히게 된다. 더욱이 기업에서 시작된 격렬한 경쟁이 사회 모든 분야로 확산되어 경쟁적으로 성과를 내기 위한 과도한 업무가 육체적으로나 정신적으로 모두를 피폐하게 만든다. 그리고 언제 퇴직을 강요당할지 알 수도 없다. 불안과 불만에 싸인 생활의 연속이 일상화된다. 과거의 비정상이 정상상태가 된 것은 오래전부터이다.

여기에 더하여 인터넷이나 TV 등 언론매체나 영상물을 통하여 나보다 잘 살거나 즐거운 사람들의 행태를 언제나 보게 된다. 남의 고통은 알 수 없고 잘 보이지도 않기 때문에 무의식중에 나 자신이 더욱 비참해 보인다. 이 모든 것이 모두를 불행하게 만들고 불만에 시달리게 한다.

정보화의 대대적인 진전은 **<불신>**이라는 전혀 다른 문제를 악화시킨다. 불신은 어느 사회에나 존재하는 것이지만, 정보화의 급속한 심화가 이 문제를 극도로 악화시킨다. 과학기술발전, 치열한 경쟁 등으로 사회의 각 분야마다 급속한 변화가 일상적으로 진행되면서 엄청난 양의 정보가 생산된다. 그래서 자신의 분야에서 일어나는 변화를 따라 잡기 위하여 매일 매일 많은 정보를 소화해야 한다. 그야말로 정보홍수에 휩쓸려서 다른 곳을 돌아볼 여유가 없다. 다른 분야의 변화에 관심을 가질 시간도 부족하고 이해할 수 있는 능력도 감소한다. 과거에는 비슷한 인접분야에서 벌어지는 일들을 쉽게 이해할 수 있었는데 지금은 전혀 아니다. 결과적으로 사회는 각 분야별로 커다란 장벽이 둘러싼 독립영토와 같이 되어 다른 분야와는 소통을 하기 어렵게 된다. 마치 중세시대에 다른 영토로 도망치지도 못하고 포악한 봉건 영주의 지배를 받던 봉건사회와 비슷하다고 하여 이를 전자봉건주의(electro-feudalism)라고 부르기도 한다. 이러한 상황에서는 다른 분야의 말을 이해하지 못하고 싸움이 벌어지면 어느 쪽이 나쁜지도 판단하기 어렵다. 당연히 어느 쪽의 말도 쉽게 믿을 수 없다. 불신이 뿌리를 박는 것이다.

설상가상으로 정보화가 대대적으로 진전되면서 사람들이 컴퓨터를 통하여 정보수집이나 취미활동을 하는 시간이 많아지고 다른 사람과의 대면접촉을 하는 기회가 크게 줄어든다. 온갖 오락물을 제공받는 휴대전화기를 이용한 각종 취미생활,

갈수록 다양해지는 SNS에서의 의사소통으로 휴대전화기와 더불어 하루를 보낸다. 나와 다른 생각을 가진 사람과의 접촉할 기회가 줄어들어 부모 형제와도 의사소통이 잘 되지 않는다. 주변의 사람들로부터 차단된 외톨이가 되어 사이버 공간에서 자신이 좋아하는 것만 상대하며 생활한다. 그리고 비슷한 생각을 지닌 사람, 비슷한 취미를 지닌 사람들 하고만 소통을 한다. 사회적 이슈에 대해서도 자신이 좋아하거나 관심 있는 것만 취사선택하여 정보를 수집하게 되어, 사실판단의 객관성을 극도로 약화시키고 편향성을 강화시킨다. 비슷한 사람들끼리의 소통은 이 편향성을 더욱 강화시킨다. 그리하여 자신과 반대되는 생각을 지닌 사람에게는 소외감과 적대감을 느낀다. 연대의식이 사라지고 공동체가 분해되는 것이다. 앞에서도 지적했지만, 인터넷의 이용이 가장 활발한 우리 사회가 가장 심한 불신 속으로 함몰되고 있다.

불안, 불만, 불신이 결합되면, 최악의 국정환경이 된다. 이러한 사회는 쉽게 분노의 사회(angry society)가 되고 분열된 사회가 된다. 자신과 다른 사람에 대한 소외감과 적대감을 느끼므로 쉽게 분노한다. 자신은 힘들게 살아가는데, 불공정하게 자리를 차지하고 잘 살고 있다든가, 자신에게 부당하게 피해를 입힌다고 믿게 되면, 분노를 참지 못한다. 자신의 불행이 사회의 책임이라고 생각되면, 사회와 정부에 대하여 분노한다. 자기보다 잘 산다고 생각되는 사람은 아주 사소한 잘못을 저질러도 용서하지 못한다. 정부에서 결정한 정책이 나에게 아주 작은 피해라도 끼친다고 생각되거나, 특별한 이유 없이 다른 사람에게 혜택을 준다고 생각되면 분노를 참지 못한다. 아무리 공익을 위한 것이라고 설득해도 소용이 없다. 일자리가 없어서 불안하고 고통스러운 생활이 계속되면, 남의 입장을 이해한다거나, 남을 배려하는 마음의 여유가 없어진다. 지나친 경쟁으로 과도한 업무에 시달리는 사람도 마찬가지다.

이러한 상태에서는 사실을 있는 그대로 믿기 보다는 자신에게 호의를 지닌 사람들의 말을 그대로 믿게 된다. 호의가 아니라도 자기와 비슷한 처지에 놓인 사람들의 말을 믿게 된다. 자신과 다른 계층이나 자신과 다른 배경을 지닌 사람들의 말은 아무리 진실이라도 자신과 비슷한 처지라고 생각되는 사람들과 충돌하면, 그 사실을 절대로 믿으려고 하지 않는다. 비슷한 생각을 하거나 좋아하는 사람들끼리만 의사소통을 하는 경향이 이 불신을 더욱 강화시킨다. 이성적 판단보다 감정적 동류의식이 공동체를 갈갈이 찢어 놓고, 이해관계가 충돌되는 집단들 사이에 적대적 관계가 형성되어 상호이해와 배려, 타협의 정신은 사라지게 된다. 민주주의의 기본이 흔들린다.

분노의 사회, 동류가 아닌 집단에 대한 적대적 의식들은 불안, 불만, 불신과 상승작용을 하여 파멸적인 국정환경을 만든다. 특히 외부인 주도정치와 선동정치의 폐해가 극심해지고, 정부정책은 혼란에 빠져들어 사회 전체가 퇴락의 길로 접어들기 쉽다.

2-3 외부인 주도 정치(Outsider Politics)와 대의제 민주주의의 위기

정치체제의 내부에서 잔뼈가 굵어져 국정의 중요부분에서 역할을 담당했던 직업정치인이나 고위관료 등을 정치 체제의 내부인이라고 부른다면, 정치체제의 변두리에서만 맴돌거나 정치-행정경험이 적은 사람들을 외부인이라고 부를 수 있고, 이들이 주도하는 정치를 외부인 주도정치(outsider politics)라고 부른다. 1980년대에 접어들어 세계적으로 외부인 주도정치가 유행하는 현상이 나타났는데, 미국에서는 1976년에 대통령에 취임한 카터와 그 다음의 레이건 대통령, 비슷한 시기에 등장한 카나다의 트뤼도 수상(교수 출신), 일본의 호소카와 수상(아주 작은 정당 대표) 등이 대표적인 외부인이다. 그 이후 외부인 주도정치는 선진국에서 일상화되었고, 아버지 부시를 제외한 클린턴, 아들 부시, 오바마에 이어 2016년에는 트럼프 같은 극단적인 외부인이 미국 대통령에 당선되었다.

레이건 대통령에서 두드러지지만, 외부인 주도정치는 변화가 절실한 시기에 그 변화를 획기적으로 이끄는 장점도 있다. 그래서 일률적으로 나쁘다고 할 수는 없다. 그러나 대부분의 경우는 장점보다 단점이 훨씬 많고, 이를 걱정한 학자들이 외부인 주도정치라는 용어를 사용하기 시작한 것이다. 외부인 주도정치는 변화가 심한 시기에 등장한다. 외부인은 변화에 민감하므로 새로운 상황에 적합한 개혁을 추진하는 데에 내부인보다 우수하기 때문이다. 그러므로 통치이념이 다른 정권 교체가 되풀이되면, 좌우파 간의 구별 없이 등장하게 된다. 이 외부인의 장점에 대해서는 제8장의 정치 개혁 부분에서 간단히 검토될 것이다. 그런데 보통의 경우는 장점보다 단점이 훨씬 많고, 외부인 주도정치가 일상화되면서 그 단점을 정확하게 이해할 필요성이 커지고 있다. 아래에서 이를 자세히 살펴보기로 한다.

외부인 주도정치의 단점은 외부인이 국정관리의 어려움을 정확하게 모른다는 사실 때문에 발생한다. 변화의 필요성은 내부인보다 더 빨리 감지하는데, 그 해결책에 대해서 잘 모르는 것이다. 앞에서 자세히 보았듯이 국가 간, 기업 간 경쟁이 격렬해지면서 컴퓨터와 로봇이 사람의 일자리를 빼앗아 가고, 대졸생들의 미취업, 조기퇴직자들의 급격한 증가와 일상화, 이에 따른 가정불안과 파탄, 청소년들의 정서불안과 학교폭력, 사교육비가 엄청난 고통을 주는 교육문제, 끊임없이 되풀이되는 주택문제, 가계부채, 저출산문제, 저소득층과 노령층의 증가로 인한 정부부담의 증가 등이 무수한 국민들을 고통 속에 빠뜨리게 되었다. 이러한 문제는 하나하나가 해결이 어려울 뿐만 아니라 서로가 서로의 꼬리를 물고 복잡하게 얽혀 있다. 여러 가지 해결책을 시도해 보지만, 기대와는 달리 해결은 거의 되지 않는다. 정부마다 이런 저런 시도를 하여 문제를 더욱 복잡하게 만들어서 얽혀진 실타래를 어떻게 풀어야 할지도 쉽게 알 수 없는 경우도 많다. 그러나 외부인들은 이러한 사실들을 정확하게 모른다. 몇 가지 정책이나 사업을 추진하면 문제가 해결될 것으로 믿고, 문제가 해결되지 않는 것은 기성 내부인들이 기득권을 유지하기 위하여 열심히 추진하지 않기 때문이라고 생각한다. 심한 경우에는 부패한 내부인들이 기득권 세력과 한패거리가 되어 변화에 저항하기 때문이라고 생각한다. 그리하여 내부인들은 대부분 타락하고 부패한 집단이라고 믿는 외부인들이 많아진다.

민주화가 진전되고 다양한 언론매체의 활성화, 특히 인터넷과 SNS의 활성화로 정부와 정치인들의 행동이 쉽게 공개되고 비판되면서 내부인들이 기득권 세력에 포획되었다는 비난은 많이 감소되었다. 그리고 통치이념이 다른 정당 간의 정권 교체가 반복되면서, 이러한 비난은 더욱 감소되었다. 반면에, 각 정권이 지지집단에게 발목을 잡히어 정책문제를 합리적으로 해결하지 못한다는 비난이 커지게 되었다. 1980년대 90년대의 기득권과 내부인의 결탁이라는 비난 대신에 2000년대에 들어서는 정권의 지지집단과 정권담당세력들 간의 결탁이라는 비난이 슬로건이 된 것이다. 물론 외부인들도 일단 정권을 장악하면, 얼마 지나지 않아 내부인으로 전락한다. 그래서 새로운 정권이 등장할 때쯤에는 현존의 정권을 맹렬하게 비판하는 외부인들이 대거 등장하게 된다. 일자리 부족 등 고질적인 정책문제들을 해결하지 못하는 기존 정권의 무능을 공격하는 것이다.

일반 국민들도 비슷하다. 사실은 일반 국민들 중에서 문제의 악화와 정부의 무능에 대하여 참지 못하고 정치권에 진입하는 사람들이 외부 정치인이 되는 것이다. 많은 국민들이 기성정치인들, 특히 중요한 역할을 한 경험이 있는 내부인들(문제해결을 하겠다고 큰소리치고 정권을 담당하였지만, 해결에 실패한 사람들)을 신뢰하지 않기 때문에 외부인을 선거에서 지지하고, 결과적으로 이들이 정권을 장악하여 외부인 주도정치가 전개되는 것이다. <경륜 있는> 지도자가 높이 평가되던 시대는 옛날이 되고, <참신한> 지도자가 선호되는 시대가 온 것이다. 급속한 변화는 진행되는데 문제를 해결하지 못하면서 계속 실패하는 정부들, 그리고 그 정부를 주도하는 내부인들의 능력과 의도에 대한 강한 불신이 외부인을 선출하여 국정을 담당시키게 된 것이다.

그러기 때문에 외부인 주도정치는 쉽게 인기영합주의(populism) 정치로 가게 된다. "이러한 정책과 이런 방식으로 국정을 운영하면 문제를 해결할 수 있는데, 타락한 집권세력(기성 내부인들)이 정권 지지집단들과 결탁하여 이를 추진하지 않기 때문에 여러분들이 고통을 당하고 있다. 나를 선출해주면, 내가 이를 해결하겠다." 라고 시민들이 좋아할 만한 정책대안을 들고 선전하게 된다. 오랫동안 일자리 부족과 복합적인 문제로 고통을 받는 유권자들은 외부인들의 주장을 반신반의하면서도 지지하게 된다. 사정을 정확하게 아는 내부인들이 그렇게 간단한 문제가 아니라고 아무리 합리적으로 설득하고 떠들어 보아도 고통받는 사람들에게는 호소력이 없다. 들어 본적이 많은 변명이기 때문에 언론에서는 취급조차 않는다. 문제해결이 어려운 것은 이해하지만, 외부인이 그 문제를 해결해줄 가능성이 있을지도 모른다고 생각하는 유권자들은 외부인을 지지한다. 더욱이 내부인은 산뜻한 다른 대안도 제시하지 못한다. 밑져야 본전이라는 생각으로 외부인을 선출할 수밖에 없다. 이리하여 인기영합주의가 횡행하게 된다. 물론 실망이 큰 사람들은 투표도 하지 않는다. 모든 선진국들이 국민들의 정치적 무관심을 걱정하고 저조한 투표율이 대의제 민주주의의 정당성을 약화시킨다.

인기영합주의가 외부인 주도정치에서만 나타나는 것은 아니다. 국민들이 알 수 없는 문제에 대해서는 누구나 쉽게 인기영합주의에 빠질 수 있다. 그러나 외부인 주도정치가 횡행하면 인기영합주의가 위험수위를 넘게 된다. 참신한 인물이 내거는 공약은 실천가능성이 의심되더라도, 혹시나 하는 심정으로 지지해 보지만, 내부인이 외부인의 흉내를 내어 인기 위주의 공약을 내걸면, 지식인들의 맹렬한 비난 때문에 득보다 실이 크다. 외부인에 대해서는 "본인이 잘 모르니까 저런 주장을 하는구나"라고 넘어가지만, 내부인이 이런 주장을 하면, 알면서도 거짓말을 하는 정치 사기꾼이기 때문에 절대 용서하지 못한다. 그래서 인기영합주의가 횡행하면, 내부인이 선거에서 승리할 가능성은 아주 작아진다. 물론 외부인들도 집권세력에 가담하고 나면, 얼마 지나지 않아 내부인으로 낙인 찍히고, 외부인 주도정치는 악순환을 되풀이하게 된다.

외부인 주도정치의 가장 큰 위험은 인기영합주의가 도를 넘어 선동정치로 몰고 갈 가능성이다. 실현 가능성이 약하지만, 인기 있는 정책대안을 공약으로 제시하는 외부인들은 이 대안이 추진되지 않는 것이 내부인들이 기득권세력이나 정권지지집단과 결탁하여 반대하기 때문이라고 믿는다. 한걸음 더 나아가서, 무수한 사람들을 고통에 빠뜨리는 이러한 문제를 해결하는데 반대하는 사람들은 파렴치하고 이기적인 사람들이라고 믿게 된다. 그래서 위험한 결론이 나온다. 즉, 저러한 사람들은 사회의 공적(公敵)이고 도태되어야 할 사람들이다. 물론 상대편은 정반대로 주장한다. 외부인이 내세우는 대안은 효과보다 피해가 훨씬 큰데, 그것도 알지 못하고 저렇게 인기만 쫓는 정상배들 때문에 문제를 해결할 올바른 정책을 결정하지 못한다. 대중을 선동하여 정권을 획득할 목적으로 국가적으로 엄청난 피해를 가져올 정책대안을 추진하려는 자들이야말로 자신들의 이익만 생각하는 사회의 공적이라고 주장한다. 그리하여 상호비난과 대결 속에 적개심이 심화되고, 파멸적인 적대정치가 점점 심해진다. 고통 받는 사람들은 어느 한쪽 편에 서서 상대편을 비난하면서 적대정치를 더욱 악화시킨다. 이러한 편가르기가 통치이념과 얽히게 되면 더욱 위험한 선동정치가 나타난다. 인기영합주의에서는 선거구민들에게 자신을 지지해달라고 호소하는 정도에서 상대편을 비난하지만, 극단적 선동정치에서는 나를 지지해달라기 보다 투표를 통하여 사회적 공적인 상대편을 타도하자고 선동한다. 경제-사회적 양극화는 정치적 양극화를 가속시키고, 서로 대립하는 양쪽 정치세력의 내부에서도 극단주의자들이 주도권을 잡게 만든다. 이 극단주의자들은 대부분이 상대편에 대한 적개심이 강하여 증오정치로 몰고 가려고 한다. 합리적으로 개혁하려는 온건주의자들이 영향력을 행사하지 못하고, 극렬파들이 주도하여 목소리를 높이면서 적대정치를 더욱 심화시킨다. 이해가 대립되는 집단들 간의 양보 없는 대결과 합리적 해결책에 대한 무지(無知)로 인한 오해와 착각이 뒤엉켜서 벌어지는 비극이다.

조선조에서 당쟁이 극심하여 집권세력이 상대편을 몰아서 죽이던 때와 판박이다. 그러나 당시의 편가르기는 정치에 관심 있는 지식계층에서만 있었으므로 지배층인 소수의 국민들이 갈라졌었다. 지금은 과반수 이상의 국민들이 갈라져서 파멸적 적대정치의 틀 속에 갇혀 있다. 국가의 장래가 무섭지 않은가? 2020년대의 한국 정치는 좌우 대립이 극심하고, 중립적인 국민이 30-40% 정도 밖에 되지 않는다고 한다. 이 중립적 국민의 대부분은 정치에 실망하여 국정관리에 관심을 두지 않는다. 그러나 이들의 지지 여하에 따라 정권이 교체되기 때문에 이들의 지지를 얻으려고 노력한다. 이러한 노력은 물론 바람직하다. 문제는 부정적 인기전략(negative populism)이다. 상대편이 이들의 지지를 얻는 것을 방해하는 것이다. 상대편의 정책이 국가를 위해서 바람직하여 중립적 국민들의 지지를 얻을 것으로 판단되면, 그 정책 자체를 실패시키도록 노력한다. 국가나 국민들을 위한 공익을 희생하여서라도 상대편의 정권장악을 막으려는 것이다. 평상시라면 말도 안 되는 정치행태이지만, 적대정치가 심화되면 언제나 등장하는 행태이다.

오(吳)나라의 국왕 부차가 월(越)나라 군대를 격파하고, 아버지의 원수인 월왕 구천을 사로잡자 재상 오자서가 구천을 죽이고 월나라를 멸망시켜야 한다고 충언을 했다. 이때 부차에게 아부하던 간신 백비가 월나라 구천의 뇌물을 받아먹고 구천을 살리기 위해 노력하였다. 드디어 구천을 월나라로 살려 보내는데, 이를 반대하는 오자서를 반역죄로 모함하여 처형시킨다. 부차 아버지의 오른팔 역할을 하였고, 언제나 국가를 위한 충언을 하던 충신으로 유명하였던 오자서를 처형한 것이다. 부패하고 타락한 부차가 걸핏하면 듣기 싫은 말을 하는 오자서를 미워하였고, 이를 이용한 백비가 부차를 부추겨서 오자서를 제거하고 자신이 정권을 잡은 것이다. 얼마 후 월왕 구천은 <와신상담> 끝에 오나라를 멸망시켰는데, 전투에서 패배한 오왕 부차는 오자서의 충언을 듣지 않은 것을 후회하면서 자결을 하였다. 한편 오나라 대신이었던 백비는 구천이 오나라를 멸망시킨 것을 축하하면서 자기의 공이 크다고 구천 앞에서 거들먹거렸다고 한다. 자신이 정권을 잡기 위해 온갖 아첨을 하던, 자신의 주군인 오나라 국왕 부차가 자살을 하고 난 직후이다. 화가 난 구천이 <너의 주인이 죽었는데, 너는 왜 살아 있느냐?>면서 그 자리에서 당장 백비를 칼로 쳐 죽였다고 한다. 그리고 충신 오자서(자신을 죽이고 월나라를 멸망시키자고 주장했던)의 영령을 위로했다고 한다. 죽기 직전 행동으로 보면, 백비는 이렇게 죽으리라고는 상상도 못 했던 것으로 보인다. 나라를 망하게 하는 간신들의 전형적인 행태에 가까울 것이다.

이보다 더 슬픈 사건이 있다. 명나라 말기에 이자성의 농민군이 승승장구하여 명나라 멸망이 눈앞에 닥쳤을 때 혼자서 적군을 막아서 버티던 명장 원숭환을 환관이 중심이 된 집권당이 반역으로 몰아 처형하였다. 무수한 백성들이 탄식하였지만, 환관들은 원숭환을 지원하는 반대당이 정권을 잡는 것보다 명나라가 망하고 이자성의 농민군이 승리하는 것이 자신들에게 더 유리할 것으로 판단하였다는 소문이 널리 유포되었다. 아마도 집권세력이 너무 미워서 나온 유언비어일 것이다. 그보다는 <설마 별일 없겠지>라고 안이한 생각을 했을 가능성이 크다. 그러나 이들은 얼마 되지 반란상황이 악화되자 처형을 당했다. 남인이라고 낙인 찍힌 이순신을 처형하려던 당시의 북인들과 혹시라도 자신의 왕위에 부담이 될까 보아 이에 동조한 국왕 선조의 행태에도 이러한 측면이 있었다는 지적이 있다. 얼마나 무서운 상황인가?

2-4 합리적 정책결정을 제약하는 선거공약

적대정치에 기름을 붓는 현상들은 그렇게 광범위하게 사회를 지배하지는 않는다. 극렬한 목소리를 내는 사람들이 그렇게 많은 것은 아닌 것이다. 만약 그렇다면, 홉스가 리바이어던(Leviathan)에서 우려했듯이 민주주의는 설 땅이 없을 것이다. 자기와 다른 류(類)의 사람들에 대한 적대감, 자기와 이해가 충돌되는 사람들에 대한 증오심 등은 극심한 경우에 나타나고 일부의 사람들에게만 나타나는 현상이다. 그러나 이러한 현상이 지속적으로 증가하면 선량한 시민들도 서서히 나쁜 쪽에 감염된다. 이제는 많은 국민들이 심각한 적대적 정치병에 감염되어 가고 있는 상황이다. 여기에 더하여 생계수단의 위협으로 불안하고 불만스러운 생활이 지속되고, 다른 사람들(특히 자신과 다른 사람들)에 대한 불신이 가득한 분위기가 되면 국정관리에 있어 최악의 환경이 된다.

무엇보다도 국가발전과 국민의 행복을 위해 바람직한 정책을 결정하기가 무척 어렵다. 21세기가 되면서 한국에도 해결이 극히 어려운 사회문제들이 쌓이게 되었다. 앞에서 계속 지적했듯이 일자리 문제를 비롯한 심각한 문제들이다. 이렇게 어려운 문제들을 해결하려면, 문제를 발생시킨 원인들의 내용이나 복잡한 관계를 치밀하게 분석하고 여러 분야별로 관련된 해결책을 마련하여야 한다. 그리고 이러한 연관된 해결책을 종합 계획(마스터 플랜)에 따라 여러 분야에서 동시에 꾸준히 집행하여야 한다. 그런데 합리적 결정도 어렵지만, 집행은 더 어렵다. 합리적인 문제해결책과 대립되는 이해관계자들의 상호배려를 확보할 수 있는 대책이 필수적인데 이것이 어렵기 때문이다. 합리적 종합계획이 없더라도 분야별 효과적인 해결책을 추진하면 서서히 문제를 해결할 수 있다. 그러나 이것도 잘 되지 않는다.

합리적 정책결정의 어려움은 무엇보다도 해결해야 할 문제가 뿌리가 깊거나 복잡하게 얽혀져 있기 때문에 발생한다. 인간의 지혜를 다 모아도 해결책을 찾기가 쉽지 않은 것이다. 당연히 최선의 해결책을 찾지 못하면 차선, 차차선의 해결책을 찾는 수밖에 없다. 그런데 정책결정자의 분석능력이 취약하여 발생하는 한계보다는 이해관계에 사로잡힌 이기적 행동이 더욱 심각하게 합리적 결정을 방해한다. 바로 정책관련자들의 이기주의적 요구와 이를 외면하기 어려운 정책주도자들의 태도이다.

먼저 국민들의 이기주의적 태도가 가장 심각한 장애가 된다. 앞에서도 지적했듯이 많은 문제들로 고통을 당하는 사람들은 선량한 민주시민의 정신을 유지하기가 무척 어렵다. 무엇보다도 일자리 문제가 가장 심각하다. 일자리 문제로 고통을 당하면 마음의 여유가 사라지기 때문이다. 그러나 일자리 문제만이 아니다. 앞에서 본 수많은 문제들이 국민들을 괴롭힌다. 나의 고통을 줄이기 위한 대책이 다른 사람에게 어떤 피해를 줄 것인지를 짐작할 여유가 없어진다. 추상적이고 공허한 공익에 대한 영향은 아예 생각도 하기 어렵다. 그래서 나의 문제를 해결해달라고 강하게 요구하게 된다. 불만이 있는 정책을 수정하거나 뿌리 뽑아 달라고 요구한다. 당연히 적대적인 상대편에서는 정반대의 요구를 한다. 나중에 보겠지만, 정책은 반드시 수혜자와 피해자가 있고, 이들 간에 제로섬(zero-sum) 게임 같은 대립이 생기는 경우가 많기 때문이다. 국가 전체적으로 피해를 크게 발생시키거나 다른 사람들에게 큰 피해를 유발시키는 요구들도 많이 등장한다. 선거 때가 되면, 특히 대통령선거 시에는 이 다양한 요구들이 무수하게 선거판으로 쏟아진다. 선거에 출마한 사람들은 득표에 조금이라도 도움이 되면, 요구대로 문제해결을 하겠다는 공약을 하게 된다. 그리하여 선거가 끝나면, 서로 대립-충돌하는 내용을 포함하여 엄청난 문제해결 공약들이 집권세력 앞에 쌓인다.

원래 대통령을 중심으로 한 장차관 등의 보좌관들과 집권 여당의 고위간부들이 집정부(執政府)를 구성하고, 이들이 선거공약을 정책으로 전환한다. 그러나 선거에서 표를 얻기 위하여 내걸은 인기영합적인 공약은 대부분이 효과보다 부작용이 훨씬 큰 정책대안이기 때문에, 전문가들이 이미 포기한 것들이 대부분이다. 그래서 과거 권위주의 시대에는 선거공약을 정책으로 전환시키는 경우가 아주 드물었다. 현직 대통령이 특별명령으로 약속한 공약(대통령의 특명 사항)도 전문적 검토 과정에서 폐기된 경우가 대부분이었다. 민주화 이후에도 상당 기간 동안 비슷한 양상이 되풀이되었다.

그러나 21세기에 들어서 집권세력의 선거공약은 정책으로 추진하여 정책의 대의제적 민주주의 정신을 살려야 한다는 생각이 확산되었다. 그리고 이해집단은 자신들을 위한 공약을 정책으로 추진하도록 강력하게 요구한다. 선거에서 국민들이 지지해 준 것이므로 민주성이 확보되었다고 정당화한다. 표면상으로 보면 민주화를 위해서 당연한 생각이다. 통치이념이 다른 집권세력 간에 정권 교체가 일어나면서 이러한 생각이 더욱 확산되었다. 그러나 이 생각에는 몇 가지 치명적인 약점이 있다. 이 약점은 중요하기 때문에 다음 장에서 자세히 논의할 것이다. 여기서는 핵심적인 요지만 지적하기로 한다.

첫째, 특별한 몇 가지를 제외하고는 공약이 본인들에게 아무런 영향을 미치지 않는다고 생각하는 국민들이 많다. 이들은 공약을 가볍게 생각하고 투표하던 과거의 타성을 바꾸지 않는다. 그래서 공약이 아닌 요소가 선거의 승리를 결정짓는 경우가 더 많은 것이다. 특히 중대한 대통령 선거에서까지도 사실을 왜곡하고 심지어는 없는 사실을 만들어 치명적인 스캔들을 조작하는 악의적 정치공작으로 승리하는 경우도 있다. 공약과 관련 없는 요인이 작동하여 선거결과를 좌우하는 것이다.

더욱 심각한 약점은 거의 모든 공약이 정책의 효과는 확대과장하고 정책의 비용은 은폐하거나 축소하여 그럴듯하게 포장한다는 점이다. 너무나 많은 공약이 곳곳에서 나오기 때문에 정책 공약과 관련성이 약한 중립적 국민들만이 아니라, 전문가들의 관심도 끌지 못하는 경우가 많기 때문이다. 결과적으로 두 번째 심각한 약점이 나온다. 승리정당이 내건 공약 중에는 객관적이고 합리적인 분석을 하여 공개하면, 국민들의 반대가 찬성보다 훨씬 커서 공약정책의 대의제적 민주성이 극히 취약한 경우가 흔히 있다. 뿐만 아니라, 공익을 심각하게 훼손하는 경우도 있다. 인기영합적이고 왜곡된 내용으로 그럴듯하게 포장하였지만, 객관적인 기준으로 분석해 보면 민주성이나 공익 면에서 바람직하지 못한 공약들이 많은 것이다.

이런 식의 비합리적 공약이 난무하는 근본 이유는 이해관계가 큰 소수집단들이 강력하게 요구하여 이들의 표를 얻기 위해서 정략적으로 공약 속에 끼워 넣은 것들이 많기 때문이다. 최근에는 통치이념이나 정책신념으로 국민들의 반대를 무릅쓰고 공약에 포함시키기도 한다. 주요 정당들의 이념정당적 성격이 강화되고 좌파-우파의 정권 교체가 빈번해지면서 나타나는 현상이다.

그런데도 일단 선거에서 승리하면, 승리한 집권세력이 내건 무수한 공약이 한 묶음으로 국민의 지지를 받은 것으로 포장된다. 그래서 집권세력이 밀어붙인다. 특히 통치이념에 직결된다고 믿거나, 그 공약을 요구한 집단이 선거에 큰 공을 세웠고, 앞으로의 정권유지에 도움이 필요하다고 생각하는 경우에는 어떻게 해서든 관철시키려고 노력한다. 그래서 반대세력이 선거 패배로 위축되어 있고, 중립적 국민들이 새로운 정권에 대한 막연한 기대가 큰 집권 초기(Honey Moon 기간)에 밀어붙인다. 객관적인 시각을 지닌 지식인 계층에서 아무리 합리적인 결정을 요구하여도 소용이 없다. 더욱이 정책문제들은 그 자체 해결이 어려울 뿐만 아니라 다른 문제들과 얽히고설키어 바람직한 해결책이 무엇인지 객관적으로 판단하기도 쉽지 않기 때문에 집권세력은 다양한 방법으로 끊임없이 공약을 정당화한다.

2-5 불합리한 정책수정의 피해

선거에서 승리한 집권세력이 추진하려는 선거공약은 기존의 정책을 수정-폐기하거나 새로운 정책을 수립하려는 것이다. 심어 둔 과일나무의 가지치기를 하든지, 뿌리 뽑고 새 나무로 바꾸는 것이다. 그런데 합리적-분석적 결정을 거치기보다는 지지집단의 요구를 반영하거나 정책신념을 실현하려고 밀어붙이기 때문에 공익(국가발전과 국민행복)의 증진이라는 큰 목표 차원에서 볼 때 잘못된 것이 흔히 있다. 기존 정책의 무분별한 수정이나 폐기는 새로운 정책의 불합리성과 별개로 그 자체가 두 가지 측면에서 큰 피해를 유발하거나 공익을 훼손한다. 첫째, 무엇보다도 기존의 정책을 전제로 구축되어온 질서나 관련인 들의 프로그램 등을 망가트리는 피해를 발생시킨다. 둘째, 결과적으로 정권교체가 빈번하게 이루어지면서 짧은 기간 내에 정책을 대폭 수정하거나 폐기하고 새로운 정책을 도입하는 행태가 되풀이되면, 엄청난 피해가 발생할 수 있다.

첫 번째의 경우는 쉽게 이해가 된다. 그러므로 두 번째 경우를 자세히 보기로 한다. 한때 선진국의 문턱까지 갔던 아르헨티나가 몰락하였을 때, 그 원인에 대하여 많은 학자들이 다양한 주장을 하였다. 크게 보면 정반대되는 두 가지 주장이다. 좌파들은 그 원인으로서 미국자본주의가 남미경제를 종속시키고 착취했기 때문이라는 종속이론을 주장하고, 우파들은 노동조합의 분별없는 파업과 계속되는 임금인상 때문에 극심한 인플레이션이 남미경제를 파멸시켰다고 주장하였다. 그런데 남미경제를 오랫동안 직접 관찰하고, 아프리카 후진국들의 경제발전노력과 실패과정도 현장에서 연구한 허쉬만 교수(A O Hirschman)는 전혀 다른 결론을 내렸다. 정권변동에 따라 정책의 무분별한 변경이 그 핵심 원인이라고 지적한 것이다. 통치이념이 다른 정권이 등장하여 기존의 정책을 뿌리 뽑고 새로운 정책을 추진하고, 다음 정권은 정반대의 정책을 추진하여 어느 정책도 결실을 보지 못 한 것이 대혼란의 시작이었지만, 통치이념이 동일한 정권변동에서도 비슷한 정책뒤집기가 계속되어 남미경제가 몰락했다는 지적이다.

예를 들면, 자유무역과 외자도입으로 추진하는 산업화 등의 우파정책을 뿌리 뽑고, 외국자본을 몰아내고 국내자본에 의한 공장건설과 이를 보호하기 위한 보호무역, 농지개혁, 그리고 노동운동의 활성화를 적극 지지하는 노동정책을 페론정부가 추진하였다. 그런데 여러 가지 요인으로 과거 외화획득에 큰 역할을 하였던 축산물 수출이 급격히 감소하고, 과열된 노동운동으로 업종마다 경쟁적인 임금인상이 만연하였는데, 설상가상으로 농지개혁의 실패로 인한 식료품가격이 폭등하는 등으로 인플레이션이 극심하여 지면서 경제가 대혼란에 빠졌다. 참지 못한 군인들이 쿠데타로 좌파정부를 전복하였다. 정권을 잡은 군부세력은 좌파정권의 정책을 전부 뿌리 뽑고 정반대인 과거의 우파정책으로 회귀하였다. 정책뒤집기를 한 것이다. 그러나 정책은 과거로 회귀했지만, 경제 등 사회상황은 간단하게 과거로 돌아갈 수가 없다. 혼란이 계속되고, 혼란을 극복하기 위한 여러 가지 대책들을 추진해 보지만, 효과가 잘 나오지 않는다. 사회문제는 쉽게 해결이 되지 않기 때문이다. 혼란이 계속되자 참지 못한 또 다른 군부세력에 의한 쿠데타가 새로운 정권을 등장시킨다. 지난 정권의 대책들이 실패했다고 믿고 이들을 폐기하고 새로운 대책들을 추진하지만, 혼란상태는 쉽게 극복이 될 리가 없다. 또 다른 정권이 등장하여 정책을 다시 뒤집는다. 초기와 달리 서로 정반대가 되는 좌파정책과 우파정책을 뒤집기 하는 식은 아니지만, 기존의 정책내용이 실패했으니 새로운 내용의 정책이 문제를 해결해 주리라고 기대하는 정책변경이 되풀이된다. 과수원을 포기하고 벼농사를 짓다가, 이를 뒤집어 다시 과수원을 하는 식의 정책변경은 아니지만, 사과 대신에 포도 심기, 블루베리 심기를 계속한 것이다. 외부인(outsider)들이 번갈아 정권을 잡으면서 정책뒤집기를 계속한 것이다. 이 상황은 허쉬만이 논문을 발표한 시기(1975년)까지의 이야기이지만, 그 후에도 별반 개선이 되지 않은 것으로 알려져 있다.

사회문제는 원래 그렇게 쉽게 빨리 해결되지 않는다. 올바른 정책(처방)도 효과를 얻기 위해서는 상당한 숙성기간이 필요하기 때문이다. 그래서 올바르게 결정된 것도 많은 국민들은 실패하고 있다고 생각하기 쉽다. 그리고 정책을 바꾸어야 된다고 믿는다. 당연히 정권반대자들은 정책에 대한 반대 목소리를 높인다. 이러한 정부정책의 실패(정확하게 표현하면 실패했다고 믿는 상태)가 되풀이되면서 국민들은 정부의 정책은 언제나 실패하게 되어있다는 심리상태(이를 허쉬만 교수는 실패병 -frascomania-이라고 불렀다)에 빠지게 되었다. 정부의 정책은 실패하여 곧 수정될 것이므로 정책에서 요구하는 행동을 하면 큰 피해를 입을 수 있다고 믿고, 정부의 정책을 따르지 않는다. 이리하여 문제는 악화되어 가는데 정부는 무기력과 무능상태에 빠졌다고 지적한 것이다.

이러한 극단적인 사태가 우리나라에서는 발생하지 않겠지만, 힘들게 결정한 정책을 성급하게 뒤바꾸고, 귀중한 사업을 폐기하는 일이 되풀이되는 경우가 흔히 나타난다. 어렵고 힘든 국정환경 속에서도 비교적 합리적인 결정이 이루어지는 경우도 많다. 사실은 이러한 경우가 더 많았기 때문에 우리가 계속 발전하여 선진국의 대열에 참여할 가능성이 생긴 것이다. 그런데 이렇게 어려운 과정을 거쳐 합리적으로 결정된 정책이 집행되는 과정에서 좌절되는 경우가 많이 생긴다. 훌륭한 나무가 뿌리 뽑히거나 망가지는 것이다. 그리고 그 자리에 잘못된 정책을 심는다. 최근 20여 년 사이에 한국정부에서도 이러한 일들이 흔히 벌어졌다.

경제나 사회발전이 창조적 계급(creative class)에 의해 성취된다는 이론이 유행하자 정부에서 창조경제센터를 지방 곳곳에 만들어 기업들을 유치하고 정부도 지원을 하였다. 그러나 비슷한 개념의 사업들은 과거의 정부에 의하여 추진되어 이미 곳곳에 자리 잡고 있었는데, 심어놓은 나무에 가던 물줄기를 다른 곳으로 돌린 결과가 되었다. 새로운 나무를 심은 것이다. 성급하게 추진한 사업이라 곳곳에서 장애에 부닥치고 정부지원에서 외면한 과거의 사업들도 기대 이하의 성장을 할 수 밖에 없었다. 정권이 바뀌면서 잊혀진 정책이 되었다. 예전의 사업이나 새로운 사업 모두가 피해를 입은 것이다. 정책결정과정에서의 치밀한 합리적 분석이 취약했던 경우이다.

4대강 살리기 사업이 시작되기 전에 1년에 약 1조 원 정도의 예산이 저수지 보 등의 보수-개량사업으로 지출되어 이를 담당하는 중소건설업체의 주요 수입원 역할을 하여 왔다. 그런데, 그 예산을 4대강 살리기 사업으로 전환시켰다. 4대강 사업의 사업비는 총 24조 원 정도였는데, 절반정도는 수자원공사에서 부담하여 앞으로 물을 팔아 획득하는 수익으로 갚기로 하고, 정부예산은 12조 원 정도로 하여 3년에 걸쳐 사업을 하도록 하였다. 그래서 1년 일반재정 지출예산이 4조 원 정도였는데, 다른 예산지출에 미치는 영향을 최소화하기 위하여 과거에 태풍-홍수의 피해를 입은 제방 저수지 보 등의 보수 사업에 투입되던 1조 원도 4대강 사업에 투입하기로 하였다. 처음에는 이러한 피해보수 사업 등을 담당하던 중소건설업체도 4대강 사업의 콘소시움에 참여하게 되므로 아무런 문제가 없을 것으로 짐작하였다. 그런데 실제로 사업이 추진되면서 예상하지 못한 사태가 발생하였다. 4대강 사업의 대부분이 준설과 보 건설이었으므로, 크레인이나 불도저 등 대형 건설기기를 사용하면서 중소건설업체들의 역할이 최소화된 것이다. 결과적으로 많은 중소건설업체가 일거리가 없어서 큰 고통을 당했다. 기존의 작은 사업(피해 수리 보수사업)을 죽인 것과 같은 피해를 가져 온 것이다. 중소기업에게 돌아가던 1조 원의 예산을 살렸더라면 이러한 피해는 막을 수 있었는데도 말이다. 당시 예산이 300조 원 정도였으므로 이러한 예산증가는 큰 문제가 되지 않았을 것이다.

4대강 사업의 경우는 정책결정 당시에 예견하지 못한 상황이 집행과정에서 전개된 경우인데, 집행현장의 담당자들 외에는 쉽게 그 문제가 인지되지 못하여 정책결정의 상층부에서는 문제의 심각성을 알지 못한 경우이다. 전체 재정지출에 미치는 피해를 감소시키기 위해서 건설비의 절약을 대통령이 앞장서서 강조하는 분위기였기 때문에 집행담당자들이 알았더라도 이 문제를 상층부에 보고하지 못했을 가능성이 크다. 실제로는 이 상황이 전국적으로 심각하다는 것을 실무진에서도 상당 기간 동안 인지하지 못했을 가능성이 더 크다. 앞에서 본 창조경제센터 사업도 비슷한 상황이 있었다. 물론 창조경제센터의 경우는 결정과정에서의 분석적 노력이 부족했던 측면이 문제를 더욱 심각하게 만들었다. 어느 경우거나 문제를 인지하거나 고통을 받는 피해자들이 목소리를 키워도 야당이나 정권에 적대적인 인사들의 반대쯤으로 곡해되기 쉽다. 바로 이러한 문제를 가장 잘 파악할 수 있는 집행현장의 담당자들의 역할이 절실한 경우로서 이 글에서 강조하는 공직자의 소명에 해당된다.

4대강 사업에서 건설한 보를 허물기로 결정한 정부의 정책은 4대강 보가 수질 오염을 발생시킨다는 명분으로 시작되었는데, 20여 조가 넘는 예산으로 이미 건설된 공공건축물을 파괴하겠다는 유례를 볼 수 없는 정부방침이었다. 수질오염의 근원지인 4대강 지류를 정리하고 오수정화시설을 구축하는 방법이 더욱 좋은 방법이라는 주장이나, 4대강 사업으로 가뭄 피해나 홍수 피해를 극복한 효과가 엄청나다는 주장이 더욱 설득력이 있어 보였지만, 정부는 원래의 방침에서 물러서지 않았다. 방침을 고수하기 위해서 4대강 사업의 피해와 효과에 대한 통계를 정부의 담당 부서에서 조작하였다는 주장도 끊임없이 나왔다. 결국 4대강 보에서 혜택을 보고 있는 농민들이 격렬하게 저항하자 <보 허물기>는 중단되었다. 일부 선진국과 달리 우리나라 농민은 소득 하류계층에 속하는데, 좌파정부가 이들의 이익에 역행하는 결정을 한 것이 이해가 되지 않는다는 것이 중론이다.

비슷한 경우가 <원전폐쇄> 정책의 추진이다. 에너지 자원이 절대적으로 부족하여 오래전부터 원전을 이용하였고, 오랜 기간에 걸쳐서 그 안정성이 세계적으로도 어느 정도 담보되었으며, 원전기술이 선진화되어 해외 원전수출 등으로 국가 경제에 큰 도움을 주고, 무엇보다 이 계통의 전문가들이 대거 육성되어 중요한 일자리를 제공하고 있었다. 그런데 안전성 문제로 원전을 폐쇄하겠다는 결정을 정부에서 한 것이다. 당연히 생산원가가 싼 전기가 줄어들어 한국전력의 적자는 엄청나게 증가하였다고 한다. 원자력을 대신할 풍력발전이나 태양열발전이 대대적으로 추진되었지만, 경제성이 없는 사업들의 추진으로 자원낭비와 한국전력의 적자를 더욱 증가시키는 결과가 된 것이다. 앞으로 이 빚을 갚기 위해서 전기 가격의 상승이 불가피해지고, 그로 인한 국민 개인들이나 생산업체가 감당할 부담은 상당할 것이다. 원전 기술자 전문가들이 당한 개인적 피해는 차치하고라도, 후속세대의 위축, 원전기술의 해외유출, 허물어진 원전수주의 선두주자 위상 등등 원자력발전과 직접 관련된 피해도 엄청나다. 전쟁으로 모든 것이 파괴되어 세계에서 가장 가난하고 혼란스럽던 1950년대 후반에 우리정부가 힘겹게 심어놓은 씨앗이 훌륭한 나무로 자랐는데, 그리고 2010년에는 프랑스를 제치고 아랍 에미리트에서 300억 달러 정도의 원전건설 공사를 획득하기까지 했는데, 이러한 원전정책을 뿌리 뽑으려고 시도한 것이다. 강력한 반대가 계속되자, 정부는 공론위원회의 결정을 명분으로 1보 후퇴하였는데, 이미 피해는 너무나 커져서 앞으로 국민들을 계속 괴롭힐 것이다.

4대강 보 허물기나 원전폐쇄방침은 결정과정에서부터 논란이 심한 경우로서, 공익성이나 국민들의 지지에 대한 엄밀한 검증이 없었던 공약 사업을 밀어붙인 것이다. 대선공약으로 내세웠고, 대선에서 승리하였으니 민주성이 확보되었다는 논리를 내걸고 추진한 정책이다. 공약사업을 정책으로 전환하는 과정에서 공직자의 합리적인 검토가 부족했던 경우이다.

2-6 정책집행 과정에서의 실패와 효과 감소

위에서 본 사례는 구체적으로 잘 알려진 것이지만, 국민들이 잘 모르는 경우가 훨씬 더 많다. 더욱이 별로 걱정을 하지 않는 정책이 몇 가지 요인들의 복합적 작용으로 집행 과정에서 실패하는 경우가 너무나 많다. 특히 일자리 창출을 위해서 결정한 정책이나 사업이 이런 식으로 망가지거나 뿌리 뽑히는 경우가 되기 쉽다. 일자리 부족이 탈현대사회적 부조리의 가장 핵심적인 원인이므로 이 문제는 심각하다.

얼른 보면 잘 집행되어 좋은 성과를 얻을 것 같은 정책이나 사업이 험난한 과정을 거치는 경우를 먼저 보기로 한다. 1960년대에 미국연방정부가 의욕적으로 추진하였던 오클랜드(Oakland) 지역의 일자리 창출사업이 전형적인 사례이다. 1966년도에 샌프란시스코 옆의 중소도시 오클랜드에서 흑인, 히스패닉 등 소수인종 실업자를 구제하기 위해서 연방 정부에서 2,300만 달러를 투입하였는데, 당시로써는 엄청난 금액이었다. 이 돈으로 비행기 격납고, 항만시설 등을 건설하고, 추가로 160만 달러를 민간에 대출하여 총 3,000개의 일자리를 만들 계획을 하였다. 4년 뒤에 조사한 결과, 겨우 500여 개의 일자리가 만들어졌다. 첫 2년 뒤에는 겨우 10자리가 만들어지고, 예산의 대부분이 집행되지 못하였다. 이에 충격을 받아 연구가 시작되었던 것이다. 시민들의 열렬한 환영과 지식인들의 전국적인 관심 속에 추진된 이 사업이 이런 식으로 끝난 것은 커다란 충격이었다. 이 실패 사례를 조사한 두 사람 중의 하나인 윌다우스키(A. Wildawsky)는 저명한 행정학자였는데, <이 정도의 일자리를 만든 것도 기적이라고 보아야 한다.>라고 결론을 내렸다. 그만큼 성공적인 집행이 어렵다는 지적인데, 이 사업의 내용을 보면, 특별히 어렵다고 생각될 정도의 사업이 아니기 때문에, 모든 사업은 이런 식으로 실패하는 것이 오히려 당연하다는 메시지를 전달하려고 한 말이다.

이 실패 사례는 많은 기관과 개인이 참여하여 영향을 미치고, 책임자가 바뀌면서 일관성을 상실한 것이 큰 원인이었는데, 정부가 주도하더라도 시장 경제의 틀 속에서 성공하려면 기업(공기업이든 사기업이든)이 주체가 되어 일자리를 만들어야 하고, 많은 관련 기관들의 협조가 없이는 불가능하였기 때문이다. 일자리 창출을 비롯한 새로운 것을 구축하려는 정책이나 사업은 모두 이러한 성격을 지니고 있다. 그냥 돈만 잘 나누어 주면 성공하는 일부 복지사업과는 완전히 다르다. 시장 경제와 다원화된 정치 체제에서 불가피한 상황이다.

민간의 참여가 그렇게 복잡하지도 않고 정부가 주도하는 사업의 경우도 집행 실패의 위험은 곳곳에 도사리고 있다. 단순해 보이는 예를 보기로 한다. 우리나라가 지난 2010년도에 아랍 에미리트로부터 300억 달러에 가까운 엄청난 규모의 원자력발전소 건설을 수주 받았다. 그리고 2024년 현재 성공적으로 일이 마무리되는 것으로 알려져 있다. 누가 보아도 엄청난 국가적 사업이라 당연히 혼신의 힘으로 성공시켰을 것으로 생각하기 쉽지만, 실제 그렇게 되지는 않았다. 원자력 전공 분야의 학생들과 교수들이 환호 속에 추진되었지만, 긴 숙성기간 동안 우여곡절을 피하기는 불가능하다. 두 나라 정부기관이 주도하지만, 자금 조달, 관리 주체의 결정과 관리 체계의 구축, 시행업체 선정 등등 본격적인 작업의 시작으로 많은 일자리가 생기려면 해야 할 일이 많고 시간도 많이 소요된다. 업무 추진의 고비 고비에서 갈등과 대립이 생길 수 있다. 그래서 이러한 고비 하나하나가 모두 잠재적 반대와 적대세력을 지니고 있는 것이다.

이렇게 숙성기간이 길게 되면, 위험은 쉽게 발생한다. 적극적 참여 기관의 담당자들이나 기관 자체에 변화가 생길 수 있고, 정권이 바뀌거나 정치적 상황이 달라져서 원래의 약속을 지키지 못하는 사태가 이쪽이나 저쪽에서 얼마든지 발생할 수 있다. 예기치 못한 사태가 업무 하나하나에 발생할 수 있는 것이다. 불행하게도 이러한 사태들이 우리 쪽에서 나타나기 시작하였는데, 새 정권이 초기에 적대적 행태를 보인 것이다. 얼마 되지 않아 태도를 바꾸었지만, 다음 정권도 비슷한 행동을 되풀이하였다. 이를 인지한 전문가들은 무척 걱정을 하였다. 다행히 2024년 현재로 이 사업은 성공적으로 결말을 맺고 있다. 그런데 상대편에서 비슷한 규모의 새로운 원전시설을 계획하고 국제입찰을 할 것이라는 풍문이 돌고 있다. 상대편을 불쾌하게 만들고 상호신뢰를 해친 우리 정권들의 행태가 없었더라면, 당연히 우리가 유리한 위치에서 입찰에 참여할 수 있을 것이다. 그러나 2024년 말 현재로 보면 이러한 기대가 깨어질 것 같아 안타깝다.

정부가 주도하여 집행 과정에 참여자도 많지 않고, 비교적 단순한 원전 수주사업이라 당연히 성공할 것으로 누구든지 생각하기 쉽지만, 실패의 가능성은 언제나 존재하는 것이다. 엄청난 외화를 벌어들이는, 누가 보아도 국가적 사업으로 환영할 성격이었기 때문에, 우여곡절을 겪으면서도 위험한 고비를 넘길 수 있었던 것이다. 지식인들이 대대적으로 환영하였던 오클랜드 실업자 구제사업이나 위에서 본 원전 수주사업은 모두 일반 국민들의 지지 속에 출발한 행복한 사업이었지만, 대부분의 정책이나 사업은 이렇게 축복받으며 출범하지 못한다. 처음부터 반대가 심하고 갈수록 반대가 증가하는 악조건 속에서 살아남아야 한다. 왜 그런가?

2-7 중요한 정책일수록 과잉정치에서 살아남기 힘들다.

정책은 언제나 수혜자와 피해자를 만들고 있다. 정책을 추진하여 얻게 되는 정책효과를 향유하는 수혜자와 정책 추진에 필요한 정책비용을 부담하는 피해자이다. 정책비용은 정책의 추진에 필요한 경비만이 아니라, 정책 때문에 감당해야 하는 피해를 모두 포함한다. 대기 오염을 방지하기 위하여 매연가스를 정화하는 시설을 공장에서 설치해야 하는 규정을 지키려면 공장에서 정화시설비를 부담해야 하는 것이 전형적인 예이다. 코로나 예방을 위하여 일정 숫자 이상의 사람들이 모이는 집회를 금지하는 경우에 교회에 가지 못하는 사람들이 감수해야 하는 고통도 여기에 해당된다. 정책을 둘러싼 갈등은 좀 더 강하게 정책을 추진하자는 수혜자와 정책비용을 줄이기 위해서 약하게 추진하자는 피해자 사이에서 발생한다. 노동 조건을 둘러 싸고 벌어지는 노-사 갈등이 이러한 제로섬 게임의 대표적인 경우이다. 양 집단의 대립이 정치권의 대립으로 전환되는 것이 정치적 갈등의 전형적인 형태이다.

한편 이와 달리 비용부담자의 반대가 강하게 표출되지 않는 경우도 많다. 정부에서 상하수도, 다리, 도로 등을 건설하여 공공서비스를 제공하는 경우이다. 비용부담자는 보통 세금을 부담하는 전 국민인데, 특정 지역에 이러한 공공시설을 한두 개 건설하는 것에 대하여 세금부담 국민들이 직접 나서서 일일이 반대하지는 않는다. 서비스나 재화를 배분하는 경우나 복지비 지출의 경우는 흔히 국고수호자라는 이름이 붙은 기획재정부의 세입 담당자와 예산사정관 등(이론적으로는 국회도 포함)이 예산의 팽창을 막기 위하여 노력하지만, 지역구 사업에 매달리는 국회의원의 강력한 요구를 쉽게 저지하지 못한다. 개별 지역구의 입장에서 보면, 한두 개만 요구하는 것이기 때문에 전국의 여러 수백 개 사업 중에서 극히 적은 일부에 불과하다. 결정과정에서 반대자가 적고, 찬성자는 많기 때문에 너무 쉽게 결정될 가능성이 크다. 복지비 지출의 경우도 유사하다. 일자리 부족이 심각해지고, 초고령사회의 심화 속에 코로나 사태와 같은 사회적 재난까지 겹치면서 복지적 성격의 지출이 크게 증가하지만, 반대자의 목소리가 클 수가 없다. 무엇보다 인도주의적 성격의 지출이기 때문이다. 또한 복지사업은 아래에서 보는 (b)의 형태가 많아서 현재의 반대자가 적어서 미래세대에 짐을 넘기는 결과가 된다. 그리고 한번 시작하면, 중단하기가 힘들다. 기존의 생계비 지원이 감소되면, 수혜자들의 고통이 너무 크기 때문이다. 그래서 조심스럽게 추진하지 않으면, 젊은이들의 미래를 망가트리게 된다. 모두가 잘 알고 있는 사실이므로 더 이상 언급하지 않는다.

한편 정책은 의도한 효과를 발생시키기 위하여 상당한 시간이 필요한데, 이를 숙성(熟成)기간이라고 부른다. 숙성기간이 길면, 정책반대자들이 증가하고 또 반대의 강도도 커지는 것이 일반적이다. 더욱이 정책효과 숙성기간과 정책비용 지불

기간이 다른 경우가 많다. 이것이 정책반대와 찬성에 커다란 영향을 미친다. 정책효과와 정책비용의 발생 시점 상의 차이에는 세 가지 유형이 있다.

(a) 비용과 효과가 추진 즉시 발생하기 시작하는 경우
(b) 비용은 장기적으로 서서히 발생하고 효과는 즉시 발생하는 경우
(c) 효과는 장기적으로 서서히 발생하고
비용은 즉시 발생하기 시작하여 초기에 집중되는 경우

이 중에서 가장 심각한 반대에 부닥치는 경우가 (c)이다. 과학기술연구사업, 대규모 댐을 건설하거나 특수학교를 만들어서 미래의 먹거리를 위한 인재를 양성하는 사업, 관광객을 유치하기 위한 레저시설 건설 등을 생각하면 이해가 쉽다. 현재의 고통을 감수하면서 미래를 대비하는 정책이나 사업으로 국가발전의 원동력을 키우는 것들이다. 일자리 창출사업 등 미래를 대비하는 장기적 시각의 정책들이 대표적이고, 기술혁신, 교육개혁, 행정개혁 등이 모두 여기에 해당된다. 그래서 우리가 중요하다고 생각하는 거의 모든 정책들이 이러한 성격을 지니고 있다. 이러한 정책이나 사업은 지금 당장 비용부담을 해야 하는 사람들의 반대 목소리는 크지만, 미래의 효과를 향유할 수혜자들의 지지 목소리는 작을 수밖에 없다. 미래의 효과 자체도 불확실하지만, 자신에게 도움이 될지도 불확실하기 때문이다. 정책효과의 숙성기간이 길면, 즉, 사업이 완성되어 효과가 발생할 때까지의 기간이 길면, 반대자들의 숫자도 늘어나고 반대의 강도도 커질 수 있다. 3불사회의 부조리(불안, 불만, 불신)에 시달리는 많은 국민들은 오랜 기간을 기다릴 수 있는 참을성이 부족할 수밖에 없다. 눈에 뜨이는 시설물이 건설되고 있으면 상황은 조금 나아지지만, 두드러지게 가시적인 성과를 볼 수 없는 경우에는 정책이 실패한 것으로 착각하기가 쉽다. 당연히 정책이 실패한 것으로 오해하고 이를 폐기하거나 변경하여야 한다는 여론이 커지게 된다. 허쉬만 교수가 지적한 남미정부들의 정책뒤집기나 정책변경은 이러한 덫에 걸린 경우일 것이다.

더욱이 앞에서 본 국가의 미래를 좌우하는 중요한 정책이나 사업은 합리적인

결정도 무척 어렵다. 일자리 창출을 위한 갖가지 대책들, 대학입시를 포함한 학생들의 교육문제, 유아원부터 시작되는 사교육비 경감문제, 주택가격 안정대책, 저출산 고령화 문제 등등은 모두 복잡하고 해결이 극히 어렵다. 어디서부터 손을 써야 할지 모를 정도로 모든 문제들이 얽혀 있다. 그래서 정부에서 비교적 합리적인 결정을 하여도 관련인들은 이를 이해하기 힘들고 반대 목소리가 커지면 정책의 합리성도 잘 믿으려고 하지 않는다.

이러한 사업이나 정책은 반대는 많고 지지는 약할 수밖에 없다. 더욱이 시간이 갈수록 반대가 늘어난다. 그래서 숙성기간이 길면 사업이나 정책이 살아남기는 무척 어렵다. 초기부터 정책비용을 부담하는 사람들이 반대를 시작하면, 야당이 가세하는 것은 물론이고, 정부에 비판적인 지식인들이 정책의 타당성을 공격한다. 미래의 수혜자들은 입을 다물고, 정부정책을 비판해야만 용기 있는 지식인이라는 풍조가 비판자들에게 힘을 싣고, 정책이 실패할지도 모른다는 우려 때문에 찬성자는 잘 나서지 않는다. 혹시 찬성자가 나서도 반대자의 비난 때문에 움츠러든다. 결과적으로 정부정책을 찬성하는 지식인들이 반대자보다 언제나 소수이다. 시간이 갈수록 반대 분위기는 중립적인 시민들조차 정책의 타당성을 의심하게 만드는데, 중간의 과시적 성과가 잘 보이지 않은 숙성기간이 긴 정책이나 사업은 사면초가에 시달린다.

오래지 않아 중립적 국민들도 점차 정책에 대하여 비판적인 인식을 하게 된다. 원래 문제의 원인이나 결과 등의 내용도 복잡하지만, 이를 극복할 정책의 내용은 더욱 이해하기 어렵다. 전문적 지식이 부족하여 정확한 판단을 하기 어려운 대부분의 국민들이 비판을 쉽게 수용하는 것은 전혀 이상한 일이 아니다. 더욱이 오랫동안 여러 가지 문제로 고통을 받아 온 국민들은 장기간의 숙성기간을 참아내지 못한다. 아마추어 외부 정치인(outsider politician)들이 가장 공격하기 좋은 정책이다. 이들은 오늘날의 정책문제가 그들의 생각과 같이 쉽게 해결되지 않으며, 장기간의 인내심을 지니고 꾸준히 추진해야 겨우 실마리가 잡힌다는 사실을 정확하게 모른다. 그리하여 자신들이 담당하면 새로운 정책이나 사업을 새로운 방식으로 추진하여 문제를 해결할 수 있다고 믿고 선전한다. 그리하여 오랫동안 고통에 시달려 온 많은 사람들이 지금의 정책이 아니라 새로운 것이 추진되면 조금이라도 나아지지 않을까 하는 기대를 하게 된다. 지금 추진되는 정책이나 사업을 뿌리 뽑고, 무엇이든 새로운 것을 추진해야 한다는 유혹에 빠져든다. 그리하여 국회의원 선거나 대통령 선거 때가 되면 새로운 내용의 공약이 쏟아져 나온다.

특히 대통령 선거는 이러한 정책에 치명적인 타격을 가한다. 통치이념이 다른 대통령의 취임은 당연히 그러하지만, 같은 정당에서 새로운 대통령이 나와도 비슷한 상황이 벌어진다. 새로운 정부가 들어서거나 새로운 지도자가 등장하면, 국민들은 이들에게 과거에는 해결하지 못한 문제들을 어느 정도 해결해 줄 것으로 기대한다. 또 과거와는 다른 방식으로라도 추진해야 문제가 해결될 것으로 막연히 기대한다. 그리하여 새 정부는 과거 정책을 폐기하고 새로운 정책을 추진하거나, 추진방식을 바꾸거나, 하다 못하면 이름이라도 바꾸어야 많은 국민들의 기대에 부응하는 것으로 느끼게 된다. 더욱이 비판적인 지식인들을 포함하여 많은 국민들이 싫어하고 국가적으로 손실이 큰 것으로 오해와 곡해를 받는 중장기적 사업은 뿌리째 뽑아야 국민들의 뜻에 맞는 민주적 국정운영이고, 심지어는 그렇게 해야 애국적인 국정관리라고 착각까지 한다. 여기에 전임자와 차별 전략을 써야 인기를 얻는다는 정략적 고려가 결부되면, 더욱 심각한 상태가 된다. 흔히 <임기 초에는 무조건 전임자를 욕해라>라는 농담이 현실화된다.

대통령의 자리에 앉으면, 누구나 국가를 위하여 모든 것을 바치겠다는 소명의식을 지니게 된다. 그러나 아무리 소명의식이 투철해도 정책에 대한 오해와 착각에서 벗어나는 것은 쉽지 않다. 더욱이 모든 중요한 정책이나 사업을 본인이 관장할 수는 없으므로 핵심참모들의 역할이 막중하다. 핵심참모들은 대통령 본인보다 소명의식이 약할 수밖에 없고, 특히 실권을 장악하는 정치인 참모들은 대통령이나 마찬가지로 전문지식이 부족하다. 당연히 착각이나 오해에 빠져 들기 쉽고, 정략적 곡해까지 가미되면 상황은 극히 나빠진다.

이리하여 많은 국민들의 오해, 외부정치인들의 착각, 그리고 여기에 비판세력과 집권세력의 편향적 시각과 정략적 곡해까지 가미되면, 모처럼 수립한 바람직한 정책이나 사업도 풍전등화와 같아진다. 그리하여 새로운 대통령이나 정권이 들어서면, 쉽게 뿌리 뽑히게 된다. 그리고 그 자리에 새로운 정책이나 사업들이 들어서게 된다. 그러나 공약으로 내걸고 추진하려는 새로운 정책이나 사업들은 그 합리성이 전혀 보장되어 있지 못한 것들이 대부분이다. 이리하여 불안-불만에 시달리면서, 편향된 시각과 자신 이외의 것에 대한 고려나 배려의 여유가 없는 사람들의 요구, 이에 대한 반대자들의 저항 등의 혼란 속에서 정책의 결정은 비합리적인 소용돌이에 휘말리는 것이다.

2-8 요약과 결론

어린 사과나무에 빨리 사과가 열리지 않는다고 뽑아버리고 다른 나무를 심기를 반복하거나, 벼가 빨리 자라지 않는다고 뿌리를 뽑아 올리는 바보는 없지만, 정부의 정책결정에서는 흔히 이러한 잘못을 범한다. 인지적 능력이 부족한 것도 원인이지만, 주로 이해관계가 대립되는 국민들의 압력에 의해서 벌어지는 일이다. 정책관리를 무능력과 혼란 속으로 몰아넣는 이러한 현상은 경제-사회적 여건이 3불사회적 병리 현상에 심각하게 오염되어 발생하게 된 것이다. 한국사회가 불안(不安), 불만(不滿), 불신(不信)이 가득 찬 사회로 변모된 것이다. 세계화, 정보화, 과학기술 발전의 급속한 진전이 서로 맞물려서 만들어 낸 병리 현상이다.

세계화는 자유무역을 동반하면서 기업들 간의 경쟁을 격렬하게 만들었다. 경쟁패배는 기업의 도산으로 인한 실업과 경제침체라는 심각한 피해를 발생시키므로 정부도 기업의 경쟁력 강화를 위하여 총력을 기울이게 된다. 이를 위해 컴퓨터 로봇 AI의 사용이 급속하게 증가되었고, 과학기술의 발전은 이들의 성능향상과 제작비감축을 가속화시켜 이들의 광범위한 사용을 촉진시키고 있다. 일자리를 얻지 못한 대학졸업생과 구조조정에서 밀려 나온 중년실업자들이 크게 증가되고 있다. 중산층이 위축되면서 사회는 소수의 상류층과 다수의 하류층이 양극화하는 불안한 구조를 지니게 된다. 그리고 다양한 문제들을 파생시킨다. 제1장에서 자세히 본 바와 같다.

생계수단을 얻지 못하면 사람은 <불안>에 시달린다. 부모 형제 모두가 불안하고 사회 전체가 불안에 시달린다. 중년 퇴직은 흔히 가정파탄을 초래하고 본인, 가족들이 모두 심한 좌절감과 사회에 대한 적대의식, <불만>에 시달린다. 급속한 변화가 일상화되면서 사람들은 정보홍수에 휩쓸리게 되고, 하루 종일 휴대전화기를 붙들고 비슷한 생각을 지닌 사람들하고만 소통을 한다. 마음에 드는 정보만 수집하여 거짓 정보와 악성루머가 난무하여, 사실판단의 편향성을 강화시킨다. 그리고 나와 다른 생각을 지닌 사람에게는 소외감과 적대감을 느낀다. 공동체가 와해되고 사회 전체가 심한 <불신>에 빠져든다.

불안, 불만, 불신이 결합되면, 쉽게 분노의 사회, 분열된 사회가 된다. 불공정하게 자리를 차지하거나 잘 산다고 생각되면, 분노를 참지 못한다. 집단 간의 갈등이 발생하면 자신과 비슷한 처지에 있는 쪽을 무조건 지지하고 반대편의 주장은 무조건 배격한다. 이성적이고 객관적인 판단보다 감정적 동류의식이 공동체를 갈갈이 찢어 놓고, 이해관계가 충돌되는 집단들 사이에 적대적 관계가 형성되어 상호이해와 배려, 타협의 정신은 사라지게 된다. 양극화된 적대정치가 일상화되어 대의제 민주주의를 뒤흔든다.

일자리 부족문제와 3불사회적 부조리가 뒤엉키면서 정치-행정 경험이 적은 아마추어들이 주도하는 외부인 주도정치가 1980년대에 접어들어 세계적으로 유행하게 되었다. 외부인 주도정치는 변화가 절실한 시기에 그 변화를 획기적으로 이끄는 장점도 있지만, 대부분의 경우는 장점보다 단점이 훨씬 많은데, 이 단점을 이해하여야 단점 극복방안을 탐색할 수 있다.

외부인 주도정치의 단점은 외부인이 국정관리의 어려움을 정확하게 모른다는 사실 때문에 발생한다. 변화의 필요성은 내부인보다 더 빨리 감지하는데, 그 해결책에 대해서 잘 모르는 것이다. 몇 가지 정책이나 사업을 추진하면 문제가 해결될 것으로 믿고, 문제가 해결되지 않는 것은 기성 내부인들이 특정 세력과 결탁하기 때문이라고 생각한다. 국민들의 고통을 해소하기 위한 정책을 반대하는 세력은 사회의 공적이므로 타도하여야 한다고 선동한다. 그러나 반대편은 외부인들이 문제해결의 어려움을 모르면서 인기 위주의 공약으로 국민들을 속이는 정상배 무리라고 생각한다. 고질적인 문제 때문에 고통을 받는 다수의 국민들이 외부인을 지지하여 외부인주도정치가 전개되는 것이다. 그리고 외부인도 정권을 잡고 나면 서서히 내부인으로 변화된다. 결국 집권정당과 야당 간의 격렬한 정권쟁탈전이 일상화된다.

극단주의자들이 주도권을 잡고 정권쟁탈을 위하여 국익이나 공익에 대한 고려는 뒷전으로 밀린다. 반대편이 공익을 위한 합리적인 정책을 추진하여 인기를 얻는다고 믿으면 무슨 수를 써서라도 정책 자체를 실패시키도록 노력한다. 충신 오자서를 반역죄로 모함하여 처형시키고 정권을 장악한 간신 백비, 명나라 말기 반란군을 저지하던 유능한 장군 원숭환을 처형시킨 간신들의 행태가 이러하였다. 두 가지 경우 모두 나라는 망하고 본인들도 처참한 죽음을 당했다. 불행하게도 이러한 비극적 역사는 되풀이된다.

많은 국민들이 심각한 적대적 정치병에 감염되어 가면서 바람직한 정책을 결정하기가 무척 어렵게 된다. 21세기가 되면서 일자리 문제를 비롯한 고질적인 문제들이 복잡하게 얽히면서 인간의 지혜를 다 모아도 해결책을 찾기가 쉽지 않게 되었다. 더 심각한 것은 문제해결을 책임져야할 정책관리주체들(국회의원 대통령 공직자들)이 무능과 대립으로 제 책임을 감당하지 못한다.

문제를 해결하기 위한 정책은 반드시 수혜자와 피해자가 있고, 이들 간에 제로섬 게임 같은 대립이 생기는 경우가 많다. 정치인들은 어느 한쪽을 지원하는 공약을 내걸지만, 중립적인 유권자들의 지지를 얻기 위해서 정책효과는 확대 과장하고 정책비용은 축소 은폐한다. 그러나 선거에서 승리하면 공약은 국민들의 지지를 받은 것으로 정당화된다. 선거의 승리가 반드시 공약에 대한 지지를 의미하는 것이 아니므로 이러한 인기주의적 공약은 효과와 비용이 정확히 밝혀지면 국민들의 반대가 더 큰 경우도 많다. 국민들의 찬성이 반대보다 많은 경우에도 공익을 심각하게 훼손시키는 경우도 있다.

선거에서 승리한 집권세력이 추진하려는 선거공약은 기존의 정책을 수정-폐기하거나 새로운 정책을 수립하려는 것이다. 기존 정책의 무분별한 수정이나 폐기는 새로운 정책의 불합리성과 별개로 그 자체가 두 가지 측면에서 큰 피해를 유발하거나 공익을 훼손한다. 첫째, 무엇보다도 기존의 정책을 전제로 구축되어온 질서나 관련인들의 프로그램 등을 망가트리는 피해를 발생시킨다. 둘째, 결과적으로 정권 교체가 빈번하게 이루어지면서 짧은 기간 내에 정책을 대폭 수정하거나 폐기하고 새로운 정책을 도입하는 행태가 되풀이되면, 엄청난 피해가 발생할 수 있다.

한때 선진국의 문턱에 갔던 아르헨티나가 몰락하였을 때 그 원인에 대하여 다양한 주장을 하였는데, 허쉬만 교수의 주장은 상당히 교훈적이다. 정권변동에 따라 정책의 무분별한 변경이 그 핵심 원인이라고 지적한 것이다. 통치이념이 다른 정권이 등장하여 기존의 정책을 뿌리 뽑고 새로운 정책을 추진하고, 다음 정권은 정반대의 정책을 추진하여 어느 정책도 결실을 보지 못한 것이 대혼란의 시작이었지만, 통치이념이 동일한 정권변동에서도 비슷한 정책뒤집기가 계속 되어 남미경제가 몰락했다는 지적이다. 사과나무를 뽑아버린 과수원의 경우이다.

집정부의 의도적 정책 뿌리뽑기가 아니면서도 정책이 집행 과정에서 여러 가지의 방해요소로 실패하는 경우는 아주 많다. 정책이 완전히 실패한 경우는 드물지만, 효과가 크게 감소되는 경우는 너무나 많다. 1960년대 후반의 오클랜드의 실업자 구제사업은 일자리 창출사업의 어려움을 잘 보여 주었고, 2010년도에 아랍 에미리트로부터 수주받은 원자력 발전 사업의 경우도 위험한 고비를 넘기고 성공했다. 장기적으로 성장잠재력을 키우는 사업들이 모두 이러한 위험에 빠진다. 일자리 창출을 위한 갖가지 대책들, 대학입시를 포함한 학생들의 교육문제, 유아원부터 시작되는 사교육비 경감문제, 주택가격 안정대책, 저출산 고령화 대책 등이 모두 그렇다. 대부분의 사업이나 정책이 그 효과는 장기에 걸쳐 서서히 발생하는데 비용은 지금부터 당장 지불해야 하므로 반대세력이 증가하면서 정책의 집행을 방해하기 때문이다. 효과의 숙성기간이 긴 중요한 사업이나 정책일수록 반대세력에 의하여 이러한 비극을 당한다. 그리고 아마추어 정치인들이 앞장서게 된다. 새로운 정부가 들어서거나 새로운 지도자가 등장하면, 많은 정책들이 이러한 어려움을 당한다. 중장기적 사업은 뿌리째 뽑히기도 한다.

이리하여 많은 국민들의 오해, 외부정치인들의 착각, 그리고 여기에 비판세력과 집권세력의 편향적 시각과 정략적 곡해까지 가미되면, 모처럼 수립한 바람직한 정책이나 사업도 풍전등화와 같아진다. 그리하여 새로운 대통령이나 정권이 들어서면, 쉽게 뿌리 뽑히게 된다. 그리고 그 자리에 새로운 정책이나 사업들이 들어서게 된다. 그러나 공약으로 내걸고 추진하려는 새로운 정책이나 사업들은 그 합리성이 전혀 보장되어 있지 못한 것들이 대부분이다. 이리하여 불안-불만에 시달리면서, 편향된 시각과 자신 이외의 것에 대한 고려나 배려의 여유가 없는 사람들의 요구, 이에 대한 반대자들의 저항 등의 혼란 속에서 정책의 결정은 비합리적인 소용돌이에 휘말리는 것이다.

문제 때문에 고통받는 국민들, 무엇인가 새로운 것으로 문제를 해결해 달라는 요구들, 문제의 얽히고설킨 복잡성과 문제해결의 어려움을 정확하게 모르는 정치인들, 그 중에서도 목소리가 큰 외부인(outsider)들, 이들이 몇 가지 정책이나 사업들로서 문제를 해결할 수 있다고 믿는 착각과 오해, 여기에 정략적 고려와 인기주의적-선동적 과장 등이 난무한다. 이러한 혼란 속에서 비교적 객관적이고 정확한 판단을 할 수 있는 사람들이 담당 부서의 공직자들이다. 이들이 오랫동안 시행착오를 거치면서 문제해결을 위해서 축적해온 경험과 정보, 그리고 전문지식 등으로 특정한 사업이나 정책이 가져올 결과(정책효과와 정책비용 및 희생)에 대해서 가장 사실에 가까운 판단을 할 수 있다. 그리고 외부인들의 주장 중에서 적실한 요소를 골라내어 정책내용에 포함시킬 수 있다. 이들이 착각과 오해에 빠진 대통령과 보좌진들을 설득하거나 지식인들에게 정책 타당성판단을 위해서 필요한 보다 객관적이고 정확한 정보를 제공하여야 한다. 외부 전문가들도 설득하고 경우에 따라서는 편향적인 지식인들도 설득하여야 한다. 이것이 공직자의 가장 중요한 임무이고, 실적주의-전문직업 공직자 제도를 도입한 이유이다.

정책관리의 대혼란을 극복하기 위해서는 전문성을 지닌 공직자들이 시동을 걸어야 한다. 분야별 개별정책 하나하나를 직접 관리해야 할 책임을 지고 있는 공직자들이 정치인들(집정부와 정치권)을 설득하고, 경우에 따라서는 이들과 맞서서 싸워야 한다. 편향된 시민단체들에게도 마찬 가지다. 이들의 노력이 올바른 정책을 수립하기 위한 첫걸음이 된다. 그런데 이를 위해서는 공직자들이 전문성과 용기를 지니고 헌신적으로 일할 수 있는 주관적-객관적 조건들을 갖추어야 한다. 그러나 이 일들의 하나하나가 무척 어렵다.

그중에서도 공직자의 주관적 조건을 충족시키는 것, 즉, 불합리한 정책을 수정해야 한다는 소명의식과 그를 실천하기 위하여 희생을 각오하는 용기를 지니는 것이 가장 어렵다. 공직자들이 감사가 무서워서, 편향된 시민단체들의 공격이 무서워서 꼼짝을 하지 않는다. 공직자들이 영혼이 없다. 집정부의 압력에 못 이겨 통계조작을 하는 경우가 있는 등의 서로 상반되고 모순되는 비난들이 흔히 나온다. 공직자들이 소명의식과 용기를 지녀야 한다. 그래야 위기극복을 위한 첫걸음을 내디딜 수가 있다. 그런데 이것이 어려운 것이다. 특히 공직자들이 외부나 집정부의 압력에 굴복하지 않고 합리적인 정책을 결정하기 위하여 소명의식과 용기를 지니려면 어떻게 해야 하는가? 이 질문에 대한 답을 다음 장에서 검토하기로 한다.

참고문헌

* 김병준(2021), 『국가, 있어야 할 곳에는 없고, 없어야 할 곳에는 있다』, 도서출판 선
* 노리나 허츠(Noreena Hertz)(홍정인 역)(2020), 『고립의 시대(The Lonely Century)』, 웅진지식하우스
* 이재열(2024), 『다시 태어난다면, 한국에서 살겠습니까?』, 21세기북스
* 제러미 애덜먼(김승진 옮김)(2020), 『앨버트 허시먼(Albert O. Hirschman)』, 부키
* Albert O. Hirschman(1975), 『Policymaking and Policy Analysis in Latin America: A Return Journey』, 『Policy Sciences』, Vol.6, pp.385-402

제3장

공직자의 권한과 책임
: 공익수호와 정책의 민주성

제3장

공직자의 권한과 책임
: 공익수호와 정책의 민주성

대통령이 선거 공약을 근거로 공익을 훼손하는 정책을 결정하려고 할 때, 공직자가 이를 거부할 수 있는가? 문제의 핵심은 다음과 같다. 선거에서 국민들의 대표로 선출된 대통령이 공약사항을 정책으로 전환시키려고 하면, 공직자들(행정공직자들)은 이를 충실히 따르는 것이 대의제 민주주의의 원칙이다. 그런데, 이 정책이 공익을 훼손하는 경우에도 행정이 이를 따라야만 하는가?

이런 경우 공직자가 대통령 등 정무직 상관의 지시를 거부할 수 있는 명분이나 근거가 있는가? 이러한 명분과 근거가 아예 없는 것은 아니다. 헌법에서 공직자는 정치적 중립을 지켜야 하고, 국민 전체를 위하여 봉사해야 함을 밝히고 있다. 그리고 적극 행정으로 공익을 증진해야 한다는 내용도 법적으로 요구되고 있다. 국민 전체를 위하여 공익을 수호할 책임을 지고 있기 때문에 장관 등 정무직 상관이 공익을 훼손하는 정책을 추진하려고 할 때 이를 저지할 수 있는 것이다. 즉, 제도적 장치는 마련되어 있다. 그래서 일면 민주 행정을 위하여 집정부의 지시를 따라야 하고, 타면 공익수호를 위하여 집정부의 지시를 거부하여야 한다는 상호 모순적인 요구를 받고 있는 것이다. 당연히 어느 요구를 따라야 하는가는 간단하게 답할 수 있는 것이 아니다. 제도에서는 상황에 따라 다른 행동을 할 것을 암암리에 전제하고 있기 때문이다. 그렇다면 이렇게 암암리에 전제하고 있는 상황을 면밀하게 검토해야 한다. 어떤 상황에서 공직자가 공익수호를 위해서 상관의 명령까지 거부할 수 있을까? 이때 공직자들의 역할과 책임은 무엇인가?

3-1 정책의 대의제적 민주성

이 질문에 답하기 위해서는 대통령과 대통령에 의하여 임명된 정무직들의 권한과 책임, 그리고 이에 연관된 공직자의 권한과 책임을 검토하여야 한다. 이 문제를 이 책의 주제인 정책에 초점을 맞추어 보면, **정책의 대의제적 민주성과 공직자의 공익수호 역할의 상호관계**를 밝히는 일이다. 먼저 정치와 행정이라고 일반적으로 통용되는 용어의 뜻을 밝혀 두기로 한다. 행정의 정치적 중립이라는 표현 등에서 전형적으로 나타나는 개념이다. 선거에 의하여 당선이 된 대통령이 장관, 차관, 비서관 등의 정무직 들을 임명하여 국정을 관리(정책결정 등)하는데, 이들과 집권여당의 고위간부들이 **집정부**(執政府)를 구성한다. 정치적 책임을 지고(선거를 통해서) 있는 이 집정부의 활동을 정치라고 통칭하고, 집정부의 지휘 통제를 받으며, 정책집행을 담당하는 전문직 직업 공직자의 활동을 행정이라고 부른다. 통상적으로는 활동을 정치-행정으로 부르지 않고 활동 주체를 정치-행정으로 부르기도 한다. 그리고 이 책에서는 행정부의 공직자만이 아니라 행정과 연관된 공공업무를 담당하는 전문직 직업인들, 예를 들면, 각종 공기업의 전문 직업직에 종사하는 사람들을 포함하여 공직자라고 지칭한다. 공기업 등의 고위관리자로서 집정부가 임명하는 임시직 관리자들은 집정부의 일환이 된다. 이런 식의 정치-행정의 구분은 국민들에게 정치적 책임을 지는 고위직을 정치, 그리고 이들 국민들의 대표들로부터 지휘 통제를 받는 직업 전문직을 행정으로 지칭하는 것이다.

원래 정치직은 집정부만이 아니라 국회의원이 모두 포함된다. 그리고 지방의

회 의원직, 선출되는 지방정부의 수장직도 모두 정치직이다. 그러나 이 책에서는 집정부만을 정치직으로 전제하여 논의를 계속한다. 지금 우리가 당면해 있는 심각한 국정관리상의 문제에 초점을 맞추기 위해서이다. 즉, 집정부와 공직자들의 충돌과 대립문제를 논의하기 위해서이다. 그러므로 이 글에서의 정치는 베버가 말하는 정치의 극히 작은 일부분을 의미한다.[1)]

정부가 추진하는 정책은 국가기능 하나하나를 추진하여 국민들에게 혜택을 주기 위한 것이다. 국토방위, 치안에서부터 경제, 복지, 교육 등의 국가기능은 국민을 위해서 정부가 담당하는 업무이자 국가의 존립 명분이다. 이때 이 기능수행을 위하여 분야별로 분업화된 업무의 목표와 수단에 대한 기본 방침이 분야별 정책이 된다. 그리고 이를 집행하여 **국민들에게 혜택을 줄 때 특정 집단에게 도움을 주는 것이 아니라 일반 국민에게 혜택을 주는 것을 공익**이라고 부른다. 그러므로 정책을 합리적으로 결정하고 집행하는 것은 공익을 향상시키기 위해서이다. 이렇게 정책이 공익향상의 수단이 되는 측면을 **정책의 공익성**이라고 부를 수 있다.

한편 민주정부의 정책은 국민들이 직접 결정하는 것이 원칙이지만, 그것이 불가능함으로 대표를 선출하여 이들에게 맡기는 것이 대의제 민주주의이다. 그러므로 국민의 대표들인 집정부가 정책을 결정할 때는 국민들이 원하는 바를 최대한으로 반영하여야 한다. 이렇게 국민들(대표가 아니라)이 원하는 바를 정책에 반영하여 민주적 정당성을 지니는 것을 **정책의 민주성**이라고 부른다.

한편 결정된 정책을 구체화하여 현장에서 실현시키는 업무를 정책집행으로 부르는데, 이를 위해서는 분야별 전문지식과 정보가 필수적이므로 평생을 공직에서 일하는 직업관료(전문공직자)들에게 담당시킨다. 그리고 전문직업관료들은 정책결정에 필요한 전문지식과 정보도 국민의 대표들(집정부)에게 제공한다. 합리적으로

1) 옛날에 베버(M. Weber)는 <직업으로서의 정치>에서 국정관리에 영향을 미치는 모든 활동을 정치로 보고, 이러한 활동을 하는 직업을 정치직으로 불러서 행정을 비롯한 모든 정부직만이 아니라 언론 등도 포함시켰다. 이 글에서는 베버가 언급한 아주 작은 일부분만을 정치직으로 전제하여 논의하는 것이다.

정책을 결정하여 공익을 잘 증진시키기 위해서이다. 즉, 정책결정이나 집행에 필요한 전문성을 제공하는 일은 공익향상을 위해서이다. 전문공직자들의 이러한 역할을 행정의 공익성 또는 공익행정으로 부를 수 있다. 그리고 국민들의 대표인 정치인들의 지휘를 받으며 국민들이 원하는 정책내용을 결정하는 것을 행정의 민주성 또는 민주 행정이라고 부른다.

국민의 대표들이 국민의 원하는 바를 정책내용으로 결정하여 정책의 민주성이 확보되어도 그 정책이 공익을 가장 잘 증진한다는 보장이 없다. 정책(행정)의 공익성과 정책(행정)의 민주성은 개념상의 본질적 차이가 있기 때문이다. **정책의 공익성은 <국민을 위한>** 것이고, **정책의 민주성은 <국민에 의한>** 결정을 의미한다. 그래서 정책의 민주성과 공익성이 대립하는 경우가 생기는데, 이 딜레마를 해소하려면 정책의 민주성과 공익성을 면밀하게 검토해야 한다.[2)]

먼저 정책의 민주성부터 검토하기로 한다. 국민의 대표자들이 결정한 정책이 민주성을 지닌다는 것은 국민들 전체가 참여할 수가 없기 때문에 그 대표들이 국민들의 뜻을 받아서 결정한 것이므로 국민들의 지지를 받는 정책이라는 논리이다. 즉, **국민들이 원하는 정책이므로 민주성을 지니는 것이다**. 그런데 이 논리는 적어

---

2) 정치와 행정의 관계에 대하여 여러 가지 다른 측면을 지적하는 용어들이 있다. 행정의 정치적 중립은 직업 공직자들로 구성된 행정집단이 선거에서 특정 정당을 공개적으로 지지하는 행동을 금지하는 용어이다. 정치적 민주화가 성숙되면서 선거에서 행정이 개입하는 경우는 거의 사라졌고, 논리적으로 보아 당연한 것이므로 더 이상 논란이 되지 않는다. 그래서 현재 논란이 되는 정치적 중립은 선거 중립에서 한 걸음 더 나간다. 즉, 행정은 선거에서 승리하여 국민의 대표가 된 정권이 추진하는 정책은 국민의 뜻이므로 이를 충실히 수용하여 집행하여야 한다. 비록 지금까지 추진하던 정책과 정반대가 되어도 새로운 정권의 정책을 따라야 한다. 2차 대전 후에 영국에서 새로 집권한 노동당이 복지-노동정책을 대대적으로 추진할 때 과거 보수 정권의 정책들을 폐기-수정하게 되었는데, 많은 고위 행정 공직자들이 저항하여 문제가 된 적이 있었다. 그래서 행정은 자신들의 독자적인 정책신념을 지니고 국민들의 선거에 의하여 등장한 정권의 정책을 반대해서는 안 된다는 관행이 확립되었다. 즉, 정책의 민주성을 위하여 영혼 없는 행정이 되어야 하는 것이다. 이러한 측면을 행정의 정치적 책임성 또는 대응성(responsibility, accountability)이라고 부른다. 그러므로 지금 우리가 말하는 정책의 민주성은 행정의 정치적 중립, 대응성, 책임성을 모두 아우르는 개념이다.

도 세 가지 측면에서 약점을 지니고 있다. 그래서 완전한 것이 아니다.

첫째는 선거를 통하여 공약의 타당성을 검증받고, 이에 근거하여 국민들의 많은 지지를 받아 승리하였기 때문에 **승리한 정당이나 당선된 대통령의 공약**은 그 자체가 국민들의 지지를 받은 것으로 본다는 논리다. 이 논리는 국민들이 대표자를 선출할 때 **정책 공약을 보고 투표한다는 것을 전제**한다. 그러나 이 전제가 언제나 옳은 것은 아니기 때문에 여러 가지 약점이 있다. 먼저 현실적으로는 공약과 관계없이 투표하는 국민들이 많다는 점이다. 정책에 대해서는 관심이 전혀 없이 인물(도덕성과 능력에 대한 신뢰도 등)만 보고 투표하는 사람들이 있다. 이때의 당선자는 <인물 대표>라고 볼 수 있는데, 불과 얼마 전까지 우리나라에서 보던 현상이다. 사실은 후진국, 중진국 시절의 선거는 인물 대표를 뽑는 것이었다. 물론 이 시절에도 이념 정당이 있었지만, 영향력이 미약하였다. **민주화가 되고 통치이념이 다른 정당 간에 정권 교체가 일어나면서, 정책 공약이 선거에서 강한 힘을 발휘**하기 시작하였다. 서서히 정책선거로 변화하여 지금은 승리 정당의 공약이 국민들 다수의 지지를 받는 것으로 간주된다. 물론 지금도 공약에 관심이 적고, 인물 중심의 투표를 하는 사람도 많고, 또 갖가지의 스캔들을 조작하거나 부각시켜, 여기에 영향을 받은 사람들이 정책 공약과 관계없이 투표하기도 한다. 정책 공약이 아닌 요인에 의해서 당선되는 경우가 생기고, 이 경우 승리자의 공약이 국민의 지지를 받는 것으로 간주하는 것은 오류이다. 즉, 정책 민주성에 흠결이 생긴 것이다.

둘째는 이런 요인들이 결합되어 나타나기도 하는 약점으로, 국민들 다수가 명백히 반대하는 공약도 승리자의 공약이기 때문에 민주성을 지니는 것으로 간주하는 오류다. 교육문제에 대해서는 A 정당의 공약을 찬성하지만, 문화 예술 분야에 대해서 B 정당의 공약이 마음에 들어서 B 정당에게 투표하는 경우가 있다. 교육문제에 대해서는 B 정당의 공약을 반대하는 국민들이 훨씬 많지만, B 정당이 선거에서 승리하였기 때문에 이를 정책으로 전환하면서 민주성을 확보한 것이라고 간주하는 오류다. 가장 심각한 경우는 엄청난 논쟁을 하여 많은 국민들이 주목한 가운데서 공약에 대한 여러 가지 측면을 검토하여 **반대가 훨씬 많은 것으로 판명되었**

지만, 승리한 정당의 공약이므로 민주성을 주장하는 경우이다. 이런 경우는 통치이념이나 정책신념이 다른 정당들 간에 대결을 할 때 흔히 나타난다. 국민들의 지지보다는 승리 정당의 신념에 의해서 정책을 추진하려는 경우이다. 이런 경우는 통치이념과 직결된 정책의 공익성 문제를 논의하면서 자세히 검토할 것이다.

셋째는 선거 시에 국민들의 지지를 많이 받은 공약이기는 하지만, **공약 정책의 효과는 부풀리고 비용**(희생)**은 은폐하여 투표자를 속인 경우**이다. 한 마디로 국민들을 속이는 경우이다. 국민들의 대부분이 자신들의 문제를 해결해 달라고 요구하고 정치인들은 득표를 위하여 이들의 요구를 공약으로 약속한다. 특히 중요한 지지집단의 요구는 우선적으로 내세우는데, 대부분의 경우는 과거에 시도해 보았으나 채택이 되지 못한 내용들이다. 그러므로 이들을 액면 그대로 내걸지 않고 효과는 확대-과장하고 비용이나 희생은 축소-은폐하여 그럴듯하게 포장하는 수밖에 없다. 이리하여 수많은 공약들이 실체를 숨긴 채 승리 정당의 공약 묶음에 포함되어 모두가 국민들의 지지를 받은 것으로 내세운다. 정책의 효과와 비용 등에 대하여 정확하게 실체를 파악하면 국민들의 지지보다 반대가 훨씬 많은 경우도 포함된다. 당연히 민주성이 극히 약한 정책이 된다.

이상의 세 가지 경우는 모두 선거공약과 결부된 정책의 민주성이므로 이를 정책의 **공약 민주성**이라고 할 수 있다. 그런데 공약과 관계없이 집정부(대통령과 장차관 등 보좌진, 여당의 고위간부들)가 추진하는 정책도 많다. 즉, 정권의 중반기에 접어들면 이러한 정책이 많아진다. 이 경우의 정책 민주성을 정당화하는 논리는 공약의 차원을 넘어서 모든 경우에 보다 훌륭한 정책을 결정해 줄 것으로 기대하여 대표자를 선출하였다는 것이다. 즉, 선거에서 승리한 것은 <국민들보다 훌륭하게 정책결정을 할 것이 기대되므로 결정권을 위임> 받은 것이라는 논리이다. 이때 선출된 대표자들이 결정하는 정책이 국민들의 기대와 일치하는 정도를 포괄적 민주성, 또는 **기대상의 민주성**이라고 부를 수 있다. 이 민주성이 공약 민주성과 다른 점은 중요한 측면이 하나 더 추가된 것인데, 대의제의 인물 대표성이 지닌 기능의 하나라고 볼 수 있다. **<대중은 어리석어 인기영합적이고, 단편적이며 근시안적인 판단>**

을 할 수 있기 때문에 훌륭한 대표자를 선출하여 정책결정을 담당시키는 측면이다. 어리석은 대중이 아니라 보다 합리적인 대표자들이 정책을 결정하는 것이 바람직하다는 논리이다. 이 정책의 포괄적(기대상) 민주성은 직접 민주주의의 약점(그리스 도시국가가 대중의 결정으로 운영하는 직접 민주주의가 패망의 원인 중 하나) 때문에 대의제 민주주의 정착초기에는 많은 지지를 받고, 또 논란도 되었지만, 한동안 잊힌 주제였다. 최근에 인터넷을 통한 직접 민주적 정책결정이 손쉬워지면서도 인포데믹스적인 비이성적, 비논리적 의견이 광범위하게 유행하면서 다시 한번 고려해야 하는 주제로 등장하였다. SNS를 통한 편향되고 감성적인 의견들이 횡행하면서 공동체가 적대적인 집단으로 분해-대립하게 되어 직접 민주주의의 약점을 더욱 증폭시키고 있어서, 선출된 대표자들의 판단이 중요해지는 것이다.

이러한 포괄적 위임 논리는 승리 정당이 추진하는 모든 정책을 정당화하는 논리로도 사용되어 왔다. 그러나 공약을 둘러싼 논쟁이 많아지고 공약 중심의 선거가 일반화되면서 포괄적 위임은 공약에 없었던 정책이나, 공약이 많이 수정된 정책의 경우에만 설득력이 있게 되었다. 그런데 공약이 아닌 정책에 대한 위임의 논리적 근거는 <일반 대중은 어리석어 인기영합적이고 단편적이며 근시안적인 판단>을 하기 때문이다. 그렇다면, 선거에서 승리한 정치인들이 일반 대중들이 지닌 이러한 약점을 피하여 보다 훌륭한 판단을 할 수 있는가? 선거구민들이 알기 어렵거나 예측하기 어려운 여러 가지 상황을 고려하여 정책을 바람직하게 결정해 줄 수 있는가?

선출된 대표자들이 어리석은 대중 보다 합리적인 것은 틀림없는 사실일 것이다. 그러나 대중의 단편적이고 근시안적이며 인기영합적 판단보다 훨씬 합리적인 판단을 할 것이라는 기대는 현대사회에서는 크게 잘못된 것이다. 사회가 비교적 단순하던 시절에는 이 논리가 설득력이 있었다. 그러나 현대사회에서는 전혀 아니다. 해결해야 할 정책문제가 복잡하고 여러 원인이 얽혀 있기 때문이다. 선출직 대표자들은 아무리 개인이 유능하고 훌륭해도 이 측면에서 심각한 제약이 있다. 종합적이고 장기적인 안목으로 합리적인 판단을 하려면, 무엇보다도 그 이슈에 대한 장기적인 시각과 분석적 판단을 위한 전문성(전문이론과 축적된 정보)이 뒷받침되어야 한다. 정치인들은 임기를 지닌 선출직으로서 단기적이고 인기영합적인 업적에 사로잡히지 않을 수 없고, 선거구민들의 민원을 파악하고 대처하는데 주력하므로 국가적 차원의 특정 이슈나 정책결정에 필요한 전문지식이나 정보 축적이 어렵다.

이러한 정치인들의 약점을 극복하기 위해 전문적 직업관료제를 도입한 것이다. 신분보장을 받아 평생을 근무하면서 담당 분야에 필요한 전문지식과 정보를 축적한 행정관료가 정치인 대신 이 역할을 할 것으로 기대하는 것이다. 이것이 Wilson이 정치-행정 이원론을 주장하고, 실적관료제를 구축한 목적이며 국가가 공직자에게 맡긴 임무이다. 그래서 실적관료제의 등장 이후에 공직자가 전문성을 축적하여 정책결정에 참여하면서, 국민들이 선출한 집정부의 인물(포괄적) 대표성의 논리는 힘을 많이 상실하게 되었다. 직업직 전문관료들이 이 역할을 대신 하게 된 것이다. 그래서 정치인들의 역할은 선거구민의 기대에서 상대적으로 더욱 멀어지고, 그만큼 정책의 포괄적(기대상) 민주성은 타격을 받는 것이다. 결국 농업 경제가 중심이 되고 사회가 비교적 단순했던 시절에 도입된 의회 중심의 대의제적 민주주의는 시대가 변화하면서 정책에서의 민주성을 많이 상실하게 되었다. 선거에서 승리한 집정부의 정책도 대의제적 민주성을 많이 상실한 것이다.

선거에서 승리한 집정부의 정책이 지니는 대의제적 민주성의 측면 중에서 가장 중요한 나머지 하나가 있다. **선거에서 당선된 대표는 민주적으로 국정을 운영하는 주체로서의 국민대표**라는 측면이다. 민주정부를 <국민의>, <국민을 위한>, <국민에 의한> 정부로 이야기할 때, 첫 번째는 주권재민이라는 상징적 의미를 지니고, 두 번째는 정책의 공익성 측면이다. 세 번째 <국민에 의한> 정부는 정부의 관리주체가 국민임을 선언한 것이다. 민주정치가 다른 정치 체제와 구별되는 가장 핵심적 측면이다. 현실적으로 직접 민주주의가 불가능하기 때문에 대표자를 선출하여 정부의 관리를 위임하는 대의제를 채택한 것이므로 **집정부의 국민 대표성은 민주주의의 핵심적 요소**에 해당된다. 그리고 정책만이 아니라 임기 동안의 모든 업적들을 종합적으로 평가하여 다음 선거에서 정치적 책임을 지게 한다. 이렇게 국민에 의하여 선출되고 국정관리의 모든 부분에 대하여 정치적 책임을 진다는 사실 자체가 대표자가 결정한 정책에 민주성을 부여한다. 이 측면을 정책의 **외형상의 민주성**이라고 부르기로 하자. 그리고 앞에서 본 정책내용이 국민들이 원하는 것과 일치하는 정도는 정책의 **내용상의 민주성**이라고 부르기로 하자. 여하튼 국민투표를 시행하였더라면 똑같은 정도의 국민적 지지를 받을 정책이라도 독재자가 결정한 정책은 비민주적이고, 선거에서 당선된 대통령이 결정한 정책은 민주적이다. 그리고 국민들의 반대가 찬성보다 더 많은 정책을 반민주적-비민주적 정책(내용상의 민주성이 극히 약한)이라고 부를 수는 있으나, 대표자가 결정했다는 사실만으로 정당성을 부여받아 추진되는 것이 일반적이다. 이 외형상의 민주성이야말로 **대의제 민주주의의 최후 보루**이다. 그래서 내용상의 민주성이 상당히 약한 경우에도 집정부가 결정하는 정책은 일단 추진된다. 물론 다음 선거에서 정치적 책임을 지게 된다. 그러나 이 외형상의 민주성도 투표율이 지나치게 저조하면 그 정당성이 약화될 수밖에 없다.

인터넷의 발달로 국민들의 의사를 직접 물어볼 수 있게 되면서 대의제의 정당성이 많이 퇴색되었다. 그러나 탈현대적 부조리에 시달리는 3불사회에서 인포데믹스적인 피해 등 직접 민주주의의 한계점도 분명하다. 그러므로 대의제를 유지하는 것이 민주주의의 운영상 어쩔 수 없고, 불완전한 능력을 지닌 인간들이 국민대표로서 국가를 운영하는 한, 정책내용상의 민주성 측면에서의 어느 정도의 문제는 감수되어야 한다. 즉, **내용상의 민주성에 상당한 결함이 없는 한, 대표자를 옹호하여 대의제를 지켜야** 하는 것이다. 대의제는 정책의 민주성이나 공익성 못지 않게 중요한 민주주의 제도의 핵심 기둥이기 때문이다.

이상의 논의에서 다음이 분명해졌다. 선거에서 승리하여 정권을 장악한 집정부가 추진하려는 정책이 반드시 대의제적 민주성(내용상의)을 충분하게 확보한 것은 아니며, 민주성의 정도도 다양하다는 점이다. 그렇기 때문에 집정부의 정책지시를 정책의 대의제적 민주성을 위하여 행정이 무조건 추종해야 한다는 주장은 전혀 타당성이 없다. 그렇다고 공익을 약간만 훼손해도 행정이 공익수호를 위하여 그 정책을 거부해야 한다는 주장도 문제가 있다. 한마디로 이런 식의 이분법적-흑백논리

주장은 현실 문제해결에 도움이 되지 않는다. **민주성의 약화 정도와 공익훼손 정도를 비교 형량**하여 결정을 하는 것이 올바른 태도이다.

논리적으로 추론하면, 다음과 같은 결론이 나올 수 있다. 집정부가 추진하는 정책의 내용상의 민주성 측면만을 보면, 국민들의 요구와 많이 일치하여 국민들의 지지가 반대보다 압도적인 경우에서부터, 반대로 국민들의 요구와 대단히 불일치하여 반대가 압도적인 경우 사이에 무수한 경우가 존재할 것이다. 즉, 정책의 (내용상의) 민주성은 정책마다 아주 강한 경우에서부터 아주 약한 경우까지 다양할 것이다. 한편 다음에서 보겠지만, 정책이 공익에 기여하는 정도를 정책의 공익성이라고 부른다면, 이 공익성 측면에서도 정책은 다양할 것이다. 그러므로 우리는 다음과 같이 추론할 수가 있다. 정책의 내용상의 민주성이 취약하여 반대가 지지보다 더 많고 공익성도 취약한 경우에는 누군가가 이러한 정책의 추진을 저지해야 한다. 바로 행정(공직자)이 공익수호를 위하여 나서야 하는 경우이다. 이때 어느 정도의 취약성(민주성과 공익성 모두)이 결정 기준이 되어야 하는지는 정책의 종류와 여러 가지 국가적 상황에 따라 다를 것이다. 정책의 내용이 국토방위에 관한 것이고 국가비상사태라면, 민주성의 강약과 관계없이 공익성이 약간만 취약해도(공익의 훼손이 약간만 있어도) 행정이 나서야 한다. 반면 안정된 상황에서 대부분의 국내 정책의 경우에는 민주성과 공익성 모두에서 약간의 취약성이 있어도 국민의 대표로 선출된 집정부의 정책은 추진되는 것이 용인되어야 한다. 정책의 외형상의 민주성을 존중하여 대의제를 보호해야 하기 때문이다. 바로 이러한 경우를 전제하여(정책의 민주성과 공익성이 우수한 경우는 물론이고) 행정이 대의제적 민주성을 위하여 집정부의 정책을 추종해야 한다고 주장하는 것이다. 즉, 선거에서의 승리를 정책(공약)의 승리로 보고, 행정이 이를 충실히 추종하여 행정의 정치적 중립, 정치적 대응성, 정책의 대의제적 민주성 확보를 해야 한다고 주장해온 것이다.

그러나 앞에서 자세히 검토했듯이 이러한 경우가 일반적이라고 보기가 어려울 것이라고 필자는 짐작한다. 무엇보다, 사실이 정확하게 밝혀지면 정책의 공약 민주성은 상당히 취약한 경우가 보다 많을 것으로 짐작된다. 소수집단의 지지 확보와 정당의 정치적 이익을 위한 정략적 고려와 인기 영합을 위하여 효과는 과대 포장하고 비용(희생)은 은폐 축소한 공약이 대부분이기 때문에, 사실이 정확하게 밝혀져서 국민들에게 공개되면, 공약의 지지자는 감소할 것이 분명하고, 인터넷의 발달로 국민투표에 의한 견해 파악이 가능해졌기 때문에 지지 감소도 파악 역시 가능하다. 그리고 사실이 정확하게 파악되면, 정책의 공익성도 많이 약한 것으로 판단될 가능성이 크다. 그래서 민주성도 취약하고, 공익의 손상이 큰 경우에는 누군가가 공익수호를 위해서 정책을 저지해야 한다. 그리고 민주성이 중간 정도(정책에 대한 지지와 반대가 비슷한 경우) 이상이 되어도 공익훼손이 심각한 경우도 마찬가지다. 이러한 비교 형량의 기준이 사람마다 달라질 수 있겠지만, **공익훼손이 심각한 경우에 공익수호를 위하여 정책을 저지해야 한다**는 데는 대부분의 사람들이 찬성할 것이다.

3-2 공익 증진을 위한 집정부의 역할과 행정의 역할

정책의 공익성을 검토할 때가 되었다. 원래 정책의 궁극적인 목적은 공익을 증진하는 것이다. 즉, 국가기능을 수행하기 위하여 정책을 결정하는 것은 기능수행을 통하여 국민들의 생활을 돕는 혜택(도움)을 주기 위해서이다. 이때 소수의 국민이 아니라 다수의 국민들의 이익을 공익이라고 부른다. 그런데 이 공익의 실체에 대해서는 오래전부터 무수한 논쟁이 있어 왔다.[3] 명칭도 계속 바뀌어 왔는데, 처음에는 군주 이익으로 불리다가 국가이익, 공동선(common good) 등으로 변경되었고, 민주주의가 정착되면서는 공익이라는 용어로 자리 잡았다. 최근에는 학계 일부에서 공공이익, 공동체 이익 등의 단어를 사용하기도 하는데, 새로운 측면을 강조하고자 하는 시도들로서 공익내용에 대한 본질적인 차이는 없다. 그러나 명칭 변경 과정에서 명칭마다 강조하는 약간씩 다른 요소들이 추가적으로 공익의 이름 속에 누적되었다. 결과적으로 2020년대 현재 상태를 보면, 공익이라는 이름 속에 온갖 내용들이 모두 들어 있다. 사익의 합계, 사익과 다른 공동체의 특수이익이라고 보

3) Schubert, Glendon(1960), 『The Public Interest』, (Glencoe, Illinois: The Free Press)

기도 하고, 이와 성격이 다른 자연법적 권리라고 부르는 자유, 평등 등을 포함시키기도 한다. 여하튼 이렇게 잡다한 개념들의 타당성에 대해서는 이 글에서 논의하지 않는다.4)

그러나 공익을 증진-손상시킨다는 말이 무엇을 의미하는지는 분명히 해야 한다. 학계나 실무분야에서 구체적으로 논의하는 공익의 증진이나 손상의 예를 보기로 한다. 실직자를 구제할 수 있는 일자리를 창출하면 공익이 증진된다. 댐을 만들어 홍수 피해와 가뭄 극복에 도움을 주면 공익이 증진된다. 동일한 예산으로 보다 품질 좋은 다리를 건설하면, 품질이 나쁜 다리를 건설하는 것보다 공익이 향상한다. 전염병 예방을 못하여 많은 가축들이 폐기되었으면, 공익이 손상된 것이다. 이런 식으로 공공영역에서 상식적으로 나쁜 것이라고 알고 있는 일을 하면 공익이 손상되고, 좋은 일을 하게 되면 공익이 증진된다. 정부를 포함한 공공부문의 모든 활동의 최종 목표는 공익 증진이기 때문이다. 그래서 공익수호자로서의 공직자의 역할을 논의할 때는 이런 식으로 행정 활동 개념으로 논의하는 것이 구체적이고 이해하기 쉽다.

원래 공익을 논의하는 가장 중요한 목적은 공익의 손상을 막고 증진을 하기 위한 방법을 찾는 데 있다. 그러므로 공익의 실체가 무엇인지 따지는 것보다 공익을 증진시키는 좋은 방법을 찾기 위해 노력한다. 그래서 공익이론 중에서 과정설의 논리가 실천적으로 가장 중요하다. 과정설에서는 공익을 증진시키기 위하여 구체적인 방법(즉, 정책)을 결정하여야 하고, 이러한 방법들(정책대안들) 중에 최선의 것을 선택하는 과정이 중요하다고 본다. 바로 정책의 합리적 결정이 공익을 증진시킨다고 본다. 즉, 자유 평등이나 국토방위, 치안 등 공익의 내용이 무엇이든, 이를 증진시키기 위해서는 구체적인 정책을 결정해야 하고, 이때 정책을 합리적으로 결정해야 하는 것이다. 결정과정의 합리성 정도가 다양하기 때문에 공익의 증진 정도도 다양해진다.

---

4) 백완기(2007) 『한국사회와 행정연구』, "한국행정과 공공성", 18(2)
정정길(2003), 『행정학의 새로운 이해』, 제6장 공익이론과 행정가치론, 대명출판사

과정설에서 주장하듯이 정책의 합리적 결정이 최선의 공익 증진 방법이다. 원래 국가기능은 국민들 전체를 위한 것인데, 실제로 기능수행을 위해서 정책을 결정할 때는 정치적인 강자들이 특수집단을 위하여 노력하기도 함으로, 이때 공익을 증진시키려면 특수집단이나 개인이 아니라 국민 전체에게 도움이 되도록 정책을 결정해야 한다. 공익 증진은 (또는 훼손은) 두 가지 측면이 결합된 내용인데, 그 첫째가 지금 논의하듯이 특수집단이 아니라 국민 전체를 위하는 정책이 되어야 한다는 측면이다. 그러나 똑같이 국민 전체를 위한 정책이라도 정책수단을 잘못 선택하면, 효과가 적어지기도 하는데, 효과/비용의 기준에서 좋은 정책수단을 선택해야 공익이 증진된다. 이것이 두 번째 측면이다. 첫 번째는 정책효과의 수혜집단이 소수 특정 집단이 아니라 원칙적으로 다수 국민이 되어야 한다는 측면이고, 두 번째는 이 공익의 크기(또는 量)를 키워야 한다는 측면이다. 정책을 합리적으로 결정한다는 말은 바로 이 두 가지 측면을 모두 고려하였을 때 공익을 가장 크게 향상시킨다는 말이다.

첫 번째의 공익 증진 조건부터 보기로 한다. 공익이론이 크게 주목을 받던 1940년대에서 1950년대는 첫 번째 조건이 논란의 대상이었다. 당시의 미국에서는 이익집단이 국회상임위원회와 담당 행정부서를 연계하면서 정책의 실질적 내용을 좌우하였는데, 이를 흔히 하위정부(sub-government)라고 불렀다. 배후에 숨어서 작동하는 실세(實勢) 정부라고 비난성 비유를 한 것이다. 예를 들면, 우유 가격을 결정할 때 낙농업자협회가 축산담당을 하는 국회상임위원회와 행정부서를 연계하여 로비를 하였던 것이다. 결과적으로 소비자들은 비싼 우유를 마시게 되었다. 미국은 순환보직을 하는 우리나라와 달리 공직자들이 직위분류제에 따라 평생을 동일한 분야의 업무만을 담당하고, 국회의원들도 하나의 분야를 정하여 평생 그 분야의 상임위원회에서 활동한다. 그러므로 이익집단은 어떻게 해서든 이들을 자신의 편으로 만들고자 한다. 결국 이들은 이익집단과 친숙하게 된다. 그리고 담당 부서의 공직자나 국회 상임위원들은 거의 평생 같은 일만 하게 되므로 엄청난 전문성을 축적하여, 이들이 정책의 내용을 결정하면, 누구도 수정할 수가 없는 상태가 된다. 그래서 이 3자의 연합을 **철의 3각**(iron triangle)이라고 부르기도 한다. 공익론자들은 이러한 사태를 극복하려고 공익이론을 연구한 것이었다. 정책결정과정을 공개하고 이해 관련인들의 참여를 보장하는 제도, 즉, 적법절차(due process)를 주장했다. 또 1960년대에는 관료제 내부에 흑인 등 사회적 약자층을 의도적으로 충원시켜 이들의 이익을 대변할 수 있게 하는 대표관료제(representative bureaucracy)의 도입도 강하게 주장하였다. 이런 식으로 정책과정이 민주화가 되어야 특수집단의 이익에 편향되지 않는 공익을 증진시킨다고 주장한 것이다.[5)]

특수집단의 이익이 아닌 공공의 이익을 강조하여 정책결정의 민주성을 주장하던 초기의 공익론은 정부의 기능수행 결과의 혜택이 소수의 특정집단이 아니라 다수의 공공에 보다 많이 돌아가야 한다는 주장을 하였다. 그런데 60년대에 발생한 흑인폭동을 계기로 사회적 약자들에게 보다 많은 혜택이 돌아가야 한다는 주장이 강하게 제기되면서 대표관료제가 빛을 보게 되었다. 공익을 향상시키기 위해서는 일부 특수집단이 아닌 다수의 공공, 그리고 여기에 추가하여, 가급적 사회적 약자에게 보다 많은 혜택이 주어져야 한다고 주장하게 된 것이다. 즉, 초기에는 최대 다수의 행복을 우선하는 **공리주의적 사고**가 공익의 이념적 기초가 되었는데, 60년대 이후에는 소수를 배려하는 **형평성**이 여기에 가미된 것이다. 요약하면, 공익을 증진시키려면 보다 많은 국민, 그리고 가급적 사회적 약자에게 혜택이 많아 가야 한다는 주장이다. 물론 행정학이 중요한 영향을 미치는 미국에서의 이야기이다.

정책결정에서 민주성을 확보하여 공익을 증진시키는 이 첫 번째 조건은 정치가 담당해야 한다. 즉, 특정 집단이 아니라 다수의 국민이 무엇을 원하는지를 파악하고, 여기에 형평성적 요소를 가미하여 정책을 결정하고, 다음 선거에서 정치적 책임을 지도록 해야 한다. 그런데 이 측면은 정책내용 중에서 정책목표와 정책관리의 기본방향을 결정하는 것에 해당된다. 정책을 결정하는 것으로서 바로 집정부가 담당하는 역할이다. 즉, 국민의 대표인 대통령이 장차관 등 정무직의 보좌를 받으

5) 백완기(2007), 『한국행정과 공공성』, 한국사회와 행정연구 18(2) — 이때의 정책과정 민주화는 이해 관련자들이 참여하는 직접민주적 성격을 의미하고, 대의제적 민주성(집정부의 국민대표성)을 말하는 것이 아니라는 점은 기억해 둘 필요가 있다.

면서 집권 여당의 국회 고위 간부들을 포함시켜 구성하는 집정부에서 이 역할을 담당하는 것이다. 일반 대중이 원하는 것은 물론이고, 정치적으로 소외되기 쉬운 사회적 약자들이나 소수집단이 원하는 것을 잘 파악해서 공약으로 묶어야 표를 얻을 수 있으므로, 정치인들은 이들과 끊임없이 접촉하면서 이들이 원하는 것에 신경을 써야 한다. 그러므로 정책의 기본방향과 목표는 이들 정치인들이 결정하는 것이 합리적이라고 볼 수 있고, 그래서 집정부가 담당하는 역할로 제도화한 것이다. 즉, 정책결정은 정치의 역할이다.

공익 증진의 두 번째 조건은 수혜자에 대한 것이 아니라, 비용은 감소시키고 혜택의 크기는 증가시키는 부분이다. 즉, 일반 대중과 사회적 약자에게 혜택이 돌아간다고 하더라도 그 혜택이 너무 적으면 의미가 없다. 그리고 혜택을 얻기 위하여 지불해야 할 희생과 비용이 크면, 종합적으로 봤을 때 공익이 증진되는 것이 아니다. 정책은 언제나 효과를 얻기 위한 비용 지불을 해야 하고, 이 비용도 국민 중 누군가가 부담해야 하기 때문이다. 그래서 **비용 대비 많은 혜택을 산출해야 공익이 증진된다**고 할 수 있다. 즉, 효과/비용 비율(B/C Ratio)이 좋은 정책대안을 선택하여야 공익이 증진된다. 이 부분은 정책집행 단계에서 가장 중요한 요소가 된다. 다음의 예를 보면 쉽게 이해가 된다. 시민들의 의견도 듣고 가난한 계층의 요구도 참작하여 어느 지역에 상수도 건설을 결정했다고 가정해 보자. 즉, 정책목표와 기본방향을 공익의 1차적 조건에 맞게 결정한 경우이다. 그러나 이를 집행하기 위하여 토목기술을 잘 모르는 아마추어들이 모여서 상수도 건설을 하면, 비용도 엄청나게 낭비되고, 상수도의 품질이 나빠서 상수도 건설 효과는 엉망이 될 것이다. 공익 증진을 위한 비용-효과 분석은 재정자금으로 도로, 교량, 저수지, 댐 등을 건설할 때 전형적으로 사용해온 방법인데, 사실은 이러한 배분 정책의 경우만이 아니라 규제정책의 경우에도 동일한 논리가 적용된다. 규제정책에서도 혜택을 보는 국민들도 있지만, 피규제자들이 희생과 비용 지불을 감당해야 하기 때문이다. 그래서 규제정책의 경우에도 정책 실현으로서 얻게 되는 효과의 총합이, 이 때문에 지불해야 할 사회적 비용의 총합보다 클수록 공익이 증진되는 것이다. 이 부분은 나중에 통치이념이 대립되는 정책결정의 사례에서 자세히 검토할 것이다. 여하튼 정책문제를 해결하기 위하여 정책을 결정할 때 정책비용(정부 지출을 포함한 사회적 피해)에 대비한 효과가 좋은 정책대안(정책수단 등)을 선택해야 공익이 증진된다는 논리는 이러한 정책집행에서 전문성이 무엇보다 중요함을 알려준다. 분야의 전문이론과 정보를 많이 축적해야 좋은 교량, 좋은 지하철을 건설할 수 있다. 이러한 전문지식은 우리의 경우, 평생을 공직에서 근무하는 직업 전문직인 공직자들이 제공해야 한다. 이를 위해서 직업관료제를 만든 것이다. 그래서 이 부분은 공직자들(행정)의 역할이다.

비용대비 효과가 큰 대안을 선택하여야 공익이 증진된다는 논리의 중요성은 정책집행에서 두드러지게 나타나지만, 정책목표의 설정이나 정책의 기본방향을 결정하는 정책결정과정에서도 필수적이다. 그래서 교과서에서는 정책집행론이 아니라 정책결정론에서 분석적 방법을 소개한다. 주의할 것은 정책결정과 정책집행은 구분하기가 어려운 중간 지대가 상당히 넓다는 사실이다. 정책과정의 첫 부분은 정책목표의 설정이 있고, 마지막 부분은 모든 정책수단이 실현되어 정책효과가 발생하는 부분이 되므로 정책결정과 집행의 끝부분은 분명한 셈이다. 그러나 이 중간에 정책목표를 구체화하면 하위목표가 있고, 이 하위목표 아래 하위-하위목표가 있고, 이를 실현하기 위한 정책수단이 있고, 이 수단을 더 구체화하면 하위수단이 있는데, 이러한 연쇄 과정은 마지막 세부수단을 행동으로 실현시키는 것으로 끝난다. 이 연쇄의 스펙트럼에서 정책목표에 가까운 부분까지만 정책결정단계에서 결정하기도 하고. 집행의 끝부분에 아주 가까운 세부수단까지를 정책결정단계에서 결정하기도 한다. 상황에 따라서, 정치권의 관심에 따라서 그 구분점이 달라진다. 그러므로 정책결정과 집행을 엄격하게 구분할 수는 없다. 확실한 것은 정책목표의 설정 이후부터 집행의 끝 단계까지의 중간에 많은 의사결정점이 존재하고, 이 의사결정점마다 정책분석적 논리(B/C 분석 등)가 적용되어야 합리적인 결정이 된다는 사실이다. 즉, 전문적 지식과 정보가 필수적이 되는데, 이 부분은 전문성을 지닌 공직자들이 담당해야 하는 역할이다. 다만 정책목표에 가까울수록 누구에게 혜택을 많이 줄 것인지가(공익 증진의 첫 번째 부분) 중요한 요인이 되어서 정치의 역할이 더 중요해지는 것이다. 그래서 이 측면을 강조하여 정책의 결정은 정치의 역할이라고 말하는 것이지만, 현실적으로는 정책결정에서도 전문성을 보유한 행정(공직자)이 압도적인 역할을 한다. 그리고 이러한 행정이 축적한 전문성이 정책결정과 집행 과정 전체의 합리성을 좌우하여, **정책을 통한 공익의 증진**(크기의 증가)**은 행정의 몫**이라고 해도 좋을 만큼 행정이 중요하다.

구체적인 예를 들면 분명해진다. 정책목표 설정까지도 행정의 전문성-기술성이 결정적인 역할을 하는 예를 보기로 한다. 대도시의 중앙에 커다란 숲이 있고 이 때문에 차량이 빙빙 돌아서 운행을 하는 경우를 상상해 보자. 선진국의 도시들에서 흔히 보는 광경이다. 자연녹지를 보호해야 한다는 주장과 숲을 가로지르는 도로를 몇 개 만들어 교통을 원활하게 하여야 한다는 주장이 팽팽하게 맞선다. 이때 선거에서 시장 당선자와 시 집정부가 제시한 공약이 정책으로 결정된다. 즉, 선거에서 승리한 집정부에서 정책목표를 결정한다. 그러나 실현 가능성이 없는 목표는 아무런 의미가 없다. 현실에서의 실현 가능성 판단은 전문성을 축적한 행정이 담당해야 한다. 도로를 만들려는 지대에 커다란 바위가 땅속에 숨어 있어서 도저히 도로 만들기가 불가능함이 밝혀지게 되면, 도로건설은 포기해야 한다. 반면에 이러한 암벽을 꿰뚫고 터널을 만들어 녹지에 전혀 피해를 주지 않고 도로를 만들 수 있는 기술이 개발되었다고 하면 도로건설 목표는 실행이 가능하다. 선거 시에 내걸었던 집정부의 공약이나 방침이 어떤 경우라도, 전자의 경우에는 도로건설을 포기할 것이고, 후자의 경우에는 도로건설을 할 것이다. 즉, 정책목표도 공직자들의 전문적 이론과 기술, 그리고 축적된 정보에 따라서 변경되는 것이다. 그래서 정책목표의 설정은 공식적으로는 집정부의 소임이지만, 실질적으로는 집행을 담당하는 전문관료들의 보좌와 지원이 필수적이다. 이러한 전문분야에 대한 이론과 정보는 오랫동안 이 분야를 담당해온 행정부서가 축적하고 있다. 여기에 더하여 정책목표를 달성하기 위한 구체적인 정책수단을 동원하고 그 비용과 효과를 예측하는 일들은 당연히 행정의 몫이다. 한마디로 정책목표나 방향의 설정에서 보좌 역할을 하고, 또 정책수단의 동원에서는 주도적인 역할을 하면서 정책결정에서는 행정이 핵심적인 역할을 한다. 이런 식으로 **정책결정과 집행을 통한 행정의 공익 기여 역할이 집정부보다 월등히 중요하다.**

위에서 보듯이, 행정의 공익 기여 역할의 무기는 전문성(전문적 이론과 축적된 정보)에 있다. 지금까지 논의한 내용을 정리하면, 행정은 전문성을 기반으로 크게 세 가지 측면에서 공익에 대한 기여를 한다. 첫째, 정책비용(희생)이나 효과에 대한 사실 판단을 정확하게 하여 정책에 대한 국민들의 지지나 반대 결정을 할 때 그 근거를 제공한다. 정략적 고려나 인기영합적 이유로 효과를 과대 포장하고 비용(희생)을 은폐-축소하는 공약이나 정책의 실체를 밝힌다. 이는 집정부가 추진하려는 정책의 대의제적 민주성에서도 중요하지만 공익성에도 결정적인 영향을 미친다. 둘째, 정책방향이나 목표 설정에서 실현 가능성(현실적 합성)을 고려하게 하여 그 내용에 영향을 미치고, 셋째, 무엇보다 정책수단을 포함한 구체적인 정책을 주도적으로 결정한다.

이 시점에서 정책내용상의 대의제적 민주성과 공익성의 차이 및 관계를 명확히 할 필요가 있다. **민주성은 정책의 내용이 국민들로부터 지지받는 정도**를 의미하고 **공익성은 정책의 내용이 공익에 기여하는 정도**를 의미한다. 전자는 국민들의 마음 상태이므로 주관적인 것이고, 후자는 정책 추진에서 얻게 되는 객관적 사실이다. 그래서 양자는 근본적으로 다른 것이다. 정책내용상의 대의제적 민주성은 앞에서 본대로 선거에서 승리한 집권세력이 추진하려는 정책에 대한 국민의 지지도를 의미하고, 집정부만이 아니라 행정이 깊이 관여하여 결정하고 집행하는 정책이 기여하는 객관적인 공익성과는 다르다. 대의제 민주제도를 도입할 초기에는 어리석은 국민들이 결정하는 것이 아니라 훌륭한 대표자를 뽑아서 이들이 주도하여 정책을 결정하면 국민들 전체 이익(즉, 공익)을 가장 잘 향상시킬 것이라고 전제하였던 것이다. 그리고 그 당시에는 상당한 타당성이 있었다. 또한 이익집단이 국회상임위원회와 담당 행정부서를 연계하여 자신들의 이익을 위하여 소비자를 희생시키는 결정을 할 수 없게 이해 관련인들을 참여시켜 정책결정과정을 민주화하면 공익이 증진될 것이라고 믿었다. 그리고 이러한 조치도 효과를 얻었다. 정책수혜자가 특수 이익집단이 아니라 다수 공공이 되었기 때문에 과거보다 공익이 증진된 것이다. 그런데, 사회가 복잡해지면서 정책문제의 해결이 어려워지고, 이에 따라 문제해결에서 얻게 되는 공익의 크기를 증대시키는 것이 중요해졌다. 정책효과를 증대시키고 정책비용을 감소시키기 위하여 전문지식이 필수적이 되었다. 이 전문지식은 정치인이 아닌 전문 직업관료들의 몫이기 때문에 공익 증진에 행정의 역할이 필수적이 되었다. 정책(정책과정)의 민주성과 정책의 공익성이 개념적으로도 명확히 구분되고, 실천적인 측면에서도 그 증진 방법이 달라지게 되었다. 심지어는 대표관료제의 단점에서 걱정하듯이 흑인 등 소수집단의 대표들을 관료로 채용을 하면, 전문성 약화로 공익 증진이 훼손될 가능성이 커진 것이다. 즉, 민주성이 전문성과 이 측면에서도 충돌하게 되는 것이다. 여하튼 **전문성을 축적하고 있는 직업관료들의 행정이 공익수호에서 결정적인 역할**을 하게 된 것이다.

그러므로 행정이 집정부에서 제시하는 정책대안 내용(비용과 효과와 실현 가능성 등)을 평가하고 공익의 훼손 여부를 판단하여야 한다. 물론 행정이 공익수호를 위해서 나서려면, 앞에서 논의한 대로, 집정부가 제시하는 정책내용의 민주성 정도와 공익의 훼손 정도를 비교 형량 해야 한다. 그럼에도 불구하고 행정이 공익수호를 위하여 무조건 나서야 하는 경우가 있다. 바로 공익이 심각하게 훼손되는 경우이다. 어떤 상황이 이런 경우에 해당하는가를 검토하기로 한다.

3-3 통치이념과 직결된 정책과 공직자의 공익수호 역할

공익이 심각하게 훼손되면, 행정이 무조건 공익수호를 위하여 나서야 한다. 국민 다수가 지지하는 공약으로 정책의 민주성(내용적 민주성과 외형적 민주성)에 전혀 문제가 없는 경우에도 그러하다. 즉, 정책효과는 과대 포장하고 비용은 은폐-축소하는 식의 왜곡이 전혀 없는 공약을 제시하고, 투표자들이 정확하게 자신이 원하는 바에 따라 투표하여 집정부를 지지하고 득표율도 높은 경우이다. 이 경우에도 공익의 훼손이 심각하면, 행정이 공익수호를 위하여 집정부의 정책을 저지하여야 한다. 어떤 경우가 이런 상황일까?

통치이념과 직결되어 양립이 어려울 정도로 대립하는 분야에서의 정책결정이 간혹 이런 상황에 빠진다. 그리고 정치적 양극화가 심화되면, 통치이념상의 대립과 관계없이 많은 개별정책에서 이러한 사태가 벌어질 수 있다. 예를 들어 성장과 복지가 대립하는 경우를 보기로 한다. 우파는 경제성장을 강조하고 좌파는 복지를 강조하면서, 제로섬적 대립을 한다. 한쪽을 지지하면 다른 쪽이 피해를 입는다. 이런 식의 제로섬 게임은 통치이념과 직결된 모든 정책 분야에서 나타나고 통치이념과 관계없는 정책에서도 이해관계의 대립이 심각한 경우에는 언제나 나타난다. 의약분업 개혁을 둘러싸고 벌어진 의사 집단과 약사 집단의 대립과 같은 경우이다. 통치이념과 직결된 분야는 모든 국민들의 관심사로서 오랫동안 논쟁을 계속하고, 대립하는 각 정당은 나름대로 정책에 대한 합리적인 공약을 만들기 위해 노력한다. 이렇게 하여 다듬어진 공약을 선거에서 승리한 새로운 집정부가 정책으로 전환시키려고 하는 경우이다. 정책의 대의제적 민주성이 확보되고, 정책의 내용도 많은 논쟁을 통하여 다듬어졌으므로 전문성도 어느 정도 구비되어 공익기여도 분명히 한다. 그런데도 공익의 훼손이 심각하면 행정이 공익수호를 위해서 나서야 한다. 이를 검토하기로 한다.

그림 1 | 자원의 배분과 최적점 및 임계점

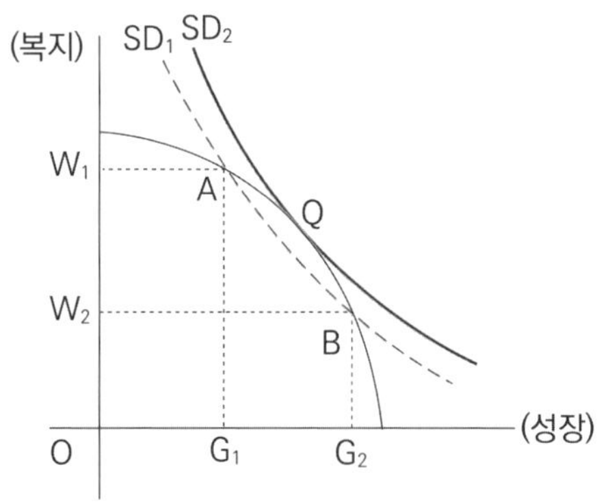

위의 <그림 1>은 후생경제학에서 논의하는 자원의 효율적 배분을 위한 논리를 나타낸 것이다. 사용할 자원은 한정되어 있는데 두 분야에서 보다 많은 자원을 서로 사용하여야 한다고 싸울 때, 어떻게 배분하는 것이 전체적으로 효용을 극대화하는가를 보여 주는 그림이다. 좌파는 생활이 어려운 국민을 시급하게 도와주는 복지에 더 많은 경비를 지출해야 한다고 주장하고, 우파는 경쟁력을 강화하여 파이를 키워서 미래에 대비해야 한다고 주장을 하는 경우를 상상할 수 있다. 전형적인 좌파와 우파의 정책 대결이다.

이제 현실의 정치는 잊어버리고 좌파와 우파가 이런 식으로 대립할 때 객관적으로 어떻게 정책을 결정해야 공익을 최대화하는 것인가를 살펴보자. 자원을 투입하여 얻게 되는 효과를 X축에서는 성장(또는 성장상태, 성장효과), Y축에서는 복지(또는 복지상태, 복지효과)의 크기로 나타낸다. A, Q, B점을 연결하는 선은 전형 곡선, 또는 생산가능곡선으로 불린다. 모든 자원을 투입하여 A점을 선택하면, 성장효과는 G_1만큼, 그리고 복지효과는 W_1만큼 얻을 수 있다. B점을 선택하면, 성장효과는 G_2, 복지효과는 W_2만큼 얻을 수 있다. 즉, A, Q, B의 곡선은 자원을 총동원하여 채택 가능한 점들을 연결한 선이다. 즉, 일정한 총자원으로 성장과 복지 부분에 투입할 때 채택 가능한 성장(효과)과 복지(효과)의 조합(組合-combination)들을 연결한 선이다. 그러므로 이 선의 바깥 부분(즉, 원점에서 먼 부분)은 자원의 부족으로 채택이 불가능한 곳이다.

그림 2 | 국가발전과 퇴보

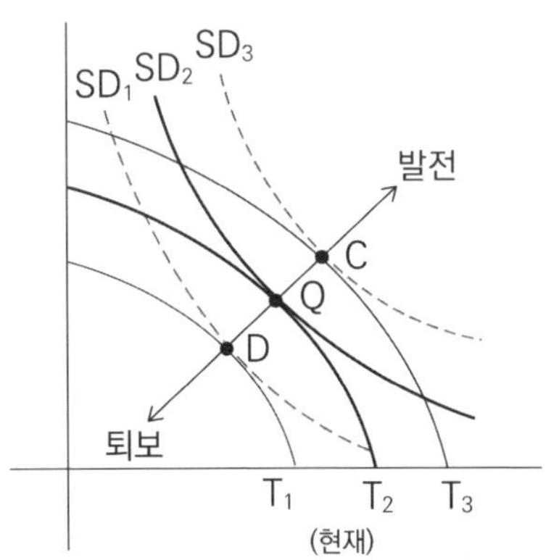

예를 들면, <그림 2>에서의 C점은 Q점보다 성장효과와 복지효과를 더 얻을 수 있으나, 자원을 더 투입해야 하므로 채택이 불가능하다. 그리고 전형 곡선 내부의 점들은 자원을 남기는 경우이므로 고려의 대상이 되지 않는다(자원의 최적 배분에서 낭비되는 부분이므로).

생산가능곡선은 문자 그대로 주어진 자원으로 생산(채택)<가능>한 점들의 연결이다. 이 <가능>이라는 뜻은 경제적 능력, 기술적 제약 등을 모두 포함하는 제약조건을 극복하고 가능하다는 것을 의미한다. 즉, 현재 이용가능한 기술을 최대한 적용하고 경제적 자원도 모두 활용하여서 채택 가능한 경우이다. 이 선보다 위쪽은 채택이 불가능하다. C점은 Q점보다 복지나 성장을 위해서 많은 자원을 투입하는 경우로서 좌파나 우파가 모두 좋아할 수 있지만, 자원이 부족하여 채택할 수 없는 경우이다. 즉, 이념이나 가치에 대한 주장이 아무리 강해도 현실적으로 채택 불가능하므로 고려의 대상에서 제외시킨다.

SD_1이나 SD_2 곡선은 복지비용과 성장비용을 지출하여 얻게 되는 국가 전체적 차원에서의 효과를 나타낸다. 이 효과는 초기의 후생경제학자들이 사회복지(social welfare)로 예시하였고, 국민행복, 공공선, 공공이익, 공익 등의 이름으로도 예시할 수 있다. 여기서는 <지속가능발전효과>를 예로 들기로 한다. 구체적으로 보면 SD_1 상에서의 A점은 W_1만큼의 복지효과와 G_1만큼의 성장효과가 배합되어 산출하는 <지속가능발전효과>를 나타낸다. 두 효과가 배합되어 산출하는 효과는 복지를 위한 지출(자원사용)이 산출하는 복지효과와 성장을 위한 지출이 산출하는 성장효과의 두 개가 배합되어 산출하는 또 다른 차원, 한 단계 승화된 차원의 효과를 합친 개념이다. 승화된 차원의 효과라는 말은 두 가지의 개별적 효과와 이들 효과가 상호작용하여 산출되는 추가적 효과 등이 복합된 것을 의미한다.

서로 내용이 다른 성장과 복지의 효과를 어떻게 단일한 지표로 나타낼 수 있는가? 이는 경제학자들이 무척 고심한 문제이다. 후생경제학자들은 사회복지(social welfare)효과를 예로 들었다. 이는 성장효과나 복지효과와는 차원이 다른 한 단계

승화된 보다 객관적인 사회적 지표이다. 예를 들면, X축에 국방 효과(대포 생산)와 Y축에 민생 효과(버터 생산)가 배합되어 산출하는 것을 사회복지효과라는 단일 지표로 예시하고 있다.

우리의 경우에는 성장과 복지를 통하여 얻을 수 있는 승화된 차원의 효과로서 <지속가능한 발전>효과를 사용하고자 한다. 공익의 지표로 전제하는 것이다. **지속가능한 발전**(sustainable development)은 **<미래세대의 요구를 충족시킬 수 있는 능력을 저해하지 않으면서 현세대의 요구를 충족시키는 발전>**이라고 일반적으로 정의한다. 즉, 미래세대가 사용할 것을 생산할 수 있게 현재의 소비를 자제하여 자원의 일부를 미래발전을 위해 투입하면서, 그 범위 내에서 현재의 복지요구를 최대한 충족시킬 수 있도록 해야 한다는 생각이다. 일면 현재의 복지를 위해서 지나치게 자원을 소모하여 미래세대를 희생시키지 말고, 타면 미래를 위한 성장에 과다하게 치중하여 현재의 복지욕구를 지나치게 억제하지 않도록 한다는 주장이다. 한마디로 성장과 복지의 적절한 균형을 잡자는 주장이다. 이 주장이 좌우가 대립하는 문제를 해결하기 위해서 **<제3의 길>, 또는 <중도 실용의 길>**로서 탐색한 논리이다. 좌나 우에서 약간씩 다른 견해가 있을 수 있지만, 구체화된 공익을 예시하려는 지금 우리의 논의에서는 큰 문제가 없으리라고 생각한다.

지속가능발전효과를 나타내는 점들을 연결한 선은 무차별(indifference)곡선이다. 즉, A점과 B점은 자원투입의 내용은 다르지만, <지속가능발전> 효과는 동일하다. SD_1선 상의 모든 점들은 동일한 효과를 산출한다. 그리고 이 선은 원점을 향하여 볼록하다. 이 부분도 경제학자들이 고심하여 그 타당성을 입증한 논리이다. 효과 선은 바깥쪽에 있을수록 큰 효과를 나타낸다. 그래서 SD_1보다 SD_2가 큰 효과를 나타낸다. A점이나 B점보다 Q점이 효과가 더 크다.

그리고 Q점은 SD_2선이 생산가능곡선과 접하는 점이다. 즉, 두 곡선이 한 점에서만 만나는 경우이다. 그래서 현재 사용 가능한 자원을 총동원하여 성장과 복지를 위하여 배분하여 투입했을 때 **<지속가능발전> 효과가 가장 큰 경우**이다. 이 점이 바로 **최적점**(optimum point)이다. 즉, 공익 극대화 점이다.

지속가능발전효과가 현재보다 큰 점을 선택하면, 다음 시기의 생산에 투입할 자원이 현재보다 많아져서 생산가능곡선이 바깥으로 이동한다. <그림 2>에서 C점을 채택할 수 있는 경우가 될 수도 있다. 즉, C점을 통과하는 생산가능곡선으로 이동할 수도 있는 것이다. 논의의 편의상 지속가능발전의 순효과로서 설명하기로 한다. 즉, 현재의 능력으로 발전하는 효과보다 커지는 효과가 지속가능발전의 순(net) 효과인데 이것이 영이 되면 현상을 유지하고, 플러스가 되면 현재보다 발전하고, 마이너스가 되면 퇴보하는 것으로 표시하는 것이다. 이 효과의 크기에 따라, <그림 2>에서 보듯이 국가는 퇴보하기도 하고 발전하기도 한다. 최적점 Q점을 선택하면 지속가능발전효과가 최대가 되는데. 지속가능발전효과는 바로 여기서 추구하는 공익의 지표이므로, 최적점은 이 경우의 공익을 최대화하는 점이다. 여기까지는 후생경제학자들의 논리를 그대로 적용한 결론으로 어려움이 없다.

우리가 고민해야 하는 문제는 다음부터이다. 좌우가 격렬하게 대립하다가 선거에서 승리한 정당이 선택한 정책이 Q점을 벗어나는 경우 공직자가 어떻게 하는 것이 공익을 수호하는 것인가? Q점에서 오른쪽으로나 왼쪽으로 이동하여 성장이나 복지 부분의 한쪽만 보면 공익이 향상되지만, 다른 쪽이 희생되어 전체적으로는 공익이 훼손되는 경우이다. 이 질문의 가장 어려운 부분은 누구도 Q점의 위치를 정확하게 알 수 없다는 것이다. 새로운 집정부의 정책이 Q점에 해당되는 것인지 Q점을 벗어났는지 자체를 알 수 없는 것이다. 물론 집정부는 Q점에 해당된다고 주장할 가능성이 크다. 불행하게도 현재까지의 인간의 지혜로는 이를 바로 알 수 없다. 현재의 상태가 Q점이 아닌 경우에, 집정부가 Q점에 가까운 곳으로 이동시킨다고 주장하는 경우도 마찬가지이다. 이런 경우에 공직자는 구경만 하면서 집정부가 시키는 대로 해야 하는가? 이 문제를 풀기 위해서 논리적 유추를 조금 더 계속해보기로 한다.

최적점을 선택하면 순(net)효과가 최대화된다. 그렇다면 최적점에서 벗어나면 순효과가 감소하게 되고, 계속 멀어지면 순효과가 영이 되는 점이 나온다고 짐작할 수 있다. 그리고 더 멀어지면 순효과가 마이너스가 된다. 이렇게 되면 발전이 아니라 퇴보가 되는 것이고, <그림 2>에서 보듯이, 이러한 퇴보가 계속되면 국가는 쇠퇴하게 된다. <그림 1>에서 A점은 최적점 Q점보다 복지를 위해 더 많은 자원을 투입하고 성장을 위해 자원을 감소시키는 경우로서 지속가능발전의 순효과가 영이라고 가정한다. 그리고 B점은 정반대로서 역시 효과가 영이 되는 점이다. 이 효과가 영이 되는 점을 임계점(critical point)이라고 부르기로 한다. 그리고 A점은 **성장 임계점**, B점은 **복지 임계점**으로 부르기로 한다. 성장 임계점보다 더 많은 자원을 복지에 투입하면서 성장을 위한 자원 투입을 감소시키면, 성장의 효과가 크게 감소하여 전체 효과가 마이너스가 된다. 마찬가지의 논리가 복지 임계점에 적용된다. 이런 식으로 임계점은 최적점보다 한쪽에 자원을 과잉 투입하고 다른 쪽을 희생시키는 경우에 나타나는데, 최적점의 좌우 양쪽에 있게 된다. 성장 임계점보다 성장에 더 적은 자원을 투입하거나, 복지 임계점보다 복지에 더 적은 자원을 투입하면 전체 지속가능발전효과는 마이너스가 되어 국가는 퇴보하게 되는 것이다

왜 이런 사태가 발생하는가? 성장과 복지의 최적 배합 상태에서 벗어나 어느 한쪽을 위해 자원을 더 많이 투입하면, 자원투입이 감소되는 다른 쪽의 피해가 너무 크기 때문이다. 그래서 자원을 많이 써서 얻게 되는 효과보다 반대편의 피해가 더 크면 전체적으로 효과가 마이너스가 되는 것이다. 지나치게 성장 일변도로 가거나 복지 일변도로 가는 경우에 나타나는 현상이다. 복지를 지나치게 확대하면서 성장을 위해서 사용할 자원을 감축시켜서 경쟁력에 필수적인 연구개발을 위축시키고 기술인력 양성을 저해하며, 형평성을 지나치게 강조하여 기업에 대한 조세부담을 과도하게 증가시키거나, 기업규제를 강화하고 노조의 과잉활동까지 방치하면 기업활동을 크게 위축시킨다. 기업투자를 위축시키면서 세계적인 수준의 기술자들의 해외 유출도 발생한다. 복지비를 위하여 지나치게 재정지출을 많이 하여 조세부담을 증가시키면서도 국가부채를 증가시켜서 미래세대에게 커다란 부담을 주는 경우도 발생한다. 흔히 좌파 정권이 복지와 형평을 강조하면서 범하기 쉬운 잘못이다. 즉, 현재의 성장동력을 위축시킬 뿐만 아니라 미래의 성장잠재력을 훼손하여 지속

가능발전효과가 마이너스가 되는 경우이다. 반대로 성장을 지나치게 강조하여 실업수당, 연금, 재해보상금과 노약자 보호 부조금 등을 감축시키거나 의료 보험 혜택을 억제하면 많은 사람들이 고통을 당한다. 원래 소비는 하향(下向) 경직성이 강하여 소비수준의 작은 축소라도 대단한 고통을 주게 된다. 한마디로 현존하는 복지수준을 감축시키면 강도 높은 고통을 받는 사람들이 발생한다. 이 복지비 감축이 정도를 지나치면, 소비축소의 고통과 불만, 생활 전반에 대한 불안에 시달리는 사람들이 많아지고, 국가와 사회에 대한 적개심을 지니게 되어 사회 전체가 불안해진다. 사회안전망이 촘촘히 구축되어, 사회 곳곳의 어려운 처지에 있는 국민들이 복지 혜택을 받는 경우에는 수혜자들이 많은데, 이런 경우의 복지비 대폭 감축은 사회 전체를 불안하게 만들고, 쉽게 갈등과 대립이 격화되는 탈현대사회적 부조리(불안 · 불만 · 불신 속에 분노와 적개심이 가득한 사회)가 심각해진다. 당연히 지속가능한 발전이 어려워진다.

위에서의 논리는 이론상으로는 큰 문제가 없는 것 같다. 그런데, 과연 현실에서 임계점이 존재하는가? 임계점 내부에서 선택이 이루어지면 발전하고 그 반대는 퇴보하는가? 이러한 증거가 있는가? 답하기 무척 어려운 질문이다. 이 문제를 답하기 위해서는 선진국들의 역사를 살펴보는 수밖에 없다.

역사적으로 보면 어느 국가든지, 복지를 위하여 상당한 자원을 배분하는 발전 단계에 도달하면 좌우의 대립이 시작된다. 좌파는 최적점의 왼쪽 편, 즉, 복지를 위해서 더 많은 자원을 투입하는 것이 공익을 증진한다고 주장하고 우파는 정반대의 주장을 한다. 그래서 자신들의 주장대로 하면 절대 임계점을 벗어나지 않는다고 강조할 것이다. 물론 임계점을 찾아내기는 무척 어렵다. 논리적으로 추론해 보면, 선진국들은 비록 일시적으로 임계점의 부근을 벗어나는 경우가 있더라도, **중장기적으로 임계점의 주변에서, 그리고 운이 좋을 때는 최적점의 주변에서 선택을 하여 선진국으로 발돋움**한 것으로 짐작할 수 있다. 물론 이것은 커다란 대가를 치루면서 시행착오 끝에 터득한 지혜일 것이다. 사실 영국은 2차 대전 후 복지 일변도의 국정운영으로 성장 임계점을 일탈하여 1970년대에 국가 부도로 IMF의 구제금융을 받는 궁지에 몰렸다. 이것이 1980년대 초의 대처 총리를 등장시켰고, 극우적인 정책으로 복지, 국유산업, 노동운동에 대한 강도 높은 통제를 유발한 것으로 볼 수 있다. 미국이나 프랑스도 성장 임계점을 일탈하는 것으로 판단한 유권자들이 레이건 등 우파 정권을 등장시켰다. 강대국 중에서는 독일과 일본만이 커다란 위기를 겪지 않고 버티고 있는 셈이다. 대부분의 중진국들은 물론이고 아르헨티나 같은 과거 선진국 문턱에서 좌절한 국가들은 여러 가지 악조건 때문에 임계점을 들락날락하면서 발전과 퇴보를 되풀이하거나 정체 상태에 있는 것으로 짐작할 수 있다. 지구상의 200여 개가 넘는 국가 중에서 서유럽과 북유럽의 몇몇 국가들과 미국과 영연방의 몇몇 국가들만이 선진국으로 진입하였다. 나머지 나라 중에 유일한 예외인 일본을 제외하고는, 지속적인 발전을 이어가지 못하고 일시적인 발전과 퇴보를 되풀이하거나, 선진국의 문턱에서 악전고투를 하는 경우가 대부분이다. 한국도 일단 선진국에 진입하였지만, 지금 갈림길에 서 있는 것 같이 보인다.

선진국들이 상당한 시행착오를 거쳤지만, 임계점을 크게 벗어나지 않고 임계점 내부에서 최적점 주변을 맴돌면서 발전을 계속해 왔다는 결론은 이들 국가의 지식인들을 포함한 **국정운영 주도세력들이 임계점을 지키려는 노력**을 했다는 사실을 암시한다. 이러한 노력이 국민들에게 확산되어 국민들도 이를 지지한 것으로 짐작할 수 있다. 그래서 임계점을 벗어나지 않고 주변을 맴돌았다는 결론은 임계점의 위치에 대해서 어느 정도 공유된 인식과 암묵적 합의가 있었다는 점을 알려 준다. 좌우의 정치적 대립으로 정책은 우와 좌 사이에서 시계추 운동을 하면서도, 한쪽으로만 치달려서 한계를 넘어 퇴보의 길로 가지 않았던 것이다. 물론 일시적으로는 암묵적으로 합의한 임계점을 벗어나기도 했지만, 결국은 시계추 운동으로 반대편으로 회귀하면서 임계점 안으로 옮겨 간 것으로 볼 수 있다. 되풀이되지만, 영국과 미국의 경우를 들 수 있다. 영국의 경우는 산업혁명 후에 성장 일변도로 지내오다가 2차 대전 후에 복지가 강화되었는데, 그 정도가 지나쳐서 1970년대에 경제위기를 맞았다. 이에 대한 반작용으로 대처 총리가 1980년대에 우파적 정책을 대대적으로 추진하면서 성장 쪽으로 크게 움직이게 되었음은 앞에서도 지적했다. 그 후에 다시 좌쪽으로 갔다가 임계점은 넘지 않고 제3의 길인 중도로(임계점 안으로) 안정되고 있는 것으로 알려져 있다. 미국도 1960년대에 위대한 사회라는 슬로간을 내걸고 복지 쪽으로 정책 선회가 있었다가 1980년대에 신자유주의적 성장을 추구하였고, 1990년대에는 제3의 길로 좌우가 서서히 수렴되는 모습을 보여 왔다. 최근에 트럼프 행정부의 파격적 국정운영이 문제가 되자 바이든 행정부가 등장하여 이를 수정하고 있는 것으로 보인다. 독일을 비롯한 유럽의 선진국들도 비슷한 길을 걷고 있는 것으로 보인다.

임계점을 벗어난 선택은 퇴보를 의미하고 다음 시기의 가용자원을 축소시켜 엄청난 고통을 초래한다. 그러므로 특별한 경우가 아니고는 어떻게 해서든 피해야 한다. 좌우가 대립하다가 선거에서 승리한 쪽이 어느 한쪽의 임계점을 벗어나는 결정을 하려고 하면, 이것은 어떻게 해서든 막아야 한다. 누가 막아야 하는가? 야당은 물론 반대에 앞장설 것이다. 그러나 야당의 주장은 선거에서 패배하면서 힘을 많이 상실한 상태이므로, 야당이나 야당 편향적인 지식인들이 아닌 중도적인 지식인들이 앞장서야 하는 상황이다. 우리 행정학자들의 역할도 중요하다. 그런데 외부의 지식인들이 이러한 역할을 하기 위해서는 먼저 임계점을 일탈하는지 여부를 알아야 한다. 바로 이 부분에서 공직자의 역할이 중요하다. 즉, 정책의 구체적인 내용이 임계점을 벗어난다는 사실을 인지하기 위해서나, 이를 막기 위해서 구체적으로 정책내용을 어떻게 수정해야 하는지를 판단하는데 가장 적합한 기관이 행정(공직자)이다. 담당 부서의 공직자들이 필요한 전문지식과 정보를 가장 많이 보유하고 있기 때문이다. 공익수호를 담당하는 여러 국가 기관 중에서 공직자만이 임계점을 넘는 정책결정을 막을 수 있는 전문성을 확보하고 있다. 공직자가 임계점을 지켜야 하는 파수꾼이다. 그렇다면 공익의 수호자로서 공직자가 해야 할 역할이 분명해진다. 적어도 이론상으로는 그렇다.

대다수의 국민이 지속가능발전을 포기하고 임계점을 넘겨서라도 성장이나 복지 한 쪽을 크게 강화시키자는 결정에 찬성한다면 이야기는 달라진다. 압도적인 승리로 집권한 새 집정부가 추진하려는 정책결정이 그러한 경우라고 생각할 수 있다. 그러나 비록 선거에서 압도적으로 지지했다고 하더라도, 지지자들 중에서 이러한 극단적인 정책까지를 지지하는 사람들은 아주 소수일 것이다. 대다수는 정책 공약의 종합세트에서 자신이 싫어하는 것도 있지만 전체적으로 보아 한쪽 공약이 다른 쪽보다 조금 나아 보여 지지한다고 보는 것이 옳다. 더욱이 정책이 아니라 정치인들의 행태나 스캔들이 선거결과를 좌우하는 경우도 많다. 최근에 와서 선거는 최선의 후보를 선택하는 것이 아니라 최악의 후보를 회피하는 선택이 되는 경우가 많아졌다. 좋아서 지지하는 것이 아니라 상대편이 더 나빠서 하는 수 없이 지지하는 투표자가 많아진 것이다. 공약도 비슷하다. 그래서 한번 압도적 승리를 한 정당이 불과 1-2년 후의 선거에서 약간의 실수로 참패를 당하는 경우가 많다. 결국 국민들이 선거에서 어느 정당을 압도적으로 지지하더라도, 임계점을 벗어나서 지속가능발전을 포기하는 특정 공약(정책)을 선택했다고 볼 수는 없을 것이다. 물론 현존하는 정책들이 지나치게 한쪽 임계점을 벗어나 있어서 이를 반대편 임계점 방향으로 끌고 가야 하고, 이를 위해서 일시적으로 그 반대편 임계점을 벗어나야 하는 경우라거나, 기존의 틀 내에서 도저히 문제가 해결되지 않는 경우에는 달라진다. 이 마지막 경우는 혁명이나 혁명에 준하는 경우이고, 공직자의 공익수호 역할은 불가능하다.

한편 임계점 내부에서 최적점이 아닌 선택을 하는 경우는 공직자가 집정부의 지시를 충실히 따라야 한다. 통치이념과 직결된 공약은 많은 논쟁과 비판을 겪으면서 국민들의 선택을 받은 것으로 간주되기 때문에, 최적점보다 복지를 좀 더 강화하는 경우나 성장을 좀 더 강화하는 경우는 어느 것이라도 수용해야 하는 것이다. 임계점 내부의 어느 것이라도 지속가능발전을 가능케 하기 때문에 이런 경우에까지 공직자가 공익수호를 위해 나서서 집정부의 대의제 민주주의 역할수행을 손상시켜서는 안 된다. 대의제가 민주주의의 기본이고, 공익 측면에 못지않게 중요하기 때문이다.

3-4 공직자의 실천적 임무

공직자의 공익수호 임무를 어떻게 수행해야 하는지에 대한 지금까지의 논리는 타당한 것으로 생각된다. 가장 큰 어려움은 다음 단계에서 나타난다. 즉, 임무를 실천하는 과정에서 부딪치는 문제이다. 즉, 정책이 임계점을 벗어나는 것을 어떻게 알 수 있는가? 공직자가 어떻게 임계점을 벗어난 정책을 인지할 수 있는가? 바로 이문제가 가장 큰 걸림돌이다. 임계점의 주변에 대한 국민들의 암묵적 합의가 있어도 공직자가 집정부의 결정에 반대하기 위해서는 보다 정확한 임계점 주변을 알아야 하기 때문이다. 이 부분에 대해서는 필자가 아직도 확실한 방법을 찾지 못하였다. 지금까지의 생각을 소개한다.

통치이념이 다른 새로운 집정부가 등장하면 한쪽의 지원을 증가시키면서 반대편의 지원을 감축시키는 경우가 일반적이다. 한쪽의 혜택을 증가시키기 위해 반대쪽의 피해를 증가시키게 되는 것이다. 총예산의 상당한 증액이 없으면 어쩔 수 없는 선택이다. 복지를 위한 자원을 증가시키면서 성장을 위한 지원을 감축-희생시키는 경우이거나, 정반대의 경우이다. 이런 경우는 감축되는 쪽의 수혜자들이 고통을 당한다. 당연히 고통을 호소하고 정책변경에 저항하게 된다. 그리고 임계점에 가까워지면, 고통의 강도도 커지고 고통 받는 피해자의 숫자도 많아지게 된다. 정책변경에 반대하는 목소리도 많아지고 커지게 된다.

원래 새로운 집정부의 정책변경에 대해서는 야당과 야당 편향적인 지식인들이 당연히 반대한다. 정권 초기에는 이들의 반대 목소리가 큰 힘을 발휘하지 못한다. 선거 패배가 반대 목소리의 타당성을 약화시키기 때문이다. 그러나 새로운 정책이 집행되면서 부작용이나 피해가 현실화되면, 이들의 반대 목소리가 점차 힘을 얻는다. 그러면서 동정을 하는 중립적인 사람들도 많아지게 된다. 그리하여 중립적인 일반 대중이나 중립적인 지식인들이 대대적으로 가담하면, 정책변경이 상당히 심각한 피해를 발생시키거나 임계점을 벗어난 경우에 근접했다고 판단할 수 있다. 담당 부서의 공직자는 사태가 심각함을 당연히 알게 된다. 국민의 대부분이 반대에 가담하면, 임계점을 상당히 벗어나서 공익의 심각한 타격이 있다고 짐작할 수 있다.

그럼에도 불구하고 이 짐작만으로 공직자가 공익수호자로서 개입할 정도로 임계점을 일탈한 것인지에 대해서는 확신을 하기가 어렵다. 더욱이 제1장에서 보았듯이 중요한 정책은 대부분 비용 지불은 지금 해야 하지만, 효과는 장기에 걸쳐 서서히 발생하는 경우가 많아서, 많은 국민들이 불합리한 정책이라고 착각하기도 쉽기 때문이다.

임계점 일탈에 대하여 공직자가 확신을 가지려면 많은 노력을 하여 상황을 파악해야 한다. 먼저 선거 때부터 논란이 된 공약의 강점, 약점을 자세히 검토하고, 그 약점(부작용과 피해)을 발생시키는 인과구조를 점검하여야 한다. 그리고 정책 모델(이론) 속의 각각의 변수들에 대한 정확한 정보를 수집하고 분석해서, 부작용과 피해에 대한 종합적 판단을 하여야 한다. 그리고 이 판단에 추가하여 중립적인 전문지식인들의 의견을 참고하여 임계점 일탈 여부를 판단해 보아야 한다. 즉, 전문성을 총동원하여 상황을 판단하여야 한다. 이러한 전문적 판단에서도 임계점을 일탈한 경우라고 결론이 나오면, 임계점 일탈이 확실한 것으로 판단해도 될 것이다. 공직자들이 공익을 수호해야 하는 경우가 된다. 통치이념과 직결된 정책이나 사업도 임계점을 일탈하는 경우에는 공직자들이 공익수호를 위하여 나서야 하는 것이다.

쉽게 짐작할 수 있듯이 이런 식으로 임계점 일탈 여부를 파악하는 것은 아주 힘든 일이다. 불가능에 가까운 일이 되기가 쉽다. 공직자의 공익수호가 모두 이렇게 힘든 일이라면, 공직자에게 공익수호자가 되어 달라고 요구하는 것은 무리이다. 다행스럽게도 이렇게 힘들면서도 논란이 많은 임계점 일탈 여부를 판단하는 작업을 하지 않고도 공익을 수호할 수 있는 방법이 있다. 바로 정책의 효과와 비용에 관한 객관적이고 정확한 사실을 밝히는 작업이다. 공익을 심하게 훼손하는 정책의 대부분이 정책상황에 대한 고의적인 사실 왜곡을 동반하기 때문이다. 이 부분을 좀 더 자세히 검토하기로 한다.

(1) 사례 A — 선거에서 승리한 시장이 대규모 다리의 건설 공사를 지역 내의 건설업체에 맡기기로 결정하였다. 그러나 전문가들은 좀 더 기술 수준이 높은

전국 규모의 대형 건설업체에 맡겨야 다리의 품질이 보장된다고 판단한다. 시장은 선거 시에 지역 경제 활성화를 위하여 지역 내의 업체에 맡기겠다는 공약을 했음을 근거로 내세웠다. 그런데 자세히 사정을 알아보니, 지정된 건설업체의 명목적 사장과 업체의 공식 주소지만 그 지역에 두고 있고, 실질적인 주인은 대도시에서 생활하면서, 건설 공사에 투입되는 기술자 및 주요 근로자들도 모두 대도시에서 동원되기 때문에 건설 공사가 지역 경제 활성화에 대한 기여도가 거의 없음이 확실하였다. 건설업체의 실질적 주인이 선거 시에 시장에게 상당한 자금지원을 하였고, 시장은 그 보답으로 건설 공사를 맡기려는 한다는 유언비어가 떠돌았다. 여하튼 우수 업체에 공사를 맡기는 것에 비해서 지역 경제에 특별한 기여도 없이 다리의 품질만 나빠지는 것이 분명해졌다. 이 사례는 간단한 몇 가지 사실만 밝혀도 시장의 결정이 공익을 훼손하는 것이 분명히 드러나는 경우이다.

(2) **사례 B** — <4대강 살리기> 사업에서 구축한 보를 허물기로 공약하고 선거에서 승리한 좌파 정부가 이를 허물기 시작했다. 이 보에서 저장된 물을 이용하여 농사를 짓던 농민들이 격렬하게 저항하자 정부는 허물기 작업을 정당화하기 위하여 보의 장점과 단점을 발표하였다. 농민들이 4대강 보를 지키려고 한 이유는 두 가지였다. 먼저 가뭄이 심할 때 농업용수를 확보해 준다는 효과와 심한 홍수 시에도 강이 범람하여 발생하는 홍수 피해를 막아 준다는 것이었다. 문재인 정부의 발표에서는 농민들이 주장하는 이러한 효과는 건설비용 대비 미미한 수준이고, 수질 오염과 환경 피해 등의 피해만 크다고 하였다. 당연히 보는 허물어야 된다는 것이었다. 아마도 극렬한 환경주의자들을 제외하고는 이 발표를 믿는 국민은 거의 없었을 것이다. 너무나 상식을 벗어난 것이었기 때문이다. 효과와 피해에 대한 사실을 심각하게 왜곡한 것인데, 이 왜곡은 담당 부서의 공직자들도 가담하여 만들어낸 것으로 알려졌다. 공직자들의 심리적 고통은 충분히 이해할 만한 분위기였기 때문에 많은 전문가나 지식인들이 입을 다물었고, 농민들이 격렬하게 저항하자 정부에서 보 허물기를 중단하여 상황이 진정되었다.

(3) **사례 C** — 노무현 정부의 중반기에 NURI(New University for Regional

In-novation - 지역혁신을 위한 대학 개혁 사업)사업을 대대적으로 추진하였다. 지역의 균형적 발전을 위하여 지역 대학을 중점적으로 지원하는 사업이었는데, 주로 연구개발과 장학금 사업이었다. 당시로 보아서 상당히 지원 규모가 컸는데, 전국적으로 2,300억 원을 투입하여 50여 개 정도의 대학을 지원하는 사업이었다. 전국 200여 개 대학 중에서 수도권을 제외하였기 때문에 많은 지방 대학들이 큰 혜택을 본 사업이었다. 5년간 사업이었는데, 해마다 지난해 업적을 평가하여 다음 지원을 결정하는 형식을 밟았지만, 대학들이 열심히 일했기 때문에 대부분 그대로 지원을 받았다. 이명박 정부가 들어서자 3년 차 사업의 지원을 결정하게 되었는데, 문제가 발생하였다. 예산실에서 이 사업을 폐기해야 한다는 주장을 한 것이다. 이유는 간단하다. 전임 좌파정부에서 균형발전이라는 명분으로 지방 대학들에게 나누어 먹기식 지원을 한 것이므로, 우파정부의 경쟁력 강화와는 반대가 되는 사업이라는 것이었다. 세계 시장에서 경쟁할 인재를 양성하고 연구개발을 지원하려면, 우수한 능력을 지닌 수도권 대학들도 포함시켜 수월성(秀越性-excellency)을 기준으로 지원대학을 결정해야 한다는 것이었다. 우수한 대학들이 모여 있는 수도권을 제외한 것은 경쟁력을 무시한 사업이므로 우파의 통치이념과는 정반대가 되는 사업이라는 주장이었다. 그런데 사실을 정확하게 파악하면, 전혀 다른 결론이 나온다. 당시는 수출의존도(GNP 중 수출 액수의 비중)가 거의 50%에 육박하였는데, 그 수출품의 상당 부분이 지방의 공장들이나 사업소에서 생산되는 것이고, 이 지역의 사업소나 공장들에 근무하는 사람들은 수도권의 세칭 일류대학 출신은 거의 없고, 지방대학 출신들이 대부분이었다. 이들이 세계 시장에서 경쟁하는 제품들을 직접 생산하는 실정이었다. 당연히 이들이 우수해야 세계 시장에서 경쟁력을 지니게 된다. 이 사실을 파악하고 예산처의 태도는 180도 전환되어 과거 2,300억 정도의 지원을 3,200억 정도로 증가시켰다. 원래 이 사업은 양면성을 지니고 있었는데, 일면 지역의 균형적 발전이라는 좌파적 형평성을 목표로 하고, 타면 국가 경쟁력을 위한 우파적 사업이기도 하였던 것이다. 통치이념이나 정책신념을 교조주의적으로 준수하려는 태도를 바꾸어 실용주의적 정신으로 사실을 정확하게 파악하여 실사구시적 정책을 추구하면 공익을 향상하는 합리적인 정책을 결정할 수 있는 것이다. 이런 식으로 통치이념의 틀에 갇혀 있는 공약이나 정책이 의외로 많을 것으로 짐작된다.

A의 경우는 비교적 단순한 사실 파악으로 큰 어려움이 없다. 그러나 B의 경우는 의외로 어려운 경우가 많을 것이다. 정책의 효과나 비용(피해나 희생)은 다양하고 종합하여 판단하기 어려운 경우가 대부분이기 때문이다. 그리고 C의 경우는 폭넓은 시각을 지니고 정책을 판단하여야 인지될 수 있다. 자칫하면 망각하기 쉬운 것이다. 그래서 정책의 공익훼손여부가 문제가 될 것 같으면, B나 C의 경우 다 같이 정책의 효과나 비용을 광범위하게 탐색해 보고 탐색된 사실을 있는 그대로 제시하는 방법이 좋을 것이다. 모두를 종합하는 것이 아니라 파악된 사실을 있는 그대(단편적인 것을 그대)로 가감 없이 제시하는 것이 상황 판단에 실질적인 도움이 된다.

이상의 논의에서 알 수 있듯이, **정책에 관련된 정확한 사실을 밝히는 것이 가장 확실한 공익수호 방법**이 된다. 공직자의 공익수호를 위한 가장 기초적이면서 가장 강력한 수단이다. 정책의 비용과 효과를 포함한 정책상황에 대한 정확한 사실이 밝혀지면, 공익훼손이 분명하고도 쉽게 알려지고, 중립적 지식인들을 포함한 일반 국민들이 정책을 반대하기 쉽기 때문이다. 이 때문에 집권자들이 사실을 숨기거나 왜곡시키는 것이다. 한마디로 사실 왜곡만 방지해도 대부분의 공익훼손은 막아낼 수 있다. 물론 이런 방법으로 모든 공익훼손 정책을 바로잡지는 못한다. 그러나 심각한 공익훼손은 대부분 방지할 수 있다. 정책상황에 대한 **사실판단은 전문성을 축적하고 있는 담당 부서의 공직자들이 가장 잘 수행할 수 있는 일이고, 또 당연히 최선을 다해 수행해야 할 소임**이다.

그런데 이 객관적 사실을 밝히는 일조차 아주 어렵다. **공직자가 큰 용기를 지녀야만 수행할 수 있는 일**이다. 문재인 정부에서 <4대강 보>와 원자력발전의 효과에 대하여 담당 부서의 공직자들이 왜곡된 사실 발표를 할 수밖에 없었던 정황을 짐작해 보면 쉽게 이해가 된다. 이러한 사실 왜곡은 정권 교체 시에 정도의 차이는 있지만 언제나 나타나고, 통치이념이나 정책신념이 다른 정권이 등장하면, 심각한 문제가 되는 경우가 많다. 우리나라만의 문제가 아니다. 오랫동안 민주정치를 운영해온 여러 선진국에서도 지식인들이 걱정하고 있는데, 특히 **미국에서조차도 트럼프 정권이 등장하면서, 정책에 대한 사실 왜곡이 심각한 문제로 논의**되고 있는 정도이다. 최근에도 미국의 은퇴한 고위 관료 출신이 다음과 같은 주장을 하여 많은 공감을 받고 있다. 즉, 정부 일을 담당하는 공공 봉사자(public servant-직업 공직자과 정무직을 포함)들은 세 가지 의무(duties)를 반드시 수행해야 하는데, 첫째 **직업 공직자들**(공직자들)**은 반드시 진실**(truth)**만을 말하여야** 하고, 둘째, 정무직들(집정부)은 이러한 진실을 반드시 수용해야 하며, 그리고, 마지막으로 양 집단이 공동으로 합리적 운영을 위하여 노력해야 한다는 것이다.[6]

3-5 요약과 결론

대통령을 중심으로 장차관 등 보좌진과 여당지도층들이 집정부를 구성하고 선거공약을 정책으로 전환시킬 때, 이 정책이 공익을 훼손하는 경우가 있다. 이 경우에 행정이 이를 저지하는 것이 바람직한 태도인지를 판단하는 것이 이 장의 목적이다. 제도적으로 보면 행정은 정책의 민주성을 위하여 국민의 대표로 선정된 집정부의 지시를 따라야 하며, 또한 조직 관리상의 복종 의무를 위해서도 정무직 상관의 지시에 순종해야 한다. 그러나 다른 한편으로 행정은 정치적 편향을 지니지 않고 국민 전체에 봉사해야 하며, 공익을 수호해야 할 임무도 부여받고 있다. 그러므로 제도적으로만 보면, 공익을 훼손한다고 간주되는 집정부의 정책을 저지하는 것이 옳은지를 판단하기가 어렵다. 그래서 어떤 경우에 행정이 공익수호를 위하여 행동해야 하는가를 검토하였다.

선거에서 승리하여 국민의 대표가 된 집정부에서 추진하는 정책이 국민들로부터 지지받는 정도를 정책의 대의제적 민주성이라고 부르고, 이 민주성은 정책내용상의 민주성과 외형상의 민주성으로 나눌 수 있다. 그리고 정책내용상의 민주성

6) National Academy of Public Administration, Management Matters(News Letter) November 17, 2023과 November 30, 2023.에서 크게 취급하고 있으며, 구체적으로 이 3가지 의무는 Ronald Sanders, The 3 Duties of Public Servants, September 11, 2023

에는 두 가지가 포함되는데, 첫째는 공약이 정책화할 때 국민들로부터 지지를 받는 공약 민주성이다. 인기영합적이거나 정략적인 선거공약의 경우, 대부분 효과는 과대 포장하고 비용은 은폐-축소하는 식이기 때문에 정확한 사실 파악을 하면, 선거구민들의 반대가 더 많을 수도 있으므로 공약 민주성은 상당히 취약하다.

정책내용의 대의제적 민주성에는 기대상의(포괄적) 민주성도 있다. 공약에 포함되지 않고 추진되는 정책들에 대하여는 어리석고 근시안적이며 인기주의에 빠지기 쉬운 일반 대중들을 대신하여 장기적인 안목으로 전체를 보면서 현명한 결정을 할 것으로 믿고 대표자에게 정책에 대한 포괄적인 위임을 한 것이므로, 집정부가 결정한 정책은 포괄적 민주성 또는 기대상의 민주성을 지니는 것이다. 그러나 이 경우에도 임기가 끝나면 선거를 치루는 정치인들이 장기적 시각으로 전체를 보면서 합리적인 정책결정을 하기는 너무 어렵다는 점 등의 약점이 있다. 장기적이고 폭넓은 시각으로 합리적 결정을 하는 일들은 전문성을 지닌 행정이 담당해야 한다는 것이 실적주의가 확립된 이후에 당연한 논리가 되어왔다. 한마디로 집정부가 선거공약과는 별개로 추진하는 많은 정책은 국민들의 기대에서 벗어나기 쉽고, 그만큼 기대상의 민주성이 손상되는 것이다.

집정부가 추진하는 정책이 지닌 대의제적 민주성은 내용상의 것만이 아니라, 외형상의 민주성도 있다. 이것은 집정부가 추진하는 정책이 선거에서 승리한 <국민의 대표가 결정>한다는 사실만으로 민주적 정당성을 지니는 것을 의미한다. 물론 다음 선거에서 정치적 심판을 받는다는 사실이 이 정당성을 뒷받침한다. 정책내용이 공익을 어느 정도 손상시키거나 정책내용에 대한 반대가 더 많아서 내용상의 민주성이 취약해도 집정부의 정책은 추진되는 것이 일반적인 현상인데, 바로 이 외형상의 민주성 때문이다. 대의제적 정책 민주성의 최후 보루인 셈이다. 선거에 의한 국민대표가 <국민에 의한> 민주정부를 운영해야 하는 대의제 민주주의의 핵심적 뿌리를 지키기 위한 것이다. 대의제 민주주의가 정책의 공익성에 못지않게 중요하기 때문이다.

한편 집정부가 추진하려는 정책 중에는 내용상의 민주성이 강한 것에서부터 아주 약한 것에 이르기까지 다양하다. 다음에 보는 정책의 공익성도 강한 것에서부터 약한 것까지 다양하다. 그러므로 공익의 훼손이 있어도 행정이 공익수호를 위하여 나서야 하는가는 대의제적 민주성 정도와 공익의 손상 정도를 비교 형량하여 판단해야 하는 문제이다.

공익을 증진하기 위해서는 공익의 내용을 실현시키기 위한 정책을 바람직하게 추진하여야 하므로, 이 추진과정(정책과정이)이 합리적이 되어야 한다는 공익에 관한 과정설의 주장이 옳다. 정책을 합리적으로 추진하기 위해서는 정책방향과 목표를 올바르게 설정하는 것이 첫 번째 작업인데, 이는 집정부의 몫이다. 정책목표 설정이 집정부의 공익기여 역할이다. 공익 증진의 두 가지 측면 중에서 이익집단의 특수이익이 아닌 공공이익을 파악하고, 또 가급적이면 사회적 약자의 편익을 좀 더 배려하는 형평성적 요소를 정책에 투입하는 측면이다. 한편 분야별로 축적된 전문지식과 정보를 활용하여 정책의 구체화 과정에서 가장 효율적인 수단을 선택하여 공익의 크기를 증진시키는 것은 행정의 몫이다. 정부기관의 어느 누구도 대신할 수 없는 행정의 독점적 역할이다. 더욱이 구체적인 정책목표 설정에서도 실현 가능성을 점검하여 실질적인 결정을 하는 경우가 많다. 즉, 공익을 증진하기 위한 합리적 정책과정에서는 행정이 주도적인 역할을 수행한다.

그런데 정책결정과정에서 집정부와 행정이 담당하는 역할이 다르기 때문에, 집정부가 추진하려는 정책이 강한 민주성을 지니고 있음에도 불구하고 공익을 심각하게 훼손하여 행정이 무조건 공익수호를 해야 하는 경우가 발생한다. 이런 경우를 통치이념과 직결된 정책을 예로 들어 검토하였다. 좌파는 복지를 강조하고 우파는 성장을 강조하여 제로섬 게임적 정책결정을 할 때, 공익적 차원에서 <지속가능발전>을 최대화하는 자원 배분을 예로 들었다. 좌파를 강조하면 우파적 가치가 희생당하고, 우파를 강조하면 정반대의 경우가 나타나는 가장 대립이 격렬한 경우이다. 현재의 지속가능발전보다 플러스가 되면, 다음 시기의 발전능력이 현재보다 증가되어 국가는 발전하고, 이것이 마이너스가 되면 퇴보한다. 그래서 현존하는 생산능력으로 자원을 성장과 복지 사이에 가장 잘 배분하면 지속가능발전은 최대화된다. 이 최적점에서 벗어나서 성장을 위하여 자원을 보다 많이 투입하면 성장효과는 커지지만, 복지효과가 감소하여 전체의 지속가능발전은 감소하게 된다. 반대로 복지를 강화하면, 정반대로 성장이 축소되어 역시 전체 지속가능발전은 감소하게 된다. 그러므로 최적점에서 어느 쪽으로 이동하여도 지속가능발전은 감소되어 순효과가 영(현재 상태의 유지)이 되는 점이 나타나는데, 성장을 많이 강조하는 방향으로 이동하여 복지가 타격을 입어 지속가능발전이 영이 되는 점을 복지 임계점, 그리고 정반대 방향의 것을 성장 임계점으로 부를 수 있다.

선진국들은 최적점을 중심으로 자원을 배분하면서 임계점을 일시적으로 일탈하는 경우가 있어도, 중장기적으로는 제3의 길을 선택하여 임계점 내부에서 안정되어 발전한 것으로 볼 수 있고, 알젠틴 같이 선진국의 문턱에서 좌절한 국가들은 임계점을 일탈한 경우로 볼 수 있다. 바로 국가의 발전과 쇠퇴를 좌우하는 임계점 일탈이 심각한 공익훼손의 경우라고 볼 수 있다. 그래서 통치이념이 좌우로 대립할 때 어느 정권이든지 임계점을 일탈하지 않도록 지식인들과 국민들이 노력해야 하는데, 이때 임계점 일탈 여부를 판단하기 위해서는 전문성을 갖춘 행정이 적극적 역할을 해야 한다. 임계점 일탈이 심각한 공익훼손의 경우이고 이때 행정이 공익수호 역할을 해야 한다고 볼 수 있다. 이러한 논리는 통치이념상 좌우가 대립하는 정책의 경우만이 아니라 이해관계가 대립되는 집단 간의 관계에 대한 정책결정에 모두 적용될 수 있다.

최적점은 물론이고 임계점의 위치나 일탈 여부는 판단이 극히 어렵다. 이를 판단하기 위해서 성장이나 복지 어느 한쪽이 심각하게 손상을 입는 경우에 피해를 보는 국민들의 정책반대 목소리와 이에 동조하는 지식인들의 정책비판이 경고음으로서 활용될 수 있다. 중요한 선거 결과 등 다른 방법들도 탐색할 필요가 있다. 어느 경우이든 정확한 판단을 위해서는 행정이 전문지식과 축적된 정보를 이용하여 상황을 파악하는 것이 무엇보다 중요하다. 즉, 추진하려는 정책의 효과와 비용에 대하여 객관적이고 과학적인 방법에 의한 추정, 정책상황의 실태와 변화 가능성 등에 대한 합리적인 판단 등이다.

임계점 일탈 여부를 판단하는 일은 너무나 어렵다. 공직자의 공익수호가 모두 이렇게 판단하기 어려운 상항을 전제로 한다면, 공직자들에게 공익수호를 호소하는 것은 무리이다. 위의 임계점 일탈 판단은 규범 논리적으로 보아 가장 까다로운 상황에서 공직자의 공익수호자 역할이 어떤 것인지를 추론해 본 것이다. 즉, 격렬하게 대립되는 통치이념을 반영한 정책 공약으로 선거 기간 중에 국민들의 검증을 받아 대의제적 민주성(간접민주성=정치적 대응성)을 확보한(표면상으로는) 정책이 공익에 손상을 끼치는 상황이 발생할 때, 공직자가 공익수호자로서의 역할을 해야 하는가라는 질문에 답변을 찾아본 것이다. 필자는 이런 경우에도 임계점일탈이 없으면, 정치적 책임을 지는 집정부에 맡겨서 공직자는 개입하지 않아야 하고, 임계점 일탈이 있으면 공직자가 공익을 수호해야 한다고 추론하였다.

현실에서는 논란이 많은 공익훼손 여부를 판단하는 힘든 작업을 할 필요없이 공직자가 공익을 수호할 수 있고, 또 반드시 해야 하는 경우가 있다. 정책이나 사업, 그리고 모든 국정관리 활동의 원인이나 결과에 대한 사실판단이다. 즉, 이슈가 되는 효과나 비용에 대한 정확한 실태를 객관적으로 파악하여 논의에 제공해야 하는 것이다. 공직자의 공익수호 역할의 제도적 근거가 국가 기관 중에서 해당 분야에 대한 전문성이 가장 우수하기 때문인데, 그 전문성의 역할 중에서도 실태에 대한 사실판단이 가장 중요하다. 전문지식을 활용하고 축적된 정보를 이용하여 사실판단을 정확하게 하여 정책평가나 공약 평가가 정확하도록 해야 한다. 이것이 공익수호를 위한 공직자의 1차적 임무이고, 누구도 대신할 수 없는 가장 중요한 임무이다. 이 임무만 잘 수행해도 공익수호자로서의 자부심을 지녀도 된다. 그런데 이것이 쉽지 않다. 집정부는 자신들이 추진하는 정책에 대하여 효과는 가급적 크게 하고, 비용은 가급적 적게 하여 타당성을 확보하려고 하기 때문이다. 과거 권위주의 정권에서 심각한 문제였고, 지금도 심각하게 등장하는 문제이다. 심지어는 미국에서도 트럼프 정권의 등장으로 이 문제가 심각하게 제기되었다.

공직자들이 공익수호를 위하여 사실판단이나 임계점 판단을 위한 전문성을 지니고 집정부와 맞섰을 때 국민들이 지지를 받을 수 있는가? 엄청난 개인적 희생을 각오할 용기를 지닐 수가 있는가? 이러한 질문들이 보다 더 중요하고 보다 더 답하기가 어려운 문제이다. 이 문제들에 대한 해답을 찾아보려는 것이 다음 장의 주제이다.

* 백완기(2007)『한국사회와 행정연구』, "한국행정과 공공성", 18(2)
* 정정길(2003), 『행정학의 새로운 이해』, 제6장 공익이론과 행정가치론, 대명출판사
* National Academy of Public Administration(2023), 『Management Matters』(Newsletter)
* National Academy of Public Administration(2023), 『Management Matters』(Newsletter)
* National Academy of Public Administration, Ronald Sanders(2023), 『The 3 Duties of Public Servants』, 『Management Matters』 (Newsletter)
* Schubert, Glendon(1960), 『The Public Interest』, The Free Press (Glencoe, Illinois)

제4장

주자학(성리학)과 선비들의 소명의식 및 용기

- 이론적 검토 -

제4장

주자학(성리학)과 선비들의 소명의식 및 용기

- 이론적 검토 -

4-1 조선조 선비들의 용기와 주자학의 위력

끊임없이 성능이 발전하는 컴퓨터와 로봇이 양질의 일자리를 차지하여 중년의 퇴직과 대학졸업생의 미취업 문제가 계속 악화되고, 설상가상으로 초고령-저출산 문제도 계속 심각해지면서, 무수한 사회문제를 파생시키고 기존 문제를 더욱 심화시키고 있다. 해결이 어려운 사회문제에 시달리는 국민들은 자신의 고통 해소를 위하여 과격한 요구를 하여 정치권은 양극화로 치닫고, 아마추어들이 주도하는 국정관리는 혼란 속에 방황하고 있다. 국가 사회의 퇴락을 막기 위한 합리적-분석적 정책결정과 집행이 유일한 탈출구이지만, 이를 직접 담당해야 할 공직자들은 과잉정치의 소용돌이 속에서 자신의 안위를 지키기 위해 움츠러들고 있어 제 역할을 하지 못하고 있다. 공직자들이 정무직 상관이나 대통령의 잘못된 명령을 바로잡기 위한 소명의식과 용기를 지니기 위하여 어떤 객관적 조치가 필요하고, 어떤 교육과 훈련이 필요할까?

조선조의 선비들은 국왕에게 간언을 하다가 귀양도 가고, 심지어는 사형도 당했다고 한다. 어떠한 요인들이 작동하여 이러한 용기를 내었을까? 여러 가지 상황적 요인들이 있겠지만, 이들이 공부한 성리학이 중요한 역할을 한 것으로 알려져 있어서 이를 먼저 자세히 검토해 보기로 한다. 여기서 얻는 교훈이 사명의식과 용기를 갖는 공직자를 양성하는데 도움이 될 것으로 기대하기 때문이다.

조선조 선비들은 모두 주자학(성리학)에 완전히 몰입하였다고 한다. 특히 주자학이 충분히 보급된 조선조 중기시절부터는 거의 종교 수준의 신뢰를 받아 학계를 완전히 지배하고 국왕 이하 조정 신료들의 행동을 결정적으로 좌우한 것으로 알려져 있다. 신동이라고 알려진 우수한 두뇌와 강인한 체력으로 엄청난 공부를 한 송시열 같은 학자는 주자학의 신봉자임과 수호자역을 자임하고, 80세가 넘는 고령까지 조선조의 학계와 정치계를 좌우하였다. 그는 <주자의 말은 한마디도 고쳐서는 안된다>고 되풀이하여 강조하였다.

도대체 주자학이 어떤 내용이기에 송시열 같은 주장이 나왔을까? 정몽주 정도전 등의 국정관리자와 이퇴계 이율곡 등의 대학자들을 사로잡았을까? 과연 주자학을 철저히 학습하면 국왕에게 목숨까지 걸고 간언을 하는 용기를 지니게 될까? 이 문제에 답을 찾는 것이 이 장의 목적이다. 물론 현재의 공직사회가 소명의식과 용기를 지니고 행동하기 위한 교훈을 얻기 위해서이다. 그러므로 주자학이 국정관리에 미친 영향을 평가하는 것은 이 글의 범위 밖이다. 다만 꼭 필요한 경우에 간단한 언급은 할 것이다.

4-2 전통 유학의 위기와 노장사상의 타락 = 성리학의 등장 배경

원래 성리학은 전통 유학이 진화한 것이므로 성리학의 강점을 이해하려면 성리학 이전의 전통 유학의 한계와 이를 극복하기 위한 노력이 등장한 배경부터 살펴보아야 한다. 전통 유학은 기원전 3세기경부터 혼란이 극심해지는 춘추 전국시대에 공자가 종합 정리하여 그 중요성을 강조하고, 100여 년 후에 맹자가 좀 더 포괄적으로 체계화한 사상이다. 국왕 및 집권세력과 사회의 지도계층이 인의예지(仁義禮智)를 솔선 실천하면서 국정을 운영하고 백성들을 교화하면, 행복한 사회가 된다는 사상이다. 이러한 전통 유학은 평화로운 시기의 국가경영에는 적합한 이데올로기였을지 모르나 혼란의 시기에는 채택하기가 무척 힘든 사상이었다. 아이러니하게도, 대혼란이 계속되던 공자-맹자의 시대에는 맞지 않는 사상이었다. 역사 이전의 상황에 대해서는 판단이 어렵지만, 주나라 건국기의 주공의 업적에 대해서는 공자가 직접 언급한 내용이 있다. 유학의 기본이념인 인의예지를 실천한 주나라 초기의 주공(周公)이 국정관리를 하던 시절에는 일단 국가 전체로써 왕권에 도전할 수 있는 반대세력이 없었고(왕족 중에서 반역을 꿈꾸는 세력은 있었지만), 국가체제가 어느 정도 구축되어 질서를 잡아가던 시절이었으므로, 국가지도부가 유학적 규범을 실천하는 것이 가능했을 수가 있었을 것이다. 물론 국가지도부가 사욕을 버리고 청렴과 헌신으로 국가경영을 담당하는 경우이다. 그래서 지도부의 모범이 국정운영을 담당하던 관리들과 국민들의 행동을 순화시키는데 큰 도움이 되었을 것이다. 여기서 공자가 성인으로 추존한 주공의 업적이 가능할 수도 있었을 것이다.

그러나 무력으로 권력을 장악하고 힘이 정의를 대신하던 시절에 군주가 仁義를 실천하는 것은 불가능하다. 바로 공자가 활동했던 춘추시대가 그러했고, 맹자가 유세하던 전국시대는 그 상황이 더욱 악화되었다. 출세하기 위하여 마누라를 살해하여 충성을 보이면서 대장군이 되어 전설적인 군사전략가로 명성을 떨친 오기(손오병법의 오자)나, 거짓말을 밥 먹듯이 하여 여섯 나라를 돌면서 재상을 겸직했던 장의와 같은 인물이 횡행하고, 전쟁에서 수십만의 포로를 매장하여 살해하거나, 개혁을 위하여 무수한 사람들을 처형하는 시절에 인과 의로서 국가를 다스릴 수 있었겠는가? 상대를 죽이지 않으면 내가 죽는 상황에서 상대를 배려하는 인의 정신이 발휘될 수는 없다. 춘추시대에 약소국이던 송나라의 양공이 강대국이자 침략을 일삼는 초나라와 전쟁을 하면서 인의의 정신을 지킨다고 강력한 적군이 강을 건너는 중간에 공격하지 않고 기다렸다가 무참하게 패배당하는 비참한 신세가 되어, 宋襄之仁이라는 웃음거리를 만들었다.[1] 맹자가 유세를 하던 시절에는 이때보다 더 상황이 악화된 시기였으니, 국왕이 인의를 실천해야 한다는 말은 미친 소리로 들릴 수밖에 없다.

그럼에도 불구하고 전통 유학은 중국의 오래된 관습과 도덕규범을 기반으로 하였기 때문에 명맥이 끊어지지는 않았고, 더욱이 끊임없는 전쟁과 혼란의 전국시대가 끝나고 통일된 정권이 등장하면, 국가경영에서 필요한 이데올로기로서의 가치가 나타나게 된다. 忠孝를 기본으로 하는 도덕규범은 전제군주의 통치에 도움이 되기 때문이다. 여하튼 漢무제가 유학을 국학으로 표방하면서 한나라 시대에는 전통 유학이 지배적인 사상이 되었다. 한나라가 400년 가까이 지속되었기 때문에 유학은 사대부들만이 아니라 일반 국민들도 수용하는 지배적인 위치를 확고히 하였다.

그러나 이러한 지배적인 우위도 후한(後漢) 말기가 되면서 흔들리기 시작하여, 이후 삼국시대, 위진남북조시대, 그리고 통일국가가 등장한 수 · 당 시대까지의 700여 년간 그 위력을 발휘하지 못하였다. 조조 유비 제갈량이 활약하던 후한말기의 삼국시대에는 여러 군벌들이 각축전을 벌이는 끊임없는 전쟁의 시기였으므로 춘추시대와 비슷한 정치 사회적 혼란기였고, 위나라가 통일하여 사마의-사마사-사마소-사마염이 진(晋)나라를 세운 후에도 잠시의 안정기에 이어 왕족들 간의 계속된 전쟁으로 혼란을 면치 못하였으며, 진나라가 멸망하면서 무수한 단명의 왕조들이 교체되어 수나라가 통일할 때까지 이런 상태가 400여 년간 이어졌다. 더욱이 이 시기에는 전통 유학을 위협하는 현실도피적 道家사상이 지배 계층의 사고를 좌우하게 되어 전통 유학의 사상적 정당성을 뒤흔들었다.

노자 장자의 사상을 핵심으로 하는 도가적 사고는 세상사를 뜬구름과 같이 보고 天道를 터득하여 늙지도 않고 죽지도 않는 眞人(도인, 신선 등 무엇으로 불리든 같은 개념이다)이 되는 것을 이상으로 생각하고, 혹시 현실참여를 하는 경우에는 무

---

1) 유학자 중에는 이러한 양공을 인의를 실천했다고 제환공 진문공 등과 더불어 춘추5패(春秋5覇)의 한 사람으로 칭송하는 자들도 있었지만, 강성한 조조가 아니라 전투만 벌어지면 도주를 일삼던 취약한 유비를 보좌하여 仁義를 실천하던 제갈량도 송양공에 대한 이러한 칭송은 썩은 선비들의 행태라고 지적하였다.

위자연(無爲自然)을 강조한다. 전자는 현실을 가볍게 보고 은거하여 신선이 되기 위한 道를 추구하거나, 불사약을 구하고 도인술 등의 육체운동을 통하여 젊음을 유지하는 일들에 몰두하게 만든다. 무위자연이라는 사고는 원래 자연을 지배하는 천도(天道)에 따라 행동해야 함을 의미하는 숭고한 뜻이지만, 무엇이 천도인지를 알기가 무척 어렵기 때문에 인간 세상에서 만든 규칙에 얽매이지 않고 하고 싶은 대로 행동하거나, 아무런 일도 하지 않고 자연 상태로 방치(자연 환경을 그대로 두자는 의미와 국가가 민간 활동에 개입하지 말자는 의미를 모두 내포)하는 행동으로 곡해되기가 쉽다. 이러한 사고를 지닌 지배층은 전염병, 기근, 자연재해에 대해서 아무런 대책도 준비할 수 없었을 뿐 아니라, 심지어는 전쟁에서까지 도술적 미신에 매달리는 경우도 나타난다.

서성(書聖)으로 이름났지만 전쟁에서의 무공으로도 큰 역할을 하고 회계 태수까지 역임한 왕희지의 아들 중 하나(왕휘지)가 기병부대의 말을 관리하는 직책을 맡아서 일어난 유명한 에피소드가 있다. 東晋시대의 이야기다. 제대로 출근도 하지 않고 하루 종일 심오한 이치만 논하느라 머리는 부스스하게, 옷은 되는 대로 걸쳐 입고, 지난밤의 술도 제대로 깨지 않은 상태로 사무실에 나오는 것을 풍류를 아는 선비의 모습이라고 칭송하였는데, 행정감사를 나온 상관이 문초를 하였다.

"어느 부서에서 일하나?"
"아마 말 담당 부서일 것이오."
"말을 몇 마리나 관리하느냐?"
"말도 모르는데 어찌 그 수를 알겠소?"
기가 막힌 상관이
"최근 전염병이 돌아 말이 많이 죽었다는데, 얼마나 죽었소?"
그러자 심오한 이치를 논하듯이 논어에 나오는 구절을 인용해서
"삶을 모르는데 어찌 죽음을 알겠소."
어이가 없어진 상관이 마지막으로
"여기 온 지도 꽤 되는데 일을 좀 해야 하지 않겠나?"

> 한참을 생각하고 한 대답이
> "서산에서 아침이 밝아 오니 상쾌한 기운이 전해져 올 따름이오."
> 이에 이르러 상관은 두 손 들고 말았다는 이야기다.2)

이 에피소드는 크게 과장된 것임이 틀림없을 것이다. 아마도 유학자들이 크게 왜곡시켰을 가능성이 있다. 그럼에도 불구하고, 그 줄거리 속에는 당시의 국가 경영을 맡았던 지배 계층의 사고를 정확하게 꼬집은 핵심이 들어 있다.

오로지 우주의 창생이나 움직임의 심원한 법칙을 탐색하고, 천도를 터득할 방법을 찾고 실행하며, 현실을 뜬구름같이 생각하여 모르고 있어야 학자로서 존경을 받는다. 현실의 자질구레한 일들은 천박한 관리나 밑의 아전들이 생각할 것이지 위의 지배 계층이 생각할 일은 아니다. 선대의 공적으로 높은 자리를 유지하였겠지만, 이런 사람이 탄핵당하지 않고 버젓이 행세하는 정부의 분위기를 짐작할 수 있다. 사실 이때는 노장사상을 이야기하지 않고 충효사상을 강조하면서 예절 바른 행동을 고집하면, 가식적이고 천박한 학자로 취급되었던 것이다. 누구나 일상생활을 하면서 쉽게 이해되는 유학적 지식이 아니라 이해하기 어려운 주역이나 노장을 논해야 지도계층의 자격이 있는 것으로 생각되는 분위기였던 것이다.

이러한 분위기 때문에 유학적 지도자로서 숭앙받는 제갈량까지도 전쟁에 나가서 갑옷과 투구를 쓰지 않고 갈건에 학창의를 입고 학우선을 들고 지휘를 한 것으로 알려졌던 것이다. 전형적인 도학자들의 모습이다. 심지어는 군대의 총사령관으로서 천하의 패권을 놓고 조조와 관도에서 결전을 벌이던 원소도, 갑옷과 투구 대신에 도교 선비의 차림으로 지휘를 하다가 본진이 격파당하여 도주를 하면서, 얇은 옷차림 때문에 추운 날씨에 심한 감기에 걸려 결국 폐렴으로 사망하게 되었다고 한다. 노장의 사상이 그만큼 매력적이었을 것이다. 그래서 공맹이 아니라 노장을 논해야 심오한 지식을 갖추고 인생의 허무함을 알면서 현실에 집착하지 않는 고매한 선비라고 생각하는 풍조가 지배하였던 것이다. 회계태수까지 역임한 왕희

2) 거지엔슝(2011), 『천추흥망 - 삼국 위진 남북조』, p.319

지도 결국 은퇴하여 도교에 심취하였다고 한다. (이 왕희지의 후손 중 한 사람이 양명학을 창도한 왕양명이다.) 나중에 보겠지만, 신유학을 종합한 주자도 젊은 시절에는 노장 사상에 심취하기도 하였는데, 죽음 임박해서는 노장에 대한 애착이 되살아나기도 했다고 한다.[3)]

이러한 풍조가 자리 잡은 원인은 크게 두 가지로 볼 수 있다. 첫째는 전통 유학이 통치권자나 권력자들로부터 배척을 당하게 되면, 노장의 도가 사상이 관직을 찾거나 전제폭군의 위협을 피하려는 선비들의 탈출구가 되었다는 사실이고, 둘째는 노장사상의 이론적 깊이가 전통 유학을 능가하여 진정한 학문이라고 생각되었던 점이다.

공자 맹자 시대에도 그랬듯이 전통 유학은 혼란기가 되면 버림받는 운명을 지니고 있다. 뿐만 아니라 평화 시절에도 지배층이 타락하면, 인의를 강조하며 올바른 통치를 주장하는 학자들이 걸림돌이 되기 때문에 배척당하게 된다. 그리하여 주역, 노장을 공부한 현실도피주의자들이 관직을 장악하게 된다.

문제는 이들이 현실 문제에 대한 심각한 고민이나 사전 공부 없이 관직을 맡아 현실참여를 하게 되자, 타락한 집권세력과 쉽게 야합할 수 있다는 사실이다. 물론 유학자들이 이들을 비판한 이야기지만, 아래의 주장은 상당한 타당성이 있다. 노장의 사상을 공부한 학자들은 주로 도덕경, 장자, 주역을 중시하였는데, 어느 것도 현실적인 국가문제해결과는 관련이 약하여 문제해결이나 국정관리능력을 축적할 수 없었을 뿐만 아니라, 무위자연의 가식 속에 타락한 집권세력의 부패 부정을 알면서도 이를 외면하기도 하였던 것이다. 입으로는 고매한 우주의 법칙과 천도, 영생불사를 논하면서, 일이 생기면 무능하여 아무것도 하지도 못하고 통치권자나 실권자들이 원하는 대로 따라갔던 것이다. 타락한 집권세력이 좋아할 수밖에 없다! 더 심각한 것은 이들이 고매하고 학식이 높은 선비라는 허명을 내세워 부패세력의 앞잡이가 되어 국민들을 수탈하면서도 양심의 가책을 크게 느끼지 않았던 경우가

3) 수징난(2015), 『주자평전 下』, p.909

많았다는 사실이다. 시대의 가장 뛰어난 지성인의 가면을 쓰고 가장 타락하고 부패한 집단으로 변질된 선비들이 많았던 것이다. 삼국시대부터 수나라가 통일하기까지 무수한 단명의 왕조가 등장하고 패망하였는데, 이들 타락한 현실도피주의자들의 무능과 부패 때문에 왕조가 멸망하였다는 주장이 많이 기록되어 있다. 물론 유학을 공부한 사가들의 기록이므로 과장 되었을 가능성은 크다. 그러나 우리가 잘 아는 객관적인 사실 기록만으로 보더라도 사가들의 지적이 옳은 경우가 많다. 조조가 세운 위나라가 불과 40여 년 만에 집권세력의 부패와 타락으로 사마의의 쿠데타에 의하여 패망하였는데, 이 시기에 청담 사상의 지도적인 학자로 명성을 떨쳤던 하안과 하후현이 집권세력의 중심으로, 특히 하안은 부패와 타락에 앞장섰던 인물이다.

당시에 청담 사상가들이 추구한 노장사상의 매력은 학자라면 누구라도 빠져들 수 있는 두 가지 요소를 모두 갖추고 있다. 당시의 선비(士人, 사대부)에게는 정부의 관직이 거의 유일한 일자리였는데, 집권세력의 웬만한 타락과 부패를 비난하지 않아도 양심에 크게 거리낌이 없는 사상(세상일은 뜬구름과 같이 허무한 일이니까)이었으므로 집권자의 횡포에 간언을 하다가 피해를 볼 위험을 걱정하지 않고 관직생활을 할 수 있다. 엄청난 매력이다. 여기에 더하여 열심히 공부하면, 천도를 터득하여 진인이 될 수 있으니, 어려운 과거시험합격이나 출세줄을 잡기 어려우면 현세를 도피하여 신선이 될 공부를 할 수도 있는 사상이었던 것이다. 현세에 나가면 안전한 출세요, 물러서면 신선이 될 수 있는 학문이었던 것이다. 얼마나 신나는 공부였겠는가!

물러서서 신선이 된다는 사상은 전통 유학에서는 전혀 볼 수 없는 극히 매력적인 것이다. 즉, 죽음을 초월하여 영원을 살 수 있다는 사상은 누구나 빠져들게 만든다. 집권세력의 핵심인물로서 활동하던 앞에서 지적한 하안은 자기가 이러한 신선이 될 수 있는 것으로 믿었다는 정황이 있다. 하안이 당시에 젊은 학자로서 명성을 떨친 사람들(하후현, 사마사)을 높이 평한 후에, <서두르지 않는데도 빠르고, 가지 않는데도 도착하는 신령한 사람이 있다는 말은 들었지만 아직 본 적이 없다>

라고 흔히 지적하곤 하였는데, 자신이야말로 그러한 사람이 될 것이라는 뜻을 강하게 풍기곤 하였다고 한다.[4] 권력을 행사할 때 약한 자를 괴롭히고 백성들을 수탈하여 사욕을 마음껏 충족시키는 타락한 생활을 하다가, 나중에는 죽음을 초월한 신선이 된다. 얼마나 즐거운 인생인가!! 하느님께 못난 작자가 소원을 빌었는데 <그렇게 좋은 것이 있다면 내가 하지> 라고 답변했다는 Joke가 생각나는 대목이다.

죽음 이후의 세계에서 좋은 생활을 약속한다면 누구나 쉽게 빠지게 될 것이다. 전통 유학은 불행하게도 이 부분이 없었다. 대혼란기가 끝나고 수나라에 이어 당나라가 평화 시대를 열었지만, 노장사상에 더하여 불교가 크게 전파되면서 전통 유학은 여전히 변두리로 몰리게 되었다. 불교도 도교의 형이상학에 못지 않은 우주의 비밀과 사후의 세계에 대한 요소를 풍부하게 보유하여 전통 유학의 약한 부분을 공격하여 사상계의 변두리로 몰아내었던 것이다. 그러나 불교 또한 노장사상과 마찬가지의 약점을 지니고 있었는데, 바로 국가경영에 대한 깊이 있는 지식이나 현실 문제해결을 외면한 현실도피주의적인 것이다. 그리하여 불가의 사상을 공부한 선비들이 대단한 학자로 인정을 받은 대신 국가경영에 참여하면, 도학자의 잘못을 그대로 되풀이할 가능성이 컸던 것이다.

젊어서 불교나 도가의 사상을 열심히 공부한 학자들(예를 들면 주자)이 이들을 버리고 앞장서서 성리학을 창도하였을 때 바로 두 사상 때문에 지도층이 타락하기 쉬운 문제점과 현실도피주의를 극도로 경계하였기 때문이다. 그러면서도, 도-불 사상이 지닌 형이상학 부분의 핵심적 내용에 대항하고, 학문적 우월성을 확보하기 위해 새로운 논리체계를 구축하였는데, 결과적으로 이 부분이 신유학의 특징이 되었다. 현실주의면서도 학문적 깊이가 도-불에 못지않는 학문체계를 구축한 것이다.

4-3 성리학(주자학, 신유학)의 주요 내용

주자가 집대성한 성리학은 도덕론 중심의 전통 유학을 체계화하되, 존재론적

4) 김경한(2012), 『삼국지 10: 흥망성쇠』, 동양커뮤니케이션즈, p.205, 270

형이상학을 보완하여 깊이와 폭, 치밀한 체계성을 갖춘 획기적인 사상이다. 물론 공맹의 전통 유학과의 근본적인 차이점은 형이상학이다.

성리학에서의 형이상학의 핵심은 우주의 움직임을 좌우하는 원칙에서부터 미생물이 생존을 유지하는 원리에 이르기까지 모든 삼라만상의 존재 이유와 움직임에 적용되는 통일된 원리인 理(天理)를 중심으로 전개된다. 삼라만상을 구성하는 물질적 기초는 氣라고 부르고 리와 기가 융합되어 모든 일이 벌어진다. 물론 이들은 우리의 감각기관으로 인지할 수 없는 것들이고, 특히 理는 존재 자체를 인지하기 어려워서, 없는 것 같지만 틀림없이 가장 먼저 있어야 할 존재(바로 無極이지만 太極)이므로 이를 탐구하는 것은 형이상학이 된다. 우주의 창생을 추론하면, 무극 즉, 태극, 음양, 오행을 차례대로 거쳐서 삼라만상이 생겨나게 된다. 이는 도가적 존재론에 주역의 논리를 약간 가미하여 체계화한 것으로 크게 새로운 것이라고 볼 수는 없다고 한다.

理의 구체적 작동에서부터 성리학의 독창적 논리가 전개된다. 즉, 우주 창생에서부터 삼라만상이 존재하고 유기체가 생명을 유지 발전하는 것은 理에 따른 것이며, 인간사회에서의 理는 바로 전통 유학에서 옛 성현들이 가르친 仁義禮智로 구체화된다. 그러므로 이 구체화된 理를 충실히 터득하고 이를 체현하면 바로 天理에 통하게 되어 天人合一을 성취할 수 있다. 바로 신선이나 진인과 같이 되는 것이다. 전통 유학에서 지고의 목적 가치로 존중하는 도덕규범을 인간사회의 차원에서 훌쩍 뛰어, 우주 창생과 삼라만상의 존재 원리로 엄청난 격상을 시킨 것이다. 그래서 두 가지 획기적인 효과를 가져왔다. 첫째, 전통 유학의 윤리규범이 인간사회에서의 치국평천하를 위해서 중요하다는 주장을 우주적 차원에서 보증하였고, 둘째, 천인합일을 약속하여 도가-불가의 사후약속에 대항할 수 있게 되었다. 도가와 불가의 현실도피주의를 극복하면서, 양자에 못지않은 형이상학으로 이론적 뒷받침을 한 것이다. 중국 철학 사상에서 가장 획기적인 업적이라고 평가를 받는다.

이상의 형이상학적 논리는 지금 보면 황당한 궤변 같지만, 그렇게 폄하할 것은 절대 아니다. 유학의 핵심 규범인 인간사회의 仁義를 보면 쉽게 이해가 된다. 仁은 사랑, 약자에 대한 배려, 상대편의 사정에 대한 이해 등등으로 나타나게 되는데, 이는 부모가 자식에 대한 것으로부터 출발하여 형제간의 우애, 친인척에 대한 배려 등등으로 확장된 것이 틀림없다. 부모의 자식에 대한 사랑이 없으면, 인류는 벌써 멸종했을 것이다. 마찬가지로 상대편이나 약자에 대한 배려가 없는 이기적 인간들만이 모인 집단은 경쟁 집단에 의하여 멸망을 당했을 가능성이 크다. 모든 생명체의 종족보존에는 仁의 작용이 필수적이다.

義도 마찬가지다. 義는 다른 사람들(개인이나 공동체)을 위하여 희생을 감수하고, 다른 사람들에게 피해를 입히며 자신의 사익을 취하는 자(不義)를 응징하는 것이 핵심이다. 최근의 진화생물학에 의하면 정의(Justice)는 억울한 일을 당하여 분한 감정이 생기는 것이 출발점이라고 한다. 분한 감정에서 억울한 일을 바로 잡아야 한다는 도덕적 감정이 출발점이 되어, 본인의 경우에서 타인의 경우로 확장되어 보편적인 정의감이 생긴다고 한다.[5] 열심히 사냥에 참여하여 먹이 잡이에 기여를 했는데, 먹이 배분에서 배제된다거나 지나치게 작은 몫을 배당받으면, 억울하고 분하여 제 몫을 찾아야겠다는 감정을 지니게 되는데, 이것이 도덕적 정의감의 출발점이 된다는 이야기이다. 진화생물학의 최근 연구에 의하면, 박테리아도 먹이 사냥 이후에 무임승차자(free rider)를 배제시킨다고 한다. 즉, 먹이 사냥에 기여하지 않는 개체에게는 먹이 배분에 참여하지 못하도록 한다는 것이다. 그리고 이러한 박테리아 군(群)은 번성한다는 것이다. 두뇌가 없는 박테리아의 이러한 행동은[6] 탄생시에 하늘에서 부여받은 理의 작용이라고 밖에 설명할 수 없는 좋은 예라고 주자가 알았더라면 기뻐했을 것이다. 이렇게 보면, 정의라는 도덕적 규범은 성공적인

5) 마이클 토마셀로(2018), 『도덕의 기원』, 토마셀로 등은 인류의 상호 협력의 근원이 되는 정의감, 공정성 등의 도덕성이 진화한 과정을 자세히 검토하고 있는데, 먹이 사냥 이후의 배분에서의 공정성을 대표적 사례로 들고 있다.

6) 안토니오 다마지오(2017), 『느낌의 진화 = The Strange Order of Things』, pp.32-33 "박테리아의 몸은 하나의 세포로 이루어져 있으며, 그 세포는 심지어 핵도 가지고 있지 않다. 당연히 뇌 같은 것이 있을 리 없다. — 집단에 협력하지 않는 배신자 박테리아를 다른 개체들이 따돌린다."

협동을 위하여 필수적인 요소임을 알 수 있다. 다 같이 노력하여 공정한 배분을 받는 것이 보장되거나, 적어도 보장된다고 믿는 개체가 많아야 그 집단은 협동에 의하여 발전하고 생존할 수 있을 것이다.

협동만이 아니다. 경쟁에서도 마찬가지다. 공정성(fairness)은 건전한 경쟁을 통하여 집단 전체가 발전하는데 필수적이다. 남이 생각하지 못하는 방법으로 먹이 사냥을 하고, 남이 알지 못하는 사실들을 발견하고 기억하여 생활에 이용하게 되면, 본인도 발전하고, 이러한 사람들의 노력으로 집단도 발전한다. 여러 사람들이 각자 잘 살기 위하여 남과 경쟁을 하면서 잠재능력을 최대한 발휘하여 결과적으로 집단 전체가 발전하게 되는 것이다. 이때 경쟁이 공정하지 않으면(예를 들어 새로운 방법을 창안한 자가 특허를 받으려고 하는데 강자가 이를 빼앗아서 가로채고, 결과적으로 먹이 배분에서 창안자가 혜택을 못 보는 경우에) 창안의 인센티브는 완전히 사라질 것이다. 즉, 공정한 경쟁을 통하여 능력을 발휘하도록 해야 집단이 발전하는 것이다. 집단들끼리 경쟁을 하면서 생존을 유지하려면 공정성(정의=義)이 필수적 생존요건이 된다.

요약하면 인의는 인간사회의 유지와 발전을 위한 필수적 도덕규범임을 추론할 수 있다. 조금만 더 유추하면 모든 동물사회도 마찬가지임을 알 수 있다. 당시의 성리학자들도 호랑이의 자식 사랑을 보고 仁의 싹을, 개미와 벌의 사회에서 義의 싹을 볼 수 있다는 지적을 하고 있다. 인의가 잘 보장되는 집단일수록 더욱 발전하고 생존을 유지한다. 인간사회는 동물보다 인의 규범이 더욱 잘 지켜지므로 동물사회보다 더욱 발전한다. 한 걸음 더 나가면, 모든 생물체에도 그대로 적용되고, 심지어는 무기체에도 적용되는 것이라고 주자는 믿었다. 주자는 우주의 천체들이 서로 충돌하는 경우 흩어지지 않고 합쳐지는 부분들은 결합하여 하나의 천체로서 존속한다는 것을 지적하여 仁의 규범이 작용하는 예라고 주장하였다.[7)]

삼라만상의 종류에 따라서 인의의 규범을 따르는 차이가 나는 것은 그 개체

7) 조지프 니덤(1998), 『중국의 과학과 문명』, 조지프 니덤(Joseph Needham)은 주희의 이 주장을 <仁은 우주에서의 응집원리>라고 요약했다. p.311

가 만들어질 때 물질의 기본인 氣의 품질 차이 때문이라고 보고, 인간, 동물, 식물, 무기물 순서대로 기의 품질이 나빠진다고 주장한다. 여하튼 인간사회의 도덕규범인 인의예지는 하늘이 부여한 理가 구체화된 것이다. 理에 따라야 번성하고 반대는 파멸로 간다. 우주가 파멸하지 않고 유지되는 것은 理의 작용이 있기 때문이다.

니덤에 의하면, 성리학자들과 주자가 활동하던 12-3세기경에는 중국이 인류사회에서 가장 진보한 자연과학적 지식을 축적했다고 한다.[8] 주자와 동료들은 이러한 지식을 총동원하여 자신들의 논리를 정당화하였다. 이들의 논리와 이를 뒷받침하는 근거가 탁월하였으므로 많은 후세의 학자들을 성리학의 열렬한 추종자로 만들었다. 유럽에서 시작된 과학 혁명에 의해 천문학이나 생물학 등의 자연 과학적 지식이 폭발적으로 축적되기 전까지의 이야기이다.[9]

---

8) 상계서, p.12

9) 이러한 성리학의 학문적 성공은 거의 동시대에 유럽에서 벌어진 신학의 대변혁과 비슷한 성격을 지니고 있어서 우리의 주목을 끈다. 이 부분은 상당히 흥미롭기 때문에 간단하게 소개하여 독자들과 공유해 보려고 한다.

성리학자들이 자연과학적 지식을 총동원하여 유학적 규범(인의예지신)이 우주(하늘, 자연)의 理가 인간사회에 구체화된 것이라는 주장을 정당화하고 있던 시기에, 본질적으로 동일한 철학계의 움직임이 유럽에서도 등장했다. 유럽에서는 이슬람교, 유대교, 기독교의 가장 위대한 신학자들이 등장하여 아리스토텔레스의 과학적 세계관과 이성을 종교적 믿음에 연결시키는 작업을 하였다. 거의 같은 시기에 등장한 이러한 동양과 서양의 사상적 변혁은 당시의 교통상황을 고려할 때 서로 영향을 미칠 시간적 여유도 없이 독립적으로 등장한 것 같아서 기이한 느낌이 든다. 더욱 놀라운 사실은 지구의 정반대 편에서 진행된 두 가지 노력은 모두 성공을 거두었다는 점이다. 전혀 다른 종교적 믿음이나 형이상학적 논리를 비슷한 이성적 판단과 자연과학(형이하학)적 근거에 의하여 정당화시키는데 크게 성공한 것이다. 인류의 진화과정에서 동시에 등장한 두 지역에서의 합리주의적 변화가 우연인지, 아니면 아직 밝혀지지 않은 연결고리가 있었는지는 흥미로운 주제로 검토의 가치가 있을 것 같아 보인다.

주자(1130-1200)가 집대성한 성리학의 논리는 앞에서 충분히 논의하였다. 중세 유럽에서의 철학적-종교적 변화는 이슬람교의 신학자 이븐 루시드(Ibn Rushd: 1126-1198)가 아리스토텔레스를 아랍어로 번역하면서 본격화된다. 기원전에 활동한 그리스 철학자인 아리스토텔레스가 강조한 이성적 판단과 자연과학적 지식은 이슬람교의 교리에 심각한 의문을 제기하였는데, 루시드는 대부분의 이슬람 신학자들이 아리스토텔레스를 비난하고 배격하는 태도에 반대하고, 이슬람 교리를 이성적 판단과 연결시키려는 노력을 하였다.

더욱 획기적인 경우는 루시드와 동시대인으로서 아리스토텔레스의 이성주의와 과학적 세계 이러한 신유학의 논리는 전통 유학의 논리를 훨씬 능가하는 설득력을 지녔다. 공자는 국왕과 지식인들이 인의예지의 유학적 규범을 습득하고 체현하면, 천하가 평화롭고 백성들이 행복하게 살 수 있다고 하였다. 그리고 과거 요-순 임금, 주(周)나라의 문왕-무왕-주공 등의 시대가 태평성대였던 것이 그것을 입증한다고 주장하였다. 그러나 요-순 임금시대는 선사시대의 전설적 이야기이고, 주나라 창설기의 이야기도 전설과 선배 유학자들의 美化로 간주되어 신뢰하기가 어려웠을 것이다. 아마도 이것이 공자나 맹자가 유세를 하여도 발탁하는 왕이나 제후가 없었던 가장 핵심적 이유였을 것이다. 성리학자들은 자연과학적 지식으로 인의 등의 규범이 우주를 지배하는 천리가 구체화된 것이므로, 이를 따르면 번영하고 반대로 가면 파멸한다고 설득한 것이다. 이 논리가 강력한 설득력을 지녀 송나라 멸망 이후 중국의 원나라-명나라-청나라에서 모두 주자학을 국학으로 표방하고, 특히 명나라 때부터는 과거시험을 모두 주자학에서 출제하도록 하였던 것이다.

관을 수용하여 종교적 믿음과 철학을 연결시키는데 성공하여 유대교에서 가장 위대한 신학자가 된 마이모니데스(M. Maimonides: 1135-1204)이다. 루시드와 마찬가지로 의학 철학을 폭넓게 공부하며 루시드와 학문적 교류도 한 것으로 알려진 마이모니데스는 역사상 <가장 위대한 유대법 해석자>로 숭앙받고, 루시드와 마찬가지로 자신들보다 100년 후쯤에 태어난 토마스 아퀴나스에게 가장 강력한 영향을 미쳤다.

토마스 아퀴나스 (T. Aquinas: 1225-1274)는 가톨릭 신학자들이 아리스토텔레스를 위협으로 간주하던 태도와 달리, 적극적으로 활용하여 가톨릭 신학을 보다 합리적인 내용으로 체계화하였다. 그는 아리스토텔레스의 비판적 추론법을 이용하면 종교를 더 깊이 이해할 수 있고, 신학도 과학처럼 접근할 수 있다고 믿었다. <하느님의 존재를 옹호하는 다섯 가지 품격있는 주장>은 이러한 그의 태도를 잘 나타낸다. 그는 1567년에 가톨릭 신학자 최고영예인 <교회박사>를 수여받아 최고의 가톨릭 신학자로 존숭된다.

종합하여 보면, 인간사회가 발전해 가면서 과거의 미신적-주술적 요소가 종교 교리에서 삭제되고, 점차 합리적 교리가 신도들을 설득할 수 있게 되면서, 이성적-과학적 논리로서 교리의 타당성을 뒷받침하는 운동이 전개된 것이다. 이러한 변화가 동서양에서 동시대에 전개된 것이 놀랍다. 여하튼 인간의 이성적 판단능력의 발전에 부응하여 인류사회에서 축적한 과학적 지식과 이성적 논리를 최대한으로 수용한 신학만이 유지-발전되었는데, 당시의 모든 자연과학적 지식을 동원하여 체계화한 신학자들이 주도하였던 것이다. 그리고 이러한 업무를 성공적으로 완수한 신학자들은 이후 수백 년 동안 신도들의 믿음을 좌우하였다. 성리학(주자학)도 마찬가지의 길을 걸은 것 같다.

성리학은 이런 식으로 형이상학인 존재론과 전통 유학의 도덕론을 설득력 있게 결합하여 유학의 학문적 위상을 확고히 하였다. 여기에 더하여 인의예지 등의 덕성을 함양하기 위한 방법도 치밀하게 정리하여 전체적으로 거대하면서도 정교한 체계를 구성하였다. 당시의 어떤 사상도 이와 경쟁할 수 없었다.

이러한 논리적 우월성이 조선조 학자들에게 대단한 학문적 충격을 주어, 정몽주 정도전 등의 국정관리자를 사로잡고, 이퇴계, 이율곡 등 성리학의 대가들을 탄생시켰으며, 송시열 같은 맹신도도 등장하게 만들었다. 특히 송시열은 주자의 말은 한마디도 수정해서는 안 된다고 주장하기도 하였는데, 주자와 주자학에 대한 이러한 숭배가 불교나 도교 사상을 극단적으로 배격하고, 오로지 주자의 어록에 매달리는 풍조와 이로 인한 교조주의적 행태가 조선조 선비들을 지배하게 만들었다. 국왕에게 목숨을 걸고 간언하는 조선조 선비들의 소명의식에 커다란 영향을 미치고, 당쟁의 격렬한 양상에도 많은 영향을 미친 것으로 보인다. (이에 대한 자세한 내용은 다음 장의 조선조 당쟁사에서 본다.)

조선조에서의 이러한 주자 존숭주의 풍조는 정도가 심하지는 않았으나 명나라에서도 나타난다. 물론 주자학에 대한 부분적인 논란이 없지는 않았지만, 지엽적인 것으로 치부되고, 송왕조 이후의 원나라에서도 공식적으로 수용되고, 명태조는 성리학을 국학으로 격상시켜서 과거시험의 모든 출제문제를 이 속에서 찾게 하였다. 명을 이은 청나라에서도 비슷한 주도력을 지니게 되어 서학(西學-과학혁명에서 축적한 자연과학적 지식을 내포한)의 침투가 커지기 전까지는 중국의 사상계를 지배하였다.

4-4 주자학자의 소명의식과 불의와 싸우는 용기

<소명의식과 불의에 저항하는 용기 - 긍정적인 측면>

이제 이 글의 본론으로 들어간다. 즉, 성리학을 공부하여 체득하면, 상관이 잘못된 명령을 내렸을 때 이를 바로 잡기 위하여 자신을 희생할 수 있는가? 이 질문에 답하려면 두 가지를 분명히 해야 한다. 첫째, 성리학을 열심히 공부하면 유학(성리학)에서 가르치는 내용을 실행하려는 소명의식을 가질 수 있는가? 둘째, 왕이 성리학에서 가르친 내용과 달리 잘못된 행동을 하면, 이를 바로 잡기 위해서 목숨도 버릴 수 있는가?

먼저 첫 번째 질문인 소명의식부터 보기로 한다. 7장에서 자세히 검토하겠지만, 우리가 상식적으로 사용하는 소명의식은 자신이 담당하는 임무(소임)를 자신의 책임으로 생각하고 열심히 수행하는 마음 자세를 의미한다. 이러한 소명의식은 세 가지 요인을 지니고 있다. 해야 할 업무가 자신에게 맡겨진 임무(소임=책임)이고, 그 일이 중요하며(중요성), 그 일을 하는 것이 자랑스럽거나 보람있다(자부심)는 인식이다. 이 중에서 첫 번째의 책임의식이 가장 중요하고, 두 번째 소임의 중요성을 인식하면 소명의식이 생긴다. 여기에 세 번째 요소인 자부심까지 추가되어 세 가지가 결합되면 강한 소명의식을 지닐 수 있다. 보통 소임의 중요성을 인식하면 소임 수행에 대한 자부심이 생긴다. 그러므로 따로 논의할 필요는 없는 것 같지만, 자부심은 또 다른 요인에 의하여 더욱 강화되기도 한다. 업무의 수행능력이다. 그러나 이러한 논의는 나중에 하기로 하고 여기서는 자부심만 언급하기로 한다. 자세한 이야기는 7장에서 하기 때문이다.

그런데, 이 세 가지가 결합되어도, 소임수행을 위하여 목숨까지 걸게 되기는 어렵다. 소명의식에 더하여 플러스 알파가 있어야 한다. 이 알파는 뒤에서 보기로 하고 여기서는 소명의식을 좌우하는 세 가지 요인을 먼저 검토하기로 한다.

성리학을 열심히 공부하면 유학적 가르침을 지키려는 소명의식이 생길 수 있는가? 성리학(주자학)에서 선비에게 가르친 것(즉, 선비의 소명)이 무엇인가? 성리학에서 제시하는 선비의 소명은 (A)인의예지신을 습득하고 체현하여 (B)국왕을 비롯한 조정관리들과 백성들을 교화하라는 것이다. 선비 개개인으로 보면 B는 능력 밖이므로 핵심은 바로 (A)전통 유학에서 강조한 유학적 규범을 체현하라는 것이다.

이를 위해서 구체적으로 규범의 체득방법에 대하여 체계적이고 자세한 내용을 습득하도록 요구한다.

유학적 규범을 학습하여 실천하는 것이 바람직하다는 것은 공맹의 전통 유학에서 계속 강조한 것이다. 그래야 평화롭고 행복한 사회가 된다고 강조했다. 그러나 인의가 실천되면 발전하고 반대가 되면 파멸한다는 것을 인간사회에서만이 아니라 호랑이의 자식 사랑, 꿀벌과 개미의 협동 등의 예로서 설득력 있는 논리를 전개한 것은 주자학이다. 윤리규범을 준수하는 것이 옳고 좋은 일이라는 공맹의 주장만이 아니라, 그렇게 해야만 한다는 논리로서 그 중요성을 확고히 밝힌 것이다. 그러므로 이를 학습하여 체현한다는 것은 보람 있고 자랑할 만한 일이다. 그리하여 소명의식의 기본이 되는 두 가지 조건은 주자학에서 확실히 제공한 것이다. 그리고 이러한 규범을 학습하여 체현하는 것이 선비의 책임이라는 것도 주자학에서 계속 강조한 내용이다. 불교나 도교 신자들의 현실도피주의적 행동을 맹렬히 비판하는 주자학의 논지(바로 주자학자들의 책임 중 하나)가 바로 현세에서 인의를 실천하는 것을 강조하기 위한 것이다. 그래서 주자학은 유교적 소명의식을 위한 세 가지 기본 조건을 완벽하게 충족한다. 그리고 이 부분이 주자학의 획기적 공헌이다. 즉, 소명의식만이 아니라 다음에 볼 용기함양에도 크게 플러스가 되는 측면이다.

그렇지만, 이러한 소명의식을 위해 목숨을 걸고 싸울 수 있는 용기를 내려면 추가적인 알파가 필요하다. 바로 싸움에서 입을 수 있는 피해에 대한 보상이 있어야 하는 것이다. 보상은 크게 물질적 보상과 정신적 보상 두 가지가 있지만, 주로 정신적 보상에 대한 것이다. 이 정신적 보상에는 명예와 칭송, 그리고 사후세계에 대한 약속이 있다. 이를 자세히 검토하기로 한다.

주자학에서 가르치는 인의예지신을 체현하고, 이를 방해하는 불의에 저항하여 피해를 입게 되면, 사람들이 칭송하고 존숭하는가? 주자학적 가르침을 훼손하는 불의는 그 종류가 다양하다. 우리의 현재 목적인 공직자의 소명에 비추어 보면, 윤리규범에 직결된 불의만이 아니라, 공적 생활에서 잘못된 것(즉, <당연히 그리 되

어야 하는 것>을 어긴 것)은 모두 그 대상에 속한다. 그러므로 세조가 단종을 폐위한 것을 불의로 보고 이를 바로 잡으려고 목숨을 걸었던 사육신의 경우가 있는가 하면, 왕태후가 며느리인 왕비가 죽었을 때 1년 상복을 입어야 하는지 9개월 상복을 입어야 하는지를 두고 격렬한 논쟁을 벌이기도 한 것이다. 다양한 대상이기 때문에 칭송의 정도도 다양하다. 그래서 결국 칭송의 정도는 원론적인 논리로 돌아간다. 즉, 주자학에서의 내용을 훼손하는 것을 방지하기 위해서 목숨을 건다고 해도 모두가 칭송을 크게 받는 것이 아니라, 불의의 강도와 이에 따른 공적 피해, 불의를 저지하기 위한 행동에 대한 처벌의 강도, 그리고 용감한 행동의 빈도에 따라 결정된다. 다만, 조선조에서와 같이 주자학이 학계를 압도하고 예학을 중심으로 국민들의 생활을 지배하는 경우에 주자학적 가르침을 훼손하는 불의에 대한 저항이 광범위하게 지지를 받게 된다는 점에서 저항의 용기에 큰 도움이 된다는 것은 여기서 지적할 필요가 있다. 그러나 이것은 주자학의 가르침(내용)이 독특하게 만들어 낸 용기는 아니다. 즉, 어떤 사상이나 이념이라도 광범위한 지지를 받으면 나타나는 현상이다. 그렇지만 주자학이 조선조 사상계를 완전히 지배하여 광범위한 영향을 미친 것은 주자학의 학문적 우월성에서 나오는 것이므로 주자학의 공로라고 볼 수 있다.

주자학의 내용으로서 용기에 직접 관련된 부분은 두 번째이자 가장 중요한 것이 바로 천인합일(天人合一)의 논리이다. 즉, 유학적 규범(인의예지신)을 습득하여 체현하면 바로 천리에 통하여 신선과 같이 되는 것이다. 이 천인합일은 유학적 규범을 체현하기 위해 노력하는 소명의식을 크게 강화시킬 뿐만 아니라, 필요하면 목숨도 거는 용기를 심어주는 역할을 할 수 있다. 바로 기독교 불교 등의 사후세계에 대한 약속에 버금가는 보상으로 볼 수 있다.

<유학적 규범의 체현 방법이 지닌 한계 - 부정적인 측면>

그러므로 주자학에서는 유학적 규범을 습득하고 체현하는 것을 소명으로 인식하는 소명의식과 경우에 따라서 자신을 희생하는 용기도 심어주는 역할을 할 수 있다. 그러나 실제로 주자학자들이 강한 소명의식을 지니고, 죽음까지 각오하는 용기를 낼 수 있는가는 또 다른 문제이다. 주자학에서 가르치는 유학적 규범의 체현

방법이 대단히 어려워서 체현하기가 쉽지 않기 때문이다. 규범의 체현 정도에 따라 소명의식도 약한 것에서부터 강한 것에 이르기까지 차이가 심하고, 용기도 마찬가지이다. 우리가 알고 싶은 것은 과연 소명 수행에 방해가 되는 불의(즉, 국왕의 잘못된 명령)에 목숨을 걸고 간언하는 용기를 줄만큼 강한 소명의식을 성리학에서 배양할 수 있는가이다. 위에서는 강한 소명의식과 용기에 플러스가 되는 측면이 있음을 논리적으로 유추한 것이다. 그러나 주자학의 가르침을 검토하면, 그 반대의 측면도 있음을 알 수 있다. 그래서 정확한 결론을 얻으려면, 실제로 벌어진 역사적 사건들을 검토해야 한다. 즉, 송나라, 명나라, 청나라 선비들의 행동이나 조선조 선비들의 행동을 살펴보아야 한다. 그래서 다음 장에서 조선조 선비들의 행동을 검토할 것이다. 여기서는 우선 주자학이 용감한 행동을 하기 어렵게 만드는 측면을 논리적으로 추론해 보기로 한다. 유학적 규범의 체득방법이 지닌 한계점인데, 이는 중요하므로 아래에서 자세히 논의하기로 한다.

성리학의 체계를 간단하게 정리하면 다음 두 가지로 요약된다. 理의 체현을 위하여 두 가지를 겸행해야 한다. (1) 외부적 사물에 심겨진 理를 터득하고, (2) 理를 지각적으로 이해한 것만으로 끝나서는 안 되고, 반드시 이를 体化하여 자연스럽게 행동으로 표현될 수 있어야 한다. 그리고 이 두 가지(1과 2)를 성공시키면, 천리를 터득하여 天人合一을 이룰 수 있다.

(1) 그런데 이 모든 것이 쉽지가 않다. 먼저 외부적 사물에 내재된 理를 터득하는 방법인 격물치지(格物致知)가 무척 어렵다. 주자가 격물치지의 뜻을 직접 밝힌 내용을 보면 이해가 된다.

<이 세계의 사물이 이치(理致)가 있지 않은 것이 없는데, ― 사물에 즉(卽)하여 그 이미 알고 있는 이치에 근거하여 더욱 추궁해 나가서, 그 궁극에까지 도달하게 하여, 힘씀이 오래이고 나서 **일단(一旦)에 확 트이게 되는 경지에 이르게 되면, 모든 사물의 표(表)와 리(裏), 정(精)과 조(粗)가 드러나지 않음이 없게 되고**, 내 마음의 온전한 체(體)와 커다란 용(用)이 밝혀지지 않음이 없게 되리니>[10)]

---

10) 大學, 中庸, p.58.

주자의 해석에 의하면, 격물치지는 사물에 직접 다가가서 궁리하여 그 속에 숨겨진 이치(理)를 발견하는 것을 의미한다. 외부적 사물에는 생명 없는 무기물, 유기체 등만이 아니라, 인간의 행동과 사회현상 등등이 모두 포함된다. 그런데 주자는 하나의 사물에서 理를 터득하면 다른 것에도 쉽게 유추할 수 있다고 강조했다. 그러나 이 주장은 앞에서 본 인간사회의 仁義가 인간만이 아니라 호랑이, 벌이나 개미 등의 동물사회에서도 발견된다는 사실을 보고, 다른 사물에서도 모두 그럴 것이라고 확대 추론하는 것으로 오해되기가 쉽다. 문자 그대로의 천인합일을 목표로 한다면, 이러한 오해는 극히 자연스러운 일일 것이다. 여하튼 이러한 오해 때문에 하나의 사물에서 직접 理를 찾아보려는 학자들을 고통 속으로 몰아넣었다. 왕양명이 대표적인 경우이다. 사시사철 푸른 대나무에서 理를 알아내면, 다른 식물, 나아가서는 동물들의 性에 담겨진 理도 밝혀질 수 있다고 믿고, 친구와 더불어 대나무를 주시하면서 理를 찾으려고 시도하였다. 그러나 일주일 만에 친구는 지쳐서 병이 들고, 왕양명은 일주일을 더 버티다가 포기하였다. 그리고 <나는 자질이 부족하여 리를 발견할 수가 없고, 아무리 노력해도 성인의 반열에는 들 수 없겠구나>라고 생각하여 한때 학문을 포기하기도 하였다. 나중에 왕양명은 격물치지에 대한 주자의 해석을 맹렬하게 비판하고, 독창적인 해석을 제시하여 양명학을 창도하게 된다. 물론 이글에서 논의할 내용은 아니다.

주자가 말하는 격물치지는 인간사회에서 벌어지는 여러 가지 현상의 본질, 원인과 결과 등을 파악할 때, 한꺼번이 아니라 하나하나 파악해서 현상의 속성과 인과구조 등 전체에 대한 이해를 하게 되는 귀납적인 지식축적 방식을 말하는 것으로 주자학자들에게 이해되고 있다. 그리고 주자는 사물에 직접 다가가서 이치를 찾는 것이 어려우면, 옛 성현들의 글을 읽으라고 권하였다. 사물의 이치는 모두 옛 성현들이 밝혀서 경전들 속에 기록되어 있다고 말한다. 실제로 주자학자들은 두 가지 방식을 병행했을 것이다. 그러나 옛 성현의 글을 모두 읽는 것도 만만한 것이 아니다. 더욱이 다양한 경전과 성현들의 당시까지의 어록 속에는 서로 모순되는 내용들도 혼재하고 있었을 것이다.[11] 그래서 주자는 스스로 경전의 내용들을 정리하고 해설하여 그 뜻을 정확하게 밝히려고 하였다. 그런데 주자가 평생을 주로 학문에 매달렸기 때문에 그 내용이 엄청났고, 주자학의 후배들은 이를 공부하기 위하여 평생을 바치게 되었다. 대부분의 조선조 선비들이 그러하였다. 그러고도 <**일단에 확 트이게 되는 경지**>에 도달하기는 쉽지 않았을 것이다. 주자가 직접 권장한 것은 인간사회에서 구체화되는 인의예지를 터득하라는 것이므로 왕양명은 잘못된 방법을 선택하였다고 주자학자들은 비판한다. 그러나 천인합일의 경지에 도달하기 위해서 우주를 지배하는 천리(이치)를 자연 속의 사물에 직접 다가가서 밝혀 보고 싶은 왕양명 식의 유혹에 빠지기가 쉽다. 인간 심리 속의 욕망을 억제하는 마음 다스림만으로 천리를 터득한다는 것이 무엇인가 부족하다는 느낌이 들기 때문이다.

(2) 理를 찾는 것만으로는 부족하다. 몸속에 체득하여 자연스럽게 행동으로 표현될 수 있어야 한다. 理가 삼라만상의 하나하나에 심어지면, 이것이 각자의 性이라고 부르는데(그래서 이를 연구하는 것이 性理學이다), 인간의 個性속에 심어진 理를 잘 발현시킬 수 있도록 해야 하는 것이다. 그러나 인의예지 등의 理가 발현되어 제 기능을 수행하려면, 육체(氣)를 통해야 하는데, 이 육체는 자신의 존속을 위하여 다양한 욕구를 지니고 이를 喜怒哀樂 등의 情으로 표출한다. 그런데 이 욕구가 지나치거나 과소하면, 理의 발현작용을 왜곡시킨다. 즉, 理의 표출을 훼손한다. 인간의 마음(心)이 情과 性을 통제하는데, 정에 대한 통제가 실패한 경우가 되는 것이다. 그래서 인간이 인의예지 등을 체화하려면, 정의 부적절한 작동을 마음이 억제하여 다양한 욕구의 표출을 적절한 수준에서 유지하여야 한다. 이를 위해서 성리학에서 강조하는 방법은 경(敬)건한 자세로 자신의 마음을 성찰하고 정을 다스려서, 理가 제대로 작동하도록 끊임없이 노력하는 것이다. 이것이 욕구를 통제하면서 덕성(性)을 함양하는 방법이다. 그러나 이 방법도 수행하기가 정말 어렵다. 인간의 욕구가 끊임없이 이 수행을 방해하기 때문이다. 이 문제는 아래에서 다시 검토할 것이다.

---

11) 인쇄술이 없던 시절에 필사를 통하여 어록들이 보존되었는데, 몇백 년에 걸친 무수한 필사 과정에서의 과오, 고의적인 왜곡 등등으로 공자 맹자의 말이 제대로 보존되기가 무척 어려웠던 것이다. 주자가 힘들게 이를 일단 정리하고, 청나라 시대의 고증학파들이 대대적인 작업으로 이들을 체계적으로 정리하여 그 이후에는 조금 쉬웠을 것이다.

요약하면, 일면 理를 외부의 사물에서 발견하면서 (사물을 직접 궁리하거나 경전과 성현들의 어록을 공부하여), 동시에 자신의 개성(個性) 속에 심겨진 理를 발견하고 양성하기 위하여 경건한 자세로 마음을 통제하여야 한다. 그런데 어느 것 하나 쉬운 것이 없다.

성리학을 공부하는 선비들이 불의에 항거하여 행동을 하려고 할 때, 첫 번째 걸림돌이 치지(致知) 이후에 행동을 하라는 주자의 권고다. 그런데 이것이 엄청나게 어렵다는 것을 위에서 지적했다. 그래서 양명학에서는 知行合一을 주장한다. 그러나 이 논리도 불의에 항거하여 행동을 하는 용기를 내는 것에는 별로 도움이 되지 못한다. 양명학의 지행합일도 공적영역에서의 합리적 행동을 결정하는 데에 도움이 되지 못하고 오히려 방해가 되는 경우가 많기 때문이다.[12]

---

12) 왕양명은 致知(격물치지)의 진정한 의미는 행동으로 나타날 때(知行合一)이며, 즉, 마음 속에 숨겨진 理(良知)를 성찰하여 리가 요구하는 대로 행동을 해야 비로소 치지했다고 주장한다. 즉, 경전을 열심히 공부하거나 사물에서 리를 찾거나 경건한 자세를 계속 유지하면서 고요한 속에 理를 발견 함양하기보다는 마음속의 양심에 비추어 보고 옳다고 판단되면 바로 행동으로 나가야, 올바른 격물치지라고 주장한다. 우물 안으로 기어 들어가는 어린애를 보면, 즉각 구하는 행동을 해야 仁을 체화한 진정한 치지라는 주장이다. 운전 도중에 어린애가 길 안으로 갑자기 뛰어들면, 사고를 각오하고 즉각 길옆으로 핸들을 꺾는 것과 같다.
그러나 이러한 상황은 청나라 대군이 남한산성을 포위하고 있을 때 항복을 할 것인가, 저항할 것인가를 결정하는 것과는 차원이 다르다. 즉, 주자학의 약점을 극복하기 위하여 새로운 논리를 제시했던 양명학의 경우도 치국평천하를 위한 합리적 판단에는 도움이 되지 않는 것이다. 사회적 문제를 해결하기 위해서는 상황에 따라 마음속의 양심(性)을 성찰하는 즉시 직관적 판단을 해야 하는 경우도 있지만, 신중하게 분석적이고 종합적인 추론을 통해서 결론을 내리고 행동을 해야 하는 경우가 훨씬 더 많다. 修身과 齊家에서는 몰라도 治國과 平天下에서는 후자의 경우가 대부분인 것이다. 물론 환관들이 타락하여 부패한 행동을 할 때 여기에 맞서서 싸우는 경우와 같이 치국에서도 왕양명 식의 행동이 필요한 경우도 있지만, 국가의 일은 복잡하게 얽히어 있어서 경전연구가 아니라 문자 그대로 사물에 직접 다가가는 격물치지가 절대적으로 필요한 경우가 많은 것이다.
우리가 논의하는 상황(과잉정치가 불합리한 정책을 요구할 때 공직자들이 이를 억제하는 경우)은 수신제가가 아니라 치국평천하의 경우이다. 여기서는 액면 그대로의 격물치지가 필수적이고, 이때 정확한 知에 도달하지 않으면, 행동을 하지 않아야 한다는 주장은 타당하다. 그러나 혼자서 복잡한 국가적 문제를 파악하고 가장 합리적인 대책을 세워서 행동한다는 것은 불가능에 가깝다. 그러므로 관련된 사람들의 지혜를 모아서 결론이 나면, 비록 그곳이 불

요약하면, 주자학의 가르침을 체현하면 강한 소명의식을 함양하고, 위험을 무릅쓰고 주자학의 가르침을 훼손하는 행위에 저항하는 용기도 함양할 수 있지만, 가르침을 습득하여 체현하는 것이 어려워서 앞에서 기대했던 강한 소명의식과 강한 용기를 지니기는 힘들 것이라고 추정할 수 있는 것이다.

4-5 義와 용기 있는 선비

<성리학에서의 義와 不義>

주자학이 한계를 지니게 되는 또 다른 요인은 義라는 유학적 규범이 지닌 특수성이다. 유학의 가르침을 훼손하는 잘못을 바로잡는 행동은 義에 해당되는데, 이를 습득하고 체현하는 것은 다른 규범에 없는 특수한 요소가 개입하여 그 체현을 더욱 어렵게 한다. 의를 실현하려면 상당한 희생을 감수해야 한다는 점 때문이다. 예를 들면 상관이 공금횡령을 하라는 부당한 지시를 회계책임자에게 내렸을 때, 회계책임자가 이를 바로 잡기 위해 상관에게 저항하려면 대단한 보복을 각오해야 한다. 그래서 유학규범인 義는 동열 관계에 있는 규범인 仁이나 禮 등 보다 체현하기가 무척 어렵다. 이를 간단하게 검토하기로 한다.

원래 義는 <마땅히 그래야 하는> 것, <옳은> 것을 의미하는 것이지만, 다른 유학적 규범과 마찬가지로 다양한 의미로 쓰인다. 그런데 이 義는 성리학에서 같은 반열에 있는 仁禮智信과 다르게 취급된다. 仁은 측은하게 생각하는 마음 자세로 표출되는데, 어려운 처지에 놓인 사람을 불쌍하게 생각하고 힘껏 도와주면 仁을 체현

완전한 대책이라도 일단 행동하면서, 잘못된 부분을 수정해 나가는 것이 올바른 태도이다. 한편, 국가적인 일 중에서도 집권세력의 타락 등 명백한 잘못을 바로잡기 위해서는 양명학의 주장이 옳고, 또, 수신제가에서 발생하는 문제를 해결하기 위해서는 본인이 덕성을 함양하여 가족들에게 모범이 되는 것이 가장 중요하기 때문에 경건한 자세로 性을 함양해야 한다는 주자학의 주장이 옳은 경우도 많이 나온다. 어쨌든 공적 영역에서의 격물치지는 수행하기가 무척 어렵다. 그리고 이러한 어려움을 전제로 한 공직자의 용기를 함양하는 논리는 주자학이나 양명학 모두가 외면하고 있다.

하게 된다. 禮는 상대방을 겸양하는 자세로 본분에 알맞게 정중하게 대하는 것이 핵심이다. 자신의 지혜를 총동원하여 사리를 판단하면, 비록 그 결과가 잘못되어도 智의 도리는 다했다고 볼 수 있다. 친구나 다른 사람들에게 약속한 바를 지키면 信이 있는 사람으로 평가된다. 이런 식으로 이들 규범의 의미는 긍정적인 마음 자세나 행동으로 표현하는데, 義는 올바른 행위를 하지 못했을 때 느끼는 부정적 감정으로 표현하고 있다. 즉, 수오지심(羞惡之心)으로 표현한다. 당연히 해야 할 일을 하지 않았을 때, 즉, 不義를 저질렀을 때 부끄럽거나 미워하는 마음이 생김을 표현한 것이다. 불의를 저지르지 않아야 됨을 강조한 것이다. 인이나 예 등은 그것을 행하는 것이 바람직하다고 칭송하지만, 의는 약간 다르다. 당연히 해야 될 일을 하는 것은 칭송의 대상이 되지 않는 것이다. 회계담당 관리가 공금횡령을 하지 않았다고 義人이라고 칭송하지는 않는다. 대신 공금횡령을 하면 불의에 해당되고, 이런 불의를 저지르지 않아야 됨을 義의 덕목에서 강조하는 것이다.

당연히 해야 될 일을 하지 않는 것을 불의라고 한다면, 불의의 대상은 무수하게 많다. 즉, 부끄럽거나 미워하는 대상은 무수하다. 공공 분야에서의 不義는 다른 사람들에게 피해를 주면서 본인의 사욕을 충족하는 경우를 상정한다. 이때 다른 사람이 한 사람인 경우도 있고 불확정 다수(公이나 공동체)일 경우도 있다. 권력자가 약자의 재산을 뺏거나 공금횡령을 하는 예를 들 수 있다. 이러한 부도덕을 바로잡기 위해서는 자신의 불의는 스스로 억제하면 된다. 그리고 이 경우는 의를 실천했다고 하지 않는다. 그런데 타인이 저지르는 불의는 전혀 다르다. 이를 바로잡기 위해서는 희생을 각오해야 한다. 그리고 희생을 각오하고 다른 사람의 불의를 바로잡으면 의를 실천했다고 한다. 이를 적극적 의미의 義라고 부를 수 있다. 그리고 이것이 이 글의 초점이다. 그리고 자신이 욕망을 억제하여 나쁜 짓을 하지 않는 것은 소극적 의미의 의라고 부를 수 있다.

그런데 적극적 의미의 의에는 약간 다른 경우도 있다. 불의를 제거하는 것이 아니라 본인이 희생을 하면서 다른 사람들이나 공동체를 돕는 것이다. 적군에게 포로로 잡힌 전우를 구하기 위해 동료들의 반대를 무릅쓰고 목숨을 걸고 적진에 단신 잠입하는 행위나, 제방이 무너지는 것을 막기 위하여 물이 새는 구멍을 팔뚝으로 막았다는 네덜란드 소년의 행동은 모두 義로운 행동이다.

여기서 알 수 있듯이 적극적 의미로 말하는 의로운 행동은 본인의 희생이 따르는 경우이다. 상관이 공금을 횡령하려는 것을 인사상의 불이익을 각오하고 막아내어 타인의 불의를 억제하는 경우나, 적군에게 포로가 되는 전우를 목숨 걸고 구해오는 경우, 어느 경우이거나 공통적인 요소는 자신의 희생이다. 그런데 공적 분야에서 문제가 되는 의의 문제는 주로 타인의 불의를 억제하는 경우이다. 즉, 공동체에 부당하게 피해를 입히면서 개인 이익을 취하려는 행동(不義)을 억제하면서 본인의 피해를 각오하는 행동이 의에 해당된다. 보통의 경우는 권력적 강자가 불의를 행하는 것을 바로잡는 것이 이슈가 된다.

이러한 적극적 의미의 의로운 행동이 어려운 이유는 바로 불의를 저지르려는 자가 자기보다 힘이 강한 자이기 때문이다. 자기가 통제할 수 있는 자(예를 들면 자신의 부하)가 불의를 저지를 때 이를 억제하는 것은 본인이 당연히 해야 할 책임을 수행하는 것이므로 소극적 의에 해당되는데, 의로운 행동이라고 부르지도 않는다. 자기의 통제범위 밖에 있는 자, 특히 자기보다 힘이 강한 자(예를 들면 상관)가 불의를 저지를 때 불이익을 각오하고 이를 억제해야 의를 행하는 것이다. 사실은 인의예지신 모두가 제대로 수행하려면 자신의 희생이 어느 정도 있어야 한다. 약자를 도와 仁을 실행하려면 재물이나 육체적인 희생을 해야 한다. 부모상을 당하여 3년 동안 음식이나 여자관계를 삼가는 것도 마찬가지다. 약속한 바를 지키려면, 고통이 따르기도 한다. 그러나 이 모든 것의 희생은 정도가 지나치게 크지 않아서 평균인보다 조금 더 덕이 있는 사람이면 감당할 수 있는 경우를 상정한다. 이와 달리 보통 인간으로서 감당하기 어려울 정도로 희생을 하면서 이 규범을 지키는 경우가 의로운 행동에 해당된다. 이런 경우에는 義라는 글자가 같이 사용된다. 仁義, 忠義 信義 등과 같은 경우이다. 여하튼 義를 실천하려면 보통 이상의 희생이나 고통이 따른다. 반대로 표현하면, 보통 이상의 희생이나 고통을 감수하고 다른 사람이나 공동체를 위한 경우만을 義로운 행동(적극적 의미의 義)이라고 부른다.

<義의 핵심으로서의 忠 - 不義 vs 不忠>

이 글의 목적에 직접적으로 관련된 부분은 공공부문과 관련된 義이다. 즉, 국정업무를 수행하는 과정에서 큰 희생을 각오하고 불의를 바로 잡는 일이다. 그런데 이때 또 다른 의에 해당되는 忠과 충돌하는 문제가 발생한다. 이것이 바로 대통령이나 장관이 불의를 행할 때 이를 바로잡으려는 공직자가 직면하는 이슈이다. 대통령이 공익을 손상하는 명령을 내렸을 때 이를 수용하는 것이 관리상의 복종 의무를 수행하고, 또 국민들의 선거에 의하여 당선된 국가대표의 지시를 따르는 대의제적 민주주의 정신을 살리는 것이지만, 그것이 국민들의 생활에 심각한 피해를 주는 명령인 경우에 공익의 수호자로서 공직자가 저항해야 할 불의에 속한다. 국왕을 대통령으로, 조정 신료를 공직자로 대체시켜 보면 이슈의 중요성이 나타난다. 성리학에서는 이 이슈를 어떻게 처리하는가?

원래 유학에서는 충효를 가장 기본적인 윤리규범으로 삼는다. 인의가 구체적인 행동규범으로 표현된 것이다. 군주 시대에서의 충은 상대가 국왕이다. 그런데 이때 국왕을 인간 개인으로 보는지, 아니면 국가공동체 전체를 대표하는 상징적 지위로 보는지에 따라 조정 신료의 행동에 대한 요구가 달라진다. 국왕이 국가의 상징이고, 그래서 공익의 상징이므로 국왕에 대한 충성은 공익에 대한 충성이라고 보는 결과주의적(공리주의적) 견해가 있다. 국왕이 공익에 어긋난 행동을 하면, 불의로 보고 저항해야 한다는 논리가 된다. 유학에서 치국평천하를 강조하는 측면은 보면, 공익은 백성들의 평화롭고 행복한 삶으로 볼 수도 있지만, 성리학에서의 공익은 리(理=인의예지신)를 준수하는 것이다. 즉, 국왕이 理에 어긋난 행동을 하면, 이것을 바로잡아야 하는 것이 조선조 관료의 국가에 대한 충성이다.[13]

---

13) 전통 유학에서 치국평천하를 강조하는 측면을 보면, 백성들의 평화롭고 행복한 생활이 공익이라고 암암리에 전제하는 것 같은데, 성리학(주자학)에서의 공익은 리(天理)를 상정하는 것이 명백하다. 국왕의 행동이 인의예지신에 어긋나지 않도록 하는 것이 충이라고 생각한다. 그런데, 공익에 대한 개념을 다르게 해석하면 해결하기 어려운 딜레마가 발생한다. 주자학적 견해로 보면 광해군이 자신의 이복동생이자 선조의 적장자에 해당되는 영창대군을 유배시켜 죽이려는 행위는 엄청난 不義이므로 극력 저지해야 한다. 인조가 소현 세자비를 처형

그러나 의무론적 윤리관은 다른 결론에 도달한다. 무엇이 공익인지가 불분명한 경우는 물론이지만, 보통의 경우 한 국가의 최고 결정권자의 명령은 따라야 혼란이 없기 때문에, 국왕의 결정은 무조건 수용해야 한다는 의무론적 윤리관도 있다. 과연 숙종이 장희빈을 좋아하는 것이 바로잡아야 할 불의인지 아닌지 애매하거나, 효종이 죽었을 때 그 계모가 3년 상복을 입어야 하는지 1년만 입어도 되는지 애매한 경우에 국왕의 결정에 무조건 따르는 것이다. 의무론적 윤리관에 따르면, 국왕이 내린 결정은 무조건 순종해야 충성스러운 행동이 된다. 극단적으로 보면, 국왕이 전쟁영웅을 모함하여 역적으로 처단하여도 국왕의 명령을 따라야 한다. 역사적으로 보면 이러한 의무론적 윤리관이 훨씬 더 널리 수용되어 왔다. 왕권신수설이나 천자는 천명을 받았다는 논리가 옛날에는 이러한 의무론적 윤리관을 정당화하였지만, 이런 식의 샤머니즘적 정당화가 아닌 합리적 타당성도 있다. 즉, 군주도 인간으로서의 약점이 있기 마련이므로, 군주의 사소한 잘못까지 신료들이 저항하면, 군주의 국정관리 의욕을 저상시키거나, 자칫 왕권의 정통성이나 권위를 손상시켜 여러 가지 부작용(특히 왕위쟁탈을 위한 반역 행동으로 국가 전체가 피 흘리는 내란에 빠지는 위험)을 발생시키기 때문이다. 그러므로 군주의 웬만한 잘못은 무시하고 심각한 잘못을 바로잡는 것이 옳은 忠이라고 생각하게 되는데, 문제는 어느 정도부터

하려는 것도 마찬가지이다. 그러나 치국평천하를 공익으로 내세우면 정반대의 결론이 나올 수 있다. 영창대군이 살아있으면, 광해군의 왕위 정통성이 심각하게 훼손되어 영창대군을 옹위하려는 반역 행위가 계속될 수 있고, 이것이 국가적 혼란과 피해를 불러 올 수 있다. 이러한 딜레마는 다음과 같은 경우에서 가장 분명히 드러난다. 어리고 무능하여 부패한 왕태후나 외척들의 손에 놀아나는 어린 왕을 폐위시키고 유능한 삼촌이 국왕이 되는 것을 결사반대하여 죽임을 당하는 신하들을 충신이라고 칭송하는 경우이다. 주자학에서 강조하는 적통 승계를 지고의 가치로 존중한 경우이다. 주자학에서의 理를 지키기 위한 논리이지만, 백성들의 피해와 고통은 뒷전으로 밀리어서, 치국평천하라는 전통 유학의 가치(유학의 국가사회적 기능면에서 보면 유학 최고의 가치)를 망각한 것이다. 이런 식으로 정반대가 되는 두 가지 논리 중에서 어느 것을 중시하느냐는 문제 발생의 상황과 유학자 개인에 따라서 견해가 다를 수가 있다. 결벽(潔癖)주의자는 不事二君의 덕목을 문자 그대로 해석하는데, 주군의 적이었던 환공에게 봉사한 관중을 맹렬하게 비난한 맹자의 경우가 이에 해당된다. 한편 공자는 관중이 환공을 보좌하여 제후국들 간의 전쟁을 억제하고 오랑캐를 격퇴하여 천하를 안정시킨 공로를 높이 평가하였다.

가 심각한 잘못인지 판단하기 어려우므로, 부패하고 타락한 군주가 통치할 때에 유학자들이 몹시 고민하는 문제가 된 것이다. 선조가 이순신을 왕명을 거역한 죄로 처형하려고 했을 때 충신들이 고민하였던 문제이다.

국왕이 인의예지신에 어긋나는 행동을 하면, 신하는 어느 정도로 국왕을 저지해야 하는가? 일반적으로는 국왕에게 충성을 하되, 국왕이 잘못을 저지를 때 신하는 이를 적극 말리고, 아무리 설득해도 말릴 수 없으면, 직위에서 물러나라고 유학에서는 가르친다. 이러한 소극적 행동도 위험부담이 따른다. 국왕이 불충하다고 생각하여 처벌할 수가 있기 때문이다. 실제로 이러한 처벌을 받은 경우가 많았다. 심지어는 3족을 멸족시키기도 하였다. 한편 국왕의 잘못은 정도가 작은 것에서부터 큰 것까지 다양하다. 그래서 국왕의 횡포가 극단에 달하면, 맹자식의 혁명도 생각해 봄직하지만, 유학에서 혁명까지는 가지 않는다. 주자학을 충실히 공부하면 어떠한 마음 자세가 되는가? 어느 정도의 처벌도 감수하고 올바른 일을 위해서 싸울 것인가? 올바른 일을 위하여 싸워야 한다는(즉, 의를 실현해야 한다는) 소명의식을 함양하는 것은 틀림없지만, 큰 처벌을 감수하면서 행동에 나설 용기를 낼 수 있는가는 또 다른 측면을 검토해야 알 수 있다.

<용기와 武를 경시한 사상체계>

근본적으로 성리학은 행동과는 거리가 있다. 앞에서 보았듯이 논리적으로 행동 이전에 致知를 강조하는 약점이 행동을 방해하는 첫 번째였지만, 두 번째 약점은 성에 심겨진 理를 잘 함양하기 위하여, 즉, 덕성 함양을 위하여, 수행해야 할 방법에 있다. 이것이 훨씬 더 큰 영향을 미친다. 성리학에서 덕성 함양을 위해 제시하는 방법은 <경건한 자세와 고요함 속에 욕망에 빠지기 쉬운 마음을 다스린다>이다. 격물치지를 위하여 사물을 보면서 궁리할 때도 이 자세가 필수적이지만, 덕성 함양을 위해서는 이 방법이 가장 좋은 것일 수 있다.

그러나 이 방법은 나이가 많아져서 정력이 감퇴하여 현실 세계에 대한 의욕을 상실하고 죽기를 조용하게 기다리는 노인네가 아니라면, 수행하기 무척 힘들 것이다. 도교나 불교에서와 같이 모든 욕망을 끊고 현실을 외면하면, 약간 쉬울지 모른다. 그러나 현실에서의 정상적인 생활을 충실히 하면서, 더욱이 욕망을 완전히 끊는 것이 아니라 적절한 수준에서 억제하는 것은 열심히 일을 해야 하는 젊은 사람들에게는 무척 어려운 주문이다. 그런데도 국왕의 잘못에 대하여 항의를 하고 잘못을 고치기 위하여 열심히 일을 해야 할 입장에 있는 사람이 주자의 요구대로 공부하고 고요한 마음으로 수행하면서 행동으로 나갈 수가 있을까?

성리학에서 제안하는 덕성 함양의 방법은 탄압과 핍박을 각오하고 의를 위하여 올바른 행동을 하는 마음 자세와는 정반대이다. 경건한 자세로 덕성 함양을 하면 무엇이 정의고 무엇이 불의인지를 정확하게 인식할 능력은 키울 수 있다. 그러나 용기를 내어 위험을 무릅쓰고 행동하는 것은 다른 차원의 이야기다. 원래 의를 위하여 위험을 각오하고 행동으로 나가는 마음 자세는 칼을 들고 외적과 싸우는 마음 자세와 비슷하다. 마음의 평정이 아니라 피 끓는 의분과 불의에 대한 분노 등 마음의 격동이 수반된다. 행동을 결행하는 최후의 순간에는 모든 것을 각오한 평정한 마음 상태로 냉정하게 행동을 할 수 있지만, 결행의 결정과정은 절대로 평화로울 수가 없다. 고요함 속에 경건한 자세로 덕성을 함양해야 하는 성리학이 武에 대하여 관심이 없는 것은 우연이 아니다. 성리학은 의로운 일을 위하여 엄청난 피해를 각오하는 용기 있는 행동을 위한 마음 자세를 양성하는 것과는 거리가 먼 것이다. 용기 있는 행동을 위한 논리를 성리학의 체계 속에 포함시키기가 어려웠을 것으로 짐작된다.

이러한 주자학의 약점은 주자학이 추구한 심학의 한계점이라고 볼 수 있다. 원래 주자(성리학자들)은 도-불에 대항하는 논리를 설득력 있게 제시하였는데, 가장 중요한 논리는 앞에서 누누이 되풀이했듯이 천리가 인간사회를 지배하는 유학적 규범임을 밝히는 형이상학적 논리인데, 지금 우리의 논의에서 중요한 또 다른 논리가 있다. 즉, 道-佛의 마음 다스림보다는 훨씬 더 현실 참여적인 마음 다스림(욕망의 근절이 아닌 적절한 억제)과 보다 구체적인 방법(마음을 비워서 어느 순간 갑자기 환하게 道를 깨닫는다는 참선과 같은 방법이 아니라 차근차근 理를 습득하면서 욕망의 적절한 억제 방식)을 제안한 것이다. 이렇게 조용하고 경건하게 마음을 다스리는 정교하고 치밀한 논리체계 속에 목숨 거는 행동을 위한 피 끓는 마음 자세를 위한 논리를 추가하기는 어려웠을 것이다.

신앙심이 강한 신도가 예수의 얼굴 사진을 밟으라는 명령을 거부하고 죽음을 선택하는 경우와는 전혀 다르다. 종교의 경우는 대부분 사후에 대한 보장이 있을 뿐만 아니라, 교리 하나하나를 힘들게 지키는 행위 자체에 커다란 기쁨을 느끼는 독실한 신자가 많다. 주자학도 조선조에서는 종교 수준의 신뢰를 받았다고 한다. 그렇다면 독실한 주자학자들은 부모상을 당하고 3년간 힘들게 근신을 하면서 커다란 기쁨을 느꼈을 것이다. 그런데 목숨까지 내거는 용기를 지니고 국왕에게 간언을 할 수 있었을까는 또 다른 문제이다. 인륜을 지키라는 간언을 하는 자체는 주자학적 소명을 지키는 기쁨을 주지만, 그 간언 때문에 목숨을 잃는다면 상황은 달라진다. 조선조 선비들의 행동은 다음 장에서 검토할 것이다.

<天人合一과 死後約束>

주자학이 불의를 바로잡기 위한 용기를 북돋우는 마지막 보루인 천인합일의 논리를 보기로 한다. 성리학만이 아니라 불교나 도교에서 권장하는 수행방법은 모두 용기를 지니고 목숨을 거는 헌신과 이를 위한 활동적인 마음 자세를 양성하는 것과는 거리가 멀다. 조용한 마음으로 선이나 묵상을 통하여 세상을 관조하면서 無爲의 자세로 득도하거나 경지에 드는 것을 요구한다. 그런데도 불교나 도교에서는 전통 유학과 달리 필요하면 목숨도 걸 수 있는 요소를 지니고 있다. 바로 죽음 이후의 세계에 대한 약속이다. 극락왕생하거나, 천도를 터득하여 불로장생하거나 하는 것 등이다. 전통 유학이 지니지 못한 이러한 측면의 약점을 극복하고자, 성리학에서는 天人合一을 주장했다. 바로 이 부분이 성리학이 전통 유학보다 희생을 감수하는 용기를 고무하는데 강한 측면이다.

앞에서 검토한 논리를 간략하게 되풀이하면 다음과 같다. 성리학에 따르면, 우주 창생으로부터 삼라만상의 존재 이유와 존속원리 등이 모두 理에 속한 것이고, 이것이 인간사회에 적용될 때 仁義禮智信으로 구체화된다. 삼라만상 하나하나에 리가 심겨져서 性이 되는데, 인간도 마찬가지로 성 속에 구체화된 理가 심겨져 있다. 그러므로 경건한 자세로 자신의 마음을 다스리고, 사물을 궁구하거나 옛 성현들의 글을 읽으면서 理를 터득하면, 바로 이것이 天理이며, 天人合一을 이룰 수 있다. 즉, 천도를 터득하여 생사를 초월한 道人(도교에서 말하는 眞人)이 되는 것이다. 아주 매력적인 약속이다.

그러나 앞에서 지적했듯이 理를 터득하는 것이 무척 어렵다. 일체의 욕심을 버리고 참선을 계속하면, 어느 한순간 갑자기 도를 깨우친다는 주장도 있다. 그러나 이는 마음의 성찰만을 해도 된다는 도교나 불교에서의 이야기이고, 성리학에서와 같은 방식으로 理를 터득하여 천인합일을 이루었다는 기록은 잘 보이지 않는다. 이퇴계는 사망 직전에 어느 정도 경지에 가까이 다가간 것 같다는 말을 한 적이 있다고 하지만, 퇴계보다 10년이나 더 살았고, 뛰어난 두뇌와 강인한 체력으로 성리학을 평생 공부하고 주자를 신과 같이 경모했던 송시열은 끝내 그런 경지에 가지 못했음을 안타까워했다고 한다. 사실은 주자 본인도 죽음을 앞두고 비슷한 괴로움을 토로한 것 같다.[14)15)] 우주 만물을 지배하는 天理를 마음의 성찰만으로 터득한

14) 수징난(2015), 『주자평전 下』, pp.909-910, 주자는 죽기 얼마 전에 당고 처분을 당하여 국가를 해치는 가짜 학문(僞學)의 두목으로 낙인찍히고, 동료와 추종자들이 모두 핍박받는 상태에서 무척 어려운 심리적 고통을 당하였다. <노장의 선경으로 날아오르는 장생의 수련에 미련을 두어 보기도 하고, 불국(佛國)의 열반에 도피하는 생각도 하여 보았지만, – 그러나 우주는 아득하여서 그는 혈혈단신임을 느꼈고, 하늘과 땅 사이 어느 곳에 자기의 영혼이 돌아가 쉬지 알 수 없었다.> 그래서 <이 몸은 돌아가 깃들일 곳을 모르니, 하늘 아래 인간 세상의 한 조각 구름>이라고 읊기도 하였다. 그러면서도 겉으로는 여전히 老儒로서 도학의 기상과 절조를 지켰다.

15) 이 글을 읽고 학회에서 아주 중요한 지적을 많이 해주신 한형조 교수는 천인합일을 성취하는 방법에 대하여도 자세하게 설명하였다. 격물치지에 대한 해석과 합하여 완성된 글로서 많은 사람들에게 알려주는 것이 바람직하지만, 이 글에서 전문을 소개할 수는 없어 아깝게 생각된다. 천인합일에 대한 지적의 핵심 내용은 <공자와 같이 의지, 집착, 편견, 이기를 떨쳐 내어 이기적 자아를 깨는 것, 즉, 탐욕과 이기, 생물학적 충동을 넘어서서 無我의 경지>

다는 것은 아무래도 미흡할 것 같은 생각이 들고, 그래서 마음 바깥의 사물의 이치를 터득하려고 하면, 왕양명과 같은 처지에 빠지기도 쉽다. 결과적으로 보면, 理의 터득을 통한 천인합일은 주자학의 가장 매력적인 부분이고 창의적이긴 하지만, 많은 사람이 목표로 삼기에는 대단히 어려운 경지인 것 같다. 천인합일의 경지에 들기에는 부족한 대부분의 선비들이 천인합일을 믿고, 목숨 걸고 올바른 행동을 하는 것은 어려웠을 것으로 보인다. 즉, 전통 유학에 없는 성리학의 형이상학은 불가나 도가와 학문적 깊이를 두고 경쟁하는 데는 커다란 도움이 되었지만, 이것으로써 학자들의 용기 있는 행동을 고취하기에는 충분하지 못하였을 것이다.

4-6 요약과 결론 - 주자학과 소명의식, 그리고 용기

조선조 선비들이 국왕에게 간언을 하다가 귀양도 가고, 사형을 당하거나 심지어는 삼족이 멸족을 당하기도 하였다고 한다. 성리학의 어떤 부분이 이러한 선비들의 소명의식과 용기를 키웠는지를 탐색하였다. 성리학이 전통 유학의 약점을 극복하여 설득력 있는 논리체계를 구축한 것이 가장 중요한 요인임을 알게 되었다.

전통 유학은 인의예지라는 윤리규범을 사대부를 포함한 국가지도 집단이 습득하여 솔선수범하면, 국민 전체가 평화 속에 행복한 생활을 할 수 있다는 주장을 하였다. 충효를 특히 강조하는 사상이기 때문에 군주들의 지지를 받기도 하였지만, 혼란기에는 수용하기가 어렵고, 평화 시에도 인과 의를 강조하면서 군주들의 타락한 행동이나 사대부들의 부패한 행동을 비판하기 때문에 계속 외면을 당하였다.

그리고 이 빈자리를 노장 사상의 도가들이 차지하였는데, 이들 현실도피주의

에 들어감을 말하는 것이고, 이를 위하여 퇴계가 권했다는 재미있는 이야기를 하였다. 즉, <술 한 잔 두 잔을 기분 좋게 마시면, 세상일이 모두 부질없는 것으로 보이고 나를 옥죄고 있던 수많은 근심 걱정이 녹고, 악착이 떨어져 나간다. 이리하여 너와 내가 하나가 되고, 자연과 인간이 동형화하는 경지>가 된다. 그리고 중요한 지적을 하였다. <천인합일은 모종의 인격적 초월자와의 합일, 혹은 은총을 가리키는 것이 아니다. 좁은 자아로 갇혀 있던 시야가 전체의 관점으로 확장될 때 획득되는 경험적 지평이다>

자들은 세상사를 뜬구름같이 보고 무위자연의 논리를 주장하면서 현실의 국정관리에 대한 지식을 외면하였다. 실제 문제에 부딪히면 무능하여 실권자들의 주장을 수용할 수밖에 없어, 타락하고 부패한 군주나 정권의 실세들이 부리기 쉬운 학자로 전락하였다. 그러면서도 전통 유학에서 볼 수 없고, 또 쉽게 이해하기 어려운 우주 창생의 원리나 사후세계에 대한 해석 등 형이상학적 요소를 풍부하게 갖추어, 현세에서의 알기 쉬운 윤리규범을 강조하는 전통 유학보다 월등한 학문적 우월성을 과시하여 도가들은(청담 사상가들 포함) 훌륭한 학자라는 칭송을 받으며 전통 유학자들을 몰아내고 정부를 장악하게 된 것이다. 문제는 현실 문제를 뜬구름같이 보면서 권력자들의 부패와 타락, 그로 인한 백성들의 고통과 원망 등을 외면하고, 스스로도 부패에 앞장서기도 하여 왕조를 패망으로 몰고 가는 경우가 많았다. 한나라 멸망 후 400여 년간의 혼란 후에 수-당의 통일국가가 등장하였지만, 불교가 도가의 지위를 물려받는 상태가 되었다. 도교와 비슷하게 불교도 현실도피주의적 성격으로 국정관리에 대한 관심이 적어 도교와 같은 잘못을 범하는 경우가 많았다. 이러한 상태를 극복하고자 정호 정이 등의 북송학자들이 선구가 되어 성리학을 창도한 것이다. 얼마 후 남송의 주자가 종합 정리하여 신유학(성리학, 주자학)으로 알려지게 되었다. 백성들의 고통과 국가의 혼란을 극복하려는 공맹의 전통 유학을 기초로 하되, 현실 도피적 도-불과 싸울 수 있는 논리를 체계화하여 애국적 지식인들의 현실 참여를 위한 학문적 근거를 만든 것이었다.

신유학은 전통 유학의 약한 부분을 보강한 것인데, 바로 형이상학적 요소를 가미한 것이다. 천하 만물의 창생과 생존, 그리고 모든 움직임은 리(理=天理)에 따르는데, 물질의 기초인 氣와 리가 융합되어 모든 일이 벌어진다. 우주 창생은 무극=태극→음양→오행을 거처 만물이 만들어진다는 도교식의 논리를 차용한 것이다. 신유학의 특징은 理의 구체적인 작동에서 나타난다. 인간사회에서 리는 인의예지라는 윤리규범으로 구체화되는데, 이 리를 습득하여 체현하면 天理에 통하게 되어 천인합일(天人合一)을 이룰 수 있다. 이렇게 하여 전통 유학에서 지고의 가치로 존중하던 윤리규범을 인간사회의 차원에서 훌쩍 뛰어 우주 차원의 천리로 격상하고, 이를 체현하면 신선이나 마찬가지로 천인합일이 된다고 한 것이다. 이러한 형이상학적 논리를 유학의 기본으로 하여 일면 도교나 불교사상과 이론적 대결을 할 수 있는 기반을 만들고, 타면 이를 체득하여 실천하면 천인합일이 되어 도인이나 신선과 같이 된다고 하여 도교나 불교에서 보장하는 사후세계에 대한 약속에 버금가는 보상을 제시한 것이다. 전통 유학이 지니지 못하여 도-불 사상에 억눌리던 약점을 한꺼번에 극복한 논리이다.

여기에 더하여 인의예지를 체현하기 위하여 치밀하고 체계적인 방법을 제시하여 전체적으로 거대한 논리체계를 구축하였다. 유학의 오랜 전통을 최대한 살려내어, 결과적으로 동양철학에서 가장 획기적인 업적이 되었다.

이들이 주장한 핵심논리는 지금도 설득력이 있다. 인의의 규범을 예로 들 수 있다. 인은 부모의 자식 사랑에서 출발하여 약한 자에 대한 배려를 하는 마음인데, 이것이 없으면 인류는 벌써 멸종했을 것이다. 인이 있어야 생존이 유지되고 서로 협력하는 사회로 간다. 의도 마찬가지이다. 먹이 사냥 후에 제 몫을 제대로 분배받았다고 믿는 개체가 많아야 먹이 사냥에서 힘을 합칠 수가 있다. 즉, 의(justice)는 자발적 협동의 기본조건이 된다. 뿐만 아니라, 발명과 창안의 효과를 창안자가 적절하게 향유할 수 있는 의(공정성-fairness)가 보장되면 공정한 경쟁으로 그 집단을 발전한다. 이런 식으로 인의가 보장되면 그 집단은 발전하고 반대는 파멸로 간다.

인간사회만이 아니라 동물사회도 마찬가지다. 당시의 성리학자들은 호랑이가 자식 사랑을 하기 때문에 종족 보전을 잘한다거나, 벌이나 개미가 의를 실천하기 때문에 집단이 번성한다는 지적을 하고 있다. 최근의 유전생물학자들이 밝힌 바에 의하면, 두뇌가 없는 박테리아가 먹이 사냥에 참여하지 않는 개체를 먹이 배분에서 배제시키는데, 이러한 박테리아 군(群)은 번성한다고 한다. 주자는 심지어 천체들이 충돌하여 흩어지지 않고 뭉쳐서 새로운 천체를 만드는 경우를 보고, 仁이 작동한 것이라고 주장하였다. 한마디로 생명체만이 아니라 무생물의 세계에도 적용되어, 우주 전체가 理의 지배를 받아 순조로운 운동을 하게 된다고 주장한 것이다. 니덤(Needham)에 의하면 당시의 중국은 인류사회에서 가장 발전된 자연과학적 지식을 축적하고 있었다고 한다. 주자와 동료들은 이러한 자연과학적 지식을 총동원하여 자신들의 주장을 뒷받침하였던 것이다. 이 부분이 누구도 부인하기 힘든 설득력을 지니고 있었기 때문에 후세 학자들을 모두 열렬한 추종자로 만들었다. 당시는 과학적 지식의 발전 속도가 무척 느렸고, 더욱이 처음부터 이 분야의 지식이 약했던 조선조의 학자들에게는 엄청난 충격을 주었다. 그리하여 평생을 바쳐 대단한 주자학자로 이름난 이퇴계가 나왔고, 이율곡을 거쳐 주자학의 맹신도라고 할 송시열이 나오게 된 것이다.

주자학을 열심히 공부하면 유학적 규범을 체현하는 것을 소명으로 생각하고, 또 이 규범을 지키기 위해서 목숨까지 거는 용기를 낼 수 있을까? 이 글의 본론에 해당된다.

먼저 위에서 본 대로 주자학의 논리체계나 논리적 근거가 확고하기 때문에 주자학이 가르치는 내용을 충실히 따라야 한다는 소명의식이 무척 강했으리라고 짐작할 수 있다. 일반적으로 강한 소명의식을 지니려면, 자기가 하는 업무가 중요하고, 자랑스럽거나 보람 있는 일, 그리고 자신의 책임(임무, 의무)이라고 생각해야 한다. 주자학자들은 이 세 가지를 모두 지닐 것으로 생각된다.

한편 위험을 무릅쓰고 유학적 가치를 손상시키는 행동을 억제하려는 용기를 발휘하려면, 위험과 피해에 대한 보상이 있어야 한다. 이 보상은 정신적인 것이 대부분인데, 위험을 감수하는 용기에 대한 칭송과 명예가 일반적이다. 주자학에서 존중하는 유학적 가치를 위해서 희생을 각오하면, 중기 조선조에서와 같이 주자학이 학계를 완전히 압도하는 경우에는 상당한 칭송과 명예가 따르게 된다. 여기에 더하여 주자학은 또 다른 정신적 보상을 준비하였는데, 바로 인의예지신이라는 규범을 습득하여 체현하면 천인합일의 경지에 도달하여 죽음 이후의 보상에 버금가는 포상을 제시한 것이다.

그러나 반대의 측면도 있다. 인의예지를 습득하여 체현하려면 두 가지를 해야 한다. A) 사물에 직접 다가가는 격물치지를 통해서 理를 습득하거나, 성현들의 어록을 파악하여 리를 습득하고, B) 인간의 性 속에 담겨진 理가 제대로 작동하도록 마음을 다스릴 수 있어야 한다. 그런데 이 두 가지가 모두 무척 어렵다.

먼저 사물에 직접 다가가는 격물치지를 통해서 理를 터득하는 것이 무척 어려워서 왕양명과 같은 학자들을 괴롭혔다. 대신에 옛 성현들의 어록을 통하여 리를 터득하는 방식도 무척 어렵다. 불분명하고 모순되는 내용들을 주자가 심혈을 기울여 정리하였는데, 너무나 방대하여 웬만한 선비는 평생을 매달려야 했다. 더욱이 인간 개개인의 性 속에 심겨진 리가 제대로 작동할 수 있도록 욕망을 적절하게 조절하는 마음 다스림이 무척 어렵다. 인간의 욕망이 끊임없이 이를 방해하기 때문인데, 결과적으로 A, B 모두가 어려워 천인합일을 하는 것이 무척 어렵다. 특출한 두뇌와 강인한 체력으로 80세가 넘을 때까지 주자학을 옹호하고 공부한 송시열도 끝내 <道를 보지 못하여 안타까워> 했다고 한다. 결국 주자학에서 요구하는 理의 터득과 체현이 어려워서 주자학적 지시를 따라야 한다는 소명의식도 약화시키고, 불의를 억제하려는 용기를 내는데도 한계가 컸다고 볼 수 있다.

여기에 더하여, 義라는 윤리규범을 체현하려면, 본인의 상당한 희생을 감수해야 하는 약점도 심각하다. 여타의 윤리규범과 다른 점인데, 성리학에서는 이 측면을 심각하게 고려하지 않고 있다. 첫째 성 속에 담긴 理의 작동을 위해서 욕망을 적절히 억제하여 理를 체현하기 위해서는 <고요한 마음과 경건한 자세로> 자신의 심리 내부를 성찰하고 욕망을 조절해야 하는데, 목숨을 걸고 상대편의 잘못에 대하여 저항을 하는 경우는 보통 이러한 마음 자세와는 정반대로 칼을 들고 적군과 맞서는 심리상태가 된다. 상대편의 불의에 대한 분노와 피 끓는 적개심이 소용돌이친다. 주자학적 마음 다스림은 무엇이 불의이고 무엇이 의인지를 인식하는 데는 큰 도움이 되지만, 행동으로 결행할 결심을 하는 데는 부족하다. 평소에 죽음을 가볍게 보고 용기를 내게 하는 武家的 훈련과는 정반대인 것이다. 결국 주자학은 당시 송 태조의 중문경무(重文輕武)시책에 상응하여 武와 용기를 경시한 사상이다.

주자학이 간과한 또 다른 한계점이 있다. 공적 영역에서 의를 실천하려면, 부닥치는 딜레마이다. 즉, 불의를 억제하는 행동이 자칫 불충(不忠)으로 변질될 수 있는 가능성이다. 국왕이 횡포한 행동을 할 때 이를 억제하려면 불충으로 간주될 수가 있는 문제이다. 대통령과 집정부의 공익훼손 방침에 저항하면, 선거에서 국가대표로 선출된 자의 명령을 거부하여 대의제적 민주성을 부정하는 행위가 되는 것과 같다. 이 딜레마 때문에 국왕의 잘못에 대하여는 간언을 하고, 부득이하면 사퇴하라는 식의 답변을 하는 정도가 되었는데, 군주 시대의 사상이라는 한계점도 있고, 주자학이 치국평천하의 국정관리적 측면보다는 개개인의 마음 자세를 바로잡는 수신 쪽에 중점을 둔 결과이기도 하다.

결론적으로 주자학이 선비들에게 유학적 가르침을 소명으로 삼고, 그것을 훼손하는 불의에 저항하는 용기를 키웠을까? 플러스 측면과 마이너스 측면이 모두 있다. 주자학은 전통 유학을 보완한 천인합일의 논리와 마음 다스림에 대한 정교하고 체계적인 방식 등 탁월한 내용과 자연과학적 지식을 총동원한 설득력 있는 근거 등으로 당시 열렬한 추종자들을 만들었는데, 이들은 당연히 주자학적 가르침을 습득하고 체현하는 것을 소명으로 삼았을 것이다. 그러나 다른 편으로 보면, 理를 체득하고 마음 다스림으로 이를 체현하는 방법이 상당히 어려워서 강한 소명의식을 만들기는 어려웠을 것이다. 더욱이 유학적 규범을 훼손하는 불의에 대하여 저항하는 용기를 내는 데에는 여러 가지 한계가 내재하고 있었다. 그러므로 이 긍정적인 측면과 부정적인 측면이 작동하여 실제로 어떤 상황이 전개되었는지는 역사적인 사실을 살펴보는 수밖에 없다. 그리고 이것은 다음 장의 과제이다.

참고문헌

* 거지엔슝, 이지연(역)(2011), 『천추흥망 - 삼국 양진 남북조』, 따뜻한 손
* 그레이엄, A.C.(2011), 『정명도와 정이천의 철학』, 삼산
* 김경한(2012), 『삼국지 10: 흥망성쇠』, 동양커뮤니케이션즈
* 조지프 니덤(콜린 로넌 축약)(김영식, 김제란 옮김)(1998), 『중국의 과학과 문명: 사상적 배경』, 까치글방
* 뚜웨이밍(2001), 『뚜웨이밍의 유학』, 청계
* 박석무, 송재소, 임형택 외, 다산연구소 엮음(2018), 『다산학 공부』, 다산연구소
* 수징난(김태환 옮김)(2015), 『주자평전 上, 下』, 역사비평사
* 시마다 겐지(김석근, 이근우 옮김)(1967), 『주자학과 양명학』, 까치
* 안토니오 다마지오(임지원, 고현석 옮김)(2017), 『느낌의 진화 = The Strange Order of Things』, 아르테
* 정인보(2004), 『양명학 연론』, 계명대학교 출판부
* 조지훈, 이동환, 박종홍, 이상은(연도 미상), 『대학. 중용, 신역4서 I』, 현암사
* 줄리아 칭(변선환 옮김)(1994), 『유교와 기독교』, 분도출판사
* 진덕수(김병섭 편집)(2018), 『대학연의 상, 중, 하』, 서울대학교 출판문화원
* 마이클 토마셀로(허준석 옮김)(2011), 『이기적 원숭이와 이타적 인간』, 이음
* 마이클 토마셀로(이정원 옮김)(2017), 『생각의 기원: 영장류학자가 밝히는 생각의 탄생과 진화』, 이데아
* 마이클 토마셀로(2018), 『도덕의 기원: Natural History of Human Morality』, 이데아
* 한형조(2011), 『왜 조선 유학인가』, 문학동네
* 한형조(2014), 『왜 동양철학인가』, 문학동네
* 한형조(2008), 『조선 유학의 거장들』, 문학동네
* 한형조(2018), 『성학십도, 자기 구원의 가이드맵』, 한국한중앙연구원 출판부

제5장

주자학과 조선조 당쟁

제5장

주자학과 조선조 당쟁

5-1 조선조 당쟁시기의 주자학자들 행태

조선조 선비들이 국왕에게 간언을 하다가 관직을 박탈당하거나 귀양을 가고, 심지어는 사형을 당하거나 일가가 몰살을 당하기도 했다고 한다. 그러면서도 간언을 계속했다고 한다. 도대체 어떤 요인이 이렇게 용감한 행동을 하도록 만들었는가? 오늘의 공직사회 개혁을 위한 교훈은 무엇일까?[1] 여기에 대한 답변을 얻기 위하여 두 가지 측면에서 검토를 하였다. 먼저 조선조 선비들의 의식을 좌우한 주자

---

1) 조선조 선비들의 관직은 모두 정무직으로 신분보장이 되지 않지만, 대한민국의 공직자들은 신분보장을 받는 전문직이 중심이다. 그러나 조선조의 경우도 과거시험으로 입문하여 정승 판서 참판 등 고위직으로 승진할 때까지는 신분이 실질적으로 보장되는 경우가 많고, 대한민국의 정무직인 차관보 차관은 거의 전부 전문 경력직에서 승진하고, 심지어는 장관도 경력직에서 승진한 경우가 많다. 그래서 양자는 소명의식 측면에서 비슷한 부분이 많고, 무엇보다도 경력직에서 고위직으로 승진한 사람들이 강한 소명의식을 가져야 하므로, 이 책에서는 이런 사람들도 모두 포함하여 공직자로 취급하기로 한다. 제7장의 각주 1)을 참조하기 바란다.

학(성리학)이 어떤 내용으로 목숨을 건 용기를 내도록 만들었는지를 이론적으로 검토하였다. 그리고 두 번째로 이러한 의식을 지니고, 실제로 행동을 할 때 과연 주자학이 어떤 영향을 미쳤으며, 어떤 추가적 요인들이 작동하였는지를 탐색한 것이다. 첫 번째는 앞의 장에서 본 것이고, 이 장의 글은 이 두 번째 탐색에 대한 보고이다.

주자학(성리학)의 내용은 앞의 장에서 자세히 보고하였다. 두뇌가 우수한 사람이라도 평생 공부해야 할 유학(전통 유학과 신유학인 주자학)을 6-7년 틈틈이 공부하고 언급하는 것이 잘못된 판단을 할 수 있는 무모한 행동인 줄 알기 때문에, 이 글의 목적에 필요한 성리학의 한 측면만 집중적으로 검토하였다. 즉, 성리학을 열심히 공부하면, 목숨을 걸고 옳은 일을 위하여 싸울 수 있는가? 그리고 성리학의 어떤 부분이 이러한 용기를 주는데 결정적인 영향을 미쳤는가? 이것이 앞의 장에서 보고한 것이다.

그런데, 현실의 상황은 이론적인 추론과 다를 수밖에 없다. 그러므로 앞 장에서 논리적으로 유추한 것을 현실의 정치에서 선비들의 행동을 통하여 확인해 보아야 한다. 그리고 현실에서 나타나는 새로운 요인을 찾아보고, 이를 감안하여 공직사회의 개혁을 위한 교훈을 발견해야 한다. 이것이 이 장의 목적이다.

조선조에서 당쟁이 시작되기 전에 조광조와 같은 성리학자들이 국정의 대개혁을 시도하다가 훈구파의 정치음모에 의하여 비참한 최후를 맞이했고, 그 후에도 수차례에 걸쳐 많은 성리학자들이 훈구파의 독수에 걸려 사화를 당하였다. 이 과정에서도 교훈을 얻을 수 있겠으나, 성리학자들이 패가 갈려져 싸우게 된 당쟁과정을 보아야 성리학의 다양한 영향을 볼 수 있을 것으로 판단하였다. 현재 여당과 야당이 갈라져 서로 싸우는 과정에 보다 근접한 상황이기 때문이다. 즉, 훈구파에게 일방적으로 당하는 상황이 아니라, 동일한 성리학을 배운 사람들이 한쪽은 집권세력이 되고 다른 쪽은 반대당이 되어 싸우는 상황을 보아야 한다고 판단한 것이다. 똑같은 성리학을 공부하였으니 성리학적 소명을 위하여 힘을 합칠 것으로 기대할 수도 있고, 그렇지 못한 경우에는 성리학적 소명 이외의 요인으로 목숨 걸고 싸우는 용기를 준 것이 무엇인지도 발견할 수 있을 것이기 때문이다.

그래서 다음의 글은 선조 시대에 동인과 서인으로 갈라져서 싸우기 시작하여 정조가 사망할 때까지를 조사하고 검토한 내용이다. 당쟁의 큰 흐름으로 보면, 선조 시대에는 임진왜란의 국가 비상 상태에서 격렬한 당쟁은 없었지만, 심각한 당쟁이 이미 모습을 드러내고 후속되는 당쟁의 뿌리가 확실히 내려졌다. 광해군 시절에는 동인의 한 가닥인 북인이 정권을 장악하였다가 인조반정으로 완전히 몰락하였고, 서인이 독주한 인조 시대 이후에는 주로 서인이 분열하여 서로 싸우는 양상이 되었는데, 효종 시절에 약간 그 정도가 약화되었으나, 현종, 숙종, 경종 때까지 서로 죽고 죽이는 식의 격렬한 싸움이 계속되었다. 영조와 정조가 적극적으로 탕평책을 추진했지만, 정조의 말기에는 야당 격인 벽파가 국왕에게 정면 도전하는 사태까지 발생하였다. 정조 이후 순조 시절부터 세도정치가 시작되면서 당쟁이 약화되었다.

처음에는 선조 광해군으로부터 시작하여 영조와 정조까지 각 국왕별로 당쟁을 검토하였으나 분량이 과다할 뿐만 아니라 산만하여 성리학의 영향을 체계적으로 제시하기가 힘들었다. 그래서 성리학(주자학)의 영향을 중심으로 종합 정리한 것이 이 글이다.

5-2 당쟁에서 사용된 전략들 1 - 대의명분 싸움

조선조 당쟁에 끼친 주자학의 영향을 체계적으로 정리하기 위해서 당쟁에서 사용한 전략의 양태에 따라 검토하기로 하였다. 이들은 크게 두 가지이다. 당쟁에서 심판자 역할을 담당하는 국왕을 이용하는 전략과 자신들의 주장이 정당하다는 명분을 내세우는 것이다. 먼저 두 번째의 전략을 검토한다.

<빈대편을 반역자로 몰기>

조선조 당쟁에서 보편적으로 사용한 전략은 상대편의 약점을 대의명분으로 공격하는 것이다. 이때 사용한 대의명분은 다양한데 먼저 가장 위험한 전략부터 보기로 한다. 역적모의나 반역 활동을 상대편 탄핵의 대의명분으로 내거는 경우이다. 가장 악랄한 수단으로 엄청난 후유증을 남겼다. 당쟁이 본격화한 후에 처음 이러한 사건이 등장한 것은 정여립의 반란사건 처리 과정에서인데, 정여립이 동인이었으므로, 당시 열세였던 서인이 사건을 악용하여 무수한 사람을 처형하였다. 반역이라는 행동은 그 스펙트럼이 너무 넓어서 음모와 정치적 모략이 작동하기 쉽다. 마음속으로 국왕을 미워하는 경우에서부터, 입으로 친구들에게 불만을 터뜨리는 경우, 친구들에게 무언가 행동을 하자고 술자리에서 큰소리치는 경우, 한두 명이 모여서 비밀결사를 만드는 경우 등등에서 마지막에 창과 칼을 들고 군대를 동원하여 궁궐을 침입하는 경우까지 다양한 양태가 있는 것이다. 조선조 당쟁에서는 술자리에서 큰소리친 정도만 되어도 극형에 처하는 경우가 많았다. 밀정을 동조자로 가장하여 침투시켜 역적모의를 부채질하여 마침내 엄청난 사건으로 만들기도 하였다. 모략과 정치공작으로 처음부터 함정을 파는 것이다.

정여립의 반란 처리에서는 이러한 함정이 보이지 않지만, 평소에 미움을 산 죄로 처벌을 받는 등 전혀 관련이 없는 사람도 억울하게 처형당한 사람이 많았다(1,000여 명)고 한다. 당연히 피해를 입은 쪽은 극도의 적개심과 증오심을 지니게 되어 다음에 기회를 얻어 복수를 하게 되면 많은 상대편을 처형하게 된다. 가장 악질적인 정치공작이 숙종 시대 초기에 벌어진 허견 옥사이다. 6년여를 집권한 南人 정권이 방만한 국정운영으로 숙종에 의하여 폐출되면서, 이 폐출에 관여하였던 외척 김석주(원래 서인)가 주도하여 정치공작으로 역모 사건을 만든 것이다. 영의정이었던 허적의 서자인 허견이 주모한 반역 음모를 확대 조작하여 허적을 포함한 남인들을 대거 처형한 것이다.

숙종과 장희빈의 아들인 경종은 일찍이 세자로 책봉되었으나, 숙종은 말기에 연잉군(후일의 영조)을 총애하여 세자를 바꾸려는 시도를 하였다. 원래부터 경종을 싫어하고 연잉군을 지지한 집권세력인 노론이 숙종의 뜻을 받들어 음모를 추진하였다. 세자에게 대리청정을 시켜서 실수를 하면 그것을 핑계로 폐(廢)세자하려는 것이었는데, 경종이 별다른 실수가 없는 상태에서 숙종이 사망하여 왕위에 올랐다. 경종의 즉위 직후에 집권세력인 노론 4대신들이 주도하여 영조를 세제로 책봉하도록 하였다. 그리고 이어서 경종의 건강상태를 명분으로 영조에게 대리청정을 맡기자고 건의하였다. 경종은 하는 수 없이 이들의 요구를 받아들였으나, 객관적으로 지나친 처사라는 비난이 일자 이를 취소하였다. 그러나 다시 건의를 하고 취소를 하는 상황이 되풀이되어 10여 일 사이에 몇 차례나 번복이 있게 되자, 노론에 대한 비난 여론이 커지게 되었고, 이를 근거로 김일경 등 소론 강경파들이 노론을 탄핵하여 정권이 소론으로 넘어갔다. 그리고 얼마 되지 않아 김일경이 노론 대신의 아들들이 주모한 반역사건을 고발하였는데, 물론 정치공작으로 함정을 판 것이었다. 여하튼 노론 4대신을 처형하고 노론들을 대거 처벌하였다. 이 사건은 차기 국왕이 되는 연잉군(영조)을 왕위에 올리려던 노론들이 처형당한 사건이기 때문에 후일의 당쟁에 큰 영향을 미쳤다.

정치공작이 실패하여 피의자들의 무죄가 밝혀진 경우도 있는데, 숙종 재위 초기의 삼복(3福)사건이다. 숙종의 후사가 없어 걱정하던 숙종의 모친(왕태후)이 음모를 꾸며 왕위계승의 가능성이 있는 인조 셋째 아들의 아들 3명(모두 福자 돌림)을 죽이려고 모함을 한 사건인데, 무고라는 사실이 밝혀지고, 모함을 주도한 자들이 궁지에 몰리게 되었다. 다급해진 왕태후가 나와서 울고불고하자 숙종이 사건을 적당히 덮어버렸다. 당시 야당이던 남인들은 이 사건을 격렬하게 비판했는데, 유학적 규범을 지키려는 의도와 집권 여당을 공격하려는 정권 쟁탈적 성격이 결합된 것이었다. 숙종 모친의 행동은 정권 유지를 위한 것이지만, 숙종은 모친에 대한 효도를 명분으로 사건을 유야무야 시켜 버렸다. 여하튼 유학적 규범을 지키려는 노력과 정권 쟁탈적 성격이 혼재한 사건이다. 이 사건은 후유증을 남겼는데, 나중에 남인의 주도적 이론가였던 윤휴(서인의 대표적 이론가인 송시열과 극단적으로 대립하였다)는 3복과 가까웠다는 점과 왕태후를 맹렬하게 비판했다는 명분으로 처형당했다.

역적모의나 반란에 관여한 자들을 처형하는 것은 어느 국가 어느 정권에서나 당연하게 인정되는데, 조선조의 당쟁에서는 그 정도가 심하게 나타났다.[2] 이것이 주자학적 교조주의가 만들어낸 부작용인지, 아니면 4대 사화 때부터 많은 사람들을 처형하여 인도주의적 감각이 마비되었다가, 정여립의 반란사건 처리 과정에서 너무 많은 사람들을 죽인 것이 원한과 적개심을 키워 그 뒤의 사건에서도 대량 학살을 당연시 한 것인지는 쉽게 판단할 수 없다. 모든 것을 종합한 후에 이 글의 마지막에서 언급할 것이다.

사람을 많이 죽이는 것 자체는 仁의 정신을 크게 손상시키는 것이고, 더욱이 정치공작으로 함정을 파서 사람을 죽이는 것은 중대한 不義에 해당된다. 한마디로 유학의 가르침을 완전히 배반하는 행태이다. 유학이 전혀 영향을 못 미친 경우이다.

<치국평천하와 직결된 명분>

상대편을 역적으로 몰아가는 악랄한 전략과 달리 정정당당한 명분을 내걸고 진행되는 당쟁은 경우에 따라서는 바람직하기도 하다. 조선조 당쟁을 붕당 간의 정책경쟁으로 보는 시각은 이런 경우이다. 이런 시각에서 보면, 조선조 당쟁에서의 대의명분은 두 가지로 나눌 수 있다. 즉, 유학적 측면에서 치국평천하와 직결되는 국정운영에 대한 것과 수신제가에 직결되는 인륜적 차원의 것이다.

치국평천하와 직결되는 대의명분은 전쟁과 외교 등 대외정책과 관련된 부분, 대내적으로 치안과 백성들의 민생과 직결되는 부분, 국정운영의 주체들인 조정 신료와 관료들의 부패나 횡포 등 불합리한 행태에 관련된 부분 등으로 볼 수 있다.

2) 당나라의 우이당쟁에서는 상대편을 죽이는 사례가 거의 없었고, 송나라 시대에는 주자가 직접 당고로 고통을 당했지만 당쟁으로 사람을 죽이는 기록은 잘 보이지 않는다. 다만 명나라 말기 1594년에 시작된 동림당과 환관 중심의 엄당의 대립에서 환관들의 부패를 탄핵하는 동림당을 많이 처형한 것이 예외적이다. 그러나 황제가 바뀌고 환관의 우두머리가 실각하면서 격렬한 대립은 30여 년 만에 끝났다. 그리고 이 당쟁은 황제를 둘러싼 환관들의 횡포에 저항한 선비들이 처형당하는 식으로 4대 사화와 비슷하고, 선조 이후의 조선조 당쟁과는 양상이 다르다.

대외정책 분야에서 조선조 유학이 내세운 특이한 명분이 있는데, 바로 존주(尊周)대의이다. 지금 보면 괴이하기 짝이 없는 이 사대주의는 고대 중국에서 주(周)나라가 야만족(오랑캐)의 침입을 막고 문왕, 무왕, 주공이 주도하여 중국의 유학적 문화를 융성하게 만든 것을 찬양하여 周공 시대의 통치를 이상적으로 칭송한 사고인데, 공자가 주장하고 존중화양이적(尊中華壤夷狄)을 표방한다. 오랑캐를 물리치고 중화를 존숭하자는 표어이다. 여기서 표적이 된 야만족은 동쪽 오랑캐(이-夷)와 북쪽 오랑캐(적-狄)였는데, 아마도 주공이 활약하던 주나라 초기에 중국을 괴롭히던 외적들일 것이다. 나중에는 서쪽의 오랑캐(융-狨) 남쪽의 오랑캐(만-蠻)도 중국을 괴롭혔다. 그런데 우리에게는 불행하게도 공자가 지적한 오랑캐가 동쪽, 북쪽의 것이었다. 그리고 바로 명나라(周나라의 嫡統을 물려받은 나라)를 멸망시킨 청나라가 여기에 해당되었고, 이러한 청나라가 명나라를 지원하는 조선을 침략한 것이므로 무조건 청나라와 싸워야 한다는 주장이다. 여기에 임진왜란 때 명나라의 구원병이 조선을 도운 은혜를 갚아야 한다는 논리가 이 존주대의에 강한 힘을 실어 주었다. 그래서 존주대의라는 명분 속에는 공자의 말과 명나라에 대한 은혜 갚기라는 두 가지 요소가 결합되어 강력한 힘을 발휘한 것이다.

이성계가 조선을 건국할 당시에는 새로이 등장한 명나라가 대륙을 완전히 석권하고, (원나라의 영향력이 남아 있을 수도 있는) 조선의 존립에 대하여도 큰 위협이 되던 시기였으므로, 오랑캐인 원나라를 물리치고 명나라(周나라의 嫡統으로서 중화)를 존숭하는 것이 외교 전략적인 명분이 될 수 있었다. 그러나 조선조 중기, 특히 병자호란기가 되면, 국제정세는 크게 변화하여 명나라가 거의 소멸되고 있던 시기였으므로 명나라를 위하여 청나라(오랑캐 국가)에 대항한다는 것은 국가안보의 차원에서 극히 위험한 명분이 되었다. 더욱이 명나라는 황제를 비롯한 지배층이 극도로 타락하고 부패하여 백성들로부터 버림받고 농민반란이 극심하던 상태였다. 다만 임진왜란에서의 도움을 잊어버리지 않아야 한다는 의리적 명분이 크게 작용하고 있었으므로 정당성이 없는 것은 아니다.

그러나 이 명분을 위한 척화파(斥和-청나라와 싸우자는 주장)의 행동을 지금 와서 보면 지나친 측면이 많고, 이것이 바로 주자학의 강한 영향이 남긴 흔적으로 볼 수 있다. 주자가 활동하던 송나라는 금나라(북쪽 오랑캐)에게 양자강 이북을 거의 모두 빼앗기고 남쪽에서 생존을 유지하였는데, 주자는 금나라의 요구에 굴복하여 모욕적인 평화를 유지하려는 조정의 태도에 분격하여 계속 강경책으로 북벌론을 주장하였던 것이다. 오랑캐에게 굴복하여서는 안 된다는 주장이었는데, 청나라가 바로 중화를 위협하는 오랑캐이므로 당연히 싸워야 한다는 조선조 척화파의 논리가 된 것이다. 주자가 생존하던 시기에 금나라(얼마 후에 송나라보다 먼저 원나라에게 멸망 당한다)와 싸울 수 있던 송나라 국력과 대륙을 휩쓸던 청나라와 싸울 수 있는 조선의 국력을 비교하면, 엄청난 차이가 있음을 어느 정도 감지하였을 만도 한데, 싸워서 이기기 위한 준비도 제대로 하지 못한 상태에서 척화를 주장했던 것이다.

청나라 대군에게 밀려 강화도가 함락되자, 전투에서 직접 창칼을 들고 싸울 수 있는 체력도 없는 문신들도 부인, 친우들과 동반 자살을 하는 사람들이 많았다. 임진왜란 때에는 볼 수 없었던 선비들의 행동들이었다. 왜란에서 받은 도움을 잊지 않는다는 의리를 위한 유학자들의 용기 있는 행동이었다. 그러나 부인들의 자살은 청나라 군대에게 당할 수 있는 치욕을 회피하려는 의도도 크게 작용하였을 것이다. 그런데 대세가 완전히 판가름 나서 항전을 포기하고 인조가 청태종에게 항복할 때에도 많은 신료들이 자살 소동을 벌였는데, 이 행동은 약간 다른 측면의 주자학적 영향을 보인다. 당시의 상황에서 백성들의 엄청난 고통과 국가의 완전한 멸망이 명백한 싸움을 계속할 수는 없으니 항복의 치욕을 죽음으로나마 씻겠다는 의사표시를 한 것이다. 치욕을 씻기 위해 이를 악물고 복수를 준비하는 것이 아니라, 목숨을 버려서 주자학적 대의명분을 지키겠다고 한 것이다. 한편 청나라에 인질로 잡혀간 3학사들은 죽음을 전혀 두려워 않고 조선의 입장을 당당히 밝혔는데, 이들의 행동은 누가 보아도 떳떳하고 의미 있었으므로, 청태종이 크게 칭송하기도 하였다. 종합하여 보면, 강화도 함락 시 자살, 항복 후의 자살 시도, 그리고 청태종 앞에서의 용기, 이 모든 경우에 주자학의 영향이 크게 나타난 것은 분명하다. 물론 선비들이 대의명분을 위하여 전후 고려 없이 자살을 하는 행동은 중국에서 주자학이 있기 훨씬 전인 후한 말기에도 흔히 나타났기 때문에 주자학만의 영향이라고 볼 수는 없다.[3] 그럼에도 불구하고 대의명분을 중시하는 유학적 규범의 본질이 끼친 영향에 더하여 이 규범을 천리의 한 부분으로 격상시킨 주자학의 영향이 가세한 것임이 틀림 없다.

그런데 존주(尊周)대의를 제외하고는 치국평천하의 내용 중에서 조선조 당쟁의 명분으로서 크게 주목을 받은 경우가 희귀하다. 당쟁이 본격화되기 이전인 조광조의 국정혁신과정에서는 조정대신(훈구파)들의 부패와 권력 남용을 탄핵하다가 사화를 당하기도 했지만, 당쟁이 본격화된 후에는 동인 김성일이 윤두수 등 서인 대신들의 횡령을 탄핵하여 논란이 되고, 효종의 초기에 대동법 확대 실시를 둘러싼 한당과 산당의 논쟁이 있는 정도이다.

대동법(大同法)의 확대 실시는 조선조 당쟁의 이슈로서 특이한 경우이다. 대동법은 지방의 특산품을 공물(貢物)로서 납부하는 것을 쌀로 통일하여 납부하면서, 토지면적에 따라 공평하게 납부하도록 한 제도이다. 과거에는 여러 가지 특산물을 납부하는 과정에서 특산물의 품질 등에 대하여 지역이나 관청마다 합리적인 기준이 없어서 이를 수납하는 관료들과 중간 상인이 결탁하여 농민들을 착취하였는데, 쌀로 통일하여 이러한 착취를 줄이게 되어 관리들과 중간 상인들이 반발하고, 과거와 달리 토지면적을 기준으로 과세하게 되어 지주들에게 큰 부담을 주어 지주들이 크게 반발하였다. 농민들에게는 큰 도움이 되지만, 중간 상인, 부패한 관료와 지주들의 기득권이 손상되어 반대를 한 것이다. 이율곡이 주장하고 광해군 시절에 기호(경기)지역 등에 실시하였는데 호서지역(충청)으로 확대 실시하려고 한 것이다. 숙종 초년에 한당(漢党)의 영수 김육이 확대 실시를 강력하게 주장하여 산당(山黨)과 충돌하였는데, 한당은 이미 대동법이 시행중인 기호 지역을 배경으로 하고 있는데 비해, 산당은 호서(충청)의 선비들이 중심이었다. 결국 호서산당의 영수 김집 등이 정부에서 퇴진하고 난 후에 실시가 추진되었다. 한당은 찬성하고 산당은 반대하였

3) <천추흥망 한나라 편>에서는 “지식인에게 목숨보다 소중한 명예와 정신적 만족”이라는 제목하에 어떤 선비들은 생명(심지어 전 가족과 친구들의 생명)을 자신의 가치를 실현하는 대가로 삼았다”고 지적했을 정도이다. p.433

기 때문에, 지주 출신 선비들이 백성들의 고통보다는 자신들의 이익만을 위한다는 비난을 피할 수 없게 되었다. 산당의 반대는 이러한 비난을 당연히 받아야 하지만, 한당이 찬성한 것도 자신들의 지역에는 이미 대동법이 실시되고 있었기 때문이고, 입장이 바뀌었다면, 한당도 반대했을 것이라는 의심을 받을 수 있었기 때문이다. 물론 이 의심이 지나치게 선비들을 악평하는 것이라고 판단할 수도 있지만, 여하튼 선비들에 대한 비난을 피할 수 없게 되었다. 결국 주자학을 열심히 공부하고 인의 정신을 체현하기 위한 마음 다스리기를 강조했지만, 실제로 고통 받는 사람들을 배려하는 인의의 정신을 실천하기보다는 자신의 이익을 위하여 弱者를 착취하여 고통 속에 빠뜨리는 不義를 자행한 것이다. 당연히 유학 정신을 망각한 경우이다.

이런 식으로 대동법의 확대 실시 논쟁은 당쟁과 조선조 선비들의 행태에 대한 나쁜 평판을 형성하는데 일조를 하였다. 자신들의 이익만을 위한다는 비난만이 아니라, 유학이 표방하는 왕도정치가 무엇보다 힘을 기울여야 할 백성들의 민생문제를 뒷전으로 미루었다는 비난도 아울러 받게 되었다. 사실 당쟁이 본격화된 200여 년 동안에 백성들의 민생과 직결된 문제는 당쟁의 명분으로서 주자학자들의 주목을 제대로 받지 못한 것이다. 주자의 어록에 따라 열심히 마음만 다스리고 예절만 잘 지키면 학자의 소명은 다한 것으로 생각하게끔 만든 예학 중심의 주자학자들이 범한 국정관리의 가장 큰 과오라고 볼 수 있다. 다만, 이 과오가 조선조 예학 중심의 주자학자들의 문제인지, 아니면 심학 중심의 주자학(수신을 강조하고 치국을 경시한)이 지닌 생태적 문제인지, 더 나아가서 공맹의 전통 유학이 지닌 본질적 문제(지배계급의 이익만을 도모한다는)인지는 이 글에서 취급할 수 없다. 여하튼 유학이 바깥으로 표방한 정신을 배반한 것은 분명하다. 그나마 그 후 대동법이 전국으로 확대 실시 되어 유학자들의 체면은 살린 셈이다. 그러나 전국실시는 오랜 기간에 걸쳐서 일어난 일이다.

조선조 당쟁에서 치국평천하의 한 부분으로 볼 수도 있고, 수신제가의 예학적 명분으로 볼 수도 있는 것이 국왕에 대한 충성과 불사이군(不事二君)의 명분이다. 그런데, 놀랍게도 당쟁이 본격화한 이후에는 이 부분이 거의 보이지 않는다. 당쟁기 이전에는 정몽주를 고려의 충신으로 받들고, 세조의 왕위찬탈에 대하여 사육신이 저항하거나, 김종직이 이 사건을 역사기록에 남겨 화를 당한 일들이 있었다. 그러나 광해군이 인조반정으로 축출될 때에 북인 핵심세력으로 당연히 처형이 될 것으로 인식된 대신들을 제외하고는 공개적으로 반정에 저항한 기록이 보이지 않는다. 더욱이 인조반정군이 궁궐에 침입하였을 때에 목숨 걸고 싸운 군인이나 대신들에 대한 기록도 없다. 사도세자가 죽을 때 조정 신료나 유생들의 태도가 냉담했던 것도 이런 부류에 속한다.

<수신제가(修身齊家)와 직결된 명분>

수신제가와 직결되는 인륜적 명분이 가장 빈번한 당쟁의 핵심 주제로 등장하였다. 이것은 국왕의 수신제가 규범에 어긋난 행태를 비판한 것인데, 얼른 보면, 신료들이 엄청난 용기를 지니고 국왕 본인을 탄핵하는 듯한 행태를 보인다. 그러나 실상은 국왕이 개인적으로 인륜적 규범을 침해한 경우는 적고, 국왕의 뜻을 근거로 집권세력(여당)이 강력하게 주도하여 반대파(야당)가 여당을 공격하는 경우가 많다. 광해군이 영창대군을 유배 보내어 죽인 경우나, 영창대군의 생모인 인목대비를 폐모하려는 시도는 국왕 본인이 아니라 이이첨 등의 대북 강경파들이 주도한 것이다. 야당인 서인들은 당연히 저항하였는데, 사실은 많은 조정 신료가 반대하였다. 당시 영의정을 담당했던 이덕형은 서인이 아닌 남인이었지만, 인목대비 폐모 시도, 영창대군의 유배 결정과 처형시도를 반대하다가, 삭탈관직당하고 심한 정신적 고통 끝에 먹지도 못하고 잠도 자지 못하여 병이 들어 불과 두 달도 되지 않아 사망하였다. 순절사(殉節死)에 가까운 사망을 한 것이다. 결국 집권세력(대북)의 강경한 주장으로 영창대군도 죽고, 인목대비도 서궁에 유폐되었는데, 이러한 폐모살제는 수신제가의 윤리규범을 심각하게 훼손하는 행위로서 주자학에서는 엄청난 불의로 취급하는 경우이다. 결국 이 사건이 광해군을 폐출시킨 인조반정의 핵심적 명분이 되었다.

영창대군은 선조의 정식 왕비인 인목대비의 소생으로 가법으로 보면 적장자에 해당되고, 광해군은 후궁 소생이기 때문에 왕위계승문제가 이슈가 되어 광해군의 왕권정통성이 흔들릴 가능성이 있었다. 그래서 집권세력(大北당파)이 이 가능성을 완전히 봉쇄하기 위하여 영창대군의 처형을 주장하였고, 인목대비도 마찬가지의 이유로서 폐모를 추진했던 것이다. 이러한 집권세력의 행동에는 상당한 이유가 있었다. 선조 말기에 세자인 광해군을 폐하고 영창대군을 세자로 책봉하기 위한 시도를 선조의 지원 아래 영의정 유영경(小北당파)이 은밀하게 추진하였는데, 영창대군의 어머니인 젊은 인목대비도 당연히 이 음모에 가담하였을 것이다. 광해군이 즉위하자 즉시 유영경 등은 처형을 당하였고, 이러한 분위기 속에서 인목대비의 폐비와 영창대군의 처형을 시도했던 것이다. 다만 인목대비의 폐모 시도는 신료들의 격렬한 반대로 서궁에 유폐하는 정도로 끝을 내었다. 여하튼 왕권에 도전하여 국가적인 혼란(내란 등)을 발생시킬 가능성을 사전에 방지한다는 통치 차원의 논리보다는 폐모살제가 용납될 수 없는 불륜이라는 논리를 주자학자들은 더 중시했던 것이다. 주자학자들은 국왕의 불륜을 막는 것이 치국을 위해서 더 중요한 것이라는 논리를 전제한 주장이다. 그러나 수많은 사람들이 죽고 죽이며 전쟁을 하는 것이 치국에 더 치명적임은 분명하다. 객관적으로 보면 내란과 같은 국가적 혼란이 국왕이 한두번 윤리규범을 훼손하는 것보다 훨씬 더 治國에 직접적이고 치명적인 피해를 발생시킨다. 그런데도 주자학자들은 다르게 생각한 것이다. 공자가 살아있었다면 과연 주자학자들을 옳다고 했을지 의심스럽다. 문외한인 정치-행정학자의 눈에는 주자학이 인의예지신을 체득하기 위한 마음 다스리기에 치중하고 이와 직결된 수신제가를 강조하면서 치국평천하를 경시하였다는 느낌을 강하게 받는다. 여하튼 국가통치를 직접 담당하는 영의정도 국왕의 인륜적 행동에 더 큰 무게를 둔 것이다.

이러한 이덕형의 죽음은 세 가지 주목할 만한 논리적 이슈를 내포하고 있다. 먼저 이덕형의 죽음에 대한 상황을 간단히 보기로 한다. 권력을 장악한 대북(大北)세력이 폐모살제를 반대하는 이덕형을 죽여야 한다고 1개월 가까이 광해군을 압박하자 광해군이 죽이지는 않고 영의정직을 삭탈하였다. 사가로 돌아온 이덕형은 영창대군의 운명에 대하여 슬퍼하고, 국가와 왕실에 대하여 걱정하며, 집권세력의 폐모살제 시도를 막지 못한 자책감에 괴로워하다가, 결국 극심한 정신적 고통 끝에 식사를 물리고 잠을 자지 못해 병이 들어 죽게 되었다. 53세의 나이로 당시로서는 노인에 해당되지만, 영의정직을 수행하던 건강상태에서 2개월이 채 되지 않아 병이 들고 악화되어 사망한 것은 순절사(殉節死)에 가까운 죽음으로 보이게 한다. 여하튼 극심한 정신적 고통이 죽음으로 몰고 간 것은 틀림없는데, 이 고통의 가장 큰 이유는 국왕의 폐모살제를 막아야 한다는 주자학적 규범을 지키지 못한 자책감인 것이 분명하다. 두 번째로 주목해야 할 점은 폐모살제라는 윤리규범의 훼손이 치국평천하보다 더 강력한 힘을 발휘한 것이고, 그 이유는 주자학에서 이를 더욱 강조했기 때문인 것으로 보인다. 세 번째로 주목할 점은 이덕형의 죽음이 정권쟁탈을 위한 당쟁과는 관계없이 비교적 순수한 주자학적 소명의식에서 강한 영향을 받았다는 점이다. 당쟁 시기의 선비들의 죽음이나 처벌을 유발시킨 논쟁은 거의 대부분이 정권쟁탈을 위한 것이었는데, 이덕형의 죽음은 정권쟁탈과는 관계없는 죽음이었다. 한마디로 주자학적 소명의식이 강한 영향을 미친 것이다. 이 점에서 나중에 볼 박태보의 죽음과 비슷하다.

주자학적 교리의 위력은 인조반정이 내세운 명분에서 유감없이 발휘되었다. 인조반정의 명분은 두 가지였는데, 광해군이 폐모살제의 대불륜을 저질렀다는 것과, 명나라를 적극 돕지 않고 청나라와 등거리 외교를 하여 존주대의를 저버렸다는 것이었다. 폐모살제라는 명분을 내세워 국왕의 정통성이 흔들릴 수 있는 가능성을 제거하여 반란과 국가의 혼란을 방지하려는 치국(治國)의 명분을 억누르고, 존주대의라는 명분으로 강력한 외적의 침략으로 발생할 백성들의 피해와 국가소멸의 위기를 막으려는 절박한 국가안보(치국)의 필요성을 무시한 것이다. 두 가지가 모두 주자학이 없었더라면, 내세우기가 어려웠을 명분이었다.

인조반정으로 국왕이 된 인조도 제가적 윤리규범 때문에 비슷한 어려움을 겪었다. 소현세자가 갑자기 병으로 죽은 후(인조가 죽였을 가능성이 크다)에 소현세자의 부인인 강씨를 죽일 때 대부분의 조정 신료들이 반대를 하였는데, 이것도 齊家의 논리가 治國의 논리에 우선한 경우이다. 원래 주자가례에 다르면, 적장자가 죽었을 때 그 아들(국왕의 손자)이 있으면, 차자(次子)가 세자자리를 승계하는 것이 아니라 적장자의 아들이 승계하여야 한다. 이 논리는 예송논쟁에서 핵심적 쟁점으로 등장하였기 때문에 나중에 자세히 보기로 한다. 여하튼 인조는 적장자인 소현세자의 죽음 후에 차자인 봉림대군을 후계자로 삼았으므로, 소현세자의 아들이 왕위계승권을 다투지 못하게 하려는 의도를 지니고, 그 모친을 역모로 몰아 죽인 것이다. 역적의 아들은 왕위계승권이 없으므로 봉림대군의 왕위계승에 정통성을 주려고 한 것이다. 그러나 齊家의 논리에 따르면 특별한 죄가 없는 며느리를 시아버지가 죄를 만들어 죽이는 것은 엄청난 불륜이다. 그래서 유학자들은 당연히 반대에 나섰던 것이다. 강빈이 죽은 후에도 서인들은 강빈이 무죄이므로 신원을 해야 한다는 주장을 계속하였다. 한참 후이지만, 강빈은 신원이 되어 유학자들의 노력이 빛을 보게 된다. 결국 주자학적 제가논리가 승리한 것이다. 객관적으로 보면 강빈의 사형에서는 인조가 범한 패륜의 정도가 심했던 것이 사실이다.

숙종이 남인 계열에 가까운 장희빈을 좋아하자 서인들(특히 노론)이 장희빈을 멀리하라고 끊임없이 상소하고, 왕후인 민씨(서인 노론 거두의 딸)를 폐하려는 숙종의 시도(장희빈을 왕후로 삼기 위해서)에 신료들이 모두 나서서 반대상소를 올린 것은 모두 齊家의 의리를 위한 것이었다. 당파와 관계없이 모두가 일어나서 주자학의 위력을 보인 대표적인 경우이다. 물론 노론이 장희빈(남인계열)을 멀리하라고 숙종에게 강권한 것은 정권유지를 위한 목적이 더욱 큰 것으로 보이지만, 이 문제에 대해서는 당파의 구분이 없었다. 이때 민비 폐비반대 연명상소의 대표자인 박태보가 장살을 당하였는데, 이 죽음에는 우리의 논의를 위하여 주목할 측면이 있다. 박태보는 당시 집권세력인 노론(송시열계)과 대립하던 소론 박세당의 아들이었다. 민비는 노론계열의 집안 사람이었으므로 민비 폐비는 노론에게 타격을 주게 되고, 소론에게는 반사적 이익을 주게 되므로 정치적으로 보면 박태보는 이적행위를 한 것이 된다. 정권쟁탈의 목적에서 보면, 박태보는 반대당파에 힘을 실어 준 것이다. 즉, 박태보는 정치적 이해관계를 고려하지 않고, 주자학적 윤리규범을 지키려고 한 것이다.

앞에서 본 이덕형의 죽음에서도 주자학적 교리가 위력을 발휘하였는데. 이 경우에는 폐모살제로서 왕위계승권을 둘러싸고 벌어질지 모르는 내란이나 국가혼란을 방지하는 것 보다 효제를 심각하게 훼손하는 것을 방지하는 것이 더 중요하다는 주자학적 교리를 위한 것이었다. 박태보의 경우는 정치적 이해관계보다 주자학적 교리가 중요함을 과시한 것이다. 둘 다 당쟁사에서 보기 어려운 순수한 주자학적 소명의식이 발로된 행동인 셈이다.

여기에서 잠깐 중요한 교훈 하나를 정리하고 다음 주제로 가기로 한다. 박태보는 곤장을 맞고 유배를 가는 도중에 곤장의 상처가 악화되어 사망하게 된 경우(장살)이다. 민비 폐비 문제는 여야나 조야의 구분없이 모두가 반대하였기 때문에, 반대하더라도 국왕이 함부로 심한 처벌을 할 수 없을 것이라는 기대가 있었던 것으로 보인다. 즉, 박태보도 죽음까지 각오하고 반대에 앞장선 것은 아닐 가능성이 크다. 그리고 이런 경우에 반대하지 않으면 유학자의 본분을 저버렸다고 비난을 받을 가능성도 있었을 것이다. 국왕의 폐모살제나, 왕비 폐비, 며느리 처형 등의 주자학적 규범을 심각하게 훼손한 경우에는 모두 비슷했을 것이다. 이덕형의 경우도 이런 요소가 작동했을 가능성이 크다. 그래서 행동을 하더라도 죽음과 같은 극형을 받을 가능성은 적고, 행동하지 않으면 비난받을 가능성이 있다고 판단되면 많은 신료들이 반대 항의에 가담하게 된다고 추측할 수 있다. 여기서 얻을 수 있는 교훈이 있다. 주자학에서의 소명을 많은 사람들이 공유할 때, 희생을 각오하는 용기를 발휘하는 사람도 많아지는 것이다. 현재의 공직자들이 소명을 위하여 희생을 각오할 용기를 지니기 위해서도 마찬가지다. 많은 사람들이 같은 생각으로 지원할 때 공직자도 용기를 낼 수 있는 것이다. 기억해야 할 교훈이다.

<적장자 승계 원칙과 관련된 논쟁>

적장자(嫡長子) 승계의 원칙을 지키려는 주장은 유학(주자학)의 가르침인데, 이 원칙과 연계된 적장자우대의 규범은 예송논쟁을 거치면서 엄청난 충격을 가져왔다. 인조의 장자인 소현세자의 죽음 이후에 차자인 봉림대군이 세자로 책봉되면서 문제의 싹이 텄다. 앞에서도 지적하였듯이 주자학에서의 가르침은 적장자가 사망하면, 적장자의 아들(長손자)이 가통을 승계하는 것을 원칙으로 삼는다. 물론 적장자가 아들 없이 죽으면, 차자가 가통을 승계한다. 그런데, 소현세자가 죽었을 때 그 아들이 있었는데도 인조가 차자인 봉림대군을 세자로 삼고, 결국 왕위를 승계하여 효종이 되었다. 봉림대군이 아니라 소현세자의 아들이 세자가 되어야 한다는 생각을 지니고, 이를 잘 보호해야 한다고 주장한 송준길은 조정에서 쫓겨났다. 당시 송준길이 집권당인 서인의 지도자 중 한 사람이었기 때문에 유배나 사형을 당하지 않았을 것이라고 평한다. 여하튼 송준길은 주자학적 소명을 위해 용기를 낸 경우이다.

이 문제는 효종이 사망한 후에 심각한 이슈가 되어 예송논쟁을 폭발시킨다. 효종이 사망한 후에 살아 있는 효종의 계모가 상복을 얼마 정도 입어야 하는가를 둘러싼 예송논쟁인데, 효종의 왕비가 사망하였을 때도 마찬가지였다. 1차 예송논쟁이 핵심 이슈를 보여 준다. 적장자가 사망하면 그 모친이 3년 복을 입어야 하지만, 효종은 인조의 차자이기 때문에 1년 복을 입어야 한다는 서인 집권당의 결정에 대하여, 효종은 세자로 책봉되어 왕위에 올랐고, 또 국왕으로서 사망하였으므로 3년 복을 입어야 한다고 야당인 남인이 주장하여 논쟁이 벌어진 것이다. 이 논쟁에서 송시열이 서인을 대표하여 남인의 윤휴, 허목, 윤선도와 번갈아 가며 논쟁을 하였는데, 결국 조정에서는 송시열의 주장을 수용하였다. 불행하게도 송시열은 이 논쟁의 부작용으로 결국 사약을 받게 되고, 소현세자의 아들도 반역 음모에 연루되어 죽게 된다.

원래 조선조에서 공식적으로 채택하고 있었던 경국대전과 대명률(大明律)에는 적장자가 죽을 경우에는 3년 복을 입고, 차자 이하는 1년 복을 입어야 한다고 되어 있다. 서인 집권부에서는 이에 따라 효종이 차자이니 모친의 상복을 1년 복으로 결정했는데, 남인이 이의를 제기하였다. 효종이 차자이지만, 형인 소현세자가 죽은 후에 세자로 책봉되어 장자의 지위를 획득하였으니, 3년 복이 옳다는 주장을 한 것이다. 그러나 송시열은 옛날의 예서에서 차자 이하의 중자(衆子)는 적장자가 죽어도 적장자의 지위를 획득할 수 없으므로 1년 복이 맞다는 근거를 찾아내었다. 남인은 다시 이 근거의 다른 부분에서는 그렇지 않을 수도 있다는 지적을 찾아 내고 논쟁을 계속하였다. 그 와중에 송시열이 중대한 말실수를 하였다. 자신이 찾은 예서에서 차자 이하 중자들은 넓게 보면 庶子의 부류에 해당되고, 이 서자는 적장자의 지위를 획득할 수 없다는 근거를 내세웠던 것이다. 효종이 서자의 부류이므로 1년 복이 옳다는 주장을 한 것이다. 그런데 인용된 예서에서 어떤 식으로 표현하든 관계없이 서자는 당시 첩의 자식으로 통용되었고, 조선조에서 첩의 자식은 2등 국민이었다. 효종을 첩의 자식과 동격인 서자라는 용어로 불렀는데, 결국 조정에서는 1년 복으로 결정을 함으로써 송시열의 주장을 받아들인 모양새가 되었다. 서인들은 자신들이 논쟁에서 이겼다고 만세를 부르고, 백성들은 송시열이 국왕(효종)을 첩의 자식이나 마찬가지로 폄하하고도 조정에서 처벌 대신 칭찬을 받는 것으로 받아들였다. 송시열의 명성이 하늘을 찔렀을 것이다. 효종의 아들인 당시 국왕인 현종은 이를 경국대전과 대명률의 예규를 따라 결정한 것이라고 이해하였는데, 조정에서 공식적으로 이를 분명히 밝히고, 송시열도 공개적으로 분명한 태도를 보였더라면 문제가 없었을지 모른다. 이런 조치가 있었는지는 알 수 없지만, 결과적으로 나타난 현상을 보면, 많은 사람들이 송시열이 효종을 첩의 자식인 서자로 폄하하였다고 생각한 것 같다.

남인인 윤선도가 최종결정이 있기 전에 마지막 공격을 하였는데, 효종이 국왕이므로 사대부가의 가례(송시열이 제시한 예서)를 따라서는 안 된다는 주장을 하였다. 사대부가의 가장은 한 가문을 대표하는 수장에 불과하지만, 국왕은 왕가를 대표하는 수장이기도 하지만, 더 중요하게 국가를 대표하는 수장인데, 이 특성을 중시해야 한다는 주장이다. 국왕이 차자 출신이기 때문에 만인의 어버이인 국왕에게 걸맞는 예우를 받지 못한다는 것은 말이 안 된다는 것이 윤선도의 논리다. 지금 보면 당연한 논리인데, 주자학에서는 이를 거부한다. 즉, 주자가례에 따라 국왕이나 사대부가의 가장이나 같은 예우를 받아야 한다고 주장한다. 이 주장은 국왕의 권위를 약화시키려는 臣權주의를 암암리에 함축하는 논리이다.

논리야 어쨌든 간에 국왕의 특수한 지위를 인정하지 않고 사대부가의 예규를 그대로 적용하여 효종이 적장자가 아니라는 것을 조정에서 공식화한 결과가 되었기 때문에 중대한 부작용이 발생하였다. 앞에서도 지적했지만, 사대부가의 예규를 따르면, 적장자가 죽을 때 아들이 있으면, 차자가 아니라 그 아들이 가장(가문의 대표) 자리를 승계하여야 하는 것이다. 소현세자의 아들이 있었기 때문에 차자인 효종이 왕위를 계승한 것은 중대한 과오이고, 이 때문에 소현세자의 아들(석견)이 살아 있는 동안, 효종의 아들 현종, 현종의 아들 숙종이 모두 왕권의 정통성에 상처를 입은 것이다. 실제로 국왕에 대한 불만 세력들은 석견을 왕위에 옹립하려는 생각을 할 수 있었고, 결국 숙종 초기에 이러한 역모 사건으로(조작되었을 가능성도 있다) 석견이 처형되고서야 조용해졌다. 그리고 이러한 사태를 발생시킨 송시열에 대한 숙종의 적개심이 나중에 사약을 내리는 결정적인 원인이 된 것으로 보인다.

100여 년이 지난 후에 다산이 지적한 내용을 보면, 그렇게 목숨 걸고 싸울 일이 아니었다고 한다. 그런데도 서로 상대편을 격렬하게 비난하고 싸운 이유를 보면, 자신들의 주장이 옳고 상대편이 틀렸다는 것을 입증하려는 것이었다. 흑백논리적 교조주의의 전형적인 행태이다. 물론 송시열의 주장에 반대한 남인들의 논리 속에는 사대부 가문에 적용되는 적장자 승계의 원칙을 왕위계승에도 적용하는 것이 타당하지 않다는 점도 포함되었는데, 이것은 齊家의 논리를 왕가에도 그대로 적용하려는 주자학의 교지를 벗어나는 주장이다. 주자학의 교지는 제가의 명분이 치국의 명분을 무시한 측면도 있고, 국왕도 사대부가의 가장이나 마찬가지라는 논리로서 왕권을 견제하려는 의도도 내포되어 있다. 주자학의 영향, 그리고 주자학의 미진한 부분을 정권쟁탈의 논리로 이용하려는 의도가 복합되어 큰 후유증을 남긴 사례이다. 그러므로 얼른 보면 별것도 아닌 이슈를 붙들고 싸운 더러운 당쟁이라고 치부하기 쉽지만(그래서 두 차례의 예송논쟁은 조선조 당쟁의 치욕적인 대표사례로 알려졌다), 사실은 그렇게 간단한 이슈가 아니었던 것이다.

5-3 당쟁에서 사용한 전략들 2 - 국왕을 이용하기 -

<국왕을 자기편으로 만들기>

두 당이 싸우다가 국왕이 최종적 결정을 내리면, 일단 싸움은 중단된다. 즉, 싸움의 승패는 최종적으로 국왕의 결정에 달려 있다. 그래서 심판을 보는 국왕을 이용하는 전략을 쓴다. 국왕을 자기들 편으로 만드는 것이 가장 좋은 전략이다. 국왕을 자기들 편으로 만들기 위한 방법에도 두 가지 약간 다른 성격의 것이 있다.

첫째는 외척을 자신들의 편으로 만드는 방법으로 가장 많이 사용한 전략이다. 자신들 가문의 딸을 왕가에 왕비나 세자빈, 심지어는 후궁으로도 시집보내어 왕자가 탄생하면, 국왕으로 추대하여 외척으로서 영향력을 행사하는 방법이다. 이것이 서인들이 인조반정 후에 모여서 두 가지 큰 방침을 정할 때 가장 중요한 것으로 결정했다는 <물실국혼-勿失國婚>이다.

이 방법은 서인의 대선배들이 결정한 것이지만, 후배들 중에는 이를 못마땅하게 생각한 사람들이 많이 있었을 것이다. 원래 유학자들은 국정운영에서 외척의 개입을 옳지 않은 것이라고 배우기도 하였고, 중국에서도 그렇지만, 우리나라에서도 과거 외척의 부패와 타락이 무수한 문제를 만들어 왔기 때문이다. 실제로 서인의 거물이었던 송시열은 탁월한 인재로 소문났던 김좌명이나 김석주가 외척이라는 이유를 들어 중용되는 것을 막았는데, 비록 두 사람이 당쟁의 라이벌인 한당(송시열은 산당)의 영수 김육의 아들과 손자라는 점 때문에 정권쟁탈의 수단으로 주장한 점이 있기는 하지만, 여하튼 외척을 이용한다는 것은 유학적 정치도의와는 정반대의 수단이다. 한참 후에 김석주가 외척의 지위를 이용하여 정치공작(허견옥사)으로 남인들을 대거 처형하고 축출한 것을 송시열이 칭찬하여 후배들의 비난을 받게 된다. 송시열은 남인들이 주자학의 대의를 부정하는 불의의 집단이라고 보았기 때문이었지만, 유학에서 전통적으로 기피해온 외척정치를 묵인하고 칭찬한 모양새가 된 것이다. 그것도 처음에는 반대하다가 자신의 당파에게 유리할 때는 찬성하는 모양새가 되고, 더욱이 음험한 공작정치도 인정함으로써 송시열은 만년에 중요한 유학적 규범을 크게 범하게 되었다. 여하튼 물실국혼은 유학적 규범을 정면으로 부정한 행위로서 주자학적 가르침이 완전히 무시된 경우이다.

국왕을 자신들의 편으로 만들기 위한 두 번째 전략은 여러 명의 왕위계승 후보자들이 있을 때 자신들의 편에 가까운 자를 후계자로 만드는 것이다. 대부분 차기 국왕의 후보인 세자자리를 자신들의 편인 왕자가 차지하게끔 여러 가지 수단을 동원한다. 라이벌이 되는 왕자를 비방하고 자기편을 칭송하거나 현 국왕의 마음을 사로잡기 위하여 노력을 한다. 당쟁기에는 현직 국왕이 암암리에 현직 세자를 제거하려는 시도를 하고, 여기에 신료들이 개입하는 경우가 있었다. 선조가 현직 세자인 광해군을 싫어하여 영창대군에게 마음을 주고 있음을 알고, 유영경이 광해군의 왕위계승을 막기 위하여 노력하였고, 숙종이 장희빈의 아들인 세자(경종)보다도 연잉군(영조)에게 마음을 두자 노론들이 세자를 핍박한 것이 이러한 경우였다. 이 방법은 대단히 위험한 전략인데, 실패하면 왕권도전의 역모자로서 처벌당하기 쉽다. 실제로 선조를 위해 움직인 소북(小北)의 유영경은 광해군이 즉위하면서 처형당하였고, 소현세자의 아들을 위해 소신을 지니고(이 경우는 적장자 승계원칙을 따른 유학적 정당성이 있음) 주장한 송준길은 집권당인 서인의 영도자 중의 하나였기 때문에 처형은 면했지만 퇴출 당하였으며, 세자시절부터 경종을 핍박한 4대신은 경종 즉위 후에 김일경의 독수에 걸려 모두 처형당하였다.

기존의 세자를 제거하고 새로운 후계자를 선택하는 국왕의 계획을 지지하는 전략은 주자학적 관점에서 볼 때 이중적 성격을 지닌다. 먼저 국왕이 선택하는 것을 충실히 다르겠다는 행동이므로 충성에 해당되어 칭찬해야 마땅하다. 그러나 반대편에서 볼 때는 이미 세자로 활동하고 있는 사람을 제거하려고 하는 행동이므로 국정운영에 엄청난 피해를 끼치는 나쁜 행동이다. 기존의 세자가 왕위를 계승할 것을 전제로 하여 형성된 여러 가지 질서를 무너뜨리고, 자칫 기존의 세자가 반발하면 내란이 발생할 수도 있고, 더욱이 부자간의 윤리규범도 손상시킨다. 그래서 이를 시도한 선조와 숙종만이 아니라 이를 지지한 세력들도 유학적으로 비난받아야 할 행동을 한 것이다.

한편, 왕위계승의 가능성이 보이는 왕자들을 사전에 제거하는 전략도 쓴다. 이 전략은 현재의 국왕이 왕자를 생산하지 못하고 있거나 또는 다른 이유로 차기 국왕을 차지할 가능성이 있다고 보이는 후보자가 자신들의 편이 아니라고 믿을 때, 이를 제거하려고 시도하는 것이다. 대부분의 경우는 현존하는 국왕이 직접 개입한다. 광해군 시대의 대북정권에서 영창대군과 능창대군을 죽인 경우, 인조가 주도하여 소현세자의 부인 강빈을 역모로 몰아 죽여서 소현세자의 3자(강빈의 3자-석견)의 왕위계승 가능성을 없애려고 한 것, 숙종 시에 소현세자의 3자가 결국 역모에 엮여 처형당한 사건, 숙종 시에 3복사건으로 인조 3자의 세 아들을 정치공작으로 역모로 몰아서 조정에 파란이 일었던 사건 등이 모두 이러한 성격의 것이다. 이러한 유형은 모두가 현재의 집권세력이 주도하여 장래의 적을 제거하는 경우인데, 대부분이 지나치게 유학적 윤리규범(孝와 悌)을 훼손하는 것이어서, 재야 유학자들을 물론이고 강직한 조정 신료들의 반대를 심하게 받았다. 장래의 적을 제거하는 경우는 보통의 왕조국가에서는 문제도 되지 않을 비정한 정권쟁탈전의 한 모습에 불과할 것이다. 그리고 또 대국적 차원에서 보아도 어쩔 수 없는 희생으로 판단되는 경우도 있다. 그런데도 심한 반발이 있었던 것은 유학적 윤리규범(수신제가를 강조하는)을 준수하기 위한 선비들의 소명의식이 발동된 것으로 보인다. 그러나 이러한 소명의식이 과연 治國(국가)을 위하여 바람직한 것인지는 분명하지 않다. 상황에 따라서 잠재적 왕권도전자를 제거하는 것이 왕권을 안정시켜 국가적 혼란을 방지할 수 있기 때문이다.

결국 국왕을 자기들 편으로 만들기 위한 혼인전략(외척으로서 정권장악방식), 세자를 만들기 위하여 현직 세자를 몰아내거나, 미래의 잠재적 왕위계승자를 제거하는 전략은 거의 대부분이 유학적 규범을 심하게 손상하는 것으로 주자학적 가르침을 배반한 경우이다. 그리고 이러한 시도에 강력하게 반대한 쪽은 유학적 소명을 수행하려고 한 것으로 볼 수 있다. 물론 정권쟁탈을 위한 의도가 추가되는 경우도 있다.

<왕권행사에 대한 견제>

국왕을 자기편으로 만드는 전략이 아니라 국왕의 권력 행사를 견제하여 자신들의 당파 이익을 극대화하려는 전략도 쓴다. 그런데 이 전략은 국정운영에 피해를 줄 수 있는 전략이므로 비난받지만, 주자학적 논리에는 적합한 것이다. 왕권견제-

신권정치는 주자학에 뿌리를 두고 있기 때문이다.

먼저 국왕이 반대편을 지지하는 경우에 이를 견제하는 경우를 보기로 한다. 대표적인 사례가 영조가 탕평을 추구하면서 소론을 보호할 때 집권세력인 노론이 영조를 압박한 경우이다. 경종 시절에 김일경의 정치공작에 걸려 노론 4대신이 처형되었는데, 경종 대신 영조(당시 연잉군)를 국왕으로 옹립하려던 노론세력을 소론이 제거한 사건이었다. 극도로 분노한 노론은 자기들 편인 영조가 즉위하자 바로 복수를 위한 행동을 시작하였다. 김일경 등 직접 관련자들을 처형한 것은 물론이고, 이것을 계기로 소론을 모두 조정에서 몰아내려고 하였다. 당시 영조는 당쟁의 피해를 절감하고 있었고, 더욱이 노론이 독주하는 조정에서 왕의 권한은 극도로 제약될 수밖에 없다는 판단으로 소론을 보호하려고 한 것이다. 반면에 노론은 소론의 뿌리를 뽑기 위해 자신들의 노력으로 왕위에 오른 영조를 압박하였다. 노론의 요구가 지나치자 영조는 여러 가지 방법으로 설득하다가 마지막에는 울면서 호소하였다고 한다. 그런데도 노론의 태도가 크게 변하지 않아 영조는 탕평을 위하여 엄청난 고통을 겪었다. 왕조국가에서는 상상하기 어려운 사태들이 벌어진 것이다. 주자학적 신권정치가 과도하게 왕권을 제약하는 사례였다.

이보다 더 심한 상황이 정조시대 말기에 벌어졌다. 정조시대 말기에 야당인 벽파는 정조에 대하여 정면 도전을 했는데, 국왕을 반대당의 영수 정도로 생각하고, 조정 신료들을 거느리는 국가지도자로 인정하지 않는 듯한 모습마저 보인다. 당시의 정조가 추진하였던 몇 가지 개혁과 국정운영에서의 독주, 사도세자 죽음에 대한 정조의 판단(노론벽파가 책임 있음), 그리고 정조의 학계(특히 산림)에 대한 우월적 태도 등이 복합되어 야당인 벽파가 극단적인 저항을 한 것으로 보인다. 이러한 저항에 대한 정조의 반응도 왕조국가의 국왕답지가 않다. 당장 잡아서 처형을 할 수도 있고, 벽파 간부들을 정부에서 몰아내고 시파나 남인들로만 국정운영을 할 수도 있는데, 그렇게 하지 않았다. 물론 정조가 당시에 급사하지 않았더라면, 달라졌을 수도 있었겠지만, 여하튼 정조는 벽파의 이러한 불충적이고 모욕적인 저항을 감수하였다. 이것은 정조가 유학, 특히 주자학의 강한 영향을 받은 것 때문이라고 해석할 수 있다. 벽파들이 조야의 여론을 주도하여 함부로 처벌을 하는 것이 부담되기도 하지만, 신료들이 국왕에게 듣기 싫은 충언을 하고 강한 저항을 하는 것은 바람직한 선비의 태도이고 국왕은 가급적 이러한 충언을 존중해야 한다는 것이 유학적 가르침이다. 노론 벽파는 국왕이 독주적인 국정운영을 하는 것이 주자학적 가르침(신권정치)에 어긋난다고 생각하여 저항하고, 정조는 이러한 신하들의 저항을 처벌하지 않는 것이 주자학적 가르침을 지킨다고 생각하였을 것이다. 두 쪽이 모두 주자학의 가르침을 위해서 행동한 것으로 볼 수 있다. 주자학적 영향이 크게 보이는 사건이다.[4)]

왕권견제는 간접적인 방법으로도 나타났는데, 왕권의 정통성에 흠집을 내어 국왕의 권력을 암암리에 견제하는 방법도 있다. 인조가 반정이라는 비정통적 방법에 의하여 왕위에 등극하여 상처 입은 정통성을 보완하기 위하여 아버지를 원종으로 추승하는 과정에서 나타난다. 몇몇 공신들을 제외하고 신료들 거의 전부가 반대하여 인조가 끈기 있게 추진하여 반대를 무릅쓰고 겨우 성공하였다. 과거의 역사를 보면 죽은 사람을 국왕으로 추존하는 것은 살아있을 때 국가를 위하여 큰 업적이 있는 경우에 한정되므로, 아무런 공적이 없는 사람을 국왕으로 추승하는 것은 정당성이 약하고, 그만큼 인조의 행동은 유학적 규범을 위배하는 행동이다. 신료들의 반대는 당연하다고 볼 수 있다. 그럼에도 불구하고 왕권의 정통성을 확보하려는 인조의 의도도 나름대로 정당성이 있는데, 광해군은 정통성문제를 걱정하여 영창대군을 죽이기까지 하였기 때문이다. 인조는 비정상적인 방법인 반정으로 쟁취한 왕권이 지닌 정통성의 흠결을 보완하려는 의도를 지녔을 것이다. 이것을 알고 있을 신료들이 인조의 의도에 반대한 것은 비록 왕권의 정통성이 조금 흠집 나더라도 큰 문제가 아니라는 생각, 한 걸음 더 나가면, 이렇게 하여 국왕이 위축되기를 바라는, 즉, 왕권을 약화시키려는 의도를 암암리에 지닌 것이 아닌가 하는 의심을 피할 수가 없다.

---

4) 정조가 말년에 벽파들의 저항을 힘으로 제압하지 않은 것은 광해군이 폐모살제(廢母殺弟)로서 효제(孝悌)의 유학적 규범을 위반하여 폐출당한 인조반정을 염두에 두었을 수도 있다. 그러나 정조 당시 군대를 정조가 장악하고 있었다는 상황 등을 고려하면, 이 가능성은 약하다.

왕권의 정통성문제가 가장 심각하게 등장한 것이 예송논쟁이다. 그리고 이 논쟁에서 파급된 왕권의 정통성 흠집 내기는 실제로 큰 피해를 발생시켰다. 바로 앞에서 자세히 본 바와 같다. 적장자인 소현세자가 죽었을 때 그 아들(석견)이 적장자의 지위를 승계해야 함을 주장하여, 차자로서 왕위에 오른 효종, 효종의 아들인 현종, 현종의 아들인 숙종의 정통성마저도 손상을 입힌 것이다. 한참 후인 숙종 초기에 살아있던 석견을 국왕으로 옹립하려는 역모로 결국 석견이 처형 당하는 비극이 벌어진 것이다. 그동안 효종, 현종, 숙종 모두가 왕권의 정통성에 흠집을 안고 통치를 한 모양새가 되어, 국왕이 신하들의 태도나 여론을 의식하면서 소극적인 통치를 할 수밖에 없다. 힘이 강한 집권당의 요구대로 국정을 운영하여 집권당의 야당 핍박을 방지하기 어려웠을 것이다.

<무기력하고 치국에 무능한 국왕 만들기>

유학에서는 국가지도자와 지도계층이 인의예지신의 도덕규범을 체득하여 솔선수범하고 백성들을 교화하는 왕도정치를 하면 평화롭고 행복한 사회가 된다고 가르친다. 주자학에서는 이 도덕규범이 우주 삼라만상을 지배하는 천리이므로 이를 체현하면 천인합일도 가능하다고 주장한다. 그러므로 주자학이 지배한 조선조는 국가창립 초부터 왕자들, 특히 세자는 철저한 교육을 시켰다. 그리고 국왕이 된 후에도 경연에서 신료들이 왕에게 쓴소리를 계속한다. 사간부 등 간언 역할을 담당한 부서에서는 더 심하다. 훌륭한 국왕, 즉, 성인군자와 같은 국왕을 만들기 위한 노력을 계속한다.

원론적으로 보면, 이러한 교육과 경연 그리고 충성스러운 상소 등은 바람직하다. 그러나 이것이 엉뚱한 부작용을 만드는데, 이를 주자학자들은 완전히 무시하거나 망각한 것 같다. 교육의 내용이 지나치게 한쪽으로 편향되어 발생한 부작용이다. 교육의 거의 대부분이 유학의 중요 경전을 공부하는 것인데, 핵심은 욕망을 억제하여 덕성을 함양하고 유학적 규범을 준수하도록 하는 것이다. 수신으로 몸과 마음을 다스리고 집안에서의 행동규범을 철저하게 체현하면, 자연스럽게 국가 사회 전체가 평화롭고 행복한 유학적 사회가 된다는 논리로 수신제가를 강조한다. 그리고 수신제가에 치중하면서 치국과 직결된 내용들은 신하들을 평가하는 방법 등 극히 한정된 내용에 국한된다.

그런데 수신제가를 지나치게 강조하는 것은 두 가지의 부작용을 만든다. 치국에 직결된 문제에 대한 대비책을 가볍게 취급하고, 도덕군자와 같이 부드럽지만 무기력한 지도자를 만든다. 불행하게도 국왕은 산속에 조용히 앉아서 예절 바른 태도를 유지하며 제자들에게 강론을 하는 학자들과는 완전히 다른 상황에서 일하고 생활하여야 한다. 국왕의 사랑을 받는 후궁과 각을 세우는 왕태후나 왕비 간에 벌어지는 음험한 궁중암투, 틈만 나면 국권을 악용하려는 외척들, 교묘하게 거짓말을 하면서 아부하는 간신배들, 이해관계나 신념의 차이로 양보 없이 대립하는 신하들, 해결책을 찾기 힘든 조세나 토지제도 문제, 곳곳에서 백성들을 괴롭히는 관리들의 횡포와 부패, 계절마다 닥치는 태풍피해, 수시로 나타나서 무수한 백성들을 기아에 시달리게 하는 대한발, 대책이 없는 전염병, 때때로 벌어지는 국경에서의 외적침입, 여기에 매일같이 들어오는 잡다한 골칫거리들 등으로 편한 시간이 없다시피 하루하루를 시달리며 살아가야 한다.

국왕이 모든 일을 신료들에게 맡기고 상징적인 존재(현재의 영국이나 일본의 국왕같이)로만 행동하려면 유학자들의 주장대로 교육하면 충분하고 바람직하다. 그러나 조선조의 국왕은 이런 정도의 상징적인 존재는 될 수 없었다. 중요한 결정을 하는 존재였다. 위에서 본 바와 같은 무수한 문제들에 부닥쳐서 국정을 운영하려면 강인한 체력과 건강이 필수적이고, 체력단련을 위한 운동을 꾸준히 계속해야 한다. 전쟁에서 싸우는 장수들을 이해하고 지휘할 수 있는 능력을 함양하기 위해서는 말타기, 활쏘기 등의 무술도 연마해야 한다. 궁궐 바깥의 산과 들에서 사냥도 하고 호연지기도 키워야 한다. 물론 덕성 함양을 위한 마음 다스리기도 당연히 해야 하지만 그것만으로 치국을 제대로 하는 것은 불가능하다. 그런데도 특별한 일이 없이 학문에 매달린 선비들이 하는 대로 덕성 함양만 강조하는 것이 주자학자들의 왕자교육이고 국왕에 대한 간언의 핵심이다. 건강하고 활력 넘치는 국왕이 되는 것은 불가능하다. 모든 평소 행동이 비판 대상이 되기 때문에 활동을 좋아하는 국왕은 너무나 답답하다. 성격이 강한 국왕들이 경연을 회피하고, 충간하는 신료들을 멀리하는 것은 전혀 이상한 일이 아니다.

그런데도 불구하고, 조선조 국왕들은 어릴 때부터 학자들(세자나 왕자의 사부)의 말은 옳은 것이므로 따라야 한다는 교육을 받고, 주자학을 종교와 같이 믿는 신료들의 위세에 눌려서 신료들의 요구에 따르는 척 흉내라도 내어야 하는 처지였다. 탕평을 추구한 영조와 정조는 기본적으로 이러한 신권정치적 왕권견제에 적극 대항하였지만, 어릴 때부터의 주자학적 교육(간언하는 신하들을 정중하고 인격적으로 대우하라는)의 힘이 두 국왕의 신하 다스리기에 제동을 걸었다. 숙종만이 이러한 신하들의 주자학적 요구에 간혹 반발했는데, 바로 장희빈을 둘러싸고 벌어진 일들에서이다. 장희빈을 가까이 하고, 장희빈이 나은 왕자를 서둘러 원자로 책봉하고, 왕후 민비를 폐비한 일들이다. 숙종이 14살의 어린 나이에 왕위에 올라 세자교육을 많이 받지 못한 영향도 있었겠지만, 타고난 성격이 강했기 때문으로 보인다. 주자학적 교육이 없었더라면, 폭군이 되었을 가능성이 크다.

세자 때부터의 철저한 유학교육이 조선조 국왕들을 유학의 모범생으로 키워 큰 효과를 본 것은 사실이다. 숙종이 폭군이 되지 않았을 뿐만 아니라, 조선조에서 연산군을 제외하고는 부패하고 타락한 국왕이 없었다. 음주가무로 밤을 새우거나, 몇 달 동안 조회도 하지 않는다거나, 인근 백성들에게 엄청난 피해를 주는 사냥을 즐긴다거나, 걸핏하면 마음에 들지 않는다고 신료들을 때려 죽인다거나, 이상한 동물이나 기화요초에 빠져드는 일들이 중국의 황제들에게서 흔히 볼 수 있는 모습이고, 고려시대에는 간혹 비슷한 행태를 보이는 국왕도 있었지만, 조선조에서는 이런 국왕은 연산군 정도뿐이었다. 모두가 얌전한 모범생들이었는데, 이 부분은 주자학의 커다란 공적이라고 볼 수 있다. 물론 우리나라는 옛날부터 횡포하고 부패한 국왕이 드물었지만, 조선조 국왕들만큼 모두 모범생이었던 것과는 비교가 안 된다.

이렇게 얌전한 모범생은 정권쟁탈에 혈안이 된 신료들에게는 다루기 쉬운 꼭

두각시였다. 집권당이 국왕의 이름을 빌어 상대 당을 일망타진하는데도 아무런 제재도 못한다. 없는 사실을 조작하고 작은 꼬투리를 엄청난 역모로 만들어 상대방을 처형하려고 할 때 국왕은 당연히 이를 견제하여야 한다. 국가장래를 위해서 훌륭한 신하는 살려야 하고, 형량에서도 억울한 경우가 없도록 하여 피해를 극소화해야 하지만, 거꾸로 가벼운 죄를 무겁게 처벌하고, 수많은 사람들을 처형한 것이 무기력한 국왕들의 태도 때문이었다. 선조시절에 정여립의 반란사건에서 정철(서인)이 엄청나게 많은 동인의 억울한 사람들을 처형했는데 이를 막지 못했고, 세자시절에 자신을 제거하려던 유영경(小北)을 용서하려고 했지만 광해군도 집권 大北들의 압력에 못 이겨 처형하였다. 이것이 소북의 원한을 사서 인조반정의 분위기 조성을 부추긴 결과가 되었다. 성격이 강한 숙종도 허견 옥사에서 김석주의 지나친 횡포를 통제하지 못했고, 경종도 김일경의 노론 4대신 처형을 막지 못했다. 영조만이 탕평을 명분으로 노론의 횡포를 어느 정도 통제하여 소론을 조금 보호하였지만, 왕권강화를 꾸준히 추진했던 정조도 말년에 왕권에 정면 도전하는 벽파들의 불충을 인내하는 수밖에 없었다.

주자학이 지닌 덕성 함양의 내용이 지닌 한계점도 사태를 악화시킨다. 욕망을 통제하여 인의예지신의 5대 규범을 체득하는 것은 개인적 행동이다. 다른 사람과의 관계없이 본인이 본인의 마음을 다스리는 것이다. 그래서 국왕이 백성들을 다스리는 것도 국왕이 솔선수범하여 모범을 보이는 것이다. 적극적으로 남을 변화시키려는 행동을 하지 않고 소극적으로 자신의 마음을 다스리는 것을 출발점으로 삼는데, 다음에는 백성들이 국왕의 모범을 본받을 것으로 전제한다. 백성들 마음을 다스리기 위한 인위적이고 강제적인 방법은 없다. 백성들이 국가로부터 간섭을 받지 않고 자발적으로 평화롭고 행복한 사회를 만드는 것이 이상이다. 이렇게 인위적인 적극성 없이 자신의 행동에만 집중하는 특징은 義를 실현하는 데서 두드러지게 나타난다. 국왕이 의를 실현하는 것은 신료나 국민들을 의롭게 만들기 위해서 국민들에게 적극적으로 인위적인 활동을 요구하는 것이 아니다. 국왕 본인이 스스로 불의를 저지르지 않는 것에 목적을 둔다. 국왕이 후궁을 너무 편애하여 왕비를 멀리하는 불의를 저지르지 않고, 뇌물을 받지도 않고, 국민들을 착취하지도 않고, 왕태후에게 불효를 저지르지도 않는다는 식이다. 소극적으로 남에게 피해를 끼치는 나쁜 일을 하지 않는 것이다. 여기서 한 걸음 더 나가면, 관리들(자신의 분신으로 볼 수 있는)이 백성들을 착취하면, 이러한 불의를 제거해주는 것이 의를 실천하는 것이다. 주자학에서의 마음 다스림은 좋은 일을 위해 적극적으로 헌신하는 방법에 대해서는 가르치지 않는다. 자연재해로 농사를 망치면 불쌍한 백성을 구제한다. 인정(仁政)을 베푸는 것도 재해를 당한 백성, 농사를 망친 농민, 불쌍한 고아나 노인 등을 구제하는 것이 핵심이다. 적극적으로 농업생산을 증가시키고, 자연재해를 막을 수 있는 방법을 찾아 시행하는 것은 주자학에서는 경시한 일들이다. 주자 시대까지의 전제군주 치하에서 국왕이나 관료들이 나쁜 짓을 너무나 많이 하였기 때문에 국왕이 나쁜 짓만 하지 않으면, 그리고 관리들이 나쁜 짓 하는 것을 막아주기만 해도 엄청난 善政이던 시절의 사상이었던 것이다. 공자-맹자 시대는 물론이고, 주자 시대에서도 이러한 상태였기 때문에 이러한 소극성을 보고 주자학을 욕할 수는 없다.

그럼에도 불구하고, 이런 식의 소극적 태도로는 평화시에 전쟁을 대비하여 군대를 양성하고 최신 군사장비를 갖추는 일에 관심을 기울일 수 없다. 治山治水로 홍수와 가뭄 피해를 줄이고, 농토를 개간하고 둔전을 실시하며, 품종개량이나 영농방식의 개량 등으로 농업생산을 증대시키는 통치는 기대할 수 없다. 물론 당시의 과학기술수준으로 보아 농업생산성을 향상시키는 방법이 부족했기 때문이기는 하다. 여하튼 주자학에서는 修身의 논리를 국왕에게 강요하면서 국왕이 백성들을 위하여 담당해야 할 적극적인 治國업무를 망각하거나 소홀히 한 것이다.

그런데 이러한 적극적인 업무수행을 위해서는 소극적으로 자신의 욕망만 통제하는 것과는 달리 강건한 육체와 활달한 행동이 필수적이다. 엄청난 격무에 시달리며 소진되는 기력을 보강하기 위하여 적절한 운동도 꾸준히 해야 하고, 계속되는 스트레스도 간혹 해소하여 기력을 충전해야 한다. 즐거운 오락거리도 있어야 한다. 조용한 환경에서 고요한 마음 상태를 유지하도록 하는 생활을 하는 주자학자들은 이러한 것을 이해하기 어렵다. 이해는 할 수 있어도 본인들의 평소 생활과 거리가 너무 멀어 그 중요성을 체감할 수가 없다. 결과적으로 자신들이나 마찬가지의 생활을 전제한 덕성 함양만 강조한다. 결국 이러한 유학 교육은 건강하고 활기있게 국가를 발전시키는 일들에 몰입하는 군주를 만들 수가 없다. 세종대왕이나 당태종과 같은 적극적이고 새로운 것을 창조하는 군주가 주자학이 압도하던 조선조 중기에서 나오기는 불가능했을 것이다. 정조가 새로운 일들을 벌이다가 벽파의 심한 반발을 받은 것도 이러한 이유가 어느 정도 작동했을 것이다.

<국정에 대한 정보 차단>

더욱이 주자학적 修身만을 계속 강조하면 무의식중에 커다란 부작용을 만든다. 국가통치에 필요한 직접적인 정보나 지식 축적을 외면하기 쉬운 것이다. 수신을 강조하면, 조용한 후원에서 사색과 마음 다스리기를 중시하고, 활발하게 운동하고 사람들을 만나는 활동은 기피하게 된다. 궁궐 밖으로 나가서 간혹 만만한 사람들과 같이 간단한 사냥도 하고 술도 적당히 마시며, 또 주위 농민들의 이야기도 들으면서 국민생활의 실태를 파악하는 것은 유학자들이 권장할 행동이 아니다. 오히려 사고를 칠 수 있는 행동으로 금기시 한다. 세자는 물론이고 국왕의 바깥 출입도 탐탁하게 생각지 않는다. 결과적으로 국왕을 궁궐 속에 가두어 두고, 궁궐 밖의 백성들과 차단하여 백성들의 어려움과 민생문제를 알 수 없게 만드는 것이다.

사대부들의 치부를 들키지 않게 하려는 국왕 바보 만들기로 오해받기 쉽다. 임꺽정의 난이 났을 때 국왕과 대신들이 수차례에 걸쳐 논의한 내용이 명종실록에 기록되어 있는데, 모두 임꺽정이 어떤 나쁜 짓을 했고, 체포를 위하여 관리들이 많은 고생을 한다든가, 체포전략이나 체포 가능성, 그리고 처벌 문제 등에 대한 것들 뿐이다. 왜 임꺽정이 도둑이 되었는지, 왜 그 패거리들이 그렇게 많아졌는지, 체포가 왜 힘든지 등에 대해서 말하는 상소문은 국왕에게 일체 전달되지 않았던 것이다. 특기할 것은 史官이 장문에 걸친 기록을 남겼는데, 그 핵심은 임꺽정이 도둑이 될 수밖에 없었던 정황과, 관리들의 횡포와 백성들의 고통, 그리고 영의정 이하 조정관료들의 외면 등에 대한 신랄한 비판이다. 아마도 말단직의 사관이 의분에 차서 쓴 기록일 것이다.[5] 이런 식으로 백성들의 민생문제에 대한 정보를 차단하여 국왕을 바보로 만드는 것이다. 결과적으로 국왕이 국가이익이나 백성들을 위하여 시시비비를 판단하고 조정하는 능력을 극도로 제약한다. 지주출신의 선비들이 대부분인 대신들이 농민문제를 속여도 국왕은 알 수가 없다. 국왕이 모른다고 생각하여 터무니 없는 주장도 한다. 대동법 확대 실시에 반대한 어느 조정 신료는 대동법이 국가를 망치는 제도라고 극언을 했다. 국왕이 현실을 알고 있으리라 생각했으면 절대로 주장할 수 없는 말이다. 당연히 힘센 당파가 자기들 이익을 극대화시키면서 공익을 손상시켜도, 이것을 막을 수가 없다.

여하튼 힘들고 고통스러운 문제들에 시달리며 국가 관리를 해야 하는 국왕에게 유학적 규범을 주자학적 방법으로 체현하게 만드는 교육과 간언은 국왕을 무기력한 지도자로 만들어서 신하들이 국권을 장악하게 만든다. 그리고 정통성에 흠집이 있는 경우도 비슷하다. 백성들의 고통과 민생문제에 대한 정보차단은 상황을 더욱 악화시킨다. 그리고 대신 이하 조정 신료들은 이렇게 힘도 약하고 무능한 국왕을 만들어 당파 이익을 위해 최대한 악용한다. 집권당이 악랄하게 야당을 탄압해도 국왕이 이를 말릴 수가 없다. 엄청난 피해를 입는 야당은 정권쟁탈과 상대편에 대한 격렬한 탄핵을 하면서 복수를 하게 되고, 당쟁은 더욱 격화되는 악순환을 되풀이한다. 결국 왕권약화는 사적이익을 위하여 싸우는 당쟁을 격화시키게 된 것이다.

왕권의 약화로 신권정치-재상정치를 추구한 주자학적 가르침이 이러한 문제만 일으킨 것은 절대 아니다. 포악하거나 부패하고 타락한 국왕의 등장을 막는 큰 효과를 낸 것은 틀림없다. 그러나 무기력하고 무능한 국왕이 신료들의 정권투쟁에 악용되어 백성들과 국가이익에 피해를 준 것도 틀림없다. 양자의 비교 형량은 또 다른 연구과제가 될 것이다. 분명한 것은 주자학이 왕권약화를 통해서 당쟁의 피해를 극대화하고 당쟁을 격화시켰다는 사실이다.

---

5) 조선왕조실록 임꺽정 14번 (명종실록 27권)에 사관이 쓴 사록이 있음.

5-4 주자학적 교조주의와 패거리 정치

<주자학적 교조주의>

당쟁이 심화되면서 그 목적에서 변화가 일어났다. 그리고 이에 따라 주자학적 교조주의가 미치는 영향도 변화되었다. 당쟁은 원래 국정운영에 대하여 비슷한 생각을 가진 사람들이 파를 만들어 다른 생각을 지닌 집단과 논쟁하면서 국정운영을 자신들이 옳다고 믿는 방향으로 끌고 가려는 목적으로 시작되었다. 시간이 흐르면서 지역과 학벌을 중심으로 패거리가 형성이 되고, 패거리 간에 갈등과 대립이 빈번해지면서 서서히 응집성이 강한 집단으로 변모되어 국정운영에서 상대편을 배척-퇴출시키려는 경향이 심해지고, 드디어 정권쟁탈로서 이 목적을 달성하려고 한다. 즉, 승리한 당파가 중요한 직책을 독점하고 당쟁은 정권쟁탈전으로 변모된다. 그러면서 교조주의적 흑백논리와 상대편에 대한 배척의 정도가 강화되었다. 그리고 여기에 주자학이 상당한 영향을 미친 것 같다.

독실한 신도는 종교의 교리를 옳다고 믿고, 교리에서 가르친 대로 행동하려고 한다. 그러면 죽어서도 천당에 가거나 극락에 간다고 믿는다. 그래서 교리에 어긋난 행동을 하지 않으려고 노력한다. 교리에 어긋나는 행동을 강요하면, 이에 격렬하게 저항하고, 심할 때는 목숨을 버리는 순교를 하기도 한다. 조선조 중기의 주자학은 거의 종교 수준의 믿음을 지닌 추종자들을 만들어서, 이들은 주자학의 가르침을 교리로서 지키려는 노력을 하였다. 성실하게 공부하여 주자학에 대한 믿음이 강할수록 결벽증적인 교조주의자가 되었다.

주자학이 중기 조선조의 학계에서 종교적 수준의 위상을 얻게 된 것은 그 내용이 확고한 신뢰를 얻은 것 때문이다. 주자학은 앞 장에서 보았듯이, 우주를 지배하는 천리(理)가 인간세계에 체현된 것이 인의예지(仁義禮智)이며, 이를 체득하면 천인합일의 경지에 도달한다는 주장으로 전통 유학의 도덕적 규범과 형이상학적 존재론을 결합시킨 획기적인 논리를 전개하였고, 이 주장을 뒷받침하기 위한 자연과학적 지식을 총동원하였던 것이다. 그리고 전통적 유학의 내용들을 종합하여 욕망을 다스리면서 덕성을 함양하는 방법도 치밀하고 체계적인 틀로 묶었다. 당시로서는 아주 획기적이고 완벽한 논리였기 때문에 유학자들은 누구나 이를 진심으로 믿었고 주자학자가 되었다. 한마디로 종교적 믿음을 획득한 것이다.

그런데 인의예지신을 체득하기 위한 방법에서 주자학은 두 가지 면에서 교조주의로의 길을 열었다. 첫째는 격물치지의 방법으로서 사물에 다가가 이(理)를 터득하기 어려우면, 옛 성현들의 가르침에서 리를 발견하라고 충고하였다. 그리고 주자는 자신이 직접 성현들의 가르침을 기록한 경전들을 자세히 해설하면서 그 뜻을 밝혔다. 추종자들은 주자의 충고를 받아들였지만, 문제는 이 공부가 만만치 않다는 점이다. 엄청난 분량의 경전에 대한 이해를 하고, 특히 주자의 해석은 암기하도록 노력해야 한다. 머리가 탁월하지 않으면 무척 어려운 일이기 때문에 주자학자들이 정부에 나가서 일하는 것보다는 제자들과 평생을 공부만 하도록 권유한 결과가 되었고, 주자의 중요한 어록만이라도 집중적으로 암기하도록 만들었다. 그리고 주자의 주장이 언제나 옳을 것이라는 믿음 때문에 암기된 어록에서 벗어나면, 강하게 제재하는 교조주의가 등장하게 만든 것이다.

둘째, 체득한 理를 함양하기 위하여 마음을 다스리는 방법을 치밀하게 정리하여 제시하였는데, 마음(心)을 다스리기 위해서는 행동(몸-身)을 바로잡는 것이 필수적임을 주자는 <소학>을 통하여 강조하게 되었다. 그리하여 대인관계(부자, 형제, 부부, 사제, 붕우 등)에서 필요한 인륜적 규범을 예절로서 행동화하는 논리인 예학(禮學)을 강조하게 만들었다. 인의예지신의 천리를 체현하기 위하여 형이상학적 논리를 터득하는 것보다 일상생활에서 윤리규범을 실천하는 것을 더욱 강조하게 된 것이다. 더욱이 임진왜란 이후 병자호란을 거치면서 사회질서가 붕괴되자 이를 바로잡아야 할 시대적 과제가 예학을 중시하는 풍조를 정당화하였다. 이 시기에 서인들의 스승인 김장생이 예학을 정리하고, 그 문하에서 서인들이 대거 양성되었다. 그리고 송시열은 송준길과 더불어 김장생-김집 부자를 스승으로 삼았고, 이들이 이후 학계에 결정적인 영향을 미쳤다.

禮의 실천은 예규(禮規)를 통하여 구체적인 행동으로 표현되기 때문에 쉽게 교조주의화 한다. 욕망을 스스로 자제하는 방법은 사람에 따라 다양할 수가 있고, 마음속의 현상이므로 잘 관찰되지도 않는다. 그러나 부모상을 당했을 때 며칠 동안은 고기나 술을 마셔서는 안된다든가, 상복으로 입어야 하는 옷의 색깔은 당장 사람들에게 관찰이 된다. 그래서 마음 다스리는 방법에서는 상황에 따라 적절하게 융통성을 부릴 수 있지만, 몸을 다스리는 행동에 대한 예규는 그대로 지켜야 한다. 주자의 어록은 한마디도 바꾸면 안된다는 것과는 차원이 다른 교조주의다. 조선조의 주자학이 이기론 등 형이상학적 논리를 중시하다가 점차 행동중심의 예학으로 초점이 옮겨지면서, 교조주의적 성격이 강화된 것이다. 예학에서는 관혼상제 등 거의 모든 사회적 행동에 대하여 예규를 만들고, 이 행동에서 벗어나는 것을 도덕적으로 제재한다.

예(禮)를 강조하면, 내면의 심리상태보다는 외형으로 나타나는 행동을 중시하게 되므로 예의범절만 깍듯이 지키면, 훌륭한 주자학자로 착각하기 쉽다. 또 예학에서는 현실생활에서 인륜적 규범(禮)을 성실히 실천하면 성인의 경지에까지 도달할 수 있다고 가르친다. 그래서 주자학 공부 조금하고 열심히 예의범절을 지키면 본인 스스로도 주자학자가 된 것으로 착각할 수도 있다. 주자학이 추구하는 이상적 상태가 무엇인지, 천인합일의 뜻이 무엇인지 모르더라도, 주자학의 제자(주자교의 신도)가 된다는 심리상태가 된다. 그리하여 주자학적 교조주의자가 된다. 토마스 아퀴나스의 철학을 몰라도 성실한 카돌릭 교인이 될 수 있고, 마틴 루터의 기독교 교리를 몰라도 독실한 신교도가 되는 것과 같다. 그리하여 교리의 본질적 의미에 대한 정확한 이해가 없어도 카돌릭인 형과 신교도인 동생이 서로 악마의 화신이라고 믿고 죽고 죽이는 종교전쟁이 일어나기도 하였던 것이다.

예학적 교조주의는 파급력이 엄청나서 사대부나 양반층을 압도하고, 하류층까지 침투하여, 중후기 조선조를 완전히 지배하였다. 유학적 소명의 내용이나 중요성을 모르고, 인의의 정신을 실천하지 않아도, 표면상으로만 예절을 깍듯이 지키면, 선비가 되고 양반의 도리를 다 한다는 사고가 모든 국민을 압도한 것이다. 인의를 위하여 자신을 희생한다든가, 힘든 일을 하면서 고통을 감수해야 한다는 등의 어려움이 없는 편하고도 쉬운 주자학이 된다. 이리하여 허례허식 등 과례적(過禮的) 행태가 만연하게 된 것이다. 누구든지 관혼상제의 가례를 지키려고 하여, 가난한 시골 농민들의 제사상에서 생선이나 과일의 위치가 오른쪽인지 왼쪽인지를 두고 어른들끼리 제사 때마다 큰소리로 싸우는 모습이 집집마다 등장하게 된 것이다. 1970년대까지 우리의 주변에서 흔히 보던 풍경이고, 2020년대 현재까지도 보수적인 시골에서 간혹 등장하는 모습이다.

내면적으로 예학의 본의를 터득하였는지의 여부는 쉽게 알 수 없기 때문에 밖으로의 행동만 보고 판단하게 되어 위선적 도학자들이 대거 등장하고, 겉으로는 예의범절을 깍듯이 지키면서, 뒤에서는 부패하고 타락한 행동을 하게 되는 부패한 관료들이 횡행하는 현상이 나타나게 되는 것이다. 힘들게 인의의 정신을 실천하기보다는 남에게 잘 보이는 예의범절만 잘 지키려고 노력한 것이다. 이러한 현실적 타락은 주자교에서만 나타나는 것이 아니다. 모든 종교가 이러한 운명에 빠진다. 이러한 문제 때문에 노자가 다음과 같은 예학자에게는 뼈아픈 지적을 하였을 것이다. <道를 잃은 이후에 德이요 덕을 잃은 이후에 仁이요 인을 잃은 이후에 義요 의를 잃은 이후에 禮다. 예라는 것은 충성과 신의가 박해진 것이요 어지러움의 시초다>[6]예학적 교조주의가 지배하면서 예규는 법규나 마찬가지의 강제력을 지니고, 정치는 덕치가 아닌 법치로 탈바꿈하여 공자가 부활했으면, 크게 실망할 일들이 사회에 만연된 것이다.

<교조주의적 소명의식과 패거리정치로부터의 보상>

노자가 왜 예를 심하게 폄하하였을까? 허례허식으로 가장한 위선자들이 인의의 참된 정신을 망가트리기 때문일 것이다. 이렇게 도덕규범의 진의를 망치는 것은 교조주의적 흑백논리 때문이다. 특히 바깥으로 드러나는 행동에서 지켜야 할 규범인 예규를 지키지 않으면 무조건 不義다. 이러한 교조주의적 흑백논리가 패거리정

6) 진덕수(김병섭 편)(2018), 대학연의 상권, p.692

치와 결합되어 당쟁을 격화시키는 부작용을 산출한다. 옳고 그른지를 합리적으로 판단하지 않고 자기편의 주장을 무조건 지지하고 상대편의 주장을 반대하는 경향을 강화시켰다. 자존심이 강한 원칙주의자로서 자신이 내뱉은 말을 취소한 적이 없던 송시열이 평소에 대동법을 찬성하다가, 산당의 대표인 김집(송시열의 스승)이 반대하여 낙향하자 같이 행동하였고, 허견옥사에서 외척 김석주가 남인(송시열의 반대당)들을 일망타진하자, 평소에 김석주를 외척이라고 배척하던 태도를 바꾸어 칭찬하기도 하였다. 흑백논리는 상대편의 입장을 이해하고 자신의 입장과 타협할 수 있는 여지를 말살한다. 흑 아니면 백이다. 카돌릭 교리가 옳은지 신교도의 교리가 옳은지를 따지지 않고, 로마에서 교황청이 지시한 내용이면 무조건 신교도의 주장이 틀린 것으로 보고, 독일의 시골에서 형제간이거나 부자간에 목숨을 걸고 싸우기도 하는 것과 같다. 송시열이 주장했으니 윤휴와 허목의 주장은 무조건 틀렸다거나, 노론이 주장했으니 소론은 무조건 반대하는 식이다.

여기에 더하여 패거리 정치와 결합된 흑백논리는 반대편을 극단적인 상태까지 몰아붙이기도 한다. 아주 작은 잘못만 있어도 잘못한 것은 틀림없으니 처벌을 받아야 한다고 주장한다.[7] 부모의 3년상이 끝나기 10일 전에 고기와 술을 먹는 경우나 1년 전부터 고기와 술을 먹는 것은 다 같이 <불효> 다. 열흘 정도 반란군 속에서 같이 행동하다가 잘못을 깨닫고 그만두어도 1년 동안 열렬한 반란군 활동을 한 경우나 마찬가지로 <반란군에서 활동한 사실은 틀림없으니까> 중형에 처한다. 역모주모자들과 한 번 만나서 국왕에 대한 비난을 한 것밖에 없어도 역모죄의 주동자로 취급한다. 이리하여 정부 관직을 물러날 정도의 역모죄에 대해서 사형을 시키고, 귀양 보낼 정도의 역모죄에 대하여 삼족을 멸하는 처벌을 해야 한다고 주장

7) 이러한 흑백논리를 조선조 주자학자들의 잘못으로만 탓할 것은 아니다. 공자가 관중과 제환공의 혼란수습과 오랑캐 정벌을 찬양했는데, 맹자는 관중이 불사이군의 규범을 지키지 않았다고 맹렬하게 비난하였고, 주자는 제후국에 대한 지원에서 편향적인 태도를 보였다고 제환공도 비난했을 뿐만 아니라 관중을 극단적으로 매도하였다. 왕도정치의 관점에서 보아 몇 가지 잘못이 있으면 아무리 큰 공적이 있어도 나쁜 사람으로 비난하는 전형적인 흑백논리다. 송시열이 윤휴를 위해서 변명하는 윤선거에게 마지막으로 주자와 윤휴 중에 누가 옳으냐? 고 답변을 강요한 태도와 유사하다.

한다. 당파의 이익을 위해서 상대파에게 최대의 타격을 가하기 위해 흑백논리를 적용하는 것이다. 당쟁시기에 역모죄로서 상대파를 처벌할 때 예외없이 등장한 현상이다. 그래서 역사에 유례가 없는 대규모 학살이 벌어진 것이다. 그리고 반대당의 분노 적개심 증오심을 키워 복수를 유발하는 식으로 예학적 교조주의와 이에 동반한 흑백논리는 그 최악의 모습으로 조선조 당쟁을 격화시킨 것이다.

상대의 입장을 이해하고 자신의 입장과 조화시킬 수 있는 타협의 노력을 처음부터 배제하게 된다. 의리와 명분은 살리는지 알 수 없지만, 중용의 뜻은 사라지고 상대를 배려하는 仁의 정신은 찾을 곳이 없다. 정치공작으로 역모를 조작하고, 죄 없는 많은 반대편 사람들을 몰아서 죽이기까지 하는 조선조의 격렬한 당쟁을 보면, 이들이 어찌하여 공자의 제자라고 스스로 생각하였는지 기이한 느낌이 든다. 仁이 義禮智信을 모두 포괄하는 유학의 기본 이념이라고 주장하는 것을 보면, 더욱 신기하다는 생각이 든다. 하기야 2000년대에 들어서 벌어지는 한국의 정치판과 일부 지식인들의 행태를 보면 이해할 수도 있다.

교조주의가 패거리 정치와 만나면 또 다른 과정으로 패거리 정치를 더욱 심화시킨다. 당파의 주장이 주자의 가르침에 맞는 것인지를 따지다가, 유학-주자학의 교리와 어떻게 연계되는지를 따지지 않는 태도로 변화되고, 드디어는 국가나 백성, 심지어는 국왕에게 어떠한 영향을 주는지도 생각지 않고, 자기 패거리의 입장과 이익을 위하여 똘똘 뭉치는 경향을 더욱 강화시키는 것이다. 패거리의 이익이 모든 것을 지배하게 만든다. 교조주의의 우산 아래, 패거리를 위해서 목숨도 바친다.

패거리의 우산은 전혀 다른 차원의 효과도 산출하였다. 패거리를 위해서 희생을 하면, 격려와 칭송을 받고, 심지어는 물질적인 보상을 받을 수도 있다. 원래 선비들은 대의명분을 위하여 희생을 하면서 명예를 얻고 칭송을 받는 것을 아주 중요하게 생각한다. 무사들이 명예를 위하여 목숨을 바치는 것과 동일하다. 비록 반대편으로부터 비난과 욕설을 듣더라도, 자신이 중요하게 생각하는 지연과 학벌로 묶어진 패거리로부터 명예를 얻고 칭송을 받는다는 것 자체가 귀중한 보상이 된다. 자신의 패거리가 내거는 주장이 대의명분이라고 생각하면, 이를 위하여 희생하는 것은 역사(靑史)에 길이 남을 명예스러운 일이라고 믿는다. 그리고 헌신적인 행동으로 죽임을 당하더라도 가족들에 대한 보호를 어느 정도 패거리로부터 기대할 수도 있다. 정권이 바뀔 때마다, 지난 정쟁에서 패배하여 역적으로 처벌된 사람들이 신원 되고, 후손들이 보상받는 상황이 계속 되풀이된다. 조선조 당쟁에서의 패거리는 지역과 학벌을 기초로 하였기 때문에, 쉽게 없어지지 않고 존속된다는 사실이 이러한 경향을 더욱 강화시킨 것 같다.

이러한 패거리에 의한 보상은 또 다른 부작용을 산출하였는데, 자신이 입을 피해를 크게 염려하지 않고 상대편에 대한 공격을 더욱 강하게 하는 경향을 만들어 내는 것이다. 온건파는 힘을 잃고 과격파가 주도하게 된다. 즉, 당쟁의 강도를 심하게 만드는 것이다. 패거리의 규모가 크고 응집성이 강할수록 패거리에서 결정한 것에 대한 믿음의 강도, 피해보상에 대한 기대가 커지고, 상대편과의 싸움에 투입하는 힘도 강해진다. 조선조에서 지역과 연계된 학벌집단의 연합체가 당파로 변하면서 당쟁의 강도가 더욱 격렬해지고 반대파를 타도하려는 증오정치가 심화된 것이 여기에 영향을 받은 것 같다.

종합하면, 주자학적 교조주의가 심화되면서 지역에 기반한 학벌집단들의 연합체인 당파 간에 패거리 의식을 강화시키고, 자기파의 주장이 무조건 옳다는 흑백논리가 논쟁을 지배한다. 여기에 더하여 패거리를 위한 희생에 대한 칭송과 보상이 어느 정도 보장이 되면서, 패거리 간의 싸움이 더욱 격렬해지게 된 것 같다. 거꾸로 보면, 주자학을 기반으로 한 교조주의적 태도와 패거리 정치는 소명의식과 용기를 북돋아 선비들이 목숨 걸고 싸운 힘이 된 것이다.

5-5 결론적 종합

이제 앞에서의 검토를 주자학적 영향에 초점을 맞추어 정리하여 요약하고 결론을 도출하기로 한다. 주자학적 소명을 명분으로 논쟁을 하였는지와 주자학적 명분이 얼마만큼 죽음도 각오하는 용기를 주었는지를 검토하기로 한다. 앞장에서 논리적으로 유추한 주자학적 영향과 차이가 있는 부분은 자세히 논의될 것이다.

당쟁사를 정리하면서 가장 놀란 일은 유학의 가르침을 정면으로 부정하는 일들이 정권쟁탈을 위하여 대대적으로 자행되었다는 사실이다. 주자학은 형이상학적 天理와 전통유학의 도덕적 규범을 자연과학적 사실로서 묶어서 정당화시키는 탁월한 논리체계를 무기로 후세의 학자들을 사로잡아 종교수준의 위력을 발휘하였기 때문에 조선조 선비들의 행동을 결정적으로 좌우했을 것이라는 기대(앞의 제4장에서 본)를 완전히 배반한 것이다.

정치공작으로 역모죄를 조작하여 반대파를 무자비하게 처형한 사건들이 그렇다. 밀정을 거짓 동조자로 위장시켜서 부채질을 하는 등으로 함정에 빠트리는 비윤리적인 방법을 사용하여 유학적 규범을 심각하게 훼손하였을 뿐 아니라, 죄를 부풀려서 중형을 부과함으로서 더욱 큰 불의를 자행한 것이다. 물론 이렇게 악랄한 짓을 주도하는 자는 몇 명뿐이다. 심지어는 한 사람이 주도하기도 한다. 그러나 나머지 모두가 모르는 척 방치한 것이다. 과격파들이 당권을 장악한 것이다.

자신들의 딸을 왕비로 만들어 외척으로서 권력을 장악하려는 전략도 유학에서는 배격하는 행동인데도, 인조반정으로 정권을 장악한 서인 지도자들이 비밀리에 모여서 물실국혼(勿失國婚)을 공식 전략으로 채택했다. 왕위계승의 가능성이 있는 경쟁자를 제거하기 위한 시도(광해군이 영창대군을 죽인 경우나, 3복사건 등)도 앞에서 보았듯이 유학적 규범에는 어긋난다. 대동법 확대실시를 반대한 주자학자들도 유학정신을 배반한 경우이다. 지주출신이 많은 선비들이 반대를 하여. 입으로는 인의를 외치면서, 뒤에서는 자신들의 이익을 위하여 사회적 약자인 농민들을 착취한다는 비난을 받았다.

이상의 유학적 정신을 정면으로 부정하는 일들은 성리학(주자학)이 예학 중심으로 변질되어 윤리적 규범을 강조하면서 벌어진 부작용으로 보인다, 가족관계에 치중된 윤리와 예규를 금과옥조로 생각하여 치국에 필요한 정치윤리적 전통유학

정신을 망각한 것으로 유학의 근본가치인 仁義를 내버린 만행이다. 동방예의지국이라는 자화자찬적 구호가 드러낸 민낯이다.

유학적 대의명분을 내걸고 논쟁을 하는 경우가 숫자로 보면 훨씬 많다. 명나라를 도와서 청나라와 싸워야 한다는 尊周대의(尊中華攘夷狄)는 아주 특이한 명분이었다. 병자호란 시에는 거의 대부분의 조정신료들이 이를 주장하여, 현실주의자인 주화파(主和派)는 극소수였다. 조선조 당쟁에서 가장 많은 쟁점으로 거론된 것은 국왕의 수신제가에 관련된 것이다. 광해군이 영창대군을 죽이고, 그 어머니이자 본인의 계모인 인목대비를 서궁에 유폐하게 된 사건은 폐모살제(廢母殺弟)라는 주자학에서 최고의 윤리규범으로 내거는 효제(孝悌)를 심각하게 손상한 것으로 많은 신료들이 반대를 하였다. 숙종이 후궁인 장희빈을 왕비로 만들기 위해 민비를 폐비하려는 시도도 마찬가지였다.

존주대의의 경우도 그렇지만, 국왕의 폐모살제 등 유학적 패륜의 경우에는 많은 신료들이 주자학적 소명을 공유하였는데, 이러한 경우에는 신료들의 용기나 소명의식이 크게 강화되어 힘을 발휘하게 된 것으로 보인다. 그리고 이때 반대행동에 동참하지 않으면, 유학적 본분을 망각한 것으로 비난 받을 가능성도 커진다. 이덕형과 박태보의 죽음과 같이 순수하게 주자학적 교리를 지키기 위한 행동도 이런 분위기속에서 등장할 수 있었다고 볼 수 있다.

주자학은 왕권을 약화시키는 신권(臣權)정치-재상정치의 요소를 지니고 있었는데, 이것이 왕권을 약화시켜 당쟁을 악화시켰다. 영조가 탕평을 추구할 때 집권세력인 노론이 강력하게 반대하고, 정조가 탕평을 추구하면서 왕권의 강화를 시도할 때도 벽파에서는 정면도전을 하면서 강력하게 저항하였다.

효종 사망 후의 예송논쟁은 왕통 승계와 사대부가의 가통 승계를 똑 같이 취급한 주자가례를 적용하면서 발생한 사건이다. 국왕은 왕가뿐만 아니라 국가를 대표하고, 이 후자의 지위가 월등 중요하지만 그 특성을 무시하면서, 효종의 국왕으로서의 정통성에 상처를 입히는 부작용을 초래하였다. 주자학의 가르침대로 제가

(齊家)의 윤리규범을 충실히 지키는 행동이었고, 왕권의 정통성을 확보해야 국가를 안정적으로(내란 없이) 통치할 수 있다는 치국의 논리는 뒷전으로 밀린 것이다.

국왕을 성인군자로 만들기 위한 여러 가지 주자학적 장치가 왕권약화를 초래하였다. 세자 때부터 유교경전을 공부하고, 국왕이 되어서는 경연에 참여하거나 사간부로부터 간언을 들으면서, 조선조 국왕들은 유학의 모범생이 되도록 교육되었다. 강건한 체력을 키우기 위한 운동이나 활동을 경시하고 도덕군자적인 행동을 강요하면서 무기력한 국왕이 되었다. 또한 가급적 궁궐 바깥출입을 억제하고, 심각한 민생문제(임꺽정의 반란 원인 등)에 대한 정보를 차단하여 치국에 무능한 국왕이 되었다. 이리하여 무기력하고 무능하게 된 국왕은 집권당이 마음대로 악용하는 꼭두각시가 되어 집권당의 횡포를 막아내지 못하게 되었다. 역모사건으로 많은 사람들을 처형한 것이 여기에 큰 영향을 받았다.

왕권약화와 신권강화, 국왕에 대한 유학적 교육과 행동통제로 성인정치를 조선조에서 시도한 일들은 성리학의 내용(제4장)으로서는 추론하기 힘든 요소들이었다. 비록 진덕수의 <대학연의>가 주자학을 보완하기는 했으나, 국왕의 왕도정치에 대한 체계적인 논리가 수신제가적 논리에 비하여 턱없이 부족하여, 후세의 유학자들이 망각하기 쉬운 부분이었던 것으로 보인다.

주자학이 예학 중심으로 변화되면서 교조주의적 행태가 두드러지게 나타났다. 처음에는 주자의 어록을 충실히 따르도록 하는 주자학적 교조주의로 출발하였지만, 주자학이 예학으로 중점이 옮겨지면서, 예의범절에 대한 예규 하나하나를 어김없이 지켜야 한다는 훨씬 심각한 교조주의로 변질되었다. 그리고 여러 가지 부작용을 발생시켰다. 이 부분은 제4장에서 논리적으로 유추한 내용과 전혀 다른 양상이므로 이를 조금 더 자세히 보기로 한다.

첫째, 주자학적 소명이 달라졌다. 원래는 天理(인의예지신)를 터득하고 체현하기 위하여 마음 다스리기를 해야 하는 숭고한 소명이었는데, 삼강오륜 등 예의범절을 충실히 지키는 것으로 변질되었다.

둘째, 소명의 내용이 달라짐에 따라 소명의식의 강도가 크게 약화되었다. 극락에 가거나 신선이 되는 것에 못지않은 천인합일을 성취하기 위하여 욕망을 억제하면서 인의예지신(天理)을 힘들게 체현하려는 소명은 성취가 무척 어렵다. 부모형제 일가친척 간에 관혼상제 등의 예규를 지켜서 예의 바른 사람이 되려는 소명과는 비교가 되지 않는다. 그리고 그 중요성에서 천양지차가 있다. 전자는 사후의 영생과 직결된 귀중한 소임인데, 후자는 일상생활에서 어렵지 않게 지킬 수 있는 평범한 소임이다. 고통스럽고 힘든 것으로부터 손쉽고 편한 세속화한 소명으로 타락한 것이다. 결국 이렇게 예절을 중시하는 세속화한 소명은 그것을 위해 자신을 희생시키려는 의지의 강도가 약할 수밖에 없다. 당연히 이렇게 세속화한 소명은 목숨을 걸 만큼 귀중하다고 생각할 수 없었을 것이다.

셋째, 부모 형제 부부 친척들 간의 윤리규범과 관혼상제의 의식절차가 초점이 되어 버린 소명은 전통유학의 숭고한 목적인 치국평천하의 정신과 더욱 멀어지게 만들었다. 청나라와 싸우자고 주장하고 굴욕적인 항복에 항의하여 자살소동을 벌인 것은 국가와 백성을 위한 것이 아니었다. 주자학에서 강조한 존주대의를 지키기 위함이었다.

예학적 교조주의는 흑백논리 등으로 당쟁을 격화시키는 요인으로 작동하였다. 교조주의는 교리에 어긋난 행동은 무조건 나쁜 것으로 제재되어야 한다는 흑백논리를 동반한다. 당쟁에서도 타협 없는 대립으로 치닫게 만들었다. 더욱이 약간의 잘못이 있어도 <잘못한 것은 틀림없으니> 라는 명분으로 최대한 처벌한다. 정치공작으로 조작하여 무수한 사람들을 처형한 역모죄에서 예외없이 나타난 현상이다. 상대의 입장을 이해하고 자신의 입장과 조화시킬 수 있는 타협의 노력은 처음부터 배제되고, 중용이나 仁의 정신은 찾을 곳이 없다.

흑백논리를 동반한 교조주의는 패거리 정치를 더욱 심화시킨다. 자신들의 주장이 주자의 가르침에 맞는 것인지를 따지다가, 유학-주자학의 교리와 어떻게 연계되는지를 따지지 않는 태도로 변화되고, 드디어는 국가나 백성, 심지어는 국왕에게 어떠한 영향을 주는지도 생각지 않고, 자기 패거리의 입장과 이익을 위하여 똘똘 뭉치는 경향을 더욱 강화시키는 것이다. 명분은 어떤 것을 내걸어도 패거리의 이익이 모든 것을 지배한다. 교조주의의 우산 아래 패거리를 위해서 목숨도 바친다.

패거리의 우산은 전혀 다른 차원의 부수효과도 산출하였다. 패거리를 위해서 희생을 하면, 격려와 칭송을 받고, 경우에 따라서는 물질적인 보상을 받을 수도 있다. 비록 반대편으로부터 비난과 욕설을 듣더라도, 자신이 중요하게 생각하는 패거리로부터 명예를 얻고 칭송을 받는다는 것 자체가 귀중한 보상이 된다. 이러한 보상은 공직자들이 소명을 위해서 희생을 각오하는 용기를 내는 요인으로서 기억해야 할 내용이다.

한편 이러한 보상은 자신이 입을 피해를 크게 염려하지 않고 상대편에 대한 공격을 더욱 강하게 하는 경향을 만들어, 온건파는 힘을 잃고 과격파가 주도하여 당쟁을 격화시키는 요인도 된다. 조선조에서 지역과 연계된 학벌집단의 연합체가 당파로 변하면서 당쟁의 강도가 더욱 격렬해지고 반대파를 타도하려는 증오정치가 심화된 것이 여기에 영향을 받은 것 같다.

결론적으로 주자학이 조선조 당쟁에 미친 영향을 긍정적인 측면과 부정적인 측면으로 요약할 수 있다. 첫째, 주자학은 종교적 위상으로 선비들에게 주자학적 소명의식을 강하게 심어 주었는데, 국왕이 수신제가의 규범을 손상하면 이를 막기 위해 목숨 까지 걸고 간언하는 신료들이 간혹 있었고, 병자호란에서는 많은 사람들이 존주대의를 위하여 자살하기도 하였다. 엄청난 위력을 발휘한 것이다. 둘째, 그럼에도 불구하고 정권쟁탈을 위하여 간혹 음모와 정치공작이라는 악랄한 방법으로 반대당을 역적으로 몰고, 또 중형으로 처벌하여 유학적 규범을 심각하게 훼손하였다. 이러한 反유학적 처사를 대대적으로 자행한 것은 주자학적 교조주의가 과격파를 부추기고 온건파를 억제하여 당쟁을 격화시킨데 크게 영향을 받고, 도덕군자로 키우기 위한 유학교육과 운동을 경시한 일상생활로 무기력해지고, 바깥 정보를 차단시킨 결과 치국에 무능해진 국왕이 집권당의 과격파들을 억제하지 못한 이유 때문이었다. 이 두 가지가 모두 주자학의 악 영향으로 볼 수 있다. 물론 주자학은 국왕을 유학의 모범생으로 만들어 횡포하거나 타락한 국왕이 없도록 하는 큰 업적을 내기도 하였으나, 수신제가에 치중하여 치국을 경시하고 당쟁을 악화시킨 측면이 있으므로 종합적 평가는 따로 판단해야 하는 작업이다.

이 글의 목적, 즉 현재 대한민국의 공직자들이 투철한 소명의식을 지니기 위해서 무엇을 해야 하는지에 대한 교훈이 무엇인지를 정리하기로 한다. 즉 대통령을 비롯한 집정부의 상관들이 공익을 심각하게 훼손하는 시도를 할 때, 보복을 감수할 용기를 지닐 수 있는 소명의식을 지니기 위해서 무엇을 해야 하는가? 가장 중요한 것은 주자학이 지닌 정도의 믿음을 줄 수 있는 소명을 밝혀야 하는 것이다. 국토방위업무에 종사하는 사람들에게는 국방의 중요성, 치안을 담당하는 경우에는 치안과 법치의 중요성, 등등으로 구체적으로 무슨 내용이 되어야 하는지는 분야별로 지혜를 모아 밝혀야 한다. 둘째는 이 소명을 위해서 행동할 때 희생이 따른다면, 이를 감수할 정도의 보상이 따라야 한다는 점이다. 당쟁사에서 보면 대의명분(즉 소명)을 위해서 희생하는 경우에 따르는 명예가 가장 중요한데, 이 명분이 모두가 공감할 수 있으면 靑史에 빛날 명예가 따르기 때문에 더욱 힘이 나지만, 그것이 불가능하여도 같은 정파(패거리)에서의 칭송과 거기에 따른 명예도 큰 역할을 한다. 패거리정치로서의 당쟁이 소명의식과 용기를 키우는 측면이다. 한편 현재의 공직자에게 아주 중요한 물질적 보상에 대해서는 당쟁사에서 교훈을 얻기가 힘들다. 당쟁에서의 희생자들에 대한 물질적 보상은 간혹 있었던 것으로 판단되는 정황이 있지만, 많은 신료들이 지주출신이라 이들이 조정에서 퇴출당해도 생활에서의 큰 영향을 받지 않은 것 같아서 당쟁사에서 이를 정확히 알아내기는 어려운 것 같다. 셋째, 많은 사람들이 공감하는 사안에 대하여는 용기를 내는 사람에 대한 보복을 함부로 하기 어려우므로, 용기를 내는 사람도 많아지고, 그 강도도 커진다. 공직자의 소명이 많은 사람들이 공감할 수 있도록 밝혀져야 하고, 또 이에 대한 지식인들의 지지가 중요함을 알려준다.

참고문헌

* 나종석 외 3인 엮음(2018), 『유학과 동아시아』, 도서출판 b
* 박병련(2017), 『한국정치 · 행정의 역사와 유교』, 태학사
* 백승종(2019), 『신사와 선비』, 사우
* 육수화(2009), 『조선시대 왕실교육』, 민속원
* 이덕일(2021), 『송시열과 그들의 나라』, 김영사
* 이성무(2018), 『조선시대 당쟁사 1권』, 아름다운 날
* 이성무(2018), 『조선시대 당쟁사 2권』, 아름다운 날
* 이태진(2003), 『조선시대 정치사의 재조명』, 태학사
* 진덕수(김병섭 편)(2018), 『대학연의 상권 중권 하권』, 서울대학교 출판문화원
* 호사카 유지(2018), 『조선 선비와 일본 사무라이』, 김영사

제6장

화랑의 소명의식과 용기

제6장

화랑의 소명의식과 용기

6-1 목숨을 바친 소명의식으로부터의 교훈

대통령을 비롯한 집정부가 정략적인 목적으로 공익(국익)을 훼손하는 지시를 내리면, 이 지시가 비합리적임을 판단할 수 있는 전문지식을 갖춘 공직자들이 이를 저지하여야 한다. 공직자들은 국민 전체의 봉사자로서 공익을 수호해야 할 책임을 지고 있기 때문이다. 집정부를 설득하거나, 부득이한 경우에는 저항을 해서라도 불합리한 지시를 수정-변경하거나 폐기시켜야 한다. 그러나 불행하게도 최근의 대한민국의 공직사회는 극도로 위축되어 이러한 임무를 제대로 수행하지 못하고 있다. 공직자들이 용기를 지니고 공익수호를 위한 행동을 하려면 어떻게 해야 하는가? 공직자를 위축시키는 상황을 개선하려면 어떠한 제도적 장치 등이 필요한가? 공직자들이 지녀야 할 마음 자세는 어떠해야 하는가? 이 마지막 질문에 대한 답변, 즉, 공직자가 지녀야 할 마음 자세를 알기 위하여 조사를 한 결과 보고서가 이 책이다.

먼저 조선조 선비들의 정신세계를 지배한 성리학(주자학)을 공부하였다. 조선조의 사대부와 조정 신료, 또는 재야 선비들이 국왕에게 바른 말을 하다가 귀양을 가거나 사형, 심지어는 삼족이 멸족되는 피해를 입었다고 한다. 원래 이 연구는 이러한 마음 자세가 어떻게 함양되었는지를 알기 위하여 시작된 것이다. 현재의 상황에 도움이 되는 교훈을 얻기 위해서이다. 그러나 불행하게도, 조선조의 사례에서 충분한 답변을 얻을 수가 없었다. 그래서 공공적 대의를 위해서 죽음을 불사한 사람들의 마음 자세와 그 자세를 함양시킨 요인들을 알기 위하여 다양한 사례들을 찾기 시작하였다. 김구, 안중근, 루터, 레닌, 체 게바라 등의 독립운동가 또는 혁명가들의 일대기도 보고, 일본의 무사도와 서양의 기사도 등도 검토하였다. 그중에서 현실적 교훈을 얻는데 비교적 도움이 큰 화랑도의 경우를 좀 더 자세히 검토하였다. 이 장은 이 검토결과에 대한 보고서이다.

계백은 가족들을 모두 죽인 후에 결사대를 이끌고 전투에 나가 순절하였다. 화랑 관창은 나이가 어린 소년으로 정규직 군인이 아니라 자원입대하여 부친을 따라 전투에 참여하여 목숨을 바쳤다. 도대체 어떤 마음 상태였을까? 관창이 적진에 돌격하여 처음 잡혀 왔을 때 백제군의 사령관 계백이 어린 관창을 애처롭게 생각하여 살려 보냈다고 한다. 이렇게 자비로운 사람이 가족들을 다 죽일 때 그 마음이 어떠했을까? 좀처럼 이해가 되지 않는다. 어떤 요인이 이런 식의 소명의식을 형성시켰을까? 불행하게도 계백과 5,000결사대에 관한 기록이 거의 없어서 이를 밝힐 수 없다. 화랑에 대하여는 비교적 많은 자료들이 있어서, 이러한 소명의식을 형성시킨 요인들을 추론할 수 있다. 이들을 살펴보기로 한다. 대한민국의 위축된 공직자들이 용기를 지니고 공익수호에 임하는 데에 도움이 되는 교훈을 얻을 수도 있기 때문이다.

6-2 화랑 관창의 죽음과 시대정신

<16-7세의 나이에 적진에 혼자서 돌입하여 싸우다가 사로잡혔는데, 적장이 어린 나이의 소년을 가엽게 생각하여 풀어 준다. 그런데 돌아 왔다가 다시 창을 잡

고 혼자 뛰어나가 싸우다가 잡혀서 죽게 된다. 자비로운 적장이 잘려진 목을 말 꼬리에 매달아 돌려보내고, 아들의 목을 받아 든 이쪽의 장수가 국가를 위하여 훌륭하게 죽었다고 칭찬한다. 그리고 사기가 떨어져 침울해 있던 장병들이 격동되어 적군과 사생결단을 하고 싸운다.>

화랑 관창이 전사하는 장면이다. 김유신의 신라군이 백제 계백의 5,000결사대를 상대로 황산벌에서 싸울 때 이야기이다. 신라군이 수적으로는 10배나 많았지만, 죽음을 각오한 결사대를 격파하지 못하고, 오히려 몇 번의 전투에서 패하여 사기가 떨어져 있을 때, 벌어진 이야기다. 신라군의 부장(副將)으로서 전투 일선에서 지휘하던 아버지가 어린 아들에게 국가를 위하여 목숨을 바치라고 지시하고, 아들이 이렇게 죽음으로서 신라군이 격동되어 분발한 끝에 결사대를 물리치고 황산벌에서 승리하였다고 한다. 이로써 백제는 멸망하였는데, 결사대도 모두 죽었을 것이다.

앞에서도 지적했지만, 전투에 나오기 전에 백제군의 총대장인 계백은 가족을 모두 죽였다고 한다. 그리고 5천 명의 결사대도 모두 죽음을 각오한 것으로 알려져 있다. 백제가 망하고 자신들이 결국 패배할 것임을 미리 알면서도 항복하지 않고, 전투에 임한 계백과 결사대의 죽음은 현재의 우리로서는 이해하기 쉽지가 않다. 이러한 순국정신은 당시에는 일종의 시대정신이었던 것 같다. 지금 우리는 화랑의 순국정신을 탐색하지만, 당시에는 고구려 백제에도 화랑과 같은 청소년 단체가 있었을 것으로 짐작된다. 고구려의 경우는 조의선인(皁衣仙人)이라는 청소년 단체가 있었고, 이들이 전쟁 시에는 집단적으로 전투에 자진 참여한 것으로 알려지고 있다. 백제에도 당연히 있었을 것이다. 고구려와 백제의 경우에는 기록이 없기 때문에 안타깝다. 역사학자들이 좀 더 분발하여 잃어버린 역사를 찾아낼 수 있기를 기원할 뿐이다.

당시의 시대정신에 따랐다고 하더라도 관창의 죽음은 이해하기 어려운 부분이 있다. 한번 적진에 혼자 돌입하여 싸우다가 잡혀서 돌아왔으면, 그것만으로도 자신의 임무를 다 했다고 볼 수 있는데, 다시 돌아가서 싸운 것은 반드시 죽겠다는 각오를 한 행동이기 때문이다. 관창이 두 번째에 죽은 것이 아니라 세 번 만에 죽었다는 야사도 있다. 더욱이 일시적으로는 전투가 불리했을지 몰라도, 압도적인 병력으로 승리의 가능성이 큰 전투인데, 아들을 꼭 죽게 하여 군사들의 사기를 올린 관창 아버지의 행동도 이해하기 힘들다.

원래 전쟁에 나가는 군인은 죽음을 각오한다. 그러나 전투를 하다가 어쩔 수 없이 죽기도 하지만, 전쟁에서 살아 돌아오기도 한다. 사실은 보통의 경우 살아 돌아올 확률이 죽을 확률보다 높다. 그러므로 전쟁에서 싸우는 군인들도 살아 돌아올 기대를 하면서 싸운다. 그런데 계백이나 관창은 반드시 죽는다는 각오를 하고 싸웠다. 어떻게 그러한 마음 자세를 지니게 되었을까? 계백은 당시 백제와 운명을 같이 해야 할 최고 군사 지도자였기 때문이라고 할 수 있지만, 관창의 경우는 이해하기 힘들다. 관창의 마음 자세와 거기에 영향을 미친 요인들을 파악하면, 우리의 연구에 도움이 될 것이다.

6-3 청소년 단체로서의 화랑도(花郞徒)

관창이 죽음을 각오하고 두 번째로 싸우러 나갈 때 무슨 생각을 했을까? 먼저 고려해야 할 것은 관창의 죽음이 군인으로서 당연한 의무를 다한 것과는 약간 다른 측면이 있다는 점이다. 앞에서 지적했듯이 관창은 정규군인이 아니면서 아버지가 장군으로서 참전할 때 자원해서 전쟁터에 나갔던 것이다. 이러한 사례는 화랑의 신분으로 전투에 참여한 사다함 등도 마찬가지다. 즉, 이들은 모두 자원입대하여 전투에 참여한 것이다. 그러면서 죽음을 무릅쓴 경우이다. 물론 화랑출신으로 정규군에 편입된 후에 순국한 화랑이나 낭도들도 많지만, 우리의 일차적 관심은 자원입대하여 목숨을 바친 화랑들이다. 정규군인으로서 전쟁에서 죽음을 각오해야 할 의무가 있는 경우와는 커다란 차이가 있기 때문이다. 어떻게 그러한 결심을 하였을까? 이것을 먼저 밝히고 다른 사례들을 보기로 한다.

이들이 죽음을 각오한 행동의 이유를 밝히려면, 이들이 평소에 무엇이 죽음을 각오할 가치가 있는 것으로 믿었는지를 밝혀야 한다. 당연히 이러한 생각과 믿음을 결정적으로 좌우하였을 평소의 학습과 수련이 무엇인지가 중요하다. 가정교육 등 여러 가지 요인이 작용하겠지만, 화랑으로서의 생활이 어떤 영향을 주었는가에 우선적으로 초점을 맞추기로 한다. 그리고 그 다음에 상황적 요인들을 검토하기로 한다.

화랑은 어떤 것을 중요한 가치로 생각하고 학습하였을까? 그런데 먼저 분명히 해두어야 할 점이 있다. 즉, 화랑의 활동이 시대에 따라 변화하였다는 사실이다. 그러므로 우리가 검토하는 것은 관창이나 반굴과 같은 화랑들, 그리고 낭도들이 전쟁터에서 목숨을 바쳐서 전투를 하던 시기의 활동이다. 즉, 신라가 통일을 위한 준비를 하면서 화랑제도를 만들고, 통일전쟁을 완수하던 시기까지가 우리가 검토해야 할 시기이다. 통일기 이후, 특히 신라말기의 화랑도는 여러 가지 측면에서 이 시기의 것과 많은 차이가 나기 때문이다.

화랑도(徒)는 화랑을 중심으로 한 청소년의 단체이다. 화랑이 16-8세 정도의 청소년이므로 이를 따르는 청소년도 비슷한 또래였을 것이다. 2-3세 어리거나 2-3세 위의 소년들일 것이다. 그러나 이들이 주류를 이루었겠지만, 이들보다 훨씬 나이가 많은 30세까지의 낭도도 있었다고 한다. 화랑은 신라 최상층부인 진골(왕족) 출신이고, 낭도도 그 바로 아래 귀족(6두품)의 자제들인데, 언제부터인지 분명치는 않지만 평민의 자제들도 낭도 그룹에 참여한 것으로 알려져 있다. 한 명의 화랑 밑에 많을 때는 천여 명의 낭도가 있었고, 평균적으로 2-300명 정도가 있었다고 한다. 그리고 처음(진흥왕 시절) 출발할 때는 2명의 화랑이 있었으나 얼마 후 4명으로 늘어났고, 3대 왕(진평왕 태종무열왕 문무왕)에 걸쳐 200명의 화랑이 있었다고 하니, 전성기에는 거의 모든 상류귀족 자제들이 참여한 청소년들의 단체였을 가능성이 크다.

집단의 규모가 컸기 때문에 화랑 밑에 보좌하는 중간 지도자들이 있었던 것으로 알려져 있다. 혹시 낭도 중에 진골이 있다면 그런 역할을 담당했을 것이지만, 구체적으로 중간 지도자의 숫자가 어느 정도인지, 어떤 역할을 했는지는 밝혀져 있지 않다. 다만 화랑을 정점으로 한 단체에서 몇 개의 소집단으로 나누어 소집단을 책임지는 역할이나, 단체의 살림살이 담당, 학습의 지도자, 가무의 지도자, 무술의 지도자 역할 등을 담당하는 참모 역할을 했을 것으로 짐작할 수는 있다. 그리고 화랑단체들을 관장하는 수장으로서 풍월주, 또는 국선이라는 지위가 있었지만, 이들의 정확한 역할도 분명치 않다. 크게 보면 개별 단체들이 화랑을 중심으로 독자적인 활동을 했을 것으로 보인다.

이 글의 목적을 위하여 먼저 알아야 할 것은 과연 화랑단체가 참여 청소년들에게 심리적 영향을 미칠 정도의 공동생활을 하였을까이다. 화랑도는 청소년 단체로서 현대식으로 보면, 보이스카우트(boy scout)나 걸스카우트와 비슷한 생활을 한 것으로 짐작된다. 그래서 두 가지 점에서 현대식 학교 교육을 받는 청소년들의 학급단위별 집합체와는 다르다. 첫째, 학교생활과 같이 엄격한 규칙에 따라 생활한 것이 아니고, 자발적 집단이 지닌 약간 느슨한 행동규범을 가졌을 가능성이 크다.[1] 둘째, 현대식 학교생활보다는 훨씬 적은 시간을 보냈을 것으로 짐작된다. 이 두 가지만을 고려하면, 화랑도의 단체생활이 구성원들에게 큰 정신적 영향을 미치지 못할 것으로 판단하기 쉽다.

그러나 전혀 그렇지 않다. 무엇보다도 학교가 없던 시대였기 때문에 현대의 스카우트 단체활동보다는 훨씬 많은 시간을 투입했을 것으로 짐작된다. 불행하게도 얼마만큼 자주 모이고, 얼마만큼 많은 시간을 보냈는지는 알려진 것이 없다. 다만 낭도들의 명부가 있었고, 출석여부를 관리한 흔적은 있다. 이 흔적은 삼국통일기 이후의 것인데, 이 시기에는 인재등용을 위한 국학제도가 확립되어 화랑도의 역할이 크게 후퇴한 시기임을 감안하면, 우리가 지금 논의하는 시기(즉, 빈번한 전쟁 속에 화랑도가 활발하게 활동하던 시절)에는 출석관리가 더욱 엄격했을 가능성이 크다. 그리고 이는 성원들에게 정신적 영향을 미칠 단체로서의 응집성과 일체감을 강화시켰을 것이다.

1) 신라말기가 되면, 귀족집안에 드나드는 문객과 비슷하게 행동하는 경우가 많은 것으로 알려져 있다.

화랑도는 현대식 학교에서의 학급동료들보다는 훨씬 강한 응집성과 일체감을 지니고 활동하였을 것으로 짐작할 수 있다. 첫째, 화랑제도를 국가에서 만든 취지가 인재등용을 하는데 참고하기 위해서였기 때문이다. 즉, 공동생활을 하면서 사람에 대한 평가가 집단적으로 이루어져서 비교적 객관적인 기준으로 공직을 담당할 인재를 추천할 수가 있었고 이를 위해서 화랑도를 만들었다고 한다. 둘째, 여기에 더하여 화랑의 숫자만큼 화랑단체가 있었으므로 서로 경쟁이 되었을 것이다. 그래서 경쟁적으로 자신들의 능력을 키우고 이를 홍보하기 위해서 응집성과 일체감이 강한 공동생활을 했을 것으로 짐작할 수 있다. 화랑 개인의 명성도 있지만, 하나의 집단으로서 화랑단체의 명성이 인재등용에서 영향을 미칠 가능성이 크기 때문이다. 마지막으로 명성 있는 화랑도 집단에는 참여 희망자가 많기 때문에 훌륭하다고 판단되는 자만을 낭도로 선발하였을 가능성이 크고, 이 때문에 선발된 낭도의 자부심과 충성심을 키워 집단으로서의 응집성을 더욱 강화시켰을 것이다. 화랑 사다함이나 김유신의 낭도들에게서 전형적으로 나타난다. 결론적으로 말하면, 화랑과 낭도들이 단체생활을 하는 시간은 현대 청소년들의 학교생활보다 짧았지만, 훨씬 강한 응집성을 지니고 활동했을 가능성이 크다.

6-4 죽음을 각오한 소명의식을 함양한 교육과 학습

이들은 무엇을 중요한 가치로 생각하고, 무엇을 학습했는가? 이러한 학습내용이 죽음을 각오하는 용기를 키웠는가? 여기에 대한 명확한 답변은 불가능하다. 몇 가지 사료로서 추론을 해보는 수밖에 없다.

화랑들의 행동을 좌우한 학습과 수련 내용에 대하여 다음과 같은 기록들이 있다.

A 원광대사의 세속오계

* 사군이충(忠)
* 사친이효(孝)

* 교우이신(信)
* 임전무퇴
* 살생유택

B 최치원의 화랑에 대한 지적

- 현묘지도(玄妙之道)로서
  * 유(儒) – 공자의 도
  * 불(佛) – 석가의 도
  * 선(仙) – 노자의 도

C 화랑의 활동에 대한 김대문의 화랑세기(삼국사기에 인용)

* 상마이도의(相磨以道義) – 도덕규범에 대한 학습
* 상열이가락(相悅以歌樂) – 가무(歌舞)로서 같이 즐김
* 유오산수(遊娛 山水) – 명산대천에서의 수련과 오락

D 삼국유사의 기록

* 악을 선으로 고치고, 윗사람을 공경하고 아랫사람에게 순하게 하니 오상. 육예, 3사, 6정이 널리 행해졌다.

위의 내용은 각기 그 출처가 다르므로, 동일한 내용을 약간씩 다르게 표현하기도 하고, 또 중첩되는 내용이 많이 있다. 우리가 알고자 하는 것은 관창을 비롯한 많은 화랑 및 낭도들이 죽음을 각오하는 소명의식을 함양시킨 요인이다.

먼저 D의 경우는 유교적 규범을 망라한 것으로 이 모든 것이 죽음을 각오하는 소명의식에 직접적 영향을 준 것은 아니다. 유교적 규범 중에서 A의 세속오계에 구체적으로 적시한 것이 직접적인 관련이 있음이 명백하다. 그러므로 최치원이 B에서 말하는 공자의 도나 C에서 첫째로 말하는 도의(道義)의 내용 중 유교적 도덕도 다 비슷하다. 유교적 규범 중에서 죽음을 각오하는 마음 자세에 직접적인 관련이 있는 것은 세속오계로 집약되므로 이는 나중에 자세히 검토한다.

그러나 그 이전에 최치원이 말하는 노자나 석가의 가르침과 C에서 말하는 도의 속에도 죽음의 용기를 함양하는 요소가 있을 수 있으므로 이를 먼저 간단히

검토하기로 한다. 불교는 이차돈이 순교한 법흥왕 시절부터 크게 융성하여 화랑도가 제도화된 진흥왕 시절 이후에도 신라사회에 커다란 영향을 미친 것으로 알려져 있다. 바로 우리가 논의하는 목숨을 바친 화랑들이 수련하고 활동하며 전쟁에 나가던 시기에 광범위한 영향을 미친 것이다. 불교는 자비를 베푸는 등 선행을 하면 사후에 극락에 간다는 교리를 지니고 있는데, 이 부분이 죽음을 각오하는 소명의식에 상당한 영향을 미쳤을 가능성이 있다. 고구려 백제와의 빈번한 전쟁을 치르던 시절이므로 전쟁터에서 국가를 위하여 목숨을 바치는 것이 무엇보다 큰 선행이므로 극락에 갈 것으로 믿었을 수도 있다. 특히 화랑단체마다 승려낭도가 한 명씩 있었다고 하는데, 통일전쟁이 한참 진행되던 시기에는 승려가 가장 유식한 지식인에 해당되었고, 이들 중에서 훌륭한 승려를 화랑단체들이 경쟁적으로 초빙하여 교육을 받았을 가능성이 크다. 세속오계를 만든 원광법사는 중국에 가서 불교만이 아니라 유교, 도교 등을 두루 섭렵한 당대 최고의 지식인으로 알려져 있다. 여하튼 화랑단체에 소속된 승려낭도들이 유교적 규범만이 아니라 불교교리도 학습시켰을 가능성이 크고, 그 과정에서 불교의 가장 큰 매력인 사후의 세계에 대해서 이야기하지 않았을 리가 없다.

한편 노자의 도교적 가르침에서 무위자연을 강조하고 순리에 따라 행동하고 살아가야 한다는 도덕규범은 죽음의 용기와는 직접적 관련이 없다. 세상사를 가볍게 보고 자연과 일체가 되어 천도를 터득한 신선이 된다는 교리는 전쟁터에서의 죽음과는 아무래도 관련이 약하다. 그러나 신선이 되기 위하여 속세를 뜬구름과 같이 보고 산 좋고 물 맑은 깊은 산속에서 수양을 하는 행위는 죽음을 가볍게 보는 부수적 효과를 가져올 것이다. 바로 이 부분이 유오산수(위의 C)의 효과와 일부 중첩되는 측면이다.

유오산수는 명산대천을 두루 답사하면서 세상사를 가볍게 보고 호연지기를 키우는 측면이 있다. 필요하면 죽음도 불사한다는 마음가짐을 함양하는 측면이다. 신선이 되기 위해서 심산계곡에서 수양을 하면, 부수적으로 이러한 마음가짐을 향양할 수 있는 것이다. 목적은 다르지만 산수를 사랑하고 자질구레한 세상사를 가볍게 본다는 점에서는 동일한 측면이 있는 것이다. 더욱이 국가적으로 명성이 있거나 성지로 알려진 명산대천을 주유하면, 국토에 대한 사랑과 자부심을 키워서 애국적 행동을 하게 만드는 효과도 있다. 이는 국가를 위해서 죽음을 불사하는 마음을 더욱 강하게 할 수 있다. 화랑의 유오산수는 국가를 위하여 죽음을 각오하는 소명의식을 함양하는 측면이 있는 것이다.

한편 유오산수는 이보다 더 큰 목적이 있었던 것으로 보인다. 우리가 관심을 가지고 검토하는 시대, 즉, 신라가 통일을 위한 준비를 하고, 무수한 전쟁을 통해서 통일을 달성하던 시기에는 토속신앙으로서 산신령을 숭배하는 풍습이 광범위하게 퍼져 있었다고 한다. 그리고 이 풍습이 화랑의 사고에 상당한 영향을 미친 것으로 보인다. 김유신이 화랑시절에 산속 깊이 들어가서 도인을 만나 비술을 배우고, 신검을 전수받았다는 이야기와 이를 모방하려는 후배 화랑들이 있었다는 기록이 있다. 명산의 산신이나 큰 강이나 바다를 다스리는 해신에게 정성을 다하여 도움을 요청하면, 이들 신이 도와줄 것으로 믿기도 했던 것이다. 또 국가적 성지(聖地)에는 국가를 수호하는 신(신령)이 있다고 믿고 화랑과 낭도들이 순례의 답사를 했을 것이다. 더 크게 보면 모든 것을 관장하는 천지신명께 국가의 수호와 개인적 도움을 기원하기도 했던 것으로 보인다. 그래서 이 시기 유오산수의 중요한 목적 중의 하나는 이들 신들에게 국가의 수호, 전쟁에서의 승리, 개인적 성공 등을 기원하는 것이었을 것이다. 물론 이 부분은 도가에서 말하는 신선이 되기 위한 수련과는 다른 내용이다. 도가에서는 본인이 신선이 되고자 하는 목적으로 깊은 산속에서 수양을 하는 것이지만, 화랑의 유오산수는 초자연적 힘을 지닌 해신, 산신, 국가수호신 등에게 도움을 얻으려는 목적을 지녔던 것이다.

유오산수를 하면서 호연지기와 애국심을 키우고, 국가의 수호신이나 명산의 산신들로부터 보호를 받을 수 있다는 믿음을 가지면, 전쟁에서 승리에 대한 기대도 커지고, 죽음을 크게 두려워하지 않을 수도 있다. 즉, 위험을 무릅쓸 용기와 소명의식을 함양하는 것이다.[2)]

---

2) 또한 유오산수는 국토답사를 하면서 백성들의 생활실태나 민심의 흐름을 파악하는 효과도

상열이가락(相悅以歌樂)도 전쟁에서의 목숨 건 용기를 함양하는데 도움이 된 것으로 보인다. 여기에서 말하는 가락은 유학에서 강조하는 예악(禮樂)에서의 악과는 다른 것으로 보인다. 예를 실행하면서 원칙과 질서를 강조하여 지나치게 굳어진 마음 자세를 부드럽게 하고, 화(和)를 추구하는 예악에서의 악(樂)은 인격수양의 귀중한 수단이 되는 것이다. 자연이 피 흘리는 전쟁터에서 목숨을 거는 용기를 함양하는 것과는 거리가 멀다. 화랑도에서 말하는 가락은 주로 향가를 의미하고 상당한 부분이 국가를 호위하는 예비 전사로서 씩씩한 기상을 키우는데 도움을 주는 것으로 추정되고 있다. 국가를 위하여 헌신하거나 순국한 선배화랑이나 낭도들의 용기를 찬양하고 기리며, 성원들의 단합에 도움이 되는 성격의 내용들이 많이 포함되었을 것이라는 짐작이다.

화랑의 죽음을 불사하는 용기는 무엇보다도 A의 원광대사의 세속오계에서 결정적인 영향을 받은 것으로 보인다. 5계 중에서 약간 성격이 다른 <살생유택-殺生有擇>을 먼저 보기로 한다. 당시에 살생금지령이 공포된 것도 영향을 미쳤다고 보지만, 더 근본적으로는 무인, 전사들이 지켜야 할 품위 있는 규범이 과거부터 있었을 것이다. 즉, 예부터 무사들은 죽고 죽이는 것이 생활의 당연한 일부였으므로, 함부로 생명을 죽이는 것을 금기시하여 왔다. 즉, 불교의 영향이 아니더라도 동서양을 막론하고 기사나 무인, 무사들은 모두 이 교훈을 중요한 규범으로 지켜 왔다. 살생을 함부로 해서는 안 된다는 규범은 죽음이 두렵다고 물러서면 안 된다는 임전무퇴의 군인정신과 상호작용하면서 품격 있는 상무적 규범이 된 것이다.

살생유택도 그렇지만, 임전무퇴의 사상적 원류가 무엇인가에 대해서는 논란이 많다. 처음부터 삼국 중에서 가장 빈약한 경제와 국세를 지닌 신라가 살아남기 위해서 임전무퇴는 중요한 군인정신이었을 것이고, 화랑도가 공식으로 출범하던 시기에는 전투가 빈번하였기 때문에, 전사적 수련이 강화되고 있던 화랑도들에게

있었다고 한다. 최상류층과 귀족층의 자제들이 중심이 된 화랑과 낭도들이 국토답사를 통하여 백성들의 삶의 현장을 살펴보아 나라의 상태를 파악하는 측면도 있었다는데, 이는 장차 출사하여 국가경영을 담당할 때 필요한 지식에 해당되고 전쟁에서의 용기와는 다른 차원의 효과이다.

당연한 것으로 받아들였을 것이다. 그리고 이 시기에 고구려 백제에서는 임전무퇴를 어기는 자를 처벌하는 규정이 있었다고 한다. 신라도 당연히 그러했을 것이다.

그러나 임전무퇴의 정신이 황산벌 전투에서의 관창이나 반굴의 죽음을 완전히 설명하지는 못한다. 원래 임전무퇴는 적의 공격을 피하지 말고 싸우라는 전투 지휘관의 명령을 무시하고 도망을 쳐서는 안 된다는 규율이다. 전투에서 무조건 적의 공격에 물러서지 않고 맞설 수는 없다. 그리고 그래서도 안 된다. 전투 지휘관은 여러 가지를 고려하여 상황에 따라 전략적으로 후퇴나 공격 등을 결정하여야 한다. 그런데 두 화랑의 죽음은 임전무퇴를 실행하는 상황과는 약간 다르다. 적이 공격을 해오는 상황이 아니라 전투가 소강상태에 있고, 아군의 사기가 너무 떨어졌을 때 부친의 격려와 지시에 따라 죽음을 택하여 아군을 격동시킨 역할을 한 것이다. 소극적으로 후퇴를 하지 않은 것이 아니라, 적극적으로 죽음을 각오하고 공격한 것이다. 임전무퇴의 정신이 어느 정도 역할을 한 것은 틀림없지만, 그것만으로 죽음을 택한 것은 아니다. 더 다른 중요한 요인이 작동한 것이다. 이 다른 요인을 찾아 보아야 한다.

공자-맹자의 가르침인 유학적 규범은 5계에서 충 · 효 · 신으로 표현되었는데, 忠은 의(義), 효는 인(仁)의 대표적인 측면이므로 결국 仁義信의 규범을 강조한 것이다. 여기에 禮와 智를 포함하면 유학에서 지고의 윤리규범으로 존중하는 5가지가 된다. 원래 인의는 공자-맹자의 유학적 규범에서 대표적인 것이므로 당연히 첫째와 둘째로 거론하고, 구성원 상호간에 믿음과 단결을 강조하는 信이 국경에서 끊임없이 전투가 계속되던 시절의 청소년들의 단체에서는 극히 중요하기 때문에 포함시킨 규범이었을 것이다. 그러나 이러한 충효신의 규범도 유학의 영향이 절대적으로 작용한 것이 아니라, 옛날부터 내려오던 관습적 규범이 유학적 영향에 의하여 좀 더 강화되었거나, 유학적 색채로 분식되었을 가능성이 크다. 忠은 왕조국가가 성립되면서부터 계속적으로 강조되었을 것이고, 효는 가부장제적 가족생활과 씨족사회에서 당연한 것으로 강조되었을 것이다. 신은 단체생활과 전투에서 동료들 간에 협동과 단결을 위해서 필수적인 요소이다. 그래서 화랑도에서는 과거부터 중요한 규범으로 공유되었을 것이다.

뿌리야 어떻든 간에 유학적 규범으로 간단하게 요약할 수 있는 충효신에 상무정신을 결합시킨 것이 세속오계라고 볼 수 있다. 그리고 이 정신은 세 나라 중에서 가장 자연조건이 열악한 신라가 살아남기 위해서 화랑도의 공식 설립 이전부터 청소년들에게 계속 강조되어 왔을 것이고(그래서 세속오계는 산만하게 구전되던 불문률이 간략하게 요약된 성문률로 바뀐 것이라는 지적이 나온다), 삼국과의 전쟁이 빈번해지고 드디어 삼국통일을 하던 시기에는 그 중요성이 더욱 강조되었을 것이다. 그래서 인재등용을 염두에 둔 화랑단체들은 경쟁적으로 이 규범을 준수하려고 노력했을 것이다. 전쟁터에서의 화랑의 죽음은 같은 집단의 낭도들과 다른 화랑집단에 커다란 자극이 되었을 것이다. 요약하면 오계의 정신은 화랑들이 국가를 위하여 죽음을 각오하는 용기와 소명의식을 함양시킨 핵심적인 요인이라고 볼 수 있다.

6-5 죽음을 각오한 용기를 결정한 구체적 요인들

<소명의식과 충효쌍전>

이제 죽음을 각오한 화랑들의 용기가 구체적으로 어떻게 작동하였는지를 검토하여, 죽음의 결정적인 요인들을 확인하기로 한다. 화랑 관창의 죽음을 먼저 보기로 한다.

> 황산벌에서 몇 차례의 전투에 패하여(서기 660년) 신라군의 사기가 극도로 저하되자
> 장군 품일이 자신을 따라서 참전한 아들 관창에게
> “오늘 공을 세워 부귀를 얻을 때다”라고 말하며 출전을 권하자 관창이 두 차례에 걸쳐 적진에 돌진하였다가 죽어서 돌아왔다. 아버지가 아들의 머리 피를 소매로 닦으며
> “능히 나라를 위해 죽었으니 후회되는 것은 없다”라고 말한다.

이를 본 3군이 의분에 북받쳐 슬퍼하고 탄식하며 의지를 다지면서 적진에 돌격하여 드디어 승리하였다. 결국 백제군이 패퇴하였다.

한편 화랑 반굴도 같은 황산벌 전투(서기 660년)에 아버지 김흠순(춘)을 수행하며 참전하여 신라군이 계속 패하자 아버지가
"지금의 위급함을 보고 목숨을 바친다면 충성과 효도 모두가 완전해지겠구나"라고 말하며 출전을 권유하자 적진에 돌진하여 싸우다가 전사하였다. 상황으로 보면 관창의 죽음보다 앞선 전투였을 것이다.

관창이나 반굴은 부친이 불러서 행동을 지시하자, 즉각 죽음을 각오한 싸움을 시작한 것으로 알려져 있다. 그야말로 충효가 합세하여 평소에 익힌 상무정신을 자극함으로써 벌어진 일이다. 그러므로 두 사람 모두 부친의 지시에 대하여 다른 의견을 제시하거나 머뭇거림 없이 즉각 행동에 돌입한 것이다. 이 상황은 두 가지를 시사한다. 첫째 부친의 지시내용이 옳을 것이라는 믿음을 평소부터 지니고 있었다는 점이고, 둘째 부친의 지시는 무조건 따라야 한다는 생각을 하고 있었다는 점이다.

첫 번째의 것이 일반적인 상황에서는 더욱 중요하다. 즉, 전쟁터에서 목숨을 바치는 것은 국가나 종족, 가문을 위해서 옳고 좋은 일이라는 믿음을 평소에 확고하게 지니고 있던 것이다. 죽음의 용기를 내기 위한 필수적인 소명의식이다. 유학에서 말하는 孝의 도덕적 규범을 내면화하여 부친에 대한 신뢰가 강했음도 시사한다. 즉, 충효의 도덕규범을 내면화하여 이에 따르는 것을 소명으로 믿고, 행동하였음을 시사하는 것이다.

두 번째의 생각, 즉, 부친의 지시는 무조건 순종해야 한다는 생각은 약간 다른 측면도 지니고 있다. 원래 유학에서 충효를 강조하지만, 현실에서는 충과 효가 양립하기 어려운 경우가 많다. 이 측면은 중요하므로 좀 더 자세한 검토가 필요하다. 관포지교(管鮑之交)의 이야기를 보면, 전쟁터에서 관중은 언제나 뒷줄에 섰기 때문에 동료들이 비겁한 자라고 욕을 하였는데, 포숙이 관중을 변호했다고 한다. 관중은 노모를 모시고 있기 때문에 전쟁터에서 죽으면 안 된다는 변명이었다. 전쟁

터에서의 죽음이 일반적으로는 봉양해야 할 부모를 곤경에 빠뜨리므로, 忠을 위해 목숨을 버리는 것은 물론이고 크게 다쳐서 병신이 되는 것도 부모에 대한 효도를 하지 못하게 하는 것이다. 그래서 옛날부터 충효쌍전(雙全)이 어렵다고 해 왔다.

그런데 관창과 반굴의 경우는 전혀 다르다. 아버지가 직접 명령을 내린 것이다. 좀처럼 현실에서 볼 수 없는 특수한 경우이다. 그래서 이 상황을 보고 화랑의 죽음에서 충효쌍전이 보편적인 것으로 판단하면 커다란 잘못이다. 이 문제를 이해하기 위해서는 관창과 반굴의 죽음과는 약간 다른 비령자와 그 아들 거진의 죽음을 보는 것이 도움이 된다. 이 부자의 죽음을 보면 충효쌍전의 어려움을 어떻게 해소하였는지에 대한 실마리를 얻을 수 있다.

원래 비령자는 화랑 김유신의 낭도였는데, 화랑생활이 끝난 후에 두 사람이 같이 전투에 참여하여 벌어진 일이다. 사기가 저하된 신라군을 격동시키기 위해서 전투사령관 김유신이 비령자에게 죽음을 각오한 출격을 지시하고, 비령자가 적진에 뛰어들어 싸우다가(서기 644년) 죽는다.

> 그의 아들 거진이 같이 죽으려고 할 것을 염려한 비령자가 적진으로 돌격하기 전에 가노(家奴) 합절을 불러
> "아들 거진과 함께 나의 해골을 잘 수습하고 돌아가 어머니의 마음을 위로하라"고 일렀다.
> 예상대로 비령자의 죽음을 본 거진이 적진으로 돌진하려고 하였는데, 합절이 아버지의 유언을 전하면서,
> "아버지의 명령을 어기고 어머님의 자애로움마저 저버린다면 효도라고 할 수 있겠습니까?"
> 그러나 거진은 "아버지가 죽는 것을 보고도 구차하게 산다면 이것이 이른바 효자이겠느냐"라고 말하면서, 칼로 말꼬삐를 잡은 합절의 팔을 쳐서 꺾고 적진으로 달려가 싸우다가 죽는다. 그리고 합절도 주인을 따라 죽는다. 그리하여 격동된 신라군이 적군을 패퇴시켰다.

이상이 거진의 죽음장면인데, 아버지에 이어 자신마저 죽고 나면, 홀로 남은 어머니가 생활이 어려운 곤경에 처할 사정이었다면, 거진이 죽음을 선택하였을까? 누구나 품게 되는 의문이다. 자신이 죽더라도 국가에서 어머니의 생계를 보장해 줄 것이라는 믿음이 있었기 때문에 아버지를 따라 순국한 것으로 짐작할 수 있다. 어머니에 대한 효도를 포기하고 국가에 대한 충을 선택하게 된 용기는 어머니의 봉양을 국가가 대신해 줄 것이라는 믿음으로부터 결정적인 영향을 받은 것으로 보인다. 국가를 위하여 전쟁터에서 목숨을 바친 희생자에 대한 보상을 국가가 해야 한다는 것은 진흥왕 시절에 이미 공식적으로 선포하였다고 한다.

그러나 이러한 국가의 방침이 있더라도, 그리고 국가를 위하여 죽음으로서 충성을 하면 국가가 보상하는 것이 당연한 것으로 보이더라도, 현실적으로 그러한 보상이 충분치 못한 것이 일반적인 경우이다. 국가의 재정에 한계가 있기 때문이다. 그래서 옛날부터 충효쌍전이 어렵다는 말이 있는 것이다. 한 번의 전투에서 수천 명이 죽고 부상을 당한다면, 이를 보상하기는 무척 어렵다. <삼국사기 열전>에 김유신 장군이 여러 전투에서 적병 몇천 명, 몇만 명을 죽였다는 구절이 많이 나온다. 당연히 신라군도 비슷하게 많은 사상자가 흔히 나왔을 것이다. 세 나라 사이에 전투가 계속하여 발생하였던 당시에 신라에서도 많은 희생자가 있었을 것이고, 이들 모두를 적절하게 보상하지는 못했을 것이다. 그래서 병졸이 아니라 장교, 그것도 고위 장교 정도라야 적절한 보상이 되었을 것이다. 그런데 신라의 화랑은 진골 출신의 최상류층 자제들이고, 낭도들도 대부분이 6두품의 귀족자제들이었다. 신라의 상류층 자제들인 것이다. 당연히 이들이 전쟁에서 전사하거나 공을 세우면, 상당한 보상이 따랐을 것이다.

<화랑생활에서 습득한 신(信)과 명예>

그런데, 과거에 화랑 김유신의 낭도였던 비령자가 후일의 전쟁터에서 김유신 장군의 명령을 받고 목숨을 버리고 싸운 경우는 약간 다른 측면을 알려준다. 혈연으로 맺어진 가족이나 가문의 경우가 아니라도, 자신이 신뢰하는 상관이 명령이나 지시를 하면 죽음도 불사한다는 사실이다. 바로 화랑생활에서 맺어진 인간관계가 목숨을 건 용기에 결정적인 영향을 미친 것이다.

한편 귀산의 죽음은 또 다른 측면을 보여 준다. 화랑생활에서 지켜야 할 행동규범을 얻고자 찾아간 원광대사로부터 세속오계를 받은 지 2년 만의 전투에서 전사하였다(서기 595년). 적군의 매복에 걸려 힘이 다한 상태였는데, 귀산이 적에 돌격하여 수십 명을 죽이고, 추항과 함께 힘껏 싸웠다. 이 모습을 본 군사들이 분발하여 진격하여 적군을 완파하였는데, 온몸이 창칼에 찔려 전투 후 돌아오는 도중에 죽었다고 한다. 원광대사에게서 받은 임전무퇴의 가르침을 지키기 위하여 죽음을 불사하겠다는 결심을 한 것으로 짐작된다. 함께 원광대사를 만났던 추항도 같이 전사하였다. 존경하는 스승의 가르침을 따르겠다는 결심이 크게 영향을 미쳤겠지만, 세속오계를 처음으로 받아서 화랑과 낭도들에게 전파하던 선도자가 자신을 믿는 동료들의 신뢰를 저버리지 않겠다는 생각, 그리고 자신의 명예를 지키겠다는 결심이 복합적으로 작용한 것으로 보인다.

> 유사한 경우가 김흠운의 죽음(655년)이다. 신라군이 캄캄한 밤에 야습을 당하여 혼란에 빠졌는데, 혼자 버티고 서서 싸우려고 함으로 옆에서 말렸다. "지금 싸우다가 죽어도 너무 어두워서 아무도 아는 사람도 없다. 대왕의 사위로서 적의 손에 죽는다면, 백제의 자랑거리요. 우리의 대단한 수치가 될 것입니다."
> 그러나 김흠운은 "남이 알고 모르는 것은 하나같이 똑같은 것이오 어찌 감히 명예를 구할 것인가"하고 적군과 싸우다가 몇 명을 죽이고 전사하였다. 김흠운의 죽음을 보고 다른 장수 3명도 싸우다가 전사하였다. 양산(지금의 충청북도 옥천)에서 벌어진 이 전투에서 국왕의 사위인 김흠운 등이 전사한 사건은 무척 많은 사람들에게 감동을 주어, 사람들이 슬퍼하며 <양산가>를 지었다고 한다.

그런데 김흠운의 죽음은 석연치 않은 측면이 있다. 죽음의 현장 상황으로 보아서는 김흠운이 과연 목숨을 걸고 싸움을 한 것이 올바른 선택이었는지가 분명치 않은 것이다. 캄캄한 밤에 전혀 예상을 하지 못한 기습을 당하면, 두 가지 중의 어느 것을 선택한다. 각자의 위치에서 쳐들어오는 적군과 결사적인 싸움을 하는 것이 첫 번째 선택이다. 그러나 야습을 하는 적군은 이쪽의 상황을 어느 정도 파악하고 있는 반면, 이쪽에서는 적군의 공격전략을 알 수 없기 때문에 일단 뒤로 물러나서 피해를 감소시키는 방법을 선택할 수도 있다. 어느 경우거나 담당 구역의 일선 지휘자가 판단하여 명령하고, 군사들이 같이 행동하여야 한다. 그러나 위의 상황을 보면, 어떠한 명령도 없는 상태에서 모두가 뒤로 피하려고 하는 경우임을 짐작할 수 있다. 더욱이 말리는 사람의 말도 상당히 일리가 있는데, 죽음을 선택한 것은 이해가 쉽지 않다.

김흠운의 죽음을 이해하는 데 도움을 주는 기록이 있다. 김흠운은 화랑생활을 하면서 평소에 선배화랑이나 낭도들의 용감한 죽음에 대한 이야기를 듣고 무척 감동하였다고 한다. 국가를 위하여 장열한 죽음을 선택한 정신에 대한 존경과 감동에서 자신도 이러한 순국을 하겠다는 생각을 확고히 하게 되었던 것 같다. 그러면서 죽을 기회가 오자 죽음을 결행한 것이다. 그러나 이것만으로 그의 죽음을 설명하는 것은 약간 미흡한 것 같다.

<불명예와 처벌>

김흠운은 국왕(태종무열왕)의 사위로서 가문의 명예에 대한 고려도 크게 작용한 것으로 보인다. 물론 김흠운이 가문의 부귀공명을 위하여 죽음을 선택한 것은 아니다. 국왕의 사위이기 때문이다. 오히려 약간 다른 측면이 있다. 국왕의 사위로서 비겁하게 도망쳤다는 비난을 받을 가능성을 걱정한 측면이다. 이 부분은 아주 중요하므로 자세한 검토가 필요하다.

김흠운이 비난을 받을 가능성을 걱정한 것은 13년 전에(서기 642년) 백제가 대야성을 함락하였을 때 벌어진 성주 품석의 죽음과 관련이 있어 보인다. 신라 측의 기록에서는 성이 함락되자 품석이 가족들을 죽이고 본인도 자살한 것으로 되어 있지만, 백제 측의 기록에서는 품석이 살려주면 항복을 하겠다고 했지만, 성을 깨뜨리고 품석을 체포하여 처형한 것으로 되어있다. 항복을 받아 주는 척 속이고 성을 함락시켰다고 한다. 품석은 김춘추가 가장 사랑하던 첫째 딸의 남편인데, 비록 김춘추가 왕이 되기 전이지만, 당시 신라의 왕족으로서 실력자였으므로 백제에서 보복을 한 것이라고 한다. 과거 관산성 전투에서 백제의 성왕이 신라군에 의하여 살해당하였는데, 백제는 이에 대한 원한이 컸기 때문이라고 한다. 만약 백제 측의 기록이 정확하다면(그럴 가능성이 훨씬 크다) 신라에서는 품석에 대한 비난이 있었을 것이다. 원래 품석은 여자를 좋아하는 등 문제가 많았다고 한다. 특히 자신의 참모인 검일의 부인을 범하여, 보복을 결심한 검일이 백제군을 도와 대야성이 함락되었다고 한다. 이렇게 악명이 높은 사람이었으므로, 자살을 한 것이 사실이라고 했더라도, 많은 사람들이 백제군에게 항복한 것으로 믿었을 가능성이 크다. 품석이 김춘추의 사위였으므로, 나중에 국왕 김춘추의 사위가 된 어린 김흠운에게는 더럽고 비겁한 가족으로 인식되었을 가능성이 크다. 같은 가문에서 품석과 같은 사람이 되어서는 안 된다는 생각이 김흠운으로 하여금 선배 화랑이나 낭도들의 용감한 죽음을 더욱 존경하고 자신도 그렇게 할 것이라는 결심을 더욱 강하게 만들었을 가능성이 크다. 김흠운은 앞에서도 언급했듯이 화랑활동을 하면서 선배 화랑이나 낭도들이 국가를 위하여 장열한 전사를 한 이야기를 듣고, 크게 감동하며 순국한 선배들을 존경하고 흠모하였다고 한다. 여기에 더하여 혹시라도 전투에서 후퇴하면 품석과 같은 비겁한 인간으로 오해를 받을 가능성을 두려워한 것 같다. 그래서 상황이 약간이라도 이러한 오해를 받을 가능성이 있으면, 죽음을 결행하려고 평소에 생각했던 것 같다. 전쟁터에서는 언제나 이겨서 진격을 하는 것이 아니라, 상황이 나빠 후퇴하는 경우도 많은데, 그는 마치 죽을 기회를 기다리고 있었던 사람과 같이 행동한 것이다.

가문의 명예를 더럽히고 비겁하다는 오해를 받을 가능성을 두려워하여 죽음을 결행(서기 684년)한 것이 확실한 경우가 김영윤이다. 이러한 측면을 모르고 김영윤의 죽음을 보면, 이해하기가 무척 어렵다. 죽을 당시 상황만으로 보면 왜 죽어야 하는지가 분명치 않은 것이 김영윤의 경우이다. 삼국사기 열전의 기록을 그대로 보면 다음과 같다.

<A> 적의 잔당들이 궁지에 몰려있으니 모두가 잠시 물러나 있자고 하고 수종하는 자가 "그대만이 혼자 앞으로 나가는 것은 옳지 않은 일입니다."

<B> 그런데도 김영윤이 "앞으로 나아가는 것만 있고, 물러남이 없는 것이 사졸로서 지켜야 할 당연한 본분이다.

<C> 장부가 일을 당하면 스스로 결정할 것이지, 어찌 무리의 의견을 따르겠는가?" 혼자 적진으로 달려가 싸우다가 죽었다.

A를 보면 당시의 전투상황이 아군이 유리하고 적군이 궁지에 몰렸는데, 궁지에 몰린 쥐가 고양이를 물듯이, 지나치게 밀어붙이면 아군의 피해도 만만치 않으니, 잠시 여유를 지니고 전열을 정비하는 시간을 갖는 것이 좋다는 지휘부의 판단을 모두가 따르고 있었음을 알 수 있다. 이런 상황에서 김영윤 혼자만이 적진에 돌진하려는 행동을 하려고 했음을 말한다. 이러한 행동의 명분으로서 B에서 김영윤은 임전무퇴의 정신을 들고 있다. 그러나 임전무퇴는 이런 상황에서 적용되는 것이 아님은 명백하다. 일선 전투 지휘부에서 후퇴를 하지 말고 싸우라는 명령을 내렸을 때 후퇴하지 않아야 함을 의미하는 것이지 무조건 적군과 싸우라는 것은 아니다. C에서는 김영윤이 주변 전투동지들의 의견을 무시하겠다는 의사를 노골적으로 표명한다. 그래서 이러한 죽음 현장의 상황만을 보면, 김영윤의 죽음은 명령불복종으로 처벌까지 받을 정도는 아니라도 절대로 찬양되어서는 안 되는 군인 행동이다. 그래서 두 가지 의문이 나온다.

첫째, 후에 국왕이 크게 칭찬을 하고 후한 상을 가족들에게 준 것으로 기록되었는데, 과연 그랬을까? 이 의문은 쉽게 풀린다. 무엇보다도 전투에서 용감하게 혼자서 죽었다는 점과, 가족관계가 작용했을 것이다. 김영윤은 황산벌 전투에서 죽어 영웅이 된 화랑 반굴의 아들이고, 또 반굴은 당시 최고 권력자인 김유신의 동생인 김흠순의 아들이었던 것이다. 그래서 태종무열왕(김춘추)이 "그 아버지에 그 아들"이라고 칭찬하였던 것이다. 여기에 더하여 김영윤의 죽음이 아마도 군사작전에 크게 지장을 주지 않았을 것으로 판단된다. 궁지에 몰린 적군이 결사적으로 저항하여 아군의 피해도 만만치 않았겠지만(김영윤의 단신 돌격이 끼친 피해로), 패배 직전이던 적군이 결국은 패주하였을 것이다. 그래서 아군이 크게 승리하였기 때문이었을 것이다.

두 번째의 의문은 전투현장에서의 상황만으로는 쉽게 답할 수 없는 문제이다. 즉, 합리적으로 판단하면 단신 돌격을 해서는 안 되는 경우인데도 왜 억지 명분을 세우면서, 김영윤이 죽음을 선택하였을까? 이것이 우리의 논의를 위해서 핵심적인 의문이다. 해답의 실마리는 출전하면서 김영윤이 말한 다음의 내용이다.

> <D> "내가 이번에 가면 종친이나 가족, 친구들로 하여금 악명을 듣지 않도록 하겠다."

김영윤의 이 말을 이해하려면, 원술랑의 이야기를 알아야 한다. 김유신의 둘째 아들 원술이 전쟁에서 패배하였는데도 죽지 않고 귀가하자(서기 673년), 김유신이 가문의 명예를 더럽혔다고 국왕에게 사형시킬 것을 요청하였다. 국왕이 총사령관을 비롯한 다른 전쟁동료들을 용서하면서 원술만 처벌할 수 없다면서 원술을 용서하자, 개인적으로 집안에서 파문을 하였다. 김유신의 사후에 모친으로부터도 축출을 당하여 집으로 들어오지 못하자, 명예를 회복하기 위해 후일의 전투에서 목숨 걸고 싸웠던 것이다. 승리하여 돌아왔지만, 모친마저 출가한 후라 끝내 용서를 받지 못한 한을 품고, 평생 관직을 맡지 않은 채 은거하여 살아갔다고 한다.

기록을 비교하면 김영윤이 출전한 시기는 원술이 패주하여 가문에서 축출된 11년 쯤 후이다. 원술은 김유신의 아들이고 김영윤은 김유신의 동생의 손자이다. 둘 다 권력으로나 명예로 보아 신라 최고 가문의 청년들이다. 그래서 원술의 패주와 가문에서의 축출은 최고가문의 가족이나 친족들에게 엄청난 정신적 피해(불명예와 치욕감)을 주고 화랑집단이나 친우들에게도 모욕감을 주었을 것이다. 김영윤은 아저씨 뻘인 원술의 치욕을 갚고 가문과 친우들의 명예를 회복하겠다는 결심을 확고하게 지니고 전투에 참가한 것으로 보인다. 바로 D에서 말한 내용이다.

한 걸음 더 나가면, 혹시 자신도 원술과 같은 비난을 받을까 무척 두려워한 것으로 보인다. 원술의 경우도 총사령관을 포함한 현장의 장수들이 후퇴를 결정한 상황에서 혼자라도 싸우겠다는 것을 수종하는 자가 말고삐를 놓지 않아서 죽을 기회를 놓친 것으로 기록되어 있으며, 총사령관 등 수뇌부들과 같이 패주해서 돌아온 것으로 되어 있다. 그래서 국왕이 패주한 군사 전체를 용서하였던 것이다. 이러한 사실을 상기하면, 김영윤이 했던 행동(위에선 본 A, B, C)이 설명이 된다. 김영윤은 출전하면서부터 죽을 각오를 하고, 죽을 기회를 기다리다가, 그럴듯한 상황에서 죽음을 결행한 것으로 보인다. 이러한 결심의 동기에는 가문의 명예를 살려야 한다는 생각과 더불어, 혹시라도 죽지 않고 돌아왔을 때 원술과 같은 비극을 당하지 않을까 하는 두려움도 도사리고 있었던 것으로 보인다. 김흠운이 품석의 비겁한 행동을 기억하고, 김영윤이 원술의 파문을 크게 의식한 배경에는 당시 신라가족제도의 영향이 있다. 대가족제도로서 5대가 한 집안에서 생활했다고 하므로, 가족구성원의 범위가 넓고, 특히 상류층에서는 이러한 대가족 구성원 모두가 영광과 치욕을 함께 느꼈을 것이다. 심지어 범죄를 저지르는 경우에 가문 전체의 연좌제도 있었다고 한다.

김흠운이나 김영윤이 죽음을 결행한 것은 본인의 명예나 가문의 부귀공명과는 차원이 다른 측면이 작용한 것으로 보인다. 즉, 죽어야 될 상황에서 죽음을 결행하는 것은 일종의 의무이며, 이를 회피하는 것은 자신을 신뢰하는 집단의 기대를 저버리는 것이다. 그리고 이러한 배신에는 무서운 처벌이 따른다는 사실을 언제나 인식하고 행동하였던 것이다. 그리고 이 인식이 명예나 부귀를 얻는 보상보다도 죽음을 불사하는 용기에 더욱 큰 영향을 미친 것이 분명하다. 이 부분은 아주 중요하므로 좀 더 자세한 논의가 필요하다.

죽음으로서 명예나 부귀를 얻는 것은 본인의 행복과는 직접적인 관계가 없다. 본인의 가족 가문 친인척 등이 죽음의 명예나 보상의 혜택을 받는다. (A) 이들이 보상을 받는 만큼 죽음 이후에 자신을 칭송하고 좋은 인상으로 본인을 기억해 줄이라는 믿음이 죽는 자가 얻게 되는 정신적 보상이다. 이 정신적 보상은 클 수도 있지만, 그렇지 않을 수도 있다. 자신의 죽음으로 보상을 받는 애착집단(자신이 애정을 지니고 정신적으로 의존하는 집단)에 대한 애정의 강도에 따라 다를 것이다. 그리고 소명의식의 강도도 영향을 미칠 것이다. (B) 그러나 독실한 신자가 종교적 순교를 하는 경우는 (A)에 더하여 본인이 사후에 천당이나 극락을 간다는 믿음이 정신적 보상을 해 준다. 물론 이는 신앙심의 강도에 의하여 그 크기가 결정된다. 화랑의 경우에는 B의 가능성은 크지 않을 것으로 판단된다. 앞에서 보았지만, 토속신앙적 요소(산신이나 해신의 도움을 받는)가 큰 영향이 있지 않았을 것 같고, 사후의 극락을 믿고 화랑들이 순국한 측면도 뚜렷치 않다. 반면에 충효에 입각한 소명의식과 (A)의 요인이 죽음결행에 결정적 영향을 미친 것이 분명하다.

그런데, 죽어야 할 경우에 죽지 않아서 받게 되는 처벌은 본인이 직접 당하는 고통이다. 원술이 직접 경험한 일이고 김영윤이 두려워서 죽음을 택한 결정적인 요인이다. 당시 빈약한 국력 때문에 항상 외적의 침략을 걱정하면서 상류층에 노블레스 오부리주의 규범이 광범위하게 수용되었고, 상류층의 청소년들은 국가와 가문, 화랑을 위해서 죽어야 할 경우에 당연히 죽어야 한다는 의무감을 체화하였다. 그래서 이를 어기면, 엄청난 처벌이 따르고, 이것은 본인이 직접 감수해야 하는 고통이 되었다. 물론 이 고통은 처벌의 강도에 따라 다른데, 김유신이나 김춘추 등 최고위층 가문의 청년들에게는 치명적이었던 것 같다.

6-6 요약과 결론 - 죽음을 각오한 소명의식과 용기를 함양시킨 요인들

지금까지 검토한 내용을 결론 삼아 정리하면 다음과 같다. 먼저 화랑이나 낭도들이 전쟁터에서 죽음을 각오한 행동을 하는 데에는 소명의식에 더하여 죽음에 대한 보상-처벌이 크게 작용한다. 먼저 죽음에 대한 보상을 보면, 다시 두 가지가 분명하다. 하나는 자신의 사후에 가족들에게 돌아갈 혜택(부귀공명이나 생계보장 등)이 충분해야 한다. 바로 충효쌍전을 위한 조건이다. 둘째는 화랑생활의 동료들을 포함한 친지들의 존경과 명예이다. 그리고, 더욱 중요한 것은 비겁한 행동으로 가족이나 동료들의 기대를 저버렸을 때 감수해야 하는 처벌(모욕과 불명예뿐만 아니라 물질적인 생활수단의 박탈 등)이 더욱 강력한 영향을 미친다는 사실이다.

보상이나 처벌을 하는 주체를 보면, 물질적 보상은 주로 공공(국가)기관이 주가 되지만, 누가 되어도 별다른 차이가 없다. 정신적인 보상인 명예나 존경, 또는 정반대의 정신적 처벌의 주체는 본인이 애착을 지니고 있는 사람들에 의한 것이어야 효과가 크다. 부모, 가족, 친족이거나 교우, 동료, 친지 등 평소에 자신이 사랑하거나 중요하다고 생각하는 사람의 경우에 효과가 큰 것이다. 그렇지 않은 사람들의 정신적 보상(존경이나 비난)은 큰 효과가 없을 것이다. 이들이 죽음의 결행을 높이 평가하고 지지하면 죽음을 각오할 용기도 커진다. 반대로 비겁한 행동(죽음을 결행해야 한다고 기대하는 순간에 이를 회피하는 행동)에 대하여 정신적 처벌을 해도 마찬가지의 효과가 있다. 그리고 정신적 처벌이 더 큰 영향을 미치는 경우가 많다. 사회생활을 하는 사람이 사랑하거나 중요하다고 생각하는 사람들을 애착집단(愛着集團-affective group)이라고 부를 수 있는데, 준거집단(reference group)이 인지적-이성적 측면에서 신뢰하는 사람들을 의미하는데 비해서 정서적-감정적 측면이 더욱 강한 신뢰와 의존의 연결고리가 되는 사람들을 의미한다. 죽음을 각오하는 사람들에게는 애착집단이 더욱 중요한 의미를 지니는 것은 당연하다. 일반적으로 보면, 혈연-학연-지연집단, 종교집단, 혁명집단 등이 애착집단에 해당되는 경우가 많다. 화랑이나 낭도들의 애국적 순절에서는 가문과 화랑단체가 애착집단의 역할을 한 것이 분명하다.

그리고 일반적으로 보면, 애착집단에 대한 본인의 사랑이나 중요성 부여가 커질수록 그 영향이 크다고 볼 수 있다. 앞에서 본 화랑이나 낭도들의 죽음에서도 이러한 흔적을 찾을 수 있다. 부친의 명령에 아무런 주저없이 적진으로 돌진한 관창이나 반굴, 김유신의 명령에 즉각 적진으로 향한 비령자, 가문의 명예 때문에 절치부심한 원술, 가문과 동료 친지들의 명예를 위하여 꼭 죽어야 할 상황이 아닌데도 죽음을 선택한 김영윤의 경우 등이 모두 그런 것 같다. 예가 흔하지는 않지만, 응집성이 강한 화랑단체나 결속력이 강한 가문의 출신들이 더욱 용기를 발휘한 것 같은 흔적도 보인다. 김유신 가문, 김춘추 가문의 청년들이 죽음을 결행한 경우가 많은 것이다. 이에 대해서는 좀 더 자세한 분석이 있어야 확실한 결론이 나올 것이다.[3)]

화랑이나 낭도들의 용감한 죽음은 보상만이 아니라 강한 소명의식이 무엇보다 중요한 기본조건이 되었다. 특히 소명의식은 필수 조건인 것 같다. 아무리 보상이 있어도 본인이 죽어야 한다는 소명의식이 없으면 죽음을 결행할 수는 없기 때문이다. 화랑의 경우는 국가를 위하여 언제라도 목숨을 바칠 수 있다는 의식과 여기에 더하여 가문과 종족을 위한다는 의식이 결합되어 소명의식이 형성된 것 같다.

화랑은 대부분 진골(왕족)출신의 최상류층이고 낭도들도 6두품의 귀족층이므로 이들의 죽음은 표면상으로 보면, 상류지배층의 소명인 <노블레스 오블리주 - noblesse oblige>를 실천한 희생이다. 그러나 일반적으로 보면, 국가의 상류계층이라고 하더라도, 노블레스 오블리주를 죽음으로서 실천하는 경우는 흔치 않다. 그런데 한두 사람이 아니고 많은 사람들, 많은 부자(父子)들이 이러한 의무를 수행하였다는 사실은 보상(명예, 칭송과 존경, 국가로부터의 보상과 부귀공명 등)과 일반적인 소명의식 이상의 요인이 작동한 것임을 시사한다. 즉, 이들이 체화한 소명의식은 일반적인 노블레스 오블리주 이상의 심도와 강도를 지닌 특수한 것으로 보인다.

화랑들의 이렇게 특수한 소명의식은 여러 가지 요인에 의하여 형성된 것으로 보인다. 첫째, 화랑생활에서의 학습과 체험이 소명의식을 강화시킨 것은 틀림없다. 앞에서 보았듯이 선행을 하면 사후에 극락에 갈 수 있다는 불교의 사상, 유오산수 활동에서 체득하는 호연지기와 애국심, 그리고 해신, 산신 등의 신령들의 도움을 받을 수 있다는 믿음, 국가를 위하여 목숨을 바친 선배들에 대한 존경과 칭송, 그리고 세속오계를 체화하려는 도덕적 학습 등, 화랑생활에서 습득한 의식 등이 화랑

---

3) 특히 김유신의 가문이 두드러진다. 김흠순(춘)의 아들이 반굴이고 그 아들이 김영윤인데, 김흠순은 김유신의 동생이다. 그리고 관창의 아버지 김품일은 김유신의 양아들이다. 또 김유신의 여동생이 김춘추의 부인이 되었고, 그 사위 중의 하나가 김흠운이다. 죽지는 않았지만, 김유신의 둘째 아들 원술도 역사에 이름이 남았다.

들의 특별한 소명의식을 키우는데 큰 도움이 되었을 것이다. 특히 세속오계로 요약되는 다섯 가지 규범은 소명의식의 기본을 확고히 한 것 같다. 국가와 가문을 위해서 자신을 희생시키는 정신의 기본을 충효(忠孝)를 통해서 형성하고, 신(信)을 통해서 동료들과 동지들 간의 신뢰와 협동정신을 함양하는 학습을 한 것 같다. 이렇게 유학에서 지고의 가치로 존중되는 규범을 학습하면서, 추가적으로 전투에서 필수적인 상무정신을 함양한 것 같다. 전투에서 죽음을 두려워하여 후퇴하지 않아야 한다는 임전무퇴의 계율은 당연히 지켜야 하고. 사람을 살상하는 것을 일상적인 생활의 일부로 살아가는 전사(무사, 무인, 군인)가 정의를 위해서 꼭 필요한 경우에만 살생을 한다는 살생유택의 계율을 지킴으로서 품위 있는 상무정신을 습득하도록 노력한 것이다.

그러나 이에 못지않은 상황적 요소도 있다. 화랑이 위에서와 같은 규범을 학습하더라도, 얼마나 강하고 심도 있게 체화하느냐는 또 다른 요소에 의해 크게 영향을 받은 것 같다. 바로 국가로서의 신라가 지닌 상황적 특징이다. 신라가 국가체제를 갖춘 후부터 화랑도가 등장하기 전 상당한 기간 동안 신라는 삼국 중에서 가장 빈약한 국력을 지녔던 것으로 알려져 있다. 그리하여 끊임없이 생존을 위협 받는 상황에 시달린 것 같다. 계속되는 강한 적의 공격으로부터 살아남아야 한다는 절박한 분위기가 상류층 사회에서 형성되고, 이런 분위기가 몇 세대에 걸쳐 계속되면서 국가와 가문 모두가 운명공동체라는 의식이 확산된 것 같다. 그래서 상류층의 지도자들과 청년들이 공동으로 국가를 위하여 목숨도 버린다는 소명의식을 체화시켰던 것이다. 이러한 상황적 요인들이 화랑의 국가와 가문을 위한 소명의식을 강화시킨 것 같다.

* 김대문(이종욱 역주해)(2005), 『화랑세기』, 소나무
* 김동욱, "화랑도와 신사도와 선비도", 『화랑문화의 재조명』, DBpia, pp.15-33
* 김재홍(2019), "신라 刦石 명문에 보이는 화랑과 서약", 『新羅史學報』, 45
* 김충렬, "화랑5계와 3교사상의 현실적 구현", 『화랑문화의 재조명』, DBpia, pp.121-138
* 박남수, "신라 중고기 화랑도의 교육과 출사", 『역사교육』, 108, pp.99-125
* 박남수(2008), "신라 중고기 화랑의 출신 가계와 화랑도 운영의 변화", 『한국고대사연구』, 5(9), pp.121-157
* 안호상(1979), 『단군과 화랑의 역사와 철학』, 도서출판 사림원
* 우강식, "화랑도와 俠의 비교 고찰", DBpia, pp.73-89
* 이기동, "신라사회와 화랑도", DBpia, pp.27-41
* 이기동, "신라화랑도의 기원에 대한 一考察", 『역사학보』, 69집, pp.41-63
* 이선근(1954), 『화랑도연구』, 동국문화사
* 이종욱, "신라화랑도의 편성과 조직 · 변천", 『화랑문화의 재조명』, DBpia, pp.243-266
* 조남욱(2014), "신라화랑도에 내재한 유교사상", 『윤리교육연구』, 제35집, pp.413-433
* 조범환(2008), "신라中古期 낭도와 화랑", 『한국고대사연구』, 52
* 조범환, "신라 중대 화랑도와 국학", 『이화사학연구』, 제57집
* 조범환, "신라 화랑도와 승려", 『서강인문논총』, 제33집, pp.179-214, DBpia
* 최광식(2016), "신라의 화랑도와 풍류도", 『史叢』, 87
* 한국상고사학회(2010), 『삼국사기 열전편(정역본)』, 고대사
* 三品彰英(이원호 역)(1995), 『신라화랑의 연구』, 집문당

<기사도 무사도에 대한 연구>

* 니토베 이나조(씨알 기획 편저)(2005), 『무사도』, 청람
* 배승종(2018), 『신사와 선비』, 사우
* 베네딕트, 루스(김윤식, 오인석 옮김)(2013), 『국화와 칼』, 을유문화사
* 이케가미 에이코(남명수 옮김)(2008), 『사무라이의 나라』, 지식노마드
* 콘스탄스 브리텐 부셔(김일휴 옮김)(2005), 『중세프랑스의 귀족과 기사도』, 신서원
* 호사카 유지(2007), 『조선선비와 일본 사무라이』, 김영사

제7장

공직자의 소명의식

제7장

공직자의 소명의식

7-1 공직자 소명의 중요성

<사례 A> 광해군의 배다른 동생인 영창대군을 유배-처형하고, 인목대비를 폐비시키려는 집권세력(大北)의 시도에 반대하던 이덕형은 영의정직을 박탈당하고 2개월이 채 되지 않아 병에 걸려 사망하였다. 왕실과 국가를 걱정하여 식사를 물리고 잠을 자지 못하여 병이 들게 되었고, 병세가 급속히 악화되어 사망하였다고 한다. 50세가 넘으면 노령사(老齡死) 하던 시절이기는 하지만, 53세에 영의정직을 수행하던 건강을 지닌 사람이 2개월도 되지 않아 갑자기 사망하였다는 사실은 극히 비정상적인 죽음이었음을 암시한다. 어린 영창대군의 운명을 슬퍼하고, 영의정으로서 국왕의 잘못을 막지 못하였다는 자괴감과 자책감에 시달리며, 왕실과 국가의 장래에 대하여 걱정하는 등, 엄청난 심리적 고통으로 병이 들어 생의 의욕을 잃고 순절에 가까운 죽음을 맞은 것으로 보인다. 당쟁에서의 논쟁이나 싸움은 대부분이 정권쟁탈을 위한 것이지만, 이덕형의 죽음은 비교적 순수한 유학적 소명을 지키기 위

한 것으로 보기 드문 사건이다.

비슷한 것이 박태보의 죽음이다. 숙종이 장희빈을 왕비로 책봉하기 위하여 왕비인 민씨를 폐비시키려고 하였을 때 많은 선비들이 반대를 하였다. 아무런 잘못이 없는 왕비를 폐비시키는 것은 유학적 윤리규범을 심각하게 훼손하는 조치였고, 국왕의 이러한 비윤리적 행위를 방지하는 것이 유학자가 국가를 위하여 수행해야 할 소임이기 때문이었다. 당시 집권세력은 노론이었고 민비는 노론 집안의 사람이었으므로, 노론의 폐비반대는 정치적 목적이 강하게 영향을 미친 것으로 보이지만, 노론의 정치적 반대세력이었던 소론에 속한 박태보가 앞장 서서 반대를 한 것은 정치적 목적과는 다른 순수한 유학적 소명의식이 발로된 것으로 보인다. 정치적으로 보면 이적행위를 한 것이다. 그래서 박태보는 정치적으로 손해를 보더라도 유학적 규범을 위해 앞장 서서 반대하였던 것이다. 박태보는 곤장을 맞고 유배를 가던 중에 곤장 맞은 상처가 악화되어 사망하였다. 장살을 당한 것이다.

<사례 B> 문재인 정부는 4대강 사업으로 건설한 보를 허물기로 결정하였다. 1년 국가 총예산이 300조 원 정도이던 시절에 총공사비 24조 원을 투입하여 건설한 공공시설물을 파괴하겠다는 유례가 드문 방침이었다. 원래 이 보는 수자원 확보로서 가뭄에 대비하여 농업용수와 공업용수를 충분히 공급하려는 목표와 태풍과 폭우 시에 홍수 피해를 방지하려는 목표로 구축된 것이다. 오랫동안 방치하여 쓰레기들이 누적된 강바닥을 준설하여 강심을 깊게 하고, 일정한 곳에 보를 만들어 흘러가는 강물을 가두어 수자원을 풍부히 확보한 것이다. 물론 보가 물을 완전히 차단하지 않고 일정부분은 계속 흐르게 하여 물고기들의 통로도 확보하였다. 그런데, 환경보호론자들이 보에 물이 갇히기 때문에 녹조가 생기는 등 수질이 오염되므로 보를 허물어서 물이 그냥 흘러가도록 해야 한다는 주장을 하였다. 그러나 보 때문에 수질이 오염된다는 주장에 반대하는 전문기술적 의견도 많았다. 더욱이 강 상류의 지류를 정화하여 오염원을 제거하는 것이 훨씬 좋은 방법이고 국토를 개선하는 작업도 된다는 주장이 더 설득력이 있었다. 그런데도 정부는 <보 허물기>를 강행하였고, 이 과정에서 담당 부서의 공직자들이 집정부에서 요구하는 대로 수질오염

은 심각하고 가뭄 시의 수자원 확보와 태풍 시의 홍수 피해 방지효과는 총경비에 비하여 미미하다는 식의 보고를 한 것으로 외부에 알려졌다. 원래 수자원관리는 건설교통부에서 관장하였는데, 수질오염이 심각하다는 환경보호론자들의 주장을 받아들여 문재인 정부가 수자원관리를 환경부에 담당시켰다. 환경부는 수질오염을 강조한 것이다. 이리하여 집정부는 <보 허물기>를 강행하였다. 결국 홍수 피해와 가뭄 피해를 방지하여 농사에 큰 도움을 받던 농민들이 <보 허물기>에 격렬하게 저항하자 정부는 <보 허물기>를 중단하였다. 상식에 어긋난 보고를 한 것으로 알려진 담당 부서의 공직자들은 크게 비판을 받고, 국민들이 공직자 전체에게 큰 실망을 하게 만들었다. 그리고 보 허물기를 강행한 문재인 정권도 심한 비난을 받게 만들었다.

위의 두 가지 사례에서 보는 공직자의 태도는 너무나 다르다. 이덕형이나 박태보의 죽음은 충격적이고, 대비되는 사례 B에서의 공직자 태도는 실망스럽다. 독자들의 오해를 방지하기 위해서 미리 말씀드린다. 즉, 우리의 공직자들이 나쁜 사람들이라는 지적을 하는 것이 아니다. 어쩔 수 없었던 상황임을 쉽게 짐작할 수 있다. 더욱이 우리의 공직자들이 이덕형이나 박태보를 배워야 한다는 것도 절대 아니다. 배울 수가 없다는 것을 곧 알게 될 것이다.[1] 더욱이 이 두 사람의 죽음은 당쟁

1) 여기서 잠깐 생각해 보아야 할 의문점이 있다. 이덕형과 박태보는 모두 신분보장이 없는 고위직으로 지금의 정무직에 해당한다. 이 책에서 집중적으로 검토하는 신분보장을 받는 공직자와 다르다. 그래서 이 시점에서 두 가지를 명백하게 할 필요가 있다. 첫째, 신라의 화랑은 말할 것도 없고, 조선조의 선비들은 전혀 신분보장 없이 공공업무를 담당했다는 사실이다. 전문가 집단으로서의 공직자는 현대에 와서 확립된 실적관료제를 통해 비로소 신분보장을 받은 것이다. 이 측면만 보면 현대의 공직자들이 신분에 대한 불안이 적어서 더 용감할 수 있을 것으로 짐작할 수도 있다. 그러나 여러 가지 조건 때문에 정반대의 경우가 옳을 것으로 보인다. 조선조 선비들의 대부분이 상류층(양반) 출신이고, 상당수는 지주 출신으로 생계 때문에 신분보장에 연연하지 않았을 가능성이 있다. 물론 조선조 선비들 중에는 공직을 담당하면서 봉급으로 생계를 꾸린 고위직도 많았다. "나도 퇴계 선생과 같이 집안 살림을 걱정할 필요가 없으면, 학문에만 열중하고 싶다"라는 말을 이율곡이 흔히 했다고 한다. 그래서 신분보장 측면에서는 조선조 선비들이 불리하였을지 모르지만, 조선조 공직자들에게는 희생을 무릅쓴 용기를 강력하게 응원하는 애착집단이 존재했다(나중에 자세히 보게 된다). 불행하게도 현재의 공직자들은 외톨이로 움직여야 한다. 여하튼 조선조 선비들이 현재의 공직자

시기 조선조 선비들의 행동에서도 아주 예외적인 현상이었다. 여기서 두 사람의 죽음을 특별히 거론하는 것은 주자학적 소명의 중요성을 극명하게 보여 주는 사례이기 때문이다. 조선조의 당쟁과정에서 무수한 선비들이 처형되고 유배를 당했지만, 거의 전부가 역모죄에 연루되어 상대당이 몰아서 처형한 것이고, 이덕형이나 박태보와 같이 정권쟁탈의 목적과 전혀 관계없이 순수하게 주자학적 소명을 위해 죽은 경우는 거의 유일하다고 볼 수 있다.[2)]

특히 이덕형의 경우는 주자학적 소명의 특이한 힘을 전형적으로 보여 준다. 인목대비의 폐비나 영창대군의 유배 자체는 국가통치의 차원에서 볼 때 피치 못할 이유도 있었기 때문이다. 광해군은 선조의 후궁 소생으로 왕비가 적자를 출산하지 못하여 세자로 책봉되었는데, 한참 후인 선조말기에 새로이 책봉된 젊은 왕비가 적장자(嫡長子)인 영창대군을 출산하였다. 조선조의 가례(家禮)에 의하면, 적장자가 왕

들보다 용기 있는 행동을 할 외부적 조건은 훨씬 좋았다고 볼 수 있다.
두 번째로 생각할 것은, 이러한 차이와는 별개로 조선조 선비들과 이 책에서 취급하는 공직자들은 중요한 공통점을 지니고 있다는 사실이다. 비록 영의정이나 판서, 또는 참판은 신분보장이 되지 않는 정무직이지만, 아들의 대부분은 젊을 때 과거시험을 통하여 공직에 입문하여 고위직에 승진하였고, 그때까지는 특별한 과오가 없는 한 신분이 실질적으로 보장되는 생활을 해 온 사람들이다. 이러한 경력은 현재 행정시험을 거쳐 정무직으로 승진한 고위 공직자들과 비슷하다. 지금도 차관보는 비록 정무직이지만, 행정시험을 거친 경력직 출신이 거의 전부이고, 차관의 경우도 대부분이 그렇다. 장관의 경우도 전문성이 크게 필요한 경제부처의 경우는 아래서 승진한 경우가 대부분이다. 그리고 비슷한 부처가 많다. 사실 이 책에서 공직자라고 지칭한 사람들은 신분보장을 받는 국장, 과장 등 중간관리직 공직자만이 아니라 경력직으로 승진한 차관보, 차관은 물론이고, 장관까지도 포함한 것이다. 이들 경력직에서 승진하여 정무직이 된 사람들은 소명의식 측면에서 중견 관리 공직자들과 큰 차이가 없을 뿐 아니라, 강한 소명의식을 지녀야 할 필요성은 훨씬 더 크기 때문이다.

2) 자살을 한 다른 경우가 있는데, 청나라가 강화도를 함락하였을 때 몇몇 선비들이, 그리고 간혹 부인네들이 동반 자살을 했던 경우이다. 그러나 이 경우는 <존주대의>라는 주자학적 소명에 따른 측면이 있기는 하지만, 순수한 주자학적 소명의 영향이라고 보기는 어렵다. 이 괴이한 소명은 서인들이 인조반정시에 내걸었던 명분이었는데, 이 명분만이 아니라 임진왜란에서 명나라의 도움을 받았다는 사실, 주자가 남송을 침략한 금나라를 몰아내어야 한다고 격렬하게 상소하던 행동, 그리고 청나라 오랑캐가 국토를 유린하면서 부녀자들에게 범했던 치욕을 피하려는 마음 등등이 결합되어 벌어진 일이다. 한마디로 두 사람의 죽음과는 전혀 상황이 다르다.

위 계승의 우선권을 지니게 되어있다. 그래서 비록 광해군이 국왕이 되었지만, 영창대군이 장성하면, 왕위 쟁탈전이 벌어질 가능성을 지니게 되었다. 더욱이 선조말기에 광해군을 싫어하던 선조의 비밀 지시를 받은 영의정 유영경이 광해군을 폐(廢)세자 시키고, 영창대군을 세자로 책봉하려는 계획을 은밀하게 추진하였다. 그런데 얼마 되지 않아 선조가 사망하였고, 광해군이 왕위에 오르게 되자 유영경은 처형을 당하였다. 인목대비도 영창대군 세자책봉 계획에 깊이 관여하였을 가능성이 크다. 이러한 사건이 빌미가 되기도 하였지만, 무엇보다도 왕위계승을 둘러싼 갈등이 국가를 혼란에 빠뜨리게 할 가능성을 없애기 위해서 영창대군을 유배시켜 처형하고 인목대비도 폐비시키려고 한 것이다. 왕조국가에서 국가통치를 위해서는 어쩔 수 없는 선택이라고 볼 수 있다. 영의정이라는 직책을 담당하는 사람이 이러한 국가적 필요성을 가볍게 생각할 리는 없었을 터인데… 그리고 필자가 볼 때는 이 국가적 고려가 더욱 설득력이 있어 보이는데… 아마도 같은 생각을 하는 독자들이 많을 것이다. 그러나 주자학적 교리에 의하면, 어머니(계모지만)를 폐비시키고 죄가 없는 동생을 유배시키고 사형시키는 것은 대단한 불륜(不倫)이고, 인(孝悌)의 정신을 배반하는 가장 큰 죄악이다. 무슨 일이 있어도 막아야 되는 조치이다. 당시의 조선조 선비들의 대부분이 그렇게 믿었고, 이덕형도 마찬가지였던 것이다. 주자학의 영향력이 얼마나 강한지를 극명하게 보여 주는 사례이다. 박태보의 죽음도 정치적으로 이적행위에 속하지만 주자학적 소명을 위해서 폐비반대를 한 경우이다. 두 경우가 모두 강력한 주자학적 영향을 보여 주는 대표적 사례이다.

7-2 주자학적 소명과 화랑의 소명

앞의 사례 A, B에서 공직자가 보인 행태는 크게 대조가 된다. 도대체 어떤 요인이 이러한 차이를 가져왔는가? 조선조 선비들의 행동에서 무엇을 배울 수 있는가? 이것을 알기 위하여 3장과 4장에서 조선조 당쟁에 결정적인 영향을 미친 주자학(성리학)의 내용을 자세히 검토하였다. 여기서는 간단하게 그 핵심 요지만 되풀이하기로 한다.

조선조 선비들은 주자학(성리학)을 종교 수준으로 신봉하고 공부하였다. 주자학은 남송 시절 주희가 성리학을 집대성하고 체계화한 도덕철학이다. 우주창생에서부터 시작하여 삼라만상이 존재하고 유기체가 생명을 유지 발전하는 것은 모두 理(天理)에 따른 것이며, 인간사회에서의 理는 바로 전통 유학에서 옛 성현들이 가르친 仁義禮智信으로 구체화된다. 그러므로 이 구체화된 理를 충실히 터득하고, 이를 체현하면 바로 天理에 통하게 되어 天人合一을 성취할 수 있다. 인류사회에서 仁義가 작동하는 예를 보면 이해가 된다. 仁은 부모의 자식에 대한 사랑으로부터 형성된 것이고, 이것이 없었더라면 인류는 멸종했을 것이다. 상대편이나 약자에 대한 배려가 없는 이기적 인간들만이 모인 집단은 경쟁 집단에 의하여 멸망당했을 가능성이 크다. 모든 생명체의 종족보존에는 仁의 작용이 필수적이다. 義도 마찬가지다. 최근의 진화생물학이 연구한 바에 의하면 박테리아도 먹이 사냥 이후에 먹이 사냥에 기여하지 않는 개체(즉, 무임승차자-free rider-)를 먹이 배분에서 배제 시킨다고 한다. 그리고 이러한 박테리아 군(群)은 번성한다고 한다. 정의는 성공적인 협동을 위하여 필수적인 요소이다. 그리고 義의 또 다른 부분인 공정성(fairness)은 건전한 경쟁을 통하여 집단 전체가 발전하는데 필수적이다.

그러므로 인의는 인간사회의 유지와 발전을 위한 필수적 도덕규범이고, 모든 동물사회도 마찬가지다. 당시의 성리학자들도 호랑이의 자식 사랑을 보고 仁의 싹을, 개미와 벌의 사회에서 義의 싹을 볼 수 있다는 지적을 하고 있다. 인의가 잘 보장되는 집단일수록 더욱 발전하고 생존을 유지한다. 인간사회는 동물보다 인의의 규범이 더욱 잘 지켜지므로 동물사회보다 더욱 발전한다. 주자와 동료들은 당시 인류사회에서 가장 선진화한 자연과학적 지식을 총동원하여 자신들의 논리를 정당화하였는데, 이들의 논리와 이를 뒷받침하는 근거가 탁월하였으므로 많은 후세의 학자들을 성리학의 열렬한 추종자로 만들었다. 조선에서는 정몽주, 정도전 등 국정관리자들을 추종자로 만들고, 이퇴계, 이율곡 등 성리학의 대가들을 탄생시켰다. 그리고 송시열 같은 열렬한 추종자도 등장하였다. 국왕에게 목숨을 걸고 간언하는 조선조 선비들의 소명의식에 결정적인 영향을 미친 것이다.

이러한 주자학이 공직자인 선비들에게 요구하는 내용은 크게 두 가지다. 첫째 우주의 천리인 도덕규범(인의예지신)을 습득하여 체현하라. 둘째 국왕이 도덕규범(인의예지신)에 어긋나는 행동을 하지 않도록 국왕을 보좌해라. 주자학에서 조선조의 선비들에게 특히 강하게 요구된 행동이 수신제가의 핵심인 효제자(孝悌慈)이다. 즉, 부모에게 효도하고, 형제간에 우애를 돈독하게 해야 하며, 부모는 자식에게 자애롭게 대해야 한다는 요구이다. 그러므로 광해군이 동생인 영창대군을 유배시키고 죽이는 것은 엄청난 주자학적 不倫이다. 이덕형이 영의정의 자리에 있으면서도 이러한 국왕의 불륜을 막지 못한 것이 주자학적 소명을 저버린 행위이고, 이 소명을 저버린 것은 용서받기 힘든 죄이다.

한편 제5장에서 본 화랑의 경우는 주자학자와 약간 다르다. 주자학자들의 소명의식을 결정적으로 좌우한 것은 주자학적 소임이 중요하다는 종교 수준의 확신이었다. 주자학이라는 통일된 하나의 사상체계가 심어 준 확신이었다. 막스-레닌주의가 공산주의자에게 심어준 확신과 비슷하다. 그러나 화랑의 경우는 이러한 단일적-확정적 신념체계는 없는 것으로 보인다. 다양한 요소들이 화랑이 목숨을 버리는 소명의식 형성에 영향을 미친 것 같다. 세속오계에서의 유학적 규범이 가장 큰 영향을 미친 것은 분명하다. 5계 중 3개가 충효신(忠孝信)으로, 충은 국가에 대한 애국심, 효는 단순한 부모에 대한 효도를 넘어 가문의 영광을 위한 헌신, 그리고 신은 화랑 동료들과의 신의 등으로 가장 큰 영향을 미친 것은 틀림없다. 그러나 당시에 크게 유행하던 불교도 내면적으로 작동한 것이 틀림없고, 山神에 의존하는 샤머니즘적 요소도 도교의 자연 의존적 요소와 결합되어 작지만 영향을 미친 것 같다.

더욱이 忠의 개념이 주자학자들과는 본질적인 차이가 있다. 주자학의 경우는 전통 유학의 예에 따라 충의 대상이 주로 국왕이다. 그리고 忠은 국왕이 인의예지신이라는 유학규범을 일탈할 때에 이를 바로잡는 것이라고 가르친다. 이 유학규범은 天理가 구체화된 것이고, 이 천리에 순종해야 국가가 평화롭고 백성들이 행복하게 살 수 있다고 가르치기 때문이다. 광해군이 어린 동생(영창대군)을 유배 보내려고 할 때, 이를 방지하도록 노력하는 것이 충이다. 광해군이 周나라의 嫡統인 명나라를 섬기지 않고, 오랑캐 청나라와 등거리 외교를 하는 것은 주자학의 가르침인 존주대의(尊周大義)를 그르치는 것이므로 이를 방지하는 것이 충이다. 그래서 인조가 망해가는 명나라를 버리고 오랑캐 청나라를 섬기는 것은 심한 不義이다. 이를 막아야 忠이다. 그러나 화랑의 경우는 크게 다르다. 외국의 침략을 막아서 국민들이 평화롭게 살 수 있도록 하는 것이 국가에 대한 충성이다. 그러므로 외국과의 전투에서 목숨을 버리는 것은 당연하다. 통일 이전의 신라는 3국 중에서 가장 빈약한 국력으로 출발하였고, 부국강병을 위한 지도층의 노력과 청소년들의 헌신은 국가생존을 위한 필수 조건이었다. 국가공동체가 생존공동체였으므로, 사회의 지배 계층은 물론이고, 평민층의 대부분도 생존과 번영을 위해 자신을 희생하는 것이 당연하다는 의식을 공유한 것으로 보인다. 청소년들의 이러한 의식공유는 고구려 백제에서도 동일하게 나타난 당시의 시대정신으로 보인다. 여하튼 이렇게 공유된 의식과 기대에 어긋나지 않게, 전투에서 목숨을 아끼지 않는 용기를 발휘한 것이다. 즉, 忠의 대상과 내용이 주자학자와 달랐던 것이다.

이 차이는 충을 위한 헌신이나 희생에 대한 국민들의 칭송이나 존경에서 근본적인 차이를 발생시킨다. 국민들의 행복이나 국가의 안전을 위한 충을 위해서 희생하면, 누구나 존경하고 칭송하게 되지만, 국왕의 불륜을 방지하기 위해 희생하면, 그 불륜의 내용이 무엇인가에 따라 칭송이 달라진다. 광해군이 영창대군을 유배-살해할 때에 주자학자들은 결사반대하겠지만, 영창대군이 자라서 왕위계승을 요구하여 국가가 내란 상태에 빠질 것을 걱정하는 사람들은 찬성할 것이다. 존주대의를 위하여 나라가 망해도 좋으니 청나라와 싸우자고 하면, 광신도적인 주자학자들은 찬성하겠지만, 나머지 국민들은 대부분 반대할 것이다. 이러한 차이 때문에 국가를 위하여 순절한 선조들은 모두 애국자라고 칭송받지만, 주자학의 가르침대로 忠을 위하여 순절하거나 희생한 사람들은 후대에 존경을 받지 못하게 되는 경우가 많은 것이다.

다시 본론으로 돌아가기로 한다. 주자학자들의 소명의식은 주로 주자학이라는 단일의 의식체계에서 형성되었고, 화랑은 다양한 요인들이 영향을 미쳤다. 소명의식을 형성시키는 하나의 단일적-확정적 신념체계가 존재하느냐, 않느냐는 우리의 논의에서 대단히 중요한 이슈이다. 과학적 지식과 기술이 일면 인간의 우주여행을 가능케 하고, 타면 AI가 모든 지식을 흡수하고 개발하는 시대에 젊은이들을 설득할 수 있는 단일의 신념체계를 수립하는 것은 불가능하다. 주자학이나 마르크스주의가 동시대의 지식인들을 감동시켜 종교 수준의 믿음을 얻을 수 있었던 것과 같은 논리체계를 21세기에서 수립한다는 것은 전혀 불가능한 것이다. 그런데 화랑의 경우는 강력한 단일체계가 아니라 다양한 요소들이 결합되어 죽음도 두려워하지 않는 소명의식을 함양시킬 수 있었다. 이것이 합리주의적-과학적 이성이 지배하는 21세기에서도 공직자의 소명의식을 함양-강화할 수 있는 방안이 가능함을 시사한다. 이러한 가능성을 믿고 이 책을 쓰는 것이다. 즉, 앞에서 계속 강조하였듯이 공직자들에게 소임의 중요성을 깨우치게 하고 소임수행에 대한 자부심을 지니도록 하면 강한 소명의식이 함양될 것으로 판단한 것이다. 비록 이덕형, 박태보의 죽음이나 소년 화랑들의 죽음을 각오하는 소명의식 정도는 아니더라도, 집정부의 사실왜곡 명령을 거부할 정도의 소명의식은 키울 수 있을 것으로 생각한 것이다.

상당한 차이가 있기는 하지만, 주자학자와 화랑의 소명의식 사이에는 공통점이 훨씬 더 많다. 삼국통일 직전의 화랑과 조선조 중기의 주자학자들은 시대적으로 1천 년의 간격이 있고, 상황적으로도 많은 차이가 있다. 더욱이 화랑은 전쟁터에서 죽음으로 소명의식을 실천하였고, 주자학자들은 논쟁으로 국왕이나 당쟁 상대편과 싸우면서 소명의식을 실천하였다. 그럼에도 불구하고, 양자 사이에는 많은 유사점이 보이는 것이다. 시대를 초월하고 상황을 뛰어넘는 현상이므로, 21세기의 한국 정부에서도 참고가 될 만하다. 앞에서 검토한 내용들을 다음과 같이 종합할 수 있다.

소명의식에는 크게 두 가지 요소가 필수적으로 있어야 한다. 자신의 소임을 수행하는 것이 자신의 책임이라는 의식과 이 임무가 중요하고 바람직하기 때문에 반드시 성취하려는 마음 자세가 있어야 하는 것이다. 임무가 중요하고 바람직스러우면, 이를 수행하는 것에 대한 자부심이 생기고 이 자부심은 소명의식을 더욱 강화시킨다. 화랑의 경우나 주자학자의 경우 모두 이 요소들을 지니고 있다. 화랑에게는 전쟁터에서 죽음을 각오하고 싸워야 하는 것이 자신이 책임져야 하는 임무이고, 주자학자에게는 인의예지신이라는 유학규범으로 구체화된 理를 체현하고 여기에 어긋난 행동을 바로잡기 위한 노력을 하는 것이 임무이다. 이 임무가 왜 자신의 책임인지도 분명하다. 화랑은 신라의 젊은이로서 당연히 국가를 위해서 짊어져야 할 임무이고 또 화랑은 이들 젊은이의 리더이기 때문이다. 주자학자는 주자학의 가르침을 충실히 따라야 하기 때문이다. 이 임무가 중요하고 바람직스러운 것도 두 경우에 모두 자명하다. 화랑은 자신의 죽음을 각오한 혈전이 전투에 도움을 주고 가족 친지 국가의 운명에도 영향을 주기 때문이다. 주자학자는 理를 체현하고 국왕이하 지도계층의 솔선수범이 백성들을 교화시켜 행복하고 평화로운 국가를 만드므로 당연히 중요한 일이다.

7-3 공직자의 소명의식을 좌우하는 요인들 1 - 책임의식과 소임(업무)의 중요성 -

소명의식: 이 책에서 말하는 소명(召命) 의식은 자신의 업무를 책임지고 충실히 수행하려는 마음 자세를 의미한다. 공공분야에서의 경우를 보면, 공공봉사동기(public service mot -ivation)보다는 더 강한 의지가 내포된 용어이다. 책임감이 강조되면서 정상수준 이상의 자기희생을 감수하면서도 수행하려는 의무감이 포함되어 업무수행의지가 강한 마음 자세이다.

원래 동양에서는 하늘의 뜻을 말하는 천명(天命)이라는 용어가 있고, 기독교 등의 종교에서는 신의 의도, 또는 명령(calling)이라는 용어가 있는데, 이 정도의 형이상학적 의미는 아니지만, 단순하게 법규정에 기록된 직무를 글자 그대로 수행하는 것이 아니라, 국가와 국민을 위하여, 좀 더 욕심을 낸다면 미래의 후손들을 위하여 바람직한 일들을 수행하려는 마음 자세를 말한다. 지나치게 욕심을 내는 것일지 모르지만, 앞에서 본 사례 등에서 강한 소명의식으로 고뇌에 찬 행동을 한 사람들은 모두 이런 식의 고차원적인 의식을 지닌 것 같았다. 여하튼 행정학자들이 많이 논의하는 공공봉사동기보다는 훨씬 강한 의지가 내포된 것이므로 공공봉사동기를 강화시키는 요인에 더하여 추가적인 요인들의 영향을 고려해야 한다. 그래서 강조된 것이 업무의 중요성이고, 이것을 아래에서 구체적으로 검토하려고 하는 것이다.

2000년대 미국 지방정부 공직자들의 공공봉사동기 연구: 먼저 최근 공공봉사동기(Public Seivice Motivation-PSM)에 대한 연구가 도움이 된다. 2000년경부터 본격화된 이 연구의 초기에는 비교적 정상적인 상황에서 근무하는 공직자들을 연구대상으로 하였다. 주로 미국의 지방정부 공직자들을 대상으로 하여 공공봉사동기를 좌우하는 중요한 요인들을 밝혀내었다. 공공가치의 내면화, 사회적 약자에 대한 배려와 온정, 상대와의 정서적 동일화, 이타심과 희생정신 등이었다. 정리해보면, 첫째 사회적 약자를 보호하는 등의 공적 가치를 중시하고, 둘째 이러한 공적 가치를 실현시키기 위해서 자기희생을 각오하는 마음씨이다. 이러한 마음씨는 이타심과 직결된다.

최근에는 근무상황이 악화된 비정상적인 상황에서 공직자들의 PSM을 연구하여 지금의 우리 논의에 큰 도움을 주고 있다. PSM연구를 주도하고 있는 Wright 교수의 미국에서의 최근 연구(Wright et al 2025)가 대표적이다. 2019년부터 코로나 전염병이 휩쓸고, 더욱이 George Floyd(흑인)가 경찰에 의해 살해(2020년)되어 흑인들의 항의시위와 경찰에 대한 비난이 고조되자, 경찰들은 근무환경의 악화와 과중한 업무로 큰 고통을 받게 되었다. 그래서 기진맥진(burnout)하여 경찰직을 사직하는 경찰이 많았다. 이때 미국 중서부 지방의 일선경찰관들을 조사한 바에 따르면, 공공봉사동기가 강한 경찰들은 악화된 근무환경과 과중한 업무에서도 사직하지 않고 업무를 수행하는 경우가 봉사동기가 약한 경찰들보다 현저히 많았다. 공공봉사동기가 대단한 영향을 미친 것이다.

우리가 말하는 강한 소명의식은 자기희생이 정상보다 훨씬 큰 경우이다. 위에서 본 경찰관들의 공공봉사동기가 비슷한 경우이지만, 여전히 이덕형이나 화랑이 지닌 소명의식과는 비교가 안된다. 이렇게 강한 소명의식은 현재 미국의 지방정부와 같은 상황에서는 기대할 수 없는 것이다. 지방정부의 말단부에서 직접 행정서비스를 담당하는 공직자들에게서는 더더구나 기대할 수 없다. 물론 이렇게 강한 소명의식을 현재의 우리 공직자에게 기대할 수도 없고, 기대해서도 안 된다. 그럼에도 불구하고, 감사가 두려워 민원인을 외면하거나 정책감사를 두려워하여 합리적인 정책도 추진하지 않거나, 인사조치가 두려워 집정부의 불합리한 지시를 그대로 수용하는 자세를 수정하려면, 좀 더 강한 소명의식이 필요하다. 그래서 화랑과 주자학자들의 경우를 중심으로 삼고 최근 미국에서 연구된 내용들을 참고하여 소명의식을 좌우하는 요인들을 정리하였다. 그래서 소명의식을 좌우하는 요인으로서 크게 자기희생을 각오하는 책임의식, 업무의 독점성을 포함한 업무의 중요성, 그리고 업무수행능력으로 정리하였다.[3)]

소명의식의 뿌리, 책임의식: 다시 우리의 경우로 돌아가서, 앞에서 검토한 조선조 주자학자와 화랑의 소명의식을 보면, 책임의식이 소명의식의 뿌리임을 알 수 있다. 자신이 맡은 일이 자신이 해야 할 일이라는 책임의식이 소명의식의 가장 기본이 되는 것이다. 인간이 직업상 하는 일은 본인이 하고 싶어서 하는 경우도 있지만, 이러한 책임의식 때문에 하는 경우가 대부분이다. 무의식적이 아니라 의식적으로 책임의식을 확실히 인식한 업무가 소임이고, 이 소임을 성실히 수행하려는 마음자세가 소명의식이다. 여기에 더하여 그 소임이 중요하다고 생각하면 소명의식이 강화된다. 이것이 조선조 선비들과 화랑의 경우에서 두드러지게 나타난 것이다. 책

---

3) 2000년 이후 미국에서의 연구결과가 놀랍게도 1500년 전과 500년 전의 우리나라의 경우를 연구한 것과 비슷한 것으로 밝혀졌다. 사실은 조선조 선비와 화랑의 연구를 모두 끝내고, 집필을 마친 후에 미국에서의 최근 연구를 접하게 되었는데, 두 연구결과가 비슷하여 필자를 무척 기쁘게 하였다. 과거 우리나라를 대상으로 한 연구가 2000년도 이후의 선진국에서도 적용될 수 있는 일반적인 타당성을 얻었기 때문이다. 그리고, 필자가 소홀히 취급했던 부분들을 보완할 수 있어서 무척 다행스럽게 생각했다. 최근의 연구들을 접하게 된 것은 서울과기대의 김상묵 교수와 서울대학교 행정대학원 박사과정 박정민 군의 도움 덕택이었다. 김교수는 공공봉사동기론(PSM)을 이끌고 있는 세계적 학자의 한 사람으로 그의 조언이 큰 도움이 되었고, 박 군은 필요한 논문들을 전부 입수해주었다. 두 분에게 진심으로 감사드린다. 독자 중에 여유가 있는 분들은 다음의 논문들을 참고로 한번 보시기를 권한다. Kim, S. & Vandena-beele(2010), Wright, B.E, (2001), (2004), (2007), 그리고 Wright, Hassan & Barluran(2025)

임의식과 업무의 중요성이 소명의식을 1차적으로 좌우하는 것이다

책임의식을 조금 더 보기로 한다. 책임의식은 크게 5가지에 의하여 결정된다. 첫째, 타고난 책임감이다. 사람에 따라 다르지만 소명의식 강화를 위하여 단기적으로 책임감을 형성하기는 어려우므로 더 이상 논의하지 않는다. 둘째, 소임을 맡은 공직자의 직위이다. 이덕형과 비슷한 생각을 한 사람들도 있었겠지만, 하급 관료가 이덕형과 같은 순절을 하지는 않는다. 지위에 따라 책임감이 다르기 때문이다. 그러나 이 부분도 소명강화를 위한 교육 훈련에서 좌우할 수 있는 것은 아니다. 셋째는 업무의 중요성이다. 이덕형이 영의정으로서 담당한 업무가 모두 목숨을 걸만큼 중요하지는 않았을 것이다. 영창대군을 죽이느냐를 결정하는 일이 그만큼 중요했던 것이다. 이 중요성은 소명의식 요인에서 핵심적인 것이므로 아래에서 자세히 검토할 것이다.

넷째는 업무의 독점성이다. 적군과 대치한 최일선에서 야간 경비를 하는 군인의 소임이 대표적이다. 일정 구역 내의 경비는 혼자서 담당하므로 혹시라도 잠이 들어 적군이 침투하면 아군은 치명적인 피해를 입는다. 경비의 야간근무을 보완하거나 대체할 수 있는 방법이 없다는 사실을 인식하는 경비병은 강한 책임감을 느낄 수밖에 없다. 그리고 경비업무에 실패했을 때 발생할 피해가 크다고 예상하면 책임감은 더욱 강해진다. 그런데 피해의 크기는 업무의 중요성에 따라 커지게 된다. 최일선 경비와 후방의 군 막사 경비를 비교하면 쉽게 짐작된다. 그러므로 중요성이 큰 업무가 독점적으로 수행되면 더욱 책임감이 커진다. 즉, 독점성과 중요성이 복합적으로 작용하여 책임성을 강화한다. 그러므로 업무의 중요성을 공직자에게 인식시키는 교육이나 훈련을 할 때는 이 독점성도 자세히 알려 주어야 한다.

다섯째, 소임수행에 실패할 경우에 받게 될 처벌의 강도도 책임의식을 좌우한다. 강한 책임의식이 소임을 열심히 수행하려는 마음 자세, 즉, 소명의식을 강화시키는 근본적인 이유는 소임수행을 잘못하였을 때 감당해야 하는 처벌 때문이기도 하다. 경비병이 졸리는 눈을 억지로 뜨고, 경비를 하는 이유는 경비를 잘못하여

적군이 침투해서 벌어질 아군의 피해에 대한 우려도 있지만, 이러한 피해에 대한 책임을 져서 받아야 하는 처벌 때문이기도 하다. 전투에서 후퇴를 하지 말라는 명령을 어기지 않는 이유는 자신의 후퇴가 아군에게 줄 피해를 걱정해서라기보다는 명령불복종에 대한 처벌이 무서운 것이 더 큰 이유가 된다. 화랑들이 전투에서 목숨걸고 싸운 것을 보면, 이 측면이 두드러진다. 국왕 김춘추의 사위 김흠운의 죽음이 대표적이다. 처벌은 육체적이거나 물리적인 것도 있지만, 정신적인 것도 있다. 업무실패에 따른 불명예와 공동체로부터의 심리적 배제는 물질적인 처벌보다 훨씬 강한 영향을 미친다. 원술랑이 패전 후에 아버지 김유신으로부터 파문을 당한 경우가 대표적이다. 이것은 소임수행의 성공에 따르는 명예 칭송과 대칭을 이루어 화랑이나 조선조 선비들의 행동에 대단한 영향을 미쳤다. 처벌의 두려움은 자신의 임무를 무조건 수행해야 한다는 규정의 강도에도 영향을 받지만, 임무실패의 결과가 중대한 것이냐에 의하여 결정적인 영향을 받는다. 업무수행의 결과로 나타나는 피해나 효과가 큰 업무는 중요한 업무이다. 즉, 업무의 중요성은 처벌의 강도를 좌우하여 책임성을 더욱 강화시킨다.

책임의식을 좌우하는 5가지 요인을 정리해보면, 타고난 책임감과 공직자의 지위는 중요하지만, 소명의식 강화를 위한 인위적인 교육-훈련의 차원에서는 취급할 수 없는 변수이다. 그리고 나머지 3가지는 모두 업무의 중요성과 관련된 것이다. 소임의 독점성은 업무의 중요성을 강화시키기도 하고, 또 독점성 때문에 소명의식이 강화되는 경우에 업무의 중요성이 매개변수로 개입한다. 즉, 중요성과 상승작용을 하는 변수이다. 그리고 마지막 업무실패에 따른 처벌의 크기도 업무의 중요성에 의해서 결정적으로 좌우된다. 결국 공직자들의 소명의식을 강화시키려면, 업무의 중요성(독점성을 포함하여)을 정확하게 인식시키는 것이 가장 기본이 된다.

업무의 중요성 -개념-: 왜 중요한 업무가 공직자로 하여금 성실하게 수행할 의지를 형성하는가? 중요한 업무가 무엇인지 검토하기로 한다. 먼저 좋은(옳은) 일과 중요한 일의 관계를 명확히 할 필요가 있다. 업무를 수행하면 반드시 효과와 비용이 발생한다. 이때 효과는 업무수행으로 산출되는 바람직한(좋은) 결과이다. 경찰

업무수행으로 범죄가 없는 평화롭고 안전한 사회를 만드는 것이 효과이다. 이렇게 공공조직의 목표를 달성하여 얻게 되는 효과(mission valence)를 평가하여 공직에 봉사하는 사람들이 있다. 목표달성효과가 행정학자들이 말하는 공공봉사동기를 만들어내는 것이다. 그런데 효과에는 공식적으로 내거는 조직목표만이 아니라 파생효과 부수효과도 포함된다. 중요한 업무는 이 파생효과나 부수효과가 더 큰 경우가 많다.

한편 무슨 일이든지 업무수행을 위하여 경비가 지불되어야 한다. 이 경비에는 직접적으로 지출되는 것만이 아니라 간접경비도 있고, 또 업무수행의 부작용으로 사회가 부담하는 희생도 있다. 경찰차가 출동하여 범죄자를 체포하는 과정에서 경찰이 상처를 입거나 경찰차가 출동하는데 들어간 경비는 직접경비의 예가 되고, 달아나는 범인을 추적하는 과정에서 거리의 자동차들이나 주변의 상가에서 입게 되는 피해는 부작용의 예가 된다.

효과와 비용을 비교하여 효과가 큰 경우에 그 업무는 바람직스러운 것(desirable-소망스러운)이 되고, 그 업무를 추진하는 것이 옳다고 판단한다. 업무의 소망성이 업무추진의 정당성을 보증하는 것이다. 비용 대비 효과가 큰 경우에는 능률성(효과/비용)이 큰 경우도 있지만, 비용을 지불하고도 순 효과가 큰 경우도 있다. 효과에 파급효과 파행효과를 포함하고 비용에 부작용 등을 포함하는 것이 공공분야의 업무에서는 당연하므로 효과가 크다는 것은 국민에게 큰 혜택을 제공하는 경우를 말한다. 효과가 큰 업무는 중요한 업무이다. 그리고 그 업무를 추진하는 것은 옳다고 볼 수 있다. 즉, 업무의 소망성과 중요성, 그리고 추진의 정당성이 다 확보되는 경우이다. 이런 업무는 공직자가 자부심을 지니고 추진하면서 소명의식도 강하게 된다. 그래서 업무의 중요성이 크면, 소명의식도 강화된다고 요약해서 표현한다. 그리고 업무의 중요성을 안다는 것은 그 업무가 사회에 미치는 영향, 즉, 효과와 비용을 안다는 것이다.

그러나 중요한 업무가 소명의식을 강화시키지 못하는 예외적인 경우도 있다.

비용이 큰 경우이다. 효과와 비용이 모두 큰 경우도 포함된다. 이 후자는 사회적으로 끼치는 좋은 영향도 크지만, 사회적 희생도 큰 경우이다. 이를 추진하는 것이 옳은(좋은) 일인지가 문제가 된다. 큰 효과를 위해서는 추진해야 하지만, 엄청난 부작용이나 희생을 생각하면 추진하지 말아야 한다. 이러기도 어렵고 저러기도 어려워 추진여부가 딜레마에 봉착하는 경우이다. 이 경우에는 업무가 중요한데도 수행의욕이 쉽게 생기지 못한다. 즉, 소명의식이 쉽게 강화되기가 어려운 경우이다. 통치이념이 대립되는 문제를 해결하려는 경우에 흔히 발생한다. 이러한 딜레마 상황에서는 시대적 변화에 적합한 방안을 채택하는 것이 가장 합리적인 결정이 될 수 있지만, 공직자가 결정권을 지닐 수 없고, 국민들의 대표인 집정부에서 결정해야 한다. 그러나 어느 한쪽이 심각하게 공익을 훼손하는 경우에는 공직자가 공익수호를 위해서 나서야 한다. 그러나 이 공익훼손을 파악하기 어려운 경우가 있으므로 주의해야 함을 제3장에서 자세히 검토하였다. 여하튼 업무의 중요성을 파악할 때는 이러한 경우도 자세히 살펴야 한다.

공직자들의 소명의식을 강화하기 위한 방안으로 공직자들에게 교육-훈련을 시킬 때 가장 먼저 해야 할 일이 업무의 중요성을 정확하게 인식시키는 일이다. 즉, 그 업무수행결과인 효과와 비용에 대해서 자세히 알려주는 것이다. 자연스럽게 업무의 소망성과 업무추진의 정당성도 알게 된다. 물론 효과나 비용의 양적 크기인 규모만이 아니라 질적(質的)인 소망성 등에 대해서도 자세히 알려야 한다. 투입되는 경비의 규모가 작고, 당장 발생하는 효과의 양적 규모는 작지만, 내용이 아주 바람직스러운 특수 분야의 연구개발 업무와 같은 것이다.

대한민국 공직자 소임의 중요성: 공직자들이 강한 소명의식을 지니기 위해서는 무엇보다도 업무의 중요성을 인식하여야 한다. 그래서 제3장에서 공직자들의 소임(역할)이 중요함을 자세히 검토하였다. 요약하면, 두 가지 이유 때문이다. 첫째, 공직자가 담당하는 업무가 국가기능을 수행하기 위한 것이기 때문이다. 국방기능이 잘못 되어 적군에게 무수한 국민들이 살상을 당할 수도 있고, 치안이 잘못되어 연속살해범이 활개 칠 수도 있다. 90년대 말에 겪었던 IMF 사태의 고통은 경제부처에서 대응을 잘못하였다는 지적이 많았다. 가축질병에 잘못 대처하여 무수한 소나 돼지가 폐사하거나, 전염병으로 무수한 국민들이 사망할 수도 있다. 이러한 일들 하나하나가 엄청나게 중요하다. 그리고 공직업무는 일반적으로 독점성을 지닌다. 민간에서 담당하는 서비스나 재화의 공급은 하나의 업체에서 잘못하여도 다른 경쟁업체들이 대신할 수 있지만, 국가기능은 정부 조직에서, 그리고, 그 업무를 세분한 해당 부서에서 독점적으로 수행한다. 다른 어떤 조직에서도 대신할 수가 없다.

둘째, 중요한 두 번째 이유는 공직자들이 국가기능을 분담하여 수행하는 과정에서 가장 중요한 역할을 담당하고 있다는 사실이다. 즉, 각각의 국가기능을 수행할 때는 세부 업무단위 별로 정책방향과 목표 및 대강의 정책수단을 결정하는 정책결정을 먼저 하고, 다음에 보다 구체적인 정책수단 등을 결정하여 실현하는 정책집행을 하는데, 정책결정은 집정부의 몫이고 공직 부서는 후자인 정책집행을 담당한다. 그런데 앞에서 논의한 대로 정책결정 국면에서도 해당 공직부서에서 정책상황판단에 필요한 정보와 수단 결정에 관한 이론 등 전문지식을 제공하여 실질적인 영향을 미친다. 그리고 여기서도 공직자 업무의 독점성을 인식해야 한다. 전문지식을 제공하는 것 자체는 독점성을 지니는 것이 아니지만, 공직조직은 정책과정에서 공식적으로 이 전문성을 제공하기 위해서 만들어진 유일한 조직이라는 점에서 독점성을 지닌다. 현장에서 집행을 담당하는 것은 물론 일선 공직자들의 독점적 역할이다. 즉, 정책결정과 집행에서 가장 중심적인 역할을 한다.

그러므로 공직자들은 합리적 정책결정과 바람직한 정책집행으로 공익을 향상시키는 일에 가장 핵심적인 역할을 하는 것이다. 즉, 우리를 벼랑 끝으로 몰고 있는, 해결이 어렵고 복잡하게 얽힌 문제들(일자리 문제를 필두로 한)을 해결하여 미래세대에게 희망을 주는 일에 중심적 역할을 하여야 하는 것이다. 과잉정치와 양극화정치에 휘말려 있는 정치권으로부터 정책을 보호하여야 하는 것이다.

이상에서 보듯이 공직자의 소명은 집합적-전체적으로 보면 극히 중요하다. 이 중요성을 정확하게 인식해야만 강한 소명의식을 지닐 수 있다. 불행하게도 공직자들이 자신의 업무가 지닌 중요성을 인식하지 못하는 경우가 많다. 근본 이유는 국가기능 수행을 위한 거대한 분업체계 때문이다. 국가기능 수행을 위해서는 너무나 많고 다양한 업무들을 추진하여야 하기 때문에 분업을 하여야 한다. 그런데, 광범위한 분업체계 속에서 공직자 한 사람, 한 사람이 담당하는 업무로 분해하여 놓고 보면, 대수롭지 않은 일이라는 생각을 하기 쉬운 것이다. 여러 가지 이유가 있다. 왜 그런지를 검토하여 공직자의 업무가 중요하다는 사실을 밝혀 주어야 한다. 몇 가지 중요한 것들만 보기로 한다.

지방업무의 중요성: 가장 흔히 등장하는 착각은 지방정부의 공직자들이 자주 범한다. 중앙정부의 업무는 중요한데 지방정부의 업무는 그렇지 않다고 생각하는 것이다. 중앙정부가 담당하는 업무는 국가 전체에 큰 영향을 미치고, 또 중요하지만, 지방정부의 업무는 그렇지 않다고 생각하는 것이다. 중앙정부의 업무가 전국적인 영향을 미치는 것이고 지방정부의 업무는 지방에 한정되는 업무라는 것은 정확한 지적이다. 그러나 그렇기 때문에 중앙정부의 업무가 더 중요하다는 주장은 옳지 않은 것이다. 이를 좀 더 구체적으로 보기로 한다.

공직자들이 담당하는 공공업무는 중앙정부의 것이든 지방정부의 것이든 본질적으로 차이가 없다. 중앙에서 하는 일은 전국적으로 영향을 미치는 일이고 지방에서는 일차적으로 그 지방에 영향을 미치는 일이라는 차이뿐이다. 둘 다 흔히 공공재라고 불리는 재화나 서비스를 국민들에게 제공하는 것이다. 국토방위, 외교, 법치, 경제 등등은 대표적인 중앙업무이고, 치안, 소방, 상하수도 관리, 보건위생, 교통, 청소, 환경보호 등은 지방의 업무이다. 여기서 알 수 있듯이 지방의 업무가 중앙의 업무에 비해서 덜 중요한 것이 절대 아니다. 국토방위는 국민들의 생사를 좌우하므로 무엇보다 중요하지만, 얼른 보면 별거 아닌 것 같은 지방업무인 상하수도 관리는 어느 중앙업무보다 중요하다. 상수도가 파괴되어 마실 물이 없다거나 하수도가 고장 나는 경우를 상상해 보라. 소방, 치안, 환경보호 등도 마찬가지다. 지방의 업무는 바로 우리 생활주변의 일이다. 생활주변의 일이 잘못되면, 즉각적이고 심각한 피해를 입는다. 그러므로 정부에서는 우선적으로 이러한 생활주변의 공공

서비스가 제대로 공급되도록 최선을 다한다. 그리고 문제가 발생한 현장에서 시간을 놓치지 않고 즉시 대응하도록 지방정부에게 맡기는 것이다. 사람들은 이러한 서비스가 당연한 것으로 생각하여 중요한 것이 아니라는 착각에 빠진다. 한순간이라도 공기가 사라지면, 모두가 죽게 될 만큼 중요한데도 그 공기의 중요성을 망각하는 것과 같다.

그런데 중앙업무와 지방업무의 구분은 행정적인 필요나 역사적 관행에 의하여 인위적으로 업무배분을 한 것이므로 상황에 따라 다양하다. 지방의 업무가 다른 지역에 광범하게 영향을 미치면 중앙이 관장하기도 하는데 환경문제나 보건 문제가 그렇다. 그리고 중앙정부가 관장하는 업무도 지방 현장에서 집행되어야 하기 때문에 중앙의 업무도 실질적이고 구체적인 내용은 지방에서 결정되는 것이 많다. 지방의 국세청, 환경청, 검찰청, 법원 등등이 모두 그렇다. 다만, 이런 경우는 기본 방침과 같은 중요한 결정이 중앙에서 이루어지는 점이 다르다. 그러나 위에서 결정한 방침을 현실에 적용하는 것은 집행업무로서 지방의 현장담당자들이 담당하는 일이다. 어떤 경우라도 정책의 집행은 현장인 지방에서 이루어진다. 여하튼 공공업무로서 본질적 차이가 없으므로, 공직자들이 이를 담당할 때 지녀야 할 소명의식도 차이가 없다.

하위직 업무의 중요성: 공직업무의 중요성에 대해 착각하기 쉬운 두 번째 측면이 있다. 지위가 낮은 사람이 담당하는 업무는 덜 중요하다는 착각이다. 공직사회는 대부분 피라미드식 계층제를 지니고 있는데, 상층부로 갈수록 업무의 중요성이 커진다고 인식되기 때문이다. 위의 직위가 아래 직위보다 관장하는 업무가 많고, 따라서 부하에 대한 명령권도 있고, 정책에 대한 결정권도 커지므로 상관의 직위가 부하의 직위보다 중요한 것은 틀림없다. 그리고 중요한 업무는 낮은 지위에서 담당하여도 높은 지위의 상관이 최종 결정을 하도록 하고 덜 중요한 업무는 밑에서 최종 결정을 한다. 그래서 높은 지위의 상관이 결정하는 업무는 모두 중요한데, 낮은 지위의 부하가 담당하는 업무는 중요한 것도 있지만, 덜 중요한 것도 있다. 이 때문에 낮은 지위의 사람이 담당하는 일은 전부가 덜 중요하다는 착각이 나온다. 그러나 어떤 업무든지 그 일을 담당하는 말단의 담당자가 있다. 중요한 업무도 마찬가지다. 그러므로 동일한 업무를 말단에서 담당하여 장관이 최종 결정을 하는 경우에, 이 업무가 계층을 올라가면서 중요성이 증가하는 것은 아니다. 업무의 객관적 중요성은 변함이 없다. 대학입시제도의 개선이라는 업무(A)는 부하1의 소관업무인데, 상관(대학국장)은 부하2가 담당하는 대학지원업무(B)도 담당하는 경우를 가상적인 예로서 생각해 보면 알 수 있다. 두 개의 업무를 담당하므로 대학국장(상관)의 직위가 부하1보다 중요한 것은 틀림없다. 그러나 대학입시제도 개선업무(A업무) 자체의 중요성은 부하1이 취급할 때나 상관이 취급할 때나 동일하다.

보조업무의 중요성: 업무의 중요성에 대해 세 번째로 큰 착각을 하는 것이 있다. 어느 공공조직이든지 담당하는 국가기능 수행을 위해서 가장 중요한 핵심적 업무가 있고 이 핵심업무를 보조하는 업무가 있다. 민간 기업조직도 마찬가지다. 그래서 핵심업무를 제외한 모든 다른 업무는 중요치 않은 것으로 착각하기 쉽다. 그러나 사실은 전혀 그렇지 않다. 일부 보조업무가 핵심업무에 비해서 중요성이 떨어지는 것은 사실이지만, 많은 보조업무는 핵심 업무에 못지않게 중요하다. 어린애들을 교육시키는 초등학교의 핵심 업무는 교사가 아이들을 잘 교육시키는 일이다. 여기에 필요한 보조업무로서 난방시설을 관리하는 업무를 생각해 볼 수가 있다. 이 난방시설을 점검하여 고장 없이 수업을 받게 하는 업무는 보조업무에 해당되지만, 그 중요성이 교사가 수업을 잘 하는 것에 비하여 조금도 덜 중요한 것이 아니다. 군인들이 전투할 때 총을 들고 싸우는 일이 핵심적 업무이지만, 군인들이 사용할 총기를 잘 관리하고 점검하는 업무도 무척 중요하다. 업무수행의 기술수준이 고도화되어, 핵심 업무를 담당하는 사람들이 수준 높은 보조 서비스에 익숙해진 상태를 상상해 보면 쉽게 이해할 수 있다. 2024년 겨울에 초등학교의 난방시설이 고장 나서 언제나 따뜻하게 생활하던 아이들이 벌벌 떨면서 수업을 하면 그 수업효과가 어떻게 되겠는가? 현대식 무기에 익숙한 일선부대에서 갑자기 전파탐지기나 기관총이 고장나는 경우를 상상해 보라. 이런 식으로 핵심업무를 보조하는 주변의 업무들도 시각을 달리하여 자세히 검토하면 핵심업무에 못지 않게 중요하다는 사실을 알 수 있다.

중요성의 시대적 변화와 공공업무의 상호의존성: 동일한 조직에서 보조업무의 중요성이 흔히 망각되듯이 국가기능 전체의 관점에서 본 다른 관련업무의 중요성이 망각되는 경우가 많다. 그런데 시대적 상황에 따라 국가기능별로 중요성의 정도가 달라진다. 물론 특정기능수행을 위한 구체적인 업무의 중요성도 달라진다. 그러므로 고도성장기에는 국가기능 중에서 경제발전이 무엇보다 중요한 지위를 차지했는가 하면, 경제가 성숙되고 민주화가 대대적으로 진행된 후에는 복지분야의 중요성이 커지게 된다. 21세기가 되면서, 제1장에서 자세히 보았듯이, 과학기술의 급속한 발전으로 양질의 일자리가 기계에 의하여 대체되면서 고용문제가 무엇보다 중요해지고 있으며, 저출산-초고령사회문제가 복합적으로 작동하여 해결이 어렵고 복잡하게 뒤얽힌 문제를 파생시키고 있어서 거의 모든 공공분야의 업무가 중요해지고 있다. 이 과정에서 업무의 부수효과 파급효과 등이 다른 업무와의 관련성에서 중요성이 커지면서 업무들을 상호보완적으로 동시에 추진해야 할 필요성이 커졌다. 특정 업무 하나의 효과만을 보면 대수롭지 않은 업무가 다른 업무와 관련한 부수효과 때문에 중요한 경우가 많아지는 것이다. 그러므로 분야별 외부 전문가들이 공직자들과 협력하여 이들 문제의 상호관계와 해결 수단의 어려움을 정확하게 밝혀주고, 타 분야의 전문가들과 협력하여 공동추진의 방식 등도 검토해주어야 한다. 이렇게 해야 공직자들이 소명의식을 지닐 수 있다.

소임의 주관적 중요성: 공직자가 자신의 업무에 대한 중요성을 판단할 때에는 객관적인 중요성이 기본이 되지만, 주관적인 측면도 크게 영향을 미친다. 처벌을 각오하고 상관의 명령을 거부하려면, 문제가 된 업무가 중요하다고 본인이 생각해야 한다. 그래야 이 업무에 대한 소명의식이 강하게 된다. 국방부 장관이나 일선지구의 소대장이 비상시에 담당하는 업무 정도의 중요성이 있어야 공직자가 강한 소명의식을 가질 수 있다. 취사병의 음식준비나 사단본부에서 잔심부름 정도의 업무로서 소명의식을 지니기는 무척 어렵다. 그런데 업무의 객관적 중요성이 작아도 소명의식이 생길 수 있다. 소명의식이 마음 자세이기 때문에, 업무의 중요성도 결국은 주관적으로 느끼는 중요성이 소명의식을 결정하기 때문이다. 이 주관적 중요성은 사람에 따라, 또는 상황에 따라 차이가 심할 수 있다. 예를 들면, 성격이 예민

하고 책임감이 강한 경비병은 언제 적군이 기습해 올지 모른다고 상상하면서, 자신의 경비가 잘못되면, 부대 전체가 위험에 빠지게 된다고 믿고 경비에 임할 수가 있다. 이러한 경비병이 느끼는 경비업무의 주관적 중요성은 대단히 클 것이다. 반대로 전투가 소강상태에 있고, 특별한 상황이 전개되지 않는 상태에 있는 후방기지의 사단장은 자신이 내리는 결정이 군사적으로 중요한 것이 아니라고 느낄 가능성이 크다. 하나의 국가기능을 위해서 무수하게 많은 다양한 구체적인 업무들을 추진해야 하기 때문에 공직자 개개인들이 자기 소임의 중요성을 인식하는 정도는 다양할 수밖에 없다. 그리고 위에서 언급한 사단장과 경비병의 비교에서 알 수 있듯이 본인의 생각 여하에 따라 소임의 중요성 인식은 객관적인 중요성과 크게 달라질 수 있다. 당위적으로는 가능한 많은 공직자들이 자신들의 업무가 중요하다고 주관적으로 인식하여 소명의식을 강하게 가지도록 하는 것이 바람직하다.

부수효과와 파급효과: 개인의 업무에 대한 중요성 인식이 업무수행이 원래 목적한 결과가 아니라, 간접효과나 파급효과에 크게 영향을 받는 경우도 흔히 있다. 그리고 이것이 공직자의 소임의 주관적 중요성을 좌우하는 경우가 있다. 교회에서 신도들에게 예배시간을 알리기 위해서 종을 치는 업무를 담당하는 종치기가 365일 하루도 빼지 않고 늙어 죽기 직전까지 임무를 수행하여 크게 칭송받은 일이 있다. 영국의 작은 도시에서 일어난 이야기다. 종치기가 아주 정확한 시간에 틀림없이 종을 치기 때문에 도시의 시민들이 모두 종소리에 맞추어 일상업무를 수행하게 되었다. 당연히 시민들 모두가 종치기의 행동을 칭송하게 되었고, 종치기는 자신의 소임이 교회의 신도들만이 아니라 훨씬 더 많은 시민들에게 큰 도움을 준다는 사실을 알게 되어, 종치는 것을 무척 중요하고 자랑스러운 일이라고 믿게 되었다. 중요성을 느끼면서 동시에 자부심을 지니게 된 경우이다. 그래서 종치는 일에 강한 소명의식을 지니게 된 것이다. 그는 죽기 직전까지 병약한 몸을 이끌고 종탑에 올라갔다고 한다.

어떠한 업무든지 업무수행의 결과로 얻게 되는 의도된 효과도 있지만, 다른 효과들도 있다. 그리고 이러한 부수효과나 파급효과가 의외로 중요한데, 업무를 수행하는 본인은 이를 알지 못하는 경우가 많다. 다음과 같은 대화를 보자. 대학졸업 후에 일자리를 못 구하여 고생하던 사람이 가까스로 취업을 했는데, 알고 보니 기업주가 사회적으로 평판이 나쁜 사람이었다. 공직자 시험에 합격하여 공직자가 된 친구와 모처럼 만나서 술을 마시면서 한탄을 한다. <너는 국가를 위해서 공공업무를 담당하니 보람이 있어서 신나게 일하겠구나. 그런데 나는 더러운 작자를 위해서 돈벌이 하는 일을 하니 정말 나 자신이 한심하다>, <그래도 취업이 어려운데 직장을 얻었으니 다행이지>라고 친구가 위로한다. 이런 식의 대담은 대학졸업 후에 친구들이 만난 술자리에서 흔히 들을 수 있다. 그런데 알고 보니 신세 한탄하는 사람의 회사는 전자제품 분야에서 수출을 많이 하면서 계속 성장하여 일자리도 계속 확대시키는 회사였다. 수출과 고용증대라는 중요한 국가적 기여를 하는 업무를 담당하면서도, 존경받지 못하는 주인이 돈벌이 하는 것을 도우면서 자신의 생계를 유지한다는 측면만 생각하고 있는 것이다. 조직에서의 구체적인 업무는 언제나 이런 식으로 다양한 효과를 가져 온다. 회사 주인에게는 돈벌이가 되고, 업무 담당자에게는 생계를 보장하고, 국가적으로는 수출이나 고용증대라는 중요한 효과를 산출한다. 이런 경우에 어느 것을 본인의 소명이라고 생각하느냐는 업무 담당자의 주관적 판단에 달린다. 긍정적인 성격의 소유자는 국가적 효과를 생각할 수 있지만, 부정적인 사람은 나쁜 측면을 생각한다. 긍정적인 소명을 생각하는 사람들이 헌신적으로 일하면서 다른 사람들의 신뢰도 얻고, 결국 성공의 길로 갈 가능성이 크다. 이러한 긍정적인 사고를 지니는 사람이 소명의식이 강한 사람이 된다.

소임의 주관적 중요성과 공직수행의 보람과 즐거움: 공공업무의 주관적 중요성에는 외부인들이 쉽게 인지하지 못하는 부분도 있다. 업무수행이 누가 보아도 일상적인 임무이기 때문에 그 일에 대한 특별한 자부심이 생기지 않는 경우에도 그 업무수행이 본인에게 즐거움을 주어서 업무수행의 의욕이 향상되고 소명의식이 강화되는 경우가 많다. 오랜 공직생활 끝에 차관까지 역임하고 퇴임하여 지금은 한국유교문화진흥원장으로 근무하는 정재근이 최근에 쓴 작은 책(정재근-2024)이 있다. 공직수행에 대한 뛰어난 통찰력을 보인 이 작은 책에서는 공직자가 국가의 돈으로 부자들이 행할 수 있는 좋은 일을 할 수 있기 때문에 행복하게 생각해야 한다고 지적한다. 부자의 즐거움은 호의호식하는 개인적 욕구충족에서도 얻지만, 차원이 높은 진정한 즐거움은 불쌍하고 도움이 필요한 사람들에게 도움을 주는 것에서 얻는다. 불쌍한 사람들이 어려움을 벗어나서 기뻐하는 것을 보는 즐거움이 진정한 행복의 한 부분이 되는 것은 틀림없는 사실이다. 부자들은 본인이 고생해서 힘들게 축적한 재산으로 이러한 즐거움을 얻지만, 공직자는 국가의 예산으로 이렇게 즐거운 일을 할 수 있으니 행복하게 생각해야 한다고 지적했다. 그리고 공직자가 행복해야 즐겁게 업무를 수행할 것이고, 그래야 국민들이 행복해진다는 현명한 결론도 내렸다.

이 논리를 조금 더 확장하면, 국가가 서비스나 재화를 배분하는 업무가 아닌 규제업무에서도 적용된다. 규제업무는 다른 사람에게 피해를 주는 행위를 억제하여 사람들을 보호하는 업무이다. 불쌍하고 힘이 약한 자를 괴롭히는 폭력배를 제압하여 피해를 당하는 약자를 구하면 무척 즐거워진다. 국가권력으로 폭력배를 억누르고 약자를 보호하면, 경찰의 당연한 소임이라 자부심을 느낄 정도는 아니지만, 마음은 즐거워진다. 일선관료들이 흔히 경험하는 일이다.

그런데, 이런 즐거운 일 중에 공직자들이 쉽게 인식하기 어렵지만, 더 큰 즐거움을 주는 것이 있다. 위에서 지적한 것은 일선 집행현장에서 정책수혜자 개개인을 상대로 얻게 되는 소소한 즐거움이지만, 많은 사람들에게 영향을 미치는 거시적인 업무를 수행하여 얻게 되는 큰 즐거움은 쉽게 인식되지 못한다. 거시적인 업무는 앞에서 검토한 다양하고 광범위하게 영향을 미치는 국가기능을 수행하는 일인데, 공직자 개개인은 이 거시업무를 세부 단위로 분해하여 직위별로 분담하고 있다. 그래서 자신의 소임으로부터 시작하여 중간 단위의 기능, 그리고 보다 상위의 기능, 마지막으로 국민의 행복이라는 최종목표로 연결되는 고리가 분명히 드러나지 않는 경우가 많다. 대학입학시험제도를 개혁하여 과거 암기식 객관적인 시험에서 주관식으로 바꾸었을 때 나타날 최종 효과들, 그중에서도 일반국민들이 얻을 수 있는 혜택을 상상해 보면 이러한 연결고리를 짐작할 수 있다. 그래서 하나의 부처에서 몇 가지 업무를 순환하여 담당하면서 5-6년 이상의 공직생활을 하거나, 중견관리직 담당을 3-4년 정도 담당하여 자기 부처의 전체업무를 개략적으로 파악하고, 그 속에서의 자신의 소임이 담당하는 역할을 파악해야 자신의 소임이 지닌 거시적 효과를 확실히 파악할 수 있다. 뒤에서 보겠지만, 교육-훈련이나 깊이 있는 자기 성찰을 통하여 이 상황을 이해해야 거시적 업무의 중요성과 그것이 가져올 효과, 그리고 국민들이 얻게 될 행복을 이해하고, 본인도 그 업무의 수행에서 보람과 즐거움을 느낄 수 있다. 이렇게 얻게 되는 거시적 즐거움은 집행현장에서 얻게 되는 미시적 즐거움보다 훨씬 더 크고, 행복감과 공직자로서의 자부심도 커지게 된다.

여하튼 이러한 미시적-거시적 즐거움은 공공봉사의 동기가 되는 것도 틀림없고, 당연히 소명의식을 강화시키는 요인이 된다. 약자를 괴롭히는 나쁜 사람들을 억제하는 공권력이 공직자에게 부여된 이유, 불쌍한 사람을 돕거나 과학기술연구에 자금을 배당하는 업무를 담당시킨 이유, 대학입시개혁안 중에서 최선의 것을 선택하는 임무의 필요성 등을 곰곰이 생각해 보면, 자기가 담당하는 소임의 중요성을 더욱 깊이 이해할 수 있다. 이러한 성찰과 소임의 중요성에 대한 이해는 소명의식을 강화시킨다. 업무의 중요성(넓은 의미의)을 공직자들에게 인식시킬 때 잊지 않아야 할 사실이다.

7-4 공직자의 소명의식을 좌우하는 요인 2 - 업무수행능력 -

업무추진기술과 능력: 업무의 성격 중에서 중요성에 더하여 추진방식 상의 특징이 소명의식에 영향을 미친다. 그중에서 가장 중요한 것이 업무추진 기술이나 능력이다. 이 부분은 앞에서 검토한 조선조 선비나 화랑의 소명의식에서는 논의하지 않았지만, 그들의 행동에서 논리적으로 쉽게 유추할 수 있는 부분이다. 국가의 운명을 좌우하는 전투에 참전하여 적진에 돌진하거나, 주자의 가르침을 심각하게 훼손하는 국왕의 행동을 억제하기 위하여 국왕에게 간언하고 반대당과 논쟁을 할 때에는, 이 업무를 성공적으로 수행할 수 있는 능력이 있어야 이를 수행하려는 의욕이 생기고, 반대로 업무수행능력을 양성하려는 노력도 하게 된다. 무술이 부족한 화랑이 전투에 적극적일 수 없고, 주자학적 지식이 부족한 대부가 국왕에게 간언을 할 수가 없다. 당연히 무술실력, 주자학적 지식이 업무수행능력이 되고, 이러한 업

무수행능력이 강해야 업무수행 의욕과 소명의식이 강해지는 것이다.

의사결정능력: 업무수행 기술과 능력은 크게 두 가지로 나누어진다. 첫째는 업무추진을 위해 해야할 일을 결정하는 의사결정능력이다. 둘째는 이 일을 행동으로 실현시키는 실행능력이다. 의사결정능력은 업무를 성공적으로 수행하기 위해서 필요한 가장 바람직한 방법이나 일을 결정할 수 있는 능력인데, 예를 들면, 물가가 갑자기 상승할 때 통화량을 감소시켜서 물가를 안정시키는 방법을 결정하는 것과 같다. 시중에 유통되는 통화량이 너무 많으면 물가가 올라간다는 경제이론을 활용한 방법이므로 이 경제이론에 대한 풍부한 지식이 의사결정능력을 좌우한다. 통화량 감소(수단)와 물가안정(목표) 사이에 존재하는 인과관계는 얼른 생각하면 상식 같지만, 사실은 쉽게 알 수 있는 상식이 아니다. 과거에 쌀 가격이 상승할 때에 이를 안정시키기 위해서 쌀의 소비를 억제하기 위한 여러 가지 방법을 채택하였고, 심지어는 쌀 가게에서 판매하는 가격을 정부에서 정하고, 이를 강제하기도 하였다. 어떤 상품이든지 가격은 수요와 공급에 의하여 결정이 되고, 수요와 공급을 결정하는 요인들은 아주 많다. 그러므로, 이러한 요인들 중에서 어느 것을 조작하여 목표를 달성하는 것이 바람직한지를 알려면, 요인들의 목표에 대한 영향(인과관계의 強度)을 정확하게 알아야 하고, 모든 사회경제적 여건을 감안하여 어느 요인을 작동시키는 것이 바람직한지를 알아야 한다. 그러기 위해서는 물가상승문제의 맥락에 대한 다양한 정보를 파악하고 있어야 한다. 쌀 가격 안정을 위해서 정부에서 보유한 정부미를 방출하는 방법은 쌀 생산이 풍부한 후에 정부가 채택할 수 있는 방법이므로, 과거에는 채택할 수 없었던 것이다. 이런 식으로 합리적인 의사결정을 위해서는 목표와 수단들 사이에 존재하는 다양한 인과관계를 이론을 통하여 터득하고 있어야 하고, 문제 상황에 대한 정보도 충분히 축적하고 있어야 한다. 전문분야에 대한 이러한 이론들에 대한 지식을 전문지식이라고 부르고, 여기에 더하여 문제 상황에 대한 정보를 합쳐서 흔히 전문지식, 또는 전문성이라고 부른다. 그래서 의사결정능력은 축적된 전문성에 의하여 결정된다. 즉, 추진하여야 할 업무와 이 업무추진에서 산출되는 결과사이에 존재하는 인과관계에 대한 다양한 이론들을 알고 있고, 이들 원인과 결과의 과거 및 현 상태에 대한 축적된 정보들을 풍부하게 소유

하며, 이들을 적절히 적용할 수 있는 판단력이 뛰어나면 고도의 전문지식(전문성)을 지녔다고 할 수 있다. 이러한 의사결정능력을 갖춘 공직자는 가장 효과적인 수단들을 선택하여 추진할 수 있다.

실행능력: 실행능력은 결정된 수단이나 방법을 실현하는데 필요한 능력이다. 즉, 결정된 방침을 집행하는데 필요한 능력이다. 여기에도 두 가지 다른 성격의 것이 포함되어 있다. 첫째는 집행의 마지막 단계에서 결정된 수단이나 방법을 물리적으로 실현시키는 능력이다. 이를 물리적 실행능력이라고 부를 수 있다. 훌륭한 검술로서 적장을 베고 적군을 패퇴시키는 능력, 포악한 범죄자를 힘으로 억눌러 체포하는 능력, 화재 속에서 위급한 상황에 빠진 어린애를 구하는 실력, 말썽부리는 학생을 상담으로 교화시키는 능력 등이다.

두 번째의 실행능력은 의사결정 이후 물리적 실행에 이르는 전 과정에서 발생하는 문제들을 극복하는 일종의 관리능력이다. 이 관리능력은 집행현장의 다양성만큼 그 종류도 다양하다. 공통적인 요소는 대략 다음과 같다. 집행에 적대적인 집단이나 사람들을 설득하고 저항을 극복하는 능력이 필수적이다. 이를 위해서는 상대를 설득할 수 있는 논리와 인내심, 추진력 등이 필요하다. 그리고 집행말단부에서 물리적 실행을 담당하는 부하들이나 외부 사람들을 이끄는 리더십, 그리고 경우에 따라서는 부족한 인적 물적 자원을 획득할 수 있는 동원능력 등등이 필요하다. 이런 것들 중에서 리더십이 가장 중요하다.

종합적 능력: 이순신 장군의 명량해전의 예를 보면, 의사결정능력, 물리적 실행능력, 집행관리능력(리더십)등을 뚜렷하게 볼 수 있다. 13척의 배로 133척의 왜군을 격파한 해전이다. 지휘사령부에서 먼저 기본적 전략을 수립한다. 울돌목 조류의 흐름 방향과 강도, 주변의 산세와 해협의 폭을 감안하여 함선을 배치하고, 조류의 변화 시점에 맞추어 적선을 공격하되, 적선의 움직임을 예측하여 이쪽의 대응을 어떻게 할 것인지를 정한다. 기본전략을 수립하는 가장 중요한 의사결정이다. 해전에 대한 가장 중요한 전문지식이 총동원되어 결정된다. 물론 결정에는 전문적 해전이

론 만이 아니라 사전에 울돌목의 조류와 자연적 조건들을 면밀히 조사하여 그 특징들을 파악한 정보가 중요한 결정요인으로 고려된다. 즉, 전문이론의 적절한 활용과 상황에 대한 정확한 정보 등 전문성이 뛰어난 결정을 한 것이다. 여기까지는 이순신 장군의 의사결정능력이 전략의 우수성을 좌우한다.

그리고 이러한 전략에 따라 전투일선에서 적병과 직접 싸우는 것은 또 다른 능력인 실행능력을 요구한다. 거북선을 자유자재로 다룰 수 있는 능력, 활을 잘 쏘는 능력, 칼을 잘 쓰는 능력 등이다. 물리적 실행능력이다. 실행능력에는 물리적 실행능력에 못지 않게 관리능력이 필요하다. 명량해전에서는 관리능력 중에 리더십이 대단히 중요하였다. 조류의 흐름이 예상된 대로 움직이는 시점에서 적군에게 돌격을 해야 할 배들이 무서운 조류를 겁내어 주춤거리거나 뒤로 물러서면 모든 것이 수포로 돌아간다. 이때 죽음을 각오하고 돌진하라는 명령을 내리면서 솔선하여 먼저 움직이는 행동, 물러서려는 부하장수들을 강하게 질타하는 명령 등등이 현장에서 벌어지는 리더십이자 본인의 행동력이다. 명량해전은 기본적인 전략이 탁월한 것이 승리의 원동력이었지만, 마지막에 겁을 먹고 당황해하는 부하들을 독려한 이순신의 리더십이 큰 역할을 하였다. 압도적인 숫자의 적선에 겁을 먹은 부하들이 이순신의 독려에 따라 죽음을 각오하고 돌격을 한 것은 평소에 이순신이 부하들로부터 존경과 신뢰를 받았기 때문에 가능했다. 리더십의 핵심을 잘 보여 주는 사례이다.

집행현장의 관리능력으로서의 리더십은 흔히 관리적인 측면만이 아니라 의사결정능력도 크게 요구한다. 즉, 물리적 실현이 되기 직전까지는 새로운 상황전개에 따른 의사결정이 필요한 경우가 많이 있다. 기본전략에 따라 전선을 포진하고 적선을 유인하다가 조류변화시점에서 공격을 하려고 사전에 결정을 하였는데, 적선이 급하게 추격하여 조류변화가 있기 이전에 충돌할 가능성이 생기는 경우에는 빨리 함선의 움직임을 수정해야 한다. 이런 식으로 적군의 움직임이 예상과 다르면, 예상치 못한 상황에 적합한 행동을 빨리 결정해야 하는 것이다. 급격한 조류를 겁내어 부하들이 예상과 달리 움직이지 않을 때 필요한 장수의 행동도 순간적으로 결정해야 한다. 이런 일들이 흔히 발생하므로 사령관은 다양한 상황에 따른 결정을 할 수 있는 능력을 지니고 있어야 한다. 당연히 군사전략에 대한 전문적인 지식에 해당되는 일이다. 물론 전문적 지식만이 아니라 상황변화에 대처할 수 있는 창의력과 순발력도 필요하다. 전문지식만으로 모든 것을 감당할 수 있는 것은 아니다. 그럼에도 불구하고 전문지식은 이러한 창의성과 순발력을 뒷받침하는 기본이 된다. 여하튼 이런 식으로 의사결정능력은 초기의 기본적 전략을 결정하는 시점에서부터 시작하여 물리적인 실현이 있는 집행의 마지막 단계까지의 과정에서 가장 중요한 역할을 한다. 그러므로 공직자들의 업무수행능력 중에서 전문성을 가장 중요하게 취급하는 것이다.

업무수행능력과 자부심: 전문지식이 풍부하여 의사결정능력이 탁월한 경우도 그렇지만, 실행기술이 탁월한 사람은 그 기술에 대한 자부심이 강하다. 특히 물리적 실행기술이 뛰어난 사람들이 그렇다. 그리고 업무수행능력에 대한 자부심이 강하면, 성과에 대한 기대와 관계없이, 업무 추진 의욕이 강하기도 하고, 또 소명의식이 강해지기도 한다. 활을 잘 쏘아 명궁으로 이름난 장군, 칼이나 창을 잘 쓰는 병사들의 자부심과 같은 것이다. 이러한 현상은 사회생활 곳곳에서 볼 수 있다. <장자>에 나오는 소백정 이야기가 대표적이다. 워낙 오랫동안 정성을 기울여서 일을 하였기 때문에 뼈에서 살을 깨끗이 발려내는 탁월한 기술을 습득한 것이다. 이 소백정은 이 기술로 칭송을 듣고 자부심을 지니고 일을 한다. 비슷한 이야기는 아주 많다. 한석봉의 어머니가 불을 끄고 캄캄한 어둠 속에서 떡을 썰어 아들에게 교훈을 주었다는 이야기도 마찬가지다. 한석봉이 글씨 공부에 진력이 나서 적당히 마치고 집으로 돌아왔을 때 벌어진 일이다. 어머니가 캄캄한 어둠 속에서 자신은 떡을 썰고, 아들에게는 글씨를 쓰게 한 것이다. 한석봉의 어머니가 썬 떡은 밝은 곳에서 썬 떡이나 마찬가지로 반듯하게 정돈이 되었는데, 한석봉이 쓴 글씨는 삐뚤빼뚤했다고 한다. 어머니로부터 꾸지람을 듣고 쫓겨난 한석봉이 크게 깨우치고 결국 명필이 되어서 귀가했다. 한석봉이 명필이 되기 위해 얻은 교훈도 중요하지만, 어머니의 떡장수 직업에 대한 편견 없는 자부심이 돋보이기도 하는 이야기다. 소백정이나 떡장수가 중요하거나 자랑스러운 직업은 절대 아니다. 그러나 그 일을 하는 동안에 습득한 업무수행 방법이나 기술이 자부심을 지닐 정도로 고도화 되면, 그 일 자체에 대한 중요성 인식과 자부심이 고양되는 것이다. 당연히 그 일을 열심히 해야 한다는 소명의식도 커진다. 군사전략에 탁월한 장군이나 무술이 탁월한 장군은 많은 사람들의 기대에 부응하기 위하여 전투에서 승리하여야 한다는 일종의 책임감도 강해지는 것이다.[4)]

그런데 업무수행 기술에 대한 자부심은 종류에 따른 미묘한 차이가 있고, 이 차이는 공직자들이 이해할 필요가 있다. 업무수행 기술 중에 물리적 실행기술이 탁월한 사람들이 가장 자부심이 강하다. 50미터 떨어진 과녁을 정확하게 맞출 수 있는 명궁, 적진 속에 뛰어들어 가차 없이 적병을 무찌르는 무술이 뛰어난 장수, 아름다운 도자기를 만들 수 있는 도공, 뼈에서 살을 깨끗이 발라내는 소백정 등의 능력은 누구든지 빨리 알 수 있기 때문에 쉽게 칭송의 대상이 되고, 실력자들은 자부심을 갖게 된다. 그래서 이 물리적 실행능력을 가진 사람들을 기술자, 장인(匠人), 명인(名人), 명장(名匠), 명장(名將)으로 부른다.

그러나 의사결정능력을 나타내는 전문성은 이와 다르다. 50미터 떨어진 곳에 있는 과녁을 정확하게 맞추는 명궁은 거의 같은 확률로 과녁을 맞춘다. 10번 쏘면 9-10번을 맞추는 것이다. 그러나 아무리 탁월한 의사결정능력을 지닌 공직자도 이렇게 높은 확률로 성공하지는 못한다. 아무리 훌륭한 장군도 전투에 나가 탁월한 전략-전술로 승전할 확률은 절대로 90%가 되지 않는다. 물론 인류역사상에 몇 명의 예외가 있지만, 이 예외는 과장되었을 가능성이 크다. <전쟁에서는 이기기도 하고 지기도 한다 - 勝敗는 兵家之常事>라는 말이 있다. 그래서 이순신 장군이 왜적과 바다에서 30여 회 이상을 싸워서 한 번도 진 적이 없는 전적은 세계 해전사에서 가장 위대한 업적으로 알려져 있다. 의사결정이 아무리 훌륭하더라도 현실에서는 전문지식 속에 포함되지 않은 요인들이 작동하여 결과에 큰 영향을 미치는 경우가 많기 때문이다. 경제문제를 해결하기 위한 의사결정을 하는데 정치적-사회적

4) 모든 직업은 인간생활에 필요하기 때문에 하늘에서 만들어 준 것이고, 자신의 직업에서 필요한 업무를 수행기술이 탁월해질 수 있도록 성실하게 수행하면 천도(天道)에 통할 수 있다는 믿음이 나오기도 한다. 일본인들이 보잘 것 없는 직업이라도 가업으로서 대대로 계승하는 것을 정당화하는 논리였다고 한다.

요인들이 개입하거나 심지어는 윤리문제가 심각하게 영향을 미치기도 한다. 그러므로 전문성이 특출한 공직자도 합리적인 의사결정으로 성공적인 결과를 산출할 확률은 무척 적고, 따라서 다른 사람들이 능력자로 인정할 가능성도 적어진다. 사실은 본인이 스스로 자신감을 지니기도 어렵다. 오랫동안의 업적이 축적되어야 비로소 엘리트 공직자로 인정을 받는다. 그리고 많은 사람들이 칭송해야 본인도 자신감과 자부심이 생긴다. 전문성이 중요한 공직자들이 염두에 두어야 하는 사실이다. 조급하지 않아야 한다.

여하튼 담당 분야의 전문성을 축적하여 누구에게도 지지 않는 일처리 능력을 갖추게 된 사람은 그렇지 못한 사람에 비해서 자부심이 강하고, 그래서 업무의 중요성에 대한 인식의 깊이도 커진다. 그리고 업무수행에 대한 자부심과 일을 성공적으로 추진해야 한다는 의무감도 커지게 된다. 그리하여 소명의식이 강화되는 것이다. 나중에 보겠지만, 업무의 중요성에 대한 깊이 있는 이해를 하는 사람, 그리고 소명의식이 강한 사람은 업무수행능력을 향상시키려는 노력을 하게 된다. 업무수행능력, 특히 공직자의 전문성은 소명의식 강화를 위해서만 중요한 것이 아니라, 공직업무수행을 합리적으로 추진하기 위한 필수적인 요소이다. 이 전문성을 위하여 직업 공직자제가 만들어진 것이다. 전문성은 너무나 중요하므로 뒤에서 다시 더 논의할 것이다.

여기서는 조선조 선비들의 행동에서도 이 전문성이 중대한 요인으로 작용했던 사례 하나만 보기로 한다. 예송(禮訟)논쟁에서 벌어진 일이 대표적이다. 효종이 사망한 후에 효종의 계모(인조의 마지막 젊은 왕비)가 3년 상복을 입어야 하는지 1년 상복을 입어야 하는지를 두고 요란한 논쟁을 벌인 일이다. 원래 서인들이 집권한 조정에서는 1년 복을 입도록 결정을 하였는데, 이는 대명률과 경국대전의 예시를 따른 것이었다. 적장자(嫡長子)가 사망하면 그 모친이 3년 복을 입지만, 나머지 자식들의 경우에는 1년 복을 입는다는 규정이었다. 그러나 효종이 국왕으로 국가통치를 하던 사람인데, 적장자가 아니라고(세자시절에 죽은 소현세자가 인조의 적장자이고 효종은 둘째였다) 국왕을 차자 이하의 일반 국민들과 동격으로 취급하는 것이 말이 되지 않는다고 남인(南人)들이 항의를 하여 논쟁이 벌어진 것이다. 논쟁의 핵심은 유학의 가례(家禮)에서 어느 것이 올바른 것인지를 다투는 것이었고, 주자가례에서 정확한 논거를 찾지 못하자, 과거의 서적에서 비슷한 사례를 찾아서 자신들의 주장을 정당화하는 것이었다. 이 논쟁에서 서인을 대표한 송시열이 남인을 대표한 윤휴, 허목, 윤선도 등과 돌아가면서 논쟁을 벌였는데, 이들은 당시 조선선비를 대표하는 이론가들이었다. 결국 송시열의 주장을 조정에서 수용하여 결론을 내렸고, 이로써 송시열은 최고의 이론가로서 당시 학계와 조정에 군림하고, 이후 막대한 영향력을 행사하였다. 주자학에 대한 가장 풍부한 전문지식을 보유한 사람이 이 이념논쟁에서 승리를 한 것으로 이해되었는데, 당시의 주자학적 지식은 중요한 국정관리를 합리적으로 수행하는데 필요한 핵심적 전문성이었던 것이다.

평범해 보이는 업무의 중요성: 한편 업무를 수행하는 특출한 방법이나 기술이 필요 없어서 누구나 그 일을 할 수 있으면, 그 일은 하찮은 업무로 인식되기 쉽다. 그러나 이런 일 들 중에서 아주 중요한 일들이 있을 수 있다. 사람에 따라서 그 중요성을 인식하고 소명의식을 가지는 경우도 많다. 특별한 기술이 없어도 할 수 있는 등대지기 일이나, 누구나 쉽게 할 수 있는 경비 업무 같은 것이 이런 종류이다. 이런 일들은 그 일을 오랫동안 담당하면서 담당자가 서서히 그 중요성을 깨닫게 된다. 위에서 본 교회 종치기의 경우도 이런 측면이 있다. 즉, 부수효과나 간접효과의 중요성을 깨닫는 것도 마찬가지다. 공직자들이 꼭 알아야 하는 부분이다.

결론적으로 말하면, 공직자들의 업무가 소명의식을 가질 만큼 중요한가의 여부는 주관적인 판단에 많이 좌우되고, 더욱이 사실상 중요한 업무인데도 상황에 따라 중요성이 망각되는 경우도 많기 때문에, 공직자의 업무를 상식에 의존하지 말고 빈틈없이 검토하여 그 중요성을 밝혀서 공직자가 이를 인식하도록 하는 것이 좋다. 업무의 중요성을 인식하면, 소임에 대한 책임감이 강해질 뿐만 아니라, 성공적으로 수행해야 한다는 의식도 강해진다. 그리고 자연스럽게 수임수행능력을 향상시키기 위한 노력도 하게 된다. 한편 소임수행능력은 의사결정능력을 좌우하는 전문성과 결정된 내용을 실행하는 능력이 있는데, 어느 것이나 이 능력을 풍부히 갖추게 되면 소임수행에 대한 자신감이 강화되고 자부심도 강화되어 이것이 소명의식을 더욱 강화시킨다. 이 소임수행능력(특히 전문성)은 공직자가 갖추어야 할 가장 중요한 요소이므로 나중에 다시 검토하게 될 것이다.

7-5 소명의식 강화를 위한 교육과 훈련

앞의 곳곳에서 논의되었듯이, 공직자들이 스스로 소명의식을 성찰하고 함양하는 것은 무척 힘든다. 사람은 누구나 의식적인 행동보다 무의식적 행동이 주도하는 생활을 하기 때문이다. 그러므로 공직자들이 소명의식을 자각하고 강화시키기 위한 훈련이나 교육이 필요하다. 가장 중요한 것은 공직자가 담당하는 소임의 중요성을 인식할 수 있도록 해야 한다. 임무가 가져오는 국가기능에의 기여, 간접효과나 파급효과 등을 자세히 밝혀 주어야 한다. 구체적으로 공직자의 행동 하나하나가 관련 국민들에게 미치는 영향(혜택과 피해)을 자세히 밝혀 주어야 한다. 앞의 장에서 자세히 검토한 내용들이다. 담당 부서에서 오래 근무한 퇴역 공직자, 분석적 능력을 갖춘 공직자, 그리고 외부 전문가들의 아이디어를 종합하고, 주의 깊은 행정고객들의 견해를 파악하는 것도 도움이 될 것이다. 한편 임무수행을 위한 특수한 방법이나 절차도 자세히 파악하여 이해하면, 소명의식의 확립에 도움이 될 것이다.

이러한 내용들을 인식시키는 훈련방법으로서 획기적인 것이 있다. New York Police Academy(뉴욕경찰교육원)에서 실시하는 신임경찰 오리엔테이션 방법이다. 1990년대 초에 필자가 우리나라 경찰교육과정을 개편하기 위한 자료수집 차 출장을 가서 알게 된 내용이다. 뉴욕시에서는 신임경찰을 선발하여 바로 경찰발령을 내지 않고 6개월의 오리엔테이션 및 훈련과정을 거친다. 그런데 이 과정이 필자로서는 전혀 상상하지 못한 획기적인 것이었다.

처음 3개월 동안은 직무에 관한 교육을 시키지 않고 독특한 훈련을 한다. 이 3개월을 절반으로 나누어, 처음 1개월 반 정도(6주)에 하는 일이 상상하기 어려운 놀라운 일이었다. 경찰업무의 극히 어두운 측면을 자세히 알려주는 것이다. 범죄자

체포에 따르는 신체적 위험, 조직범죄자들의 경찰 괴롭히기, 범죄자들에 의한 가족들 생명위협, 내부에서 동료와 상관들로부터의 괴롭힘 당하기, 시도 때도 없이 갑자기 출동해야하는 위급사항 등으로 가정생활의 파괴, 넉넉지 못한 봉급, 범죄자들이 소지한 무기보다 성능이 훨씬 떨어지는 고물 권총들, 부족한 장비 등등 무수한 문제들을 알려준다. 범죄자 체포에서 폭행을 당하여 불구가 된 선배 경찰들이 나와서 경험담을 들려주고, 경찰간부와 이혼한 부인이 나와서 이혼 과정을 설명해주고, 심지어는 조폭에게 매수된 경찰상관의 모략에 걸려 범죄자의 낙인을 받고 감방에 갔던 전직 경찰 등등 심각한 피해를 입은 많은 선배 경찰들의 생생한 경험담을 듣게 한다. 물론 여러 가지 동영상도 보여 준다. 6주간에 걸쳐 경찰생활의 어려움과 더러움 등을 실제 예를 들어서 자세히 가르쳐 준다. 누가 보아도 경찰이 되는 것에 대한 정나미가 떨어질 정도라고 한다.

그리고 다음 6주간은 정반대의 측면을 보여 준다. 경찰이 연쇄살인범을 체포하여 시민들이 불안에서 벗어나 환호하는 모습, 위험을 무릅쓰고 범죄자 체포를 하다가 총을 맞아 불구가 된 경찰에 대하여 지역 주민들이 감사해하는 모습, 범죄조직과 싸워 밀수된 마약을 몰수하여 중고등학교 학부모들을 안심시키는 모습, 강도나 폭력배를 체포하여 동네를 안전하게 만드는 모습, 길거리에 쓰러진 노약자들을 돕는 모습, 소년 범죄자를 돌보아서 선량한 학생을 만드는 일 등을 보여 준다. 역시 선배 경찰들이나 시민들이 직접 경험담을 들려주고 동영상도 보여 준다. 한마디로 경찰이 얼마나 중요하고, 시민들이 감사해하는 자랑스러운 업무를 수행하는지를 알려 준다. 이 후반 6주간만 보면, 경찰이야말로 공직자로서 가장 보람 있는 임무를 수행하는 것으로 인식하게 된다.

그리고 이 오리엔테이션이 끝난 뒤 경찰 채용 예정자들에게 선택하도록 한다. 경찰 생활을 할 것인지, 아니면 그만둘 것인지를 결정하게 하는 것이다. 필자가 출장을 갔던 1990년대 초에는 대강 절반이 경찰에 남고 절반이 포기한다고 하였다. 포기하는 가장 큰 이유는 정상적인 가정생활이 어렵다는 점과 범인 체포 과정의 위험 때문이라고 하였다. 그리고 남은 절반의 신규채용 예정자에게 나머지 3개월 동안 직무 수행에 필요한 여러 가지를 교육 훈련시켜서 정식 경찰로 발령을 낸다고 한다.

뉴욕 신임경찰 오리엔테이션 과정의 전반부 3개월은 여러 가지 요인으로 경찰의 소명의식을 확고하게 만드는 효과를 가져오는 것으로 보인다. 경찰의 밝은 측면을 보여 주는 것이 소명의식에 크게 도움이 되는 것은 당연하다. 추상적으로 범죄를 예방하여 선량한 시민들이 마음 놓고 안전하게 살 수 있게 하는 치안이 얼마나 중요한지를 알리고, 또 구체적인 여러 가지 일들을 글로써 보여 주는 것보다, 실제로 이 일들을 하는 모습과 혜택을 보는 시민들이 감사하는 모습들과 경험담을 직접 듣거나 동영상을 통해서 생생하게 보는 것이 훨씬 큰 효과를 줄 것은 명백하다. 위에서도 지적했듯이 후반 6주간만 보면, 경찰만큼 훌륭하고 보람 있는 업무가 없을 것 같은 느낌을 갖는다.

그런데 첫 번째 6주의 내용은 어떤 영향을 주었을까? 경찰업무의 위험과 어려움, 그리고 간혹 나타나는 타락한 경찰에 의한 더러운 모습 등등은 얼핏 경찰에 대한 장밋빛 이미지를 손상시켜서 경찰업무에 대한 소명의식을 약화시킬 것 같다. 그러나 필자는 전혀 그렇지 않다는 생각을 하게 되었다. 마지막에 경찰 생활을 선택한 신임경찰들의 심리상태를 짐작해 보면, 이해가 가는 결론이다. 경찰 생활의 어두운 측면은 막연하게 짐작하고, 경찰 생활의 밝은 면만을 듣고 보면서 경찰이 되는 경우보다는, 힘들고 위험한 측면을 자세히 알고 경찰이 되는 경우에 경찰업무에 대한 소명의식이 훨씬 강할 것으로 추측할 수 있다. 즉, 어렵고 힘들고, 때로는 더러운 일에 휘말리는 일들이 주는 심리적 고통을 다 감안하면서도, 경찰업무의 밝은 면을 선택하여 경찰이 되면, 그러한 고통을 각오하면서 경찰업무를 담당하는 자신에 대한 자부심이 더욱 커지고, 동시에 자신이 담당할 경찰업무에 대한 소명의식도 더욱 강해질 것으로 판단된다. 뉴욕 경찰청의 판단도 그러했을 것이다.

이렇게 소명의식이 강해지면, 나머지 3개월 동안 배우는 업무의 내용, 행동규칙, 그리고 업무수행의 기술 등을 습득시키는 훈련도 큰 성과를 얻을 것이다. 소명의식이 거의 없는 상태의 신규 채용자에게 훈련을 할 때와 비교할 수 없는 성과가 있을 것이다. 뉴욕 경찰의 이러한 오리엔테이션은 본받을 가치가 있다.

우리나라 공직자들의 신규 임용 훈련 과정은 업무 추진 방법(능률 향상을 위한 기술과 법규 등)에 너무 중점을 두고, 교양으로 정치 경제 사회 등 시대의 변화들을 가르친다. 그러나 이런 교육을 통해서 공직자들의 전문성을 강화하거나 사명감을 고취시키는 데에는 한계가 있다. 공직자들이 강한 소명의식을 갖도록 하기 위해서는, 먼저 앞에서 말한 공직 업무의 중요성을 자세히 알리고, 그리고 위에서 본 뉴욕 신임경찰 훈련방법에서 배워야 한다. 즉, 담당업무별로 그 업무수행에서 부닥치는 어려움, 위험, 그리고 심지어는 어두운 조직문화(업무에 따라 조직문화는 차이가 나므로)에 대해서도 자세히 알려 주어야 한다. 그래서 신임 공직자가 업무수행의 어두운 측면에서의 고통을 각오하고, 담당 업무에 대한 소명의식을 지니도록 하는 것이 바람직하다.

신규발령 전에 업무수행의 어두운 측면을 상세히 알려주는 방식은 또 다른 면에서 소명의식 강한 공직자를 양성하는데 큰 도움이 된다. 사람에 따라서는 공직에 적합하지 않거나, 특정한 업무에 대해서 소명의식을 갖기 어려운 경우가 있다. 뉴욕 경찰의 신규채용훈련은 부적합자를 걸러내는 역할을 한다. 적합자들만 선별하여 조직을 구성하면, 상호작용으로 소명의식은 크게 강화될 것이다. 소극적이고 겁이 많은 사람은 경찰업무에 적합하지 않다. 이런 사람들은 당연히 경찰을 포기할 것이다. 일반적으로 이해관계가 첨예하게 대립하는 고객들(이익집단들)을 상대하는 업무에는 대담하고 인내심이 강한 성격의 소유자라야 소명의식을 지닐 수 있다. 이러한 성격에 따른 업무 적합성을 신규채용시험에서 알아내기는 무척 어렵다. 그러므로 채용예정자들에 대한 위와 같은 오리엔테이션 방식이 적절한 공직자를 채용하는데 큰 도움이 될 것이다. 얼핏 생각하면, 외부인들이 잘 알고 있을 것 같은 경찰업무에 대해서도, 뉴욕의 신임경찰훈련이 큰 도움이 되고 있으므로, 외부인이 잘 모르는 부서의 신규채용에서는 획기적인 도움을 얻을 것이다. 원래 적극적, 이타적, 헌신적이거나 자부심이 강한 성격의 소유자들이 강한 소명의식을 지니게 되므로,

신규채용 예정자들의 면접 시험에서 이를 판단할 수 있는 방법을 사용할 수 있으면 더욱 좋을 것이다.

마지막으로 다시 한번 강조해야 할 것이 있다. 강한 소명의식을 지니려면 담당 업무에 대한 전문지식이 풍부해야 한다는 점이다. 이 업무에 대해서는 <대한민국에서, 아니 세계에서 내가 가장 잘 안다>는 식의 자부심이 그 업무에 대한 강한 소명의식을 키운다. 떡을 반듯하게 잘 썬다. 뼈에서 살을 잘 발라낸다는 자부심이 떡장수 업무나 소백정 업무에 대한 소명감을 가지게 된다. 칼을 잘 쓰는 무사, 활을 잘 쏘는 장수가 전쟁터에서 목숨을 걸고 싸우는 자신의 임무에 대하여 강한 소명의식을 지닌다. 병법을 터득하여 군사 전략에 탁월한 장군도 마찬가지이다. 앞 장에서 지적했던 바와 같다. 그리고 강한 소명의식을 지니면, 업무 추진에 필요한 전문성을 키우기 위해 노력한다. 일을 잘하고 싶으면, 일 처리 능력이 우수해야 하기 때문이다. 이런 식으로 업무에 대한 소명의식과 업무처리에 대한 전문성은 상승작용을 한다. 그러므로 전문성을 강화하는 교육 훈련은 필수적이다.

다른 직업에서도 그렇지만, 공직에서의 전문지식은 소명의식을 위해서만 중요한 것이 아니다. 사실은 소명의식 이전에 공직자의 기본적 의무이다. 공직자가 차지하고 있는 공직이 전문성을 축적하여 국가기능을 합리적으로 수행하기 위하여 만들어진 직위이기 때문이다. 공직자가 합리적으로 정책결정을 하고 잘못된 정책을 바로잡기 위해서는 필수적인 요소이므로 무슨 일이 있어도 공직자들이 반드시 축적해야 한다. 탄탄한 전문지식을 갖춘 공직자는 불합리한 지시를 하는 상관을 설득할 수도 있다. 그리고 앞에서도 누누이 지적했듯이 상관 동료 후배 모두에게 신뢰와 존중을 받는다. 전문성이 약한 공직자는 기관총이 난사되는 전쟁터에 소총을 들고 출전하는 군인과 같다.

7-5 소명의식을 강화시키는 외적 요인들

소명의식과 용기 있는 행동에 대한 보상: 소명의식이 강하면 소임수행을 위하여 헌신한다. 그리고 웬만한 방해요소는 극복할 수 있다. 그러나 뒤에서 자세히 보겠지만, 민원인을 돕다가 오해를 받아 검찰수사를 받을 수 있고, 배임죄 정책감사 등의 후유증이 무섭다. 무엇보다도 집정부가 추진하려는 불합리한 정책을 저지하려면, 집정부의 보복을 각오해야 한다. 그래서 정책상황에 대한 객관적 사실(예를 들면, 4대강 보의 효과와 피해, 원자력발전의 효과와 피해 등)을 밝히는 것도 보복을 받을 수 있다. 보복이 두려워 사실을 정확하게 밝히지 못한다. 사실을 밝히는 것은 공익훼손 여부를 떠나서 공직자들이 반드시 지켜야 할 의무인데도 말이다. 우리의 공직자나 집정부만을 비난할 일이 아니다. 트럼프 정권 시절 미국에서도 비슷한 일이 있어서 전직 고위 관료가 다음과 같이 한탄하였다. <정무직에게 진실(truth)을 밝혀 — 솔직하고 겁 없는(fearless) 충고를 하기 위해서는 용기를 지녀야 한다> 보통의 경우 정확한 사실을 밝히면 불합리한 정책의 공익훼손 상태가 드러나고, 집정부가 이를 막기 위해 담당 공직자에게 보복을 하기 때문이다. 트럼프 행정부에서 새로운 정책에 반대하는 고위 공직자들을 공식적으로 몰아내려고 했던 이유이다. 2023년 초부터 차기 대통령 선거에서 트럼프가 우세를 보이면서 미국의 많은 지식인들이 다시 긴장하기 시작했다.

그래서 공직자들이 위에서 본 바와 같이 자신들이 수행하는 소임의 내용과 그 중요성을 인식하여 소명의식을 지니게 되더라도, 소임수행을 위하여 이덕형이나 박태보와 같은 죽음을 불사하는 용기를 낼 수는 없다. 여기에는 소명의식에 추가하여 <플러스 알파>가 있었던 것이다. 이를 조금 더 보기로 한다. 왕권에 도전할 가능성이 있는 적장자인 동생을 죽여서 내란을 사전에 예방하는 국가적 필요성이 중요하다는 집정부의 명분도 대단한 설득력이 있다. 그럼에도 불구하고 이덕형은 주자학에서 강조하는 국왕이 불륜을 범하지 않도록 동생을 살려야 한다는 소임이 큰 희생을 각오할 정도로 집정부의 명분보다 훨씬 더 중요하다고 판단하였던 것이다. 이 판단 그 자체만으로는 조금 지나친 것으로 보인다. 4대강 보 허물기에서 보인 공직자들의 행동과 비교하면, 더욱 그런 느낌을 받는다. <4대강 보>를 건설한 목적이 홍수 방지와 가뭄 피해 방지에 있음을 잘 알고 있는 담당 부서의 공직자가 집정부에서 4대강 보를 허물기 위해서 4대강 보가 산출하는 경제 효과(홍수 피해 방지와 가뭄 피해 방지 효과)를 파악하여 보고하라는 지시를 받았을 때, 사실대로 보고하지 못한 것을 보면 짐작할 수 있다. 객관적인 사실을 집정부의 희망대로 보고하지 않더라도 무거운 처벌(파면, 퇴출 등)을 할 수 있을 것 같지는 않은데, 공직자가 보복을 두려워했기 때문인 것으로 보인다. 공직자들이 나빠서가 아니다.

이덕형과 박태보의 경우는 주자학의 위력이 강력하게 발휘된 경우이다. 국왕이 인의예지신에 어긋나는 행동을 하면, 이를 억제해야 한다. 이를 지키는 것은 천리(天理)를 지키는 것이므로 너무나 중요하다. 이 부분은 앞에서 자세히 검토하였다. 그러나 영창대군이 살아 있으므로 발생할 가능성이 있는 국가적 혼란, 심지어는 내란을 방지하는 것도 대단히 중요하다. 주자학자가 아닌 사람들의 생각으로는 국왕이 인륜을 지키는 것보다 더욱 중요하다. 여하튼 철저한 주자학자는 주자의 권고를 최고의 계율로 지키려고 한다. 그렇다고 하더라도 이러한 소명의식의 강도만으로 이덕형의 경우와 4대강 보 허물기의 공직자들의 행동의 차이를 설명하는 것은 충분하지 못하다.

이덕형과 박태보의 행동에는 강력한 주자학적 소명의식에 더하여 우리의 공직자들에게는 없는 다른 플러스 알파가 작동하였다. 공직자들을 둘러싸고 있는 공직풍토와 사회적 분위기가 큰 영향을 미친 것이다. 이덕형의 시절에는 주자학에서 지시하는 종교 교리 수준의 소임을 대부분의 공직자들(주자학자들)은 물론이고 재야 선비들과 사회의 지도계층에서도 광범위하게 공유하였다. 이를 지키는 것은 바람직할 뿐만 아니라, 옳은 일이라는 강력한 여론이 있었던 것이다. 그러므로 이를 지키기 위해서 목숨까지 버리면 훌륭한 선비라는 명예와 칭송이 당연히 따른다. 또한 이런 상황에서 영의정이 반대로 몸을 도사리면, 비난이 따를 수 있다. 소명의식에 따라 소임을 수행하면. 비겁하다는 비난이 없을 뿐만 아니라, 명예와 칭송이 보상으로 따라 오는 것이다. 소임을 수행하고 보복을 감수하는 용기에 대한 보상으로서의 칭송과 명예, 이것이 대단한 영향을 주는 것이다.

형이상학적 보상(補償)과 성취감: 소임을 수행하다 당하는 피해에 대한 보상

중에 가장 큰 것이 기독교도나 불교신자들에게 약속되는 천당이나 극락과 같은 죽음 이후의 보상이다. 주자학자들에게는 천인합일(天人合一)의 약속일 것이다. 인의 예지를 습득하여 체현하면 우주의 대자연과 일체가 되는 경지에 도달한다는 보상이다. 이 보상에 대한 확신이 있으면, 세속적 평가는 의미가 없어진다. 천당이나 극락에 간다는 보상에 버금갈 것이다. 그러나 천인합일의 경지는 도달하기가 너무나 어려워 조선조 주자학자들 중에 이를 진실로 믿고 이 경지에 도달하려고 노력한 사람은 희귀한 것 같다. 본인이 직접 언급한 것만으로 보면, 이퇴계나 송시열만이 이 희망을 끝까지 버리지 않은 예외적인 선비였던 것으로 보인다. 필자가 처음 이 문제를 검토할 때에는 사후(死後)를 보장하는 종교가 아니라도 천인합일의 약속이 죽음도 불사하는 마음 자세를 함양할 수 있을 것이라는 막연한 기대를 걸었지만, 조선조 주자학자에서 이러한 마음 자세에 대한 기록을 찾기는 어려웠다. 화랑의 경우도 극락(불교의 영향)이나 샤머니즘적인 신선(산신이나 해신)의 희망이 크게 작용한 것 같지는 않았다.[5)]

천인합일 정도의 차원 높은 보상이 아니지만 유사한 보상이 있다. 종교나 이념체계에서 요구하는 교리(소임)를 충실히 지킴으로서 얻게 되는 성취감, 또는 보람을 느끼는 감정이다. 여기서 말하는 심리적 만족감은 남의 평가와 관계없이 교리가 요구하는 임무를 달성함으로써 느끼는 감정을 지칭한다. 팔의 근육이 약해서 턱걸이를 한 개도 제대로 못하는 사람이 10개를 하겠다는 목표를 세우고 1년 동안 노력하여 드디어 10개를 하였을 때 느끼는 감정과 같은 것이다. 성취에 대하여 스스로가 대견하고 자랑스러워 보이는 감정이다. 끊임없는 노력 끝에 50미터 떨어진 과녁의 중심부에 정확하게 화살을 쏘았을 때 느끼는 감정이다. 자아실현 욕구, 또는 성취 욕구라고 부르는, 심리학자들이 가장 고차원의 것이라고 부르는 욕구를 충

---

5) 그러므로 천당이나 극락과 같은 확실한 믿음을 주는 종교적 사후보상이 없이는 이러한 마음 자세를 기대하기가 무척 어렵다는 것을 확인한 셈인데, 아마도 공산주의 혁명이나 민족독립운동을 위한 투쟁을 하는 경우가 유일한 예외일지 모른다. 그래서 안중근 의사와 김구 선생의 일대기도 검토하고, 손문, 레닌, 체 게바라의 평전도 검토하여 보았다. 그러나 이런 경우는 모두 비정상적인 혁명적 상황이므로 공직자의 정상적인 활동을 위한 교훈을 얻기는 어려웠다.

족하였을 때 느끼는 감정이다. 이 감정은 다른 사람들의 칭송에 의하여 더욱 커지기도 하고, 칭송에 의한 만족과 뒤엉켜서 구분이 힘들기도 하다. 한 개도 못 하던 턱걸이를 1년 만에 10개를 하는 것이 헬스 클럽에서 같이 운동하는 친구에게 무척 자랑스러운 것과 같다. 명궁이라고 사람들이 칭송할 때도 마찬가지다.

여하튼 남의 칭송과 별개로 형성되는 이 성취감은 노자가 흔히 평가하던 聖人들의 마음 자세와 유사하고, 훨씬 고차원적인 것이다. 당연히 주자학에서도 이를 강조한다. 천인합일을 이루었을 때 얻게 되는 성취감이다. 그러나 이 자아실현 욕구를 통하여 바람직한 소명의식을 함양할 때는 주의해야 할 측면이 있다. 달성하고자 하는 목표 수준을 낮추게 되는 경향이다. 조선조 주자학에서 벌어진 일이다. 주자학이 예학 중심으로 변화하면서 삼강오륜의 규범을 지키는 것을 일상적 목표로 내세웠는데, 무지한 백성들이 아니라 주자학자들도 삼강오륜을 지킴으로서 주자학적 교리를 지킨 것으로 스스로 만족하는 경향이 생겼다. 심지어 예의 규범을 잘 지키면 성인(聖人)이 될 수 있다고 강조하여, 천인합일과 같은 높은 수준의 목표가 아닌, 손쉬운 목표를 제시한 것이다. 仁義를 체현하기 위한 고통스럽고 힘든 행동이나 어려운 마음 다스리기를 하지 않고도 주자학적 교리를 지킬 수 있도록 하여 주자교 신도들을 확장한 셈인데, 그만큼 주자학을 세속화시킨 것이다. 모든 종교가 이런 세속화의 길을 걷게 되므로 주자학만을 비난할 것은 못 된다.

그런데 성취감은 달성하기 어려운 목표를 힘들게 달성하였을 때 강하게 느낀다. 낮은 수준의 목표는 성취가 되어도 큰 기쁨을 느끼지 못하는 것이다. 그리고 이러한 작은 기쁨을 위하여 다른 것을 희생할 용기를 내기는 어렵다. 더욱이 손쉽게 달성할 저급한 목표가 있으면 힘든 목표를 외면하게 만든다. 극단적으로 표현하면 예의 바른 사람이 되려는 목표는 천인합일이라는 숭고한 목표를 잊어버리게 만든다. 저급한 소명은 높은 차원의 소명의식 함양에 커다란 피해를 끼치는 것이다. 그리고 강한 용기를 발휘하게 하지도 못한다. 예의범절을 잘 지키는 정도로는 목숨을 거는 용기를 낼 수는 없을 것이다. 자아실현 욕구나 성취 욕구를 강조할 때는 언제나 조심해야 하는 현상이다.[6]

희생에 대한 보상 = 칭송과 명예: 소명의식의 강도를 높이고, 죽음까지 각오하는 용기를 결정적으로 좌우하는 일반적인 보상(Rewards)에는 물질적 보상과 정신적 보상이 있는데, 전투에서 희생당한 화랑이나 중요 낭도들에게 국가에서 지급한 물질적 보상은 상당한 영향을 미친 것으로 보이나, 주자학자들의 경우에는 이를 판단하기 어려웠다. 주자학자들이 정권쟁탈을 위한 논쟁을 할 때 정권획득이 그 보상으로 볼 수 있지만, 원래 이러한 보상은 理를 추구한 대가로서 私益을 추구하는 것이므로 주자학에서 기피하는 것이다. 그래서 정신적 보상이 중요하다. 위에서 본 천인합일도 일종의 정신적 보상이다. 그러나 실제로 큰 영향을 미친 것은 명예와 칭송인 것으로 보인다.

명예나 칭송은 죽음도 두려워 않는 용기를 불러일으키는 것으로 유명하다. 중세의 기사나 무사(기사도나 무사도), 선비들(선비정신)에게 공통적으로 큰 영향을 미치는 것으로 알려져 왔다. 자신의 희생으로 얻게 되는 칭송과 명예는 사회의 지도계층이 획득할 수 있는 가장 숭고한 가치다. 생존본능을 지닌 인간이 성인(聖人)이 되는 것은 불가능하기 때문이다. 그래서 지금도 신사도에서 강조하고, 군인정신에서도 강조하는 정신적 가치이다. 우리의 경우, 화랑이나 주자학자의 행동에서도 확인되었다. 화랑이나 주자학자들의 용기에 직접적이고 강력한 영향을 미치는 보상이었다. 그리고 대부분의 지식인들이 공유하는 감정이므로 더 이상의 논의가 없어도 우리 모두가 잘 알고 있는 사실이다.

---

6) 더 위험한 성취감도 있다. 여기서 본 바람직한 목표를 달성하여 얻게 되는 성취감이나 자아실현감과 달리, 바람직하지 못한 목표를 달성하여 얻는 성취감도 있는 것이다. 베버가 지적한 <증오와 복수심을 만족시키는 것, 특히 원한을 만족시키고 사이비 윤리적인 독선을 만족시키는 일, 따라서 적을 비방하고 이단자 취급하고 싶은 욕구를 만족시키는 일>이다. — 막스 베버, 직업으로서의 정치 p.106 — 베버가 활동하던 당시의 대혼란기에는 상대편에 대한 증오와 적개심으로 혁명운동을 하는 사람들이 많이 있었는데, 베버는 이러한 심리상태를 바람직하지 못한 것으로 본 것이다. 정치가 양극화되면 급속도로 확산될 수 있는 현상으로, 극히 위험한 결과를 초래하므로 당연히 회피해야 할 일이다. 그래서 현실적으로 나타나고 있지만, 이런 감정을 지니라고 공직자를 권유할 수는 없기 때문에 이 글에서는 더 이상 언급하지 않는다.

한편 칭송이나 명예와 정반대로 당연히 수행할 것으로 기대하는 소임(책임)을 회피하는 경우에는 비난-파문-사회적 매장 등 강력한 처벌이 따르는데, 이것이 명예나 칭송보다 더욱 강한 영향을 미치는 경우도 많다. 원술랑 등 화랑의 경우에 두드러지게 나타난다. 김춘추 왕의 사위 김흠운, 반굴의 아들 김영윤의 죽음 등 많은 화랑의 죽음이 여기에 영향을 받은 것으로 보인다. 사후의 칭송이나 명예, 가문의 영광 등은 본인이 아닌 가족들이 더욱 큰 혜택을 받는데 비하여, 죽어야 할 때 죽지 않아서 처벌을 받는 것은 본인이 당하는 고통이다. 당연히 칭송과 명예보다 강한 영향을 미치기 마련이다. 주자학자들의 경우도 마찬가지의 영향을 볼 수 있는데, 화랑보다는 그 강도가 약한 것으로 보인다. 물론 예외적인 경우도 있다. 박태보의 연명상소도 그렇지만, 특히 이덕형의 죽음 직전의 자책감은 이러한 영향을 함축하고 있는 것으로 보인다. 물론 전체적으로 보면 조선조 선비들의 경우는 전쟁터에서 목숨을 걸고 싸우는 화랑이나 낭도의 경우에 비해서 소임 불이행 시의 비난이나 처벌에 대한 의식의 강도가 약했던 것으로 보인다.

7-7 공직자의 애착집단(愛着集團)

그런데 칭송과 명예, 불명예에 대한 응징으로서의 처벌이 강한 영향을 미치는 것은 본인이 중시하는 애착집단(愛着集團)이 보여 주는 경우이다. 준거(reference)집단은 본인의 신념, 행동규범, 지식 등을 얻는 신뢰할 수 있는 사람들로서 이성적 판단에 도움을 주는 집단인데, 이러한 인지적 측면에 더하여 감성적 요소가 더 강하게 추가되어, 평소에 신뢰하면서 감정적으로 의존하는 사람들을 애착(愛着-affective)집단이라고 부를 수 있다. 이러한 애착집단이 칭송하거나 애착집단으로부터 처벌을 받을 때 그 영향이 큰 것이다. 조선조 주자학자들의 경우에는 같은 당파, 같은 학맥, 심지어는 같은 지역의 지식인들이 애착집단의 역할을 하였고, 당쟁이 오래 지속되어 세대 간 전승이 되어 가문도 어느 순간부터 이런 역할을 담당하였다. 화랑의 경우는 같은 화랑 생활을 한 동료들, 그리고 가문이 결정적인 역할을 하고, 상류 지배층이 하나의 거대한 애착집단과 같은 역할을 하는 경우도 있었다. 문제는 현재 대한민국의 공직자들에게 이러한 애착집단이 없다는 사실이다.

가문과 가족: 화랑이나 주자학자들의 경우 가문이 애착집단으로서 중요한 역할을 담당했다. 김유신 김춘추 가문은 두드러진 화랑 가문의 예가 되지만, 다른 가문들도 마찬가지였을 것이다. 주자학자들의 경우도 당쟁이 상당 기간 계속되자, 가문들이 특정 당파와 연계되고, 다른 당파와는 결혼도 하지 않았다. 그러므로 당파 간에 갈등이 발생하여 서로 논쟁을 하는 경우에 가문을 위하여도 당연히 싸워야 하고, 용기 있게 싸울 때는 칭송과 명예가 따르고, 싸워야 할 때 이를 피하면 가문으로부터 응징이 따르게 된다. 화랑의 경우에는 아주 심하였다.

화랑의 경우는 가문의 영향이 절대적이다. 화랑의 소명의식에는 세속오계에 나타난 유학적 규범(忠孝信) 중에서 효가 가장 큰 영향을 미쳤다. 관창이 아버지의 지시를 받고 순절한 사실이나, 그 직전에 발생한 사건으로 보이는 반굴의 동일한 순절이 대표적인 사례이다. 둘 다 아버지의 지시를 받고 즉각 순절하였다. 그러나 당시는 미성년의 아들이 아버지를 따라 從軍 하는 경우가 많았으므로, 관창과 반굴이 부친을 따라 종군한 것이 특별히 효성이 지극하였기 때문이라고만 볼 수는 없다. 아버지로 대표되는 가문의 영광을 위한 것이기도 한 것이었다. 즉, 孝는 부모에 대한 공경만이 아니라 가문을 위한 헌신 등의 형태로 나타나서 화랑의 순절에 큰 영향을 미쳤다. 순절이나 희생은 가문에서 칭송을 받고 후손들에게 존경을 받을 뿐만 아니라, 추가적으로 화랑 단체의 동료, 선배, 후배들로부터 칭송과 존경을 받게 한다. 이 측면이 붕우유신과 직결된 信의 규범이 작동한 경우이다. 이 두 가지(효와 신)는 조선조 주자학자들의 경우에도 동일하게 나타난다. 이덕형과 같이 죽음을 맞거나, 박태보와 같이 장살을 당하는 경우에 가문의 영광으로 후손들에게 존경받고, 같은 당파나 학벌 집단의 동료, 선배, 후배들의 칭송을 받는다. 그러나 양자 사이에는 약간의 차이가 있다. 화랑의 경우에는 부친에 대한 효도와 가문의 영광이 동료집단의 칭송보다 더욱 큰 영향을 보인다. 신라시대에는 대가족제도로서 5대가 같은 집에서 살기도 했다고 한다. 그리고 화랑들은 모두 왕족(주로 眞骨) 출신으로 유명한 몇 개의 가문 출신이 많았다. 앞에서 지적하였듯이 김유신 김춘추 집안이 대표적이다. 여하튼 이런 가문들 간에 은밀한 경쟁이 있었을 것이다. 조선조의 경우는 가문보다는 학벌이나 당파의 영향이 더욱 큰 것으로 보인다.

화랑시대나 조선조 중기의 주자학자들 시대에는 대가족 제도가 유지되어 왔기 때문에 가문 전체가 하나의 강한 응집성을 지닌 애착집단으로서 영향을 미쳤다. 정도는 약하지만, 3대가 모여 사는 중가족 제도하에서도 가족이 어느 정도 애착집단의 역할을 한다. 안중근 의사의 경우에 모친의 강한 영향 아래 가족이 상당한 영향을 미친 것 같으며, 체 게바라도 집안 분위기가 사회적 약자에 대한 배려가 강한 중산층 가정에서 자랐고, 대학을 졸업한 후에도 모친과 동생들의 은근한 정신적 지원을 받아서 혁명운동을 한 것으로 알려져 있다. 이 점에서는 많은 독립운동가나 혁명가들이 비슷하다. 그러나 안중근, 김구, 체 게바라, 레닌 등은 모두 사회 전체가 비정상적으로 흔들리던 위기적 상황에서 국민들 거의 대부분이 정신적으로 지지하는 혁명적 시기였다는 특수성이 있어서 정상적인 직업 활동을 하는 공직자들에게 주는 교훈을 얻기는 어렵다. 이러한 혁명적 시기에는 무엇보다도 한 가족만이 아니라 사회 전체의 분위기가 정신적 지원을 하는 분위기 속에서 (실제의 상황은 다소 다를지라도 본인들은 그렇게 인식한) 하나의 가족이 애착집단의 역할을 한 것이다. 더욱이 반대편에 대한 극단적인 적개심과 증오심을 지니거나, 확고한 신념으로 적군을 살해하겠다는 결심을 하는 경우이므로, 정상적인 상황의 선거에서 당선된 대통령과 집정부의 잘못된 정책결정에 항의하는 경우와는 전혀 다르다. 그러므로 독립운동가나 혁명가들의 경우로부터 공직자들의 정상적인 활동에 교훈을 얻기는 어렵다. 물론 이들의 행동으로부터 얻는 교훈도 당연히 있다. 즉, 이들의 경우는 예외 없이 목숨을 거는 소신, 즉, 강렬한 소명의식을 지니고 있는데, 이러한 소명의식이 강할수록 희생을 각오할 용기도 강해진다는 사실을 알려준다. 소명의식의 중요성을 다시 한번 확인하는 셈이다.

21세기 현재의 상황으로 보면, 우리의 가족제도는 전혀 다르다. 부부 중심의 핵가족으로 가족 수가 적어진 지 얼마 되지 않아 아이를 갖지 않고 부부끼리 편하게 살아가려는 가족이 많아지더니, 최근에는 결혼도 기피하여 1인 가구가 늘어나고 있다. 그리고 이러한 경향이 변화될 가능성은 극히 적어 보인다. 가족의 숫자와 관계없이 배우자의 한쪽이 직장에서의 피해를 각오하고라도 공공의 정의를 위해서 집정부와 대항하겠다는 결심을 하고, 다른 쪽이 이를 지지하는 경우는 거의 상상하기 어렵다. 가족제도 자체가 모래알과 같은 이기적 인간을 만들어 가는 상황이 너무 오랫동안 계속되어 왔기 때문에, 가족에 관한한 정의로운 공직자는 혼자서, 또는 적대적 분위기 속에서 완전한 외톨이로 싸워야 한다.

직장 동료, 외부전문가, 시민단체: 직장 내의 동료들은 어떤가? 우리가 지금 논의하고 있는 공직자는 해당 부서의 중요한 의사결정과정에 참여하는 중견 관리직 이상의 공직자들이다. 행정조직의 말단부에서 국민들을 상대로 정책의 집행을 담당하는 일선 공직자들과 다르다. 관리직을 담당하는 공직자들은 각각 담당하는 소임이 다르다. 그러므로 동일한 직급에서 동일한 소임을 담당하는 공직자가 둘 이상 있는 경우는 예외이다. 여러 사람이 합동하여 동일한 일을 하는 일선 공직자들인 군대, 경찰, 소방 업무 등과는 다르다. 그래서 공직자가 자신의 소임에 관련된 중요사항에 대하여 고민을 하더라도 혼자서 감당해야 하는 것이 원칙이다. 그러므로 불합리한 지시를 상관으로부터 받은 공직자는 자신과 다른 소임을 지닌 옆자리의 동료와 의논할 수도 없다. 동료에게 상관의 지시 사항을 불합리하다고 함부로 말하기도 어렵다. 상관에게 즉각 보고될 가능성이 크기 때문이다. 더욱이 많은 경우 상관의 명령에 항의하는 자는 조직을 해치는 배신자로 낙인 찍힌다. 결과적으로 상관의 불합리한 결정을 뒤집으려는 공직자는 직장 내에서도 완전히 혼자서 고민해야 하는 것이 일반적이다.

화랑 단체나 주자학자들의 당파와 같은 집단은 어떤가? 이것 역시 21세기의 한국에서는 기대하기 어렵다. 공직자는 정당에 가입이 안 되는 것은 물론이고, 비공식적 집단에 가입해서도 안 된다. 외부집단에 가입하지 않지만, 도움을 비밀리에 얻을 수는 있다. 정당이 아니면서 정부에 비판적인 외부집단들로부터이다. 우리나라의 경우는 과거 권위주의적 정권 시절부터 시민단체들이 비판적인 역할을 해 왔다. 그런데 처음에는 행동(민주화)을 주로 하는 단체들로서 전문적인 지식과 정보가 부족하여 우리가 말하는 용기 있는 공직자에게 도움이 되지 못하였다.

그런데 좌파-우파 간에 정권 교체가 일어나면서 시민단체들의 전문지식과 정보축적이 증가되었다. 과거 좌파가 정권을 잡기 이전에는 정부에 대한 비판세력인 시민단체들은 민주화를 가장 핵심적인 이슈로서 정부를 비판하였다. 그러나 좌파 정권이 등장하여 우파와 정권 교체를 하면서 시민단체는 크게 두 가지 성향으로 갈라지게 되었다. 민주화에 대한 요구는 점차 사라지고, 정책에 대한 비판을 둘러싸고 좌파적 성향의 시민단체와 우파적 성향의 시민단체로 갈라서게 된 것이다. 민주화 요구와 달리 정책에 대한 설득력 있는 비판을 하려면, 분야 정책에 대한 전문지식과 정보가 있어야 한다. 그러므로 시민단체들도 전문지식과 정보를 축적하여야 한다. 전문가들을 회원으로 가입시키고, 정책에 대하여 부지런히 공부하고 정보도 모은다. 그래서 이 단체들은 외부전문가의 집단으로서 내부에서 집정부의 정책에 반대하는 공직자의 애착집단으로서의 역할을 할 수도 있다.

그러나 이러한 시민단체들이 애착집단의 역할을 하는 데에는 몇 가지 한계가 있다. 시민단체들, 특히 통치이념 상의 편향을 지닌 시민단체들은 공직사회 내부에서 집정부의 정책에 대하여 불만이나 저항이 있게 되면, 이를 자신들의 목적을 위하여 최대한 활용하려고 한다. 당연히 정책의 약점을 사실 이상으로 확대하고 그 효과를 축소하여 이슈화하려고 한다. 바로 이 가능성 때문에 공직자는 이러한 야당편향적 시민단체에게 문제를 최대한으로 숨기려고 노력한다. 득보다 실이 큰 경우가 너무 많기 때문이다. 우선 공직자들은 자신이 추진하는 업무에 대하여 외부에 함부로 누설하지 않아야 한다는 비밀 준수의 윤리규범을 지니고 있다. 법제화나 공식화와 관계없이 조직의 보호 차원에서 당연한 규범으로 조직문화 속에 깊이 새겨져 있다. 외부의 야당편향적 시민단체가 떠들면, 담당 공직자로부터 정보가 흘러나갔으리라는 의심을 당연히 받게 되므로, 집정부와 공식적으로 투쟁을 하려는 결심을 하기 전까지는 야당적 시민단체와의 접촉은 최대한 피하려고 노력한다. 여기에 더하여 또 다른 부작용도 있다. 야당편향적 시민단체나 외부 전문가들은 일정한 기간이 지나면, 그 분야에서는 누구든지 그 성향을 알게 되고, 또 야당편향적인 주장을 강하게 하는 경향이 있음도 알게 된다. 공직자의 진정한 의도와 목적을 왜곡시킬 수도 있기 때문에, 이들의 이슈 제기로 외부에서 공론화가 시작되면, 공직자의 진정한 지지세력(공익과 국민 전체를 위한)인 중립적 지식인들이 외면을 할 가능성이 크다. 즉, 이슈 제기는 쉽게 해주는 장점이 있지만, 올바른 해결책을 추구할 가능성을 약화시키는 것이다. 야당편향적 시민단체의 지원이 힘은 되지 않고, 공직사회와 중립적 지식인들에 의한 비난을 불러일으켜 더욱 힘든 상황이 벌어지는 것이다. 여하튼 좌우로 심한 편향(정책문제를 왜곡하는)을 보이는 시민단체들이 공직자에게 애착집단으로서의 역할을 하기는 무척 어렵다.

7-8 요약과 결론

주자학자와 화랑의 소명의식: 앞 장에서는 소명의식을 지닌 조선조 선비들과 신라 화랑들의 행동을 검토하였다. 조선조 선비들은 주자학에 의하여 강한 소명의식을 보유하였음을 확인하였다. 주자학에서는 우주의 창생과 움직임은 모두 理(天理)에 따른 것이며, 천리가 구체화된 인의예지가 잘 지켜지는 집단일수록 발전하고 생존을 유지한다. 주자와 동료들은 12-3세기 당시 인류사회에서 가장 선진화한 자연과학적 지식을 총동원하여 자신들의 논리를 정당화하였는데, 이들의 논리와 이를 뒷받침하는 근거가 탁월하였으므로 많은 후세의 학자들을 성리학의 열렬한 추종자로 만들었다. 그리하여 조선의 선비들은 주자학을 종교 수준으로 신봉하였고, 주자학적 교리를 국정관리에서 지켜야할 가장 중요한 규범으로 체화시켜 이를 어기는 경우에는 국왕에게도 목숨을 걸고 간언하는 조선조 선비들의 소명의식에 결정적인 영향을 미쳤다.

화랑의 경우는 주자학자와 약간 다르다. 주자학자들의 소명의식을 결정적으로 좌우한 것은 주자학적 소임이 중요하다는 종교 수준의 확신이었다. 주자학이라는 통일된 하나의 사상체계가 심어 준 확신이었다. 그러나 화랑의 경우는 이러한 단일적-확정적 신념체계는 없는 것으로 보인다. 이 부분은 대단히 중요하다. 현재의 공직자에게는 주자학과 같은 단일체계적 논리를 기반으로 한 소명의식 강화가 불가능하므로, 자칫 강한 소명의식을 함양하는 것은 불가능한 것으로 생각하기 쉽지만, 화랑의 경우를 보면 반드시 그렇지는 않기 때문이다. 여하튼 화랑의 경우는 세속오계에서의 유학적 규범이 가장 큰 영향을 미친 것이 분명하지만, 불교, 샤머니즘적 요소 등도 작지만 영향을 미친 것 같고, 무엇보다도 당시의 국제정세에서 청소년들이 목숨을 걸고 싸우지 않으면, 국가 전체가 위험하다는 위기의식을 광범위하게 공유한 것이 소명의식에 큰 영향을 미쳤다. 결국 현재의 공직자들에게도 다양한 논리적 근거로 소임의 중요성과 소임수행에 대한 자부심을 일깨우면, 강한 소명의식을 함양할 수도 있을 것이다.

공직자 소임의 중요성: 조선조 선비와 화랑의 소명의식에는 이러한 차이가 있기는 하지만, 양자 사이에는 공통점이 훨씬 더 많다. 즉, 소명의식에는 자신이 책임져야 할 소임(임무)이 있고, 이 임무가 중요하고 바람직하기 때문에 반드시 성취하려는 마음 자세가 있어야 하는 것이다. 화랑의 경우나 주자학자의 경우 모두 이 요소들을 지니고 있다. 여기에 더하여 자신의 능력으로 소임을 훌륭하게 수행할 수 있다는 자신감이 있으면 소명의식을 더욱 강화시킨다. 그래서 소임의 중요성을 인식하고 소임수행능력이 강하면 강한 소명의식을 지닐 수 있다. 그리고 소임의 중요성을 인식하면 수행능력을 강화하기 위한 노력을 한다. 그래서 자신의 소임이 중요함을 인식하는 것이 무엇보다 중요하다. 요약하면, 소임의 중요성을 인식해야 책임감도 강해지고, 성공적으로 업무를 수행하기 위해 업무수행능력을 강화시키면서 소명의식도 강해지게 된다.

그러나 불행하게도 대한민국 공직자들의 대부분은 자신이 담당하는 업무가 얼마나 중요한지를 잘 알지 못한다. 공직자의 소임은 두 가지 이유 때문에 극히 중요하다. 첫째, 공직자가 담당하는 업무가 국토방위, 치안 법치 등 국가기능을 수행하기 위한 것이기 때문이다. 둘째, 국가기능을 분담하여 수행하는 과정에서 공직자들이 가장 중요한 역할을 담당하고 있기 때문이다. 우리를 벼랑 끝으로 몰고 있는, 해결이 어렵고 복잡하게 얽힌 문제들(일자리 문제를 필두로 한)을 해결하여 미래세대에게 희망을 주는 일에 중심적 역할을 해야 하는 것이다. 과잉정치와 양극화정치에 휘말려 있는 정치권으로부터 정책을 보호하여 공익을 수호해야 한다.

공직자가 자신의 소임이 지닌 중요성을 쉽게 인식하지 못하는 이유는 다양하다. 광범위한 분업체계 속에서 각각의 공직자가 담당하는 업무로 분해하여 놓고 보면, 대수롭지 않은 일로 보이기 때문이다. 중앙정부의 업무는 중요하지만 지방정부의 업무는 그렇지 않다는 오해, 조직의 핵심업무는 중요하지만 보조업무는 중요치 않다는 오해, 상위직의 업무는 중요하지만 하위직의 업무는 중요치 않다라는 식의 오해 등이다. 뿐만 아니라, 업무수행에서 파생되는 중요한 간접효과, 부수효과나 파급효과를 망각하는 경우도 많다. 더욱이 시대가 변하면서 문제가 복합적으로 뒤얽혀 있기 때문에 많은 분야의 업무를 상호보완적으로 동시에 추진해야 할 필요성이 커졌다. 그래서 관련된 업무들이 모두 중요해지고 있는데 공직자들은 이것을 쉽게 파악하지 못한다. 또한 사회적 약자를 정부의 예산으로 돕거나 공권력으로 강자의 횡포를 방지하여 약자를 보호하면서 얻게 되는 즐거움은 소명의식을 강화시키는 효과가 있지만 간혹 망각한다. 특히 공직자의 소임이 가져오는 거시적 효과가 국민들에게 주는 혜택은 쉽게 인식이 되지 않는 경우가 많다. 이런 일들을 공직자들이 정확하게 인식하도록 하여 소명의식 강화에 보탬이 되도록 해야 한다.

업무추진기술과 능력도 소명의식에 큰 영향을 미친다. 업무수행능력이 강하면 소명의식도 강화되는 것이다. 업무수행능력에는 업무를 수행할 방법을 결정하는 의사결정능력, 결정된 방법을 실현시키는 실행능력이 있다. 의사결정능력은 축적한 전문적 지식에 의하여 결정된다. 풍부한 전문성을 지닌 엘리트 관료들은 자신들의 전문성에 대한 자부심도 강하고, 적극적으로 업무를 추진한다. 전문성은 공직수행의 무기이자 실적관료제의 존재이유이다. 한편 집행현장에서는 정책수단을 잘 실현할 수 있는 능력이 성과를 좌우한다. 정책에 반대하는 사람들의 저항을 극복하거나 설득하는 능력, 치밀하면서도 인내심 강한 추진력, 움직이지 않으려는 부하들을 독려하여 실행시키는 리더십 등이다. 실행능력에는 물리적 실행능력도 있는데, 활을 잘 쏘거나 칼을 잘 쓰는 무술실력 등이다. 이러한 물리적 실행능력은 의사결정능력과 달리 사람들이 쉽게 인지할 수 있으므로, 빨리 칭송의 대상이 된다. 여하튼 탁월한 전문기술을 지니면 자부심도 커지고 업무수행에 대한 소명의식도 강해진다.

공직자들이 소명의식을 자각하고 성실하게 업무수행을 하기 위하여는 소명의식을 강화시키기 위한 **훈련이나 교육**이 필요하다. 가장 중요한 것은 공직자가 담당하는 소임의 중요성을 인식할 수 있도록 하고 업무수행능력을 키우는 것이다. 뉴욕 경찰원(NYPA)의 채용훈련이 큰 도움을 준다. 훈련의 맨 처음 6주간에 경찰업무의 힘들고 고통스러우며 치욕스러운 측면을 여러 가지 방법을 통하여 알려준다. 그리고 다음 6주간은 정반대의 측면, 즉, 경찰업무의 중요성, 국가사회적 기여, 국민들의 신뢰와 사랑 등등으로 경찰업무의 밝은 측면을 보여 준다. 그 후에 경찰발령여부를 본인이 선택하도록 한다. 밝은 면과 어두운 면을 모두 미리 알고 선택을 하게 되므로 웬만한 어려움에도 좌절하지 않는 강한 소명의식을 키워줄 것이다. 그리고 비슷하게 소명의식이 강한 사람들이 동료가 되어 상호작용으로 집단적인 소명의식이 강화될 것이다.

그리고 나머지 12주간 경찰업무에 대한 법규정, 행동수칙, 범죄자 체포기술 등등 전문지식을 철저하게 교육시킨다. 이 부분도 대단히 중요하다. 업무수행능력이 소명의식의 필수적 요소이기 때문이다. 소명의식과 업무처리능력은 상승작용을 한다. 전문성 함양은 공직자의 기본적 의무이기도 하다. 탄탄한 전문지식이 있어야 공익수호를 위하여 집정부의 불합리한 정책을 수정-폐기시키는 설득력도 생긴다. 상관 동료 후배 모두에게 신뢰와 존중을 받기 때문이다. 전문성이 약한 공직자는 기관총이 난사되는 전쟁터에 소총을 들고 출전하는 군인과 같다.

용기 있는 행동에 대한 보상이 소명의식을 더욱 강화시키면서 개인적 희생을 각오하고, 공익수호를 위해서 나서게 만들 수 있다. 조선조의 박태보나 화랑 관창과 같은 **용기**를 내기 위하여는 강한 소명의식에 추가하여 <플러스 알파>가 있었는데, 그것은 소임수행을 위한 희생에 따르는 명예와 칭송이었다. 명예나 칭송은 죽음도 두려워 않는 용기를 불러 일으키는 것으로 유명하다. 중세의 기사나 무사(기사도나 무사도), 선비들(선비정신)에게 공통적으로 큰 영향을 미치는 것으로 알려져 왔다. 명예나 칭송은 화랑이나 주자학자들의 용기에 직접적이고 가장 강력한 영향을 미치는 보상이었던 것이다. 한편 칭송이나 명예와 정반대로 당연히 수행할 것으로 기대하는 소임(책임)을 회피하는 경우에는 비난-파문-사회적 매장 등 강력한 처벌이 따르는데, 이것이 명예나 칭송보다 더욱 강한 영향을 미쳤던 것으로 보인다.

공직자의 애착집단(愛着集團): 칭송과 명예, 불명예에 대한 응징으로서의 처벌이 강한 영향을 미치는 것은 본인이 중시하는 애착집단(愛着集團)이 보여 주는 경우이다. 조선조 주자학자들의 경우에는 같은 당파, 같은 학맥, 심지어는 같은 지역의 지식인들이 애착집단의 역할을 하였고, 화랑의 경우는 같은 화랑생활을 한 동료들, 그리고 가문이 결정적인 역할을 하였다. 불행하게도 현재 대한민국의 공직자들에게는 이러한 애착집단이 없다.

화랑시대나 조선조 중기에는 대가족 제도가 유지되어 왔기 때문에 가문 전체가 하나의 강한 응집성을 지닌 애착집단으로서 영향을 미쳤다. 그러나 현재 우리의 가족제도는 부부 중심의 핵가족으로 변화한지 오래고, 최근에는 결혼도 기피하여 1인 가구가 늘어나고 있다. 더욱이 배우자의 한쪽이 직장에서의 피해를 각오하고라도 공공의 정의를 위해서 집정부와 대항하겠다는 결심을 하고, 다른 쪽이 이를 지지하는 경우는 거의 상상하기 어렵다.

공직자들은 각각 담당하는 소임이 다르므로, 상관의 지시에 반대하는 고민은 혼자서 감당해야 한다. 그리고 상관의 불합리한 결정을 뒤집으려는 시도는 조직에게 피해를 주는 배신행위로 낙인찍히기 쉽다. 또한 편향적 통치이념을 지닌 시민단체들은 공직사회 내부에서 집정부의 정책에 대하여 불만이나 저항이 있게 되면, 이를 자신들의 목적을 위하여 최대한 활용하려고 한다. 당연히 정책의 약점을 사실 이상으로 확대하고 그 효과를 축소하여 이슈화하려고 하기 때문에 의로운 공직자에게 도움이 되지 않는다.

결론: 공직업무의 중요성은 주관적인 판단에 많이 좌우되고, 중요한 업무인

데도 상황에 따라 중요성이 망각되는 경우도 많기 때문에, 공직자의 업무를 상식에 의존하지 말고 빈틈없이 검토하여 그 중요성을 밝혀서 공직자가 이를 인식하도록 하여야 소명의식을 강화할 수 있다. 업무의 중요성을 인식하면, 소임에 대한 책임감이 강해질 뿐만 아니라, 성공적으로 수행해야 한다는 의식도 강해진다. 그리고 자연스럽게 소임수행능력을 향상시키기 위한 노력도 하게 된다. 한편 소임수행능력은 의사결정능력을 좌우하는 전문성과 결정된 내용을 실행하는 능력이 있는데, 어느 것이나 이 능력을 풍부히 갖추게 되면 소임수행에 대한 자신감이 강화되고 자부심도 강화되어 이것이 소명의식을 더욱 강화시킨다. 이 소임수행능력은 공직자가 갖추어야 할 필수적인 능력이다.

자신의 희생을 무릅쓰고 소임수행을 하기 위해서는 강한 소명의식에 더하여 희생에 대한 보상이 필요하다. 명예와 칭송은 애착집단에서 나와야 효과가 큰데, 화랑에게는 가문, 화랑단체가 애착집단 역할을 하고, 조선조 선비들에게는 당파와 학벌, 가문이 그 역할을 했다. 그런데 불행하게도 대한민국의 공직자에게는 이 애착집단이 존재하지 않는다. 가문은 물론이고, 직장 내의 동료들이나 외부의 정치적으로 편향된 시민단체들이 애착집단의 역할을 하지 못한다. 외롭게 싸워야 하는 정의로운 공직자들을 격려할 지원세력이 절실하다.

참고문헌

* 막스 베버(이상률 번역)(2023), 『직업으로서의 정치』, 문예출판사
* 정재근(2024), 『공무원이 행복해야 국민이 행복하다』, 한국유교문화진흥원
* Kim, S. & Vandenabeele, W.(2010), 『A Strategy for Building Public Service Motivation Research Internationally』, 『Public Administration Review』, 70(5), pp.701-709
* Wright, B. E.(2001), 『Public Work Motivation: A Review of the Current Literature and a Revised Conceptual Model』, 『Journal of Public Administration Research and Theory』, 11, pp.59-78
* Wright, B. E.(2004), 『The Role of Work Context in Work Motivation: A Public Sector Application of Goal and Cognitive Theories』, 『Journal of Public Administration Research and Theory』, 14(1), pp.59-78
* Wright, B. E.(2007), 『Public Service Motivation: Does Mission Matter?』, 『Public Administration Review』, January-February, pp.54-64
* Wright, B. E., Hassan, & Barluran, D.(2025), 『Motivation, Meaning, and Burnout: Exploring Frontline Public Service Workers' Experiences During Times of Crisis』, Proceedings

제8장

공직자의 소명의식 강화와 용기

- 지식인과 정치지도자들의 각성, 그리고 공직자의 의기 -

제8장

공직자의 소명의식 강화와 용기

- 지식인과 정치지도자들의 각성, 그리고 공직자의 의기 -

역사적인 변곡점에서 혼란스러운 정책관리를 바로 잡아 미래세대에게 희망을 줄 수 있는 기틀을 잡기 위해서는 공직자들이 바뀌어야 한다. 합리적인 정책관리를 통하여 공익을 수호하는 역할을 하여야 한다. 이를 위해서 담당 소임의 중요성을 인식하고, 전문성을 강화하여 소임수행능력을 키워야 한다. 그리고 무엇보다 소임에 헌신할 소명의식을 강화시켜야 한다. 그러나 여기에 너무 많은 장애물들이 가로막고 있다. 공직자를 불필요하게 움츠리게 하는 과도한 행동통제(지나친 회계규정, 감사, 조사 등등), 공직자를 지나치게 폄하하는 사회 분위기 등 공직자의 소명의식을 파괴하는 공직풍토가 개선되어야 한다. 그러나 이것만으로 공직자들의 적극적인 헌신을 기대할 수는 없다. 특히 가장 문제가 되는 소임, 즉, 공익을 상당히 훼손하는 집정부의 정책을 저지하는 것은 너무나 어렵기 때문이다. 이때 공직자들의 공익수호 노력에 구체적인 도움을 줄 수 있고, 또 그래야 하는 집단이 있다. 바로 지식인과 정치인들이다. 이들이 공직자를 도우면, 나머지 분야(공익을 훼손하는 불합리한 정책이 아닌 민원처리 등의 분야)에서의 소명의식 부족문제는 거의 자동적으로 해소될 수 있다. 지식인과 정치인의 공직자에 대한 지원은 공직자의 소명의식을 함양하는 가장 중요한 영양분이다.

8-1 지식인의 공직자 지원

중립적 외부 전문가의 역할 — 앞의 장에서 보았듯이 분야별 외부 전문가들 중에는 통치이념과 정당에 편향된 신념을 지닌 사람들이 있고, 이들은 중립적 지식인이나 중립적 국민들의 신뢰를 얻지 못한다. 그리고 이 편향성 때문에 공직자들이 집정부의 불합리한 정책을 저지하려고 할 때 큰 도움이 되지 못한다. 그러나 분야별 전문가 중에서는 중립적인 입장을 유지하는 사람들이 더 많다. 시민단체 등에 참여하지 않고, 정책의 합리성을 위하여 목소리를 높일 수 있는 중립적 전문가들이다. 나름대로 객관적이고 합리적인 판단으로 정책을 비판하는 이상주의 유형의 전문가들이다. 연구소의 연구원, 대학교수, 언론인 중에서 이러한 전문가들을 볼 수 있다. 이들이 집정부의 불합리한 정책에 항의하는 공직자 편에 서서 지원을 하면, 가장 바람직한 상황이 된다. 특히 언론인들의 지원이 큰 힘이 된다. 민원인을 돕다가 억울하게 조사를 받는 공직자나 집권당의 정치 보복적 행동으로 정책감사의 희생양이 되는 등의 고통을 받는 공직자를 돕는 일은 국가를 위해서 아주 바람직한 일이다.

물론 이 경우에도 여러 가지 어려움이 있다. 그중에서 집정부의 보복이 가장 두렵다. 이 보복이 과거에는 무척 심각하였다. 민주화가 대대적으로 진전이 되고, 통치이념이 다른 정권 교체가 몇 차례 있게 되면서 이러한 보복적 행태는 많이 감소하였다. 그러나 아직도 그 가능성이 남아있기 때문에 외부 전문가들의 정책에 대한 비판에는 조심성이 따를 수밖에 없다.

정권의 보복적 행태는 정부에 의한 것만이 아니다. 사실은 집정부의 외곽 단체들의 사이버 공격이 최근에는 더욱 무서운 것이 되었다. 바로 앞에서 언급한 여-야 편향적 시민단체들의 공격이다. 이들은 자신들과 반대의 주장을 하는 공직자도 비판하지만, 공직자를 지원하는 외부 전문가들에게도 공격을 하게 된다. 외부 전문가들은 이들의 공격에 속수무책이다. 특히 중립적 외부전문가는 소속 단체가 없으므로 더욱 괴롭다. 이러한 요인들 때문에 외부 전문가들이 내부 공직자의 의거에 대한 지지나 지원을 하기가 매우 어렵게 되었다. 시간이 지나면 시민단체들의 이러한 편향적이고 극단적 행동이 감소될 가능성도 있다. 그러나 당분간은 지속될 가능성이 더 크다. 좌우 갈등이 심하고 사회-경제적 양극화가 심화되기 때문이다.

그러나 이들 순수한 의도의 외부 전문가들이 나서지 않으면, 공직자들의 소명 있는 행동은 전혀 기대할 수 없게 되었다. 앞의 장에서 자세히 보았듯이, 공직자들의 의거를 지지해줄 애착집단이 전혀 존재하지 않기 때문이다. 외부 전문가만이 아니라 중립적 지식계층 전체가 크게 각성해야 한다. 이를 위해서는 여러 가지 고려해야 할 요인들이 있다. 이들을 자세히 검토하기로 한다.

전문가의 직업윤리: 외부의 전문지식인들이 편향적인 전문가나 시민단체로부터 받을 수 있는 공격을 최소화하기 위해서는 전문가로서의 윤리를 지키는 것이 좋다. 즉, 전문지식을 동원하여 정책과 관련된 사실판단에 집중하고 가치판단을 최대한 피하는 것이다. 이 부분은 중요하므로 자세한 설명이 필요하다.

본디 분야별 전문가들은 분야별 공직자나 마찬가지의 정책결정상의 역할을 할 수도 있다. 둘 다 분야별 정책을 합리적으로 결정하기 위하여 필수적인 전문지식과 전문정보를 축적하고 있기 때문이다. 경제정책에 대하여는 경제학자나 연구원의 경제분석가 등이 경제부처의 공직자들과 마찬가지 종류의 전문성을 지니고, 보건 의료부문의 학자나 연구원이 보건 의료담당 공직자들과 비슷한 전문성을 지니고 있는 것과 같다. 그러나 정책결정과정에서 하는 역할은 다른데, 이 차이를 정확하게 알고 행동해야 하는 것이다.

이 차이를 이해하기 위해서는 정책결정의 과정을 보아야 한다. 특정한 정책문제를 해결하는 방법은 여러 가지가 있을 수 있다. 어떠한 해결방법이 가능한지를 탐색하고, 각각의 방법을 추진하면 나타날 결과를 예측하여 가장 바람직하다고 판단되는 방법을 선택하는 것이 공직자의 역할이다. 그런데 해결방법의 탐색과 결과 예측은 전문가라면 누구나 할 수 있는 일이다. 그러나 마지막 단계인 바람직한 해결방법의 선택은 외부 전문가의 역할이 아니다. 공식적 권한을 지닌 공직자들만이 정부가 할 일을 결정할 수 있다. 물론 공직자 개인이 아니라, 담당 부서의 업무담당자, 팀장, 과장, 국장 등이 협력하여 결정한다. 이 차이는 아주 중요한 의미를 지닌다. 앞의 2단계는 사실판단의 영역이므로 전문지식이 있는 사람은 누구나 할 수 있는 일이지만 마지막 단계는 무엇이 바람직한지를 판단하는 가치판단이 더 중요한 요소로 가미된 것이다. 다음과 같은 가상적 예를 들어 보면 이해가 쉽다.

후보지 A	수익 100억	수혜농가 — 영세농 1,000가구
후보지 B	수익 120억	수혜농가 — 비교적 부유농가 500가구

예산 1,000억 원을 들여 작은 댐을 건설하고 특수 농산물을 생산하여 외국에 수출을 하기로 하였는데, 후보지가 두 곳이라고 가정한 것이다. 후보지 A는 1년에 100억 원의 수입을 얻는데, 1,000가구의 영세농가가 혜택을 본다. 후보지 B는 1년에 120억 원의 수입을 얻는데, 비교적 부유한 500가구가 혜택을 본다. 이러한 프로젝트에 대한 전문가들은 두 후보지의 농산물 수입이 1년에 얼마가 되는지를 예측하고, 혜택 받는 가구 숫자가 얼마가 되는지를 파악하는 역할을 한다. 즉, 위의 표에서 나타난 숫자를 예측(미래 수익 100억과 120억)하거나 실제상태(농가 1,000, 500)를 파악한다. 두 가지 모두 사실판단이다. 외부전문가나 담당 공직부서 내의 전문가나 동일한 사실판단을 한다. 농산물 수익을 예측할 때는 댐에서 공급하는 물로 수출농산물을 재배하였을 때 증산될 것으로 기대되는 양을 추정하고 시장판매가격을 적용하여 수입액수를 추정한다. 간단한 작업 같지만, 사실은 상당히 복잡한 사실 판단을 해야 한다. 댐이 공급할 수 있는 물의 양이 댐의 규모만이 아니라 강우량에 의하여 좌우되고, 강우량은 지역에 따라, 그리고 해마다 달라지기 때문에 후보지별 평균 강우량을 파악하여 적용하는 등 자질구레한 작업이 많고, 또, 농산물 증산도 지역의 토질에 따라 달라지는 등 작업마다 전문적 지식이 필요하다. 전문가가 아니면 담당할 수 없는 작업이다. 여기까지는 전문가들이 담당한다.

그러나 위의 경우에 두 후보지 중 하나를 선택하는 작업은 가치판단 작업이다. 위의 표에서 숫자로 파악된 사실을 보고, 어느 후보지가 바람직한지를 판단하는 작업인 것이다. 국가적으로 얻을 수 있는 총수익(benefit)은 B 후보지가 좋은데, A 후보지는 좀 더 많은 가난한 사람들이 혜택을 보기 때문에 양자 중 어느 후보지가 바람직한가는 가치판단의 기준에 따라 달라진다. 국가적 수입(능률성)을 중시하는 경우는 B 후보지를 선택하지만, 가난한 영세 농민을 돕는 것(형평성)을 중시하는 경우는 A 후보지를 선택한다. 능률성과 형평성 중에서 어느 것을 더욱 중요한 가치 기준으로 보는가에 따라 선택이 달라지는 것이다. 그러므로 이 선택은 공식적 결정권을 지닌 사람이 결정해야 한다. 대의제 민주정치에서는 국민들의 선거에 의하여 구성된 집정부가 국민들을 대신하여 선택해야 한다. 집정부 내부에서는 담당 공직부서가 주도하여 결정하는 것은 앞에서 누누이 지적한 바와 같다.

전문가들이 담당하는 사실판단은 사실을 밝히는 일이다. 그러므로 원칙적으로 정답이 존재한다. 즉, 위의 경우에 두 지역의 혜택 보는 농가의 숫자는 물론, 농산물의 증산도 정확하게 추정하면 어느 전문가나 동일한 액수를 추정할 것이다. 어느 전문가라도 A지역에는 1,100이나 900이 아니라 1,000가구가 살고 있다고 파악할 것이다. 댐에서 공급되는 물의 양을 계산하기 위한 평균 강우량도 30년을 간격으로 하여 그 지역의 강우량을 조사하면, 여러 전문가가 동일한 강우량을 파악하여 적용할 것이다. 이런 식으로 전문지식과 정보를 동원하여 추정하면 동일한 사실판단을 해낼 수 있다.[1] 동일한 사실에 대해서는 누구라도 동일한 판단을 할 것이므

1) 사실의 파악이 불가능하거나 확률적인 판단만이 가능한 경우는 예외이다. 중요한 특정 사실에 대한 측정이 불가능하거나 측정기술은 있어도 사실 자체의 변화가 심한 경우이다. 특정 지역의 강우량이 전혀 조사되어 있지 않거나, 변덕이 심한 날씨에 시간대별로 측정이 되어 있지 않거나 하는 경우이다. 이런 경우는 파악가능한 사실과 그 사실을 전제로 하여 다른 상태에 대하여 일정한 가정(사실에 가까운 가정)을 하고, 그 가정을 근거로 필요한 사실에 대한 추정을 하는 수밖에 없다. 이때 전문가들이 최선의 가정으로 공유하는 추정치들을 제시하면, 전문가적 사실판단을 한 것이 된다. 물론 추정의 근거들을 확실히 제시하여야 한다. 이러한 전제를 하여 전문가들은 동일한 사실에 대하여 동일한 파악을 할 것이라고 말하는 것이다.

로 누군가가 왜곡된 판단을 하면, 전문가가 아니든지 또는 사기꾼이든지 둘 중 하나이다. 전문가가 왜곡된 판단을 하였다면, 틀림없는 사기꾼이다. 그러므로 왜곡된 사실판단을 하지 않아야 한다. 이것이 전문가의 직업윤리 중 가장 중요한 것이다.

전문가가 왜곡된 사실판단을 하여 제시하면, 다른 사람들은 전문가의 말을 진실이라고 믿을 것이다. 전문가는 진실을 파악할 능력이 있고, 또 파악된 진실대로 보고할 것으로 믿기 때문이다. 그리고 전문가의 사실판단을 근거로 결정을 할 것이다. 예를 들면, 어느 전문가가 A와 B 후보지 모두 농가가 동일하게 1,000가구라고 거짓 보고를 하고, 수익만 사실대로 보고하면, 이를 믿는 정책결정자는 B 후보지를 선택할 것이다. 농가 수는 동일하고 수익이 더 많기 때문이다. 전문가가 사기를 쳐서 잘못된 결정을 하는 것이다.

가치판단은 전혀 다르다. 사실판단은 객관적으로 존재하는 사실을 파악하는 것이지만, 가치판단은 무엇이 바람직한지를 판단하는 주관적인 판단이기 때문이다. 무엇이 바람직한지(가치)를 판단하는 기준이 사람마다 달라질 수가 있다. 능률성이 바람직한지 형평성이 더 바람직한지가 사람마다 달라질 수가 있는 것이다. 여기에 더하여 다양한 이해관계가 얽히게 되면 가치판단은 극히 주관적인 것이 된다. 두 지역의 국회의원들은 각각 자신의 선거구 후보지가 더 바람직하다고 주장할 것이다. 그러나 이해관계가 없는 국장, 차관, 장관도 서로 다른 판단을 할 수 있다. 어떤 사람은 가난한 사람들이 많이 사는 A 후보지를 선택할 것이고, 다른 사람은 국가적 수익총액이 많은 B 후보지를 선택할 것이다. 양자 중 어느 후보지를 선택하는 것은 객관적 기준이 없으므로, 국민들의 뜻에 따라 집정부에서 결정해야 하는 것이다. 앞에서 지적한 바와 같다.

본론으로 돌아가면, 중립적인 외부 전문가들이 정책에 대한 사실판단을 하는 것은 누구도 비난할 수 없다. 그러지 않으면 사실을 왜곡 판단하여 불합리한 정책을 결정하게 만든다. 그리하여 국가사회에 피해를 끼치고, 개인적으로는 직업윤리를 위반한 사기꾼이 된다. 정부에서 A, B 두 후보지가 모두 농가 수가 1,000가구로 동일하다고 발표하면서, B 후보지를 선택하려고 할 때, 외부 전문가가 가구수가 사실과 다르다고 주장하면, 결과적으로 B 후보지의 선택이 잘못된 것이라고 주장하는 것이 된다. 그러나 B 후보지를 지지하는 시민단체가 이러한 외부전문가를 비난할 수 없다. 누가 보아도 당연한 사실을 주장했기 때문이다. 정부의 사실 발표를 옳다고 하면 사기꾼이 된다. <4대강 보>의 설치로 농사에 필요한 물을 적절히 공급하여 농업에 큰 도움이 된다든가, 홍수와 태풍의 피해를 막는 효과가 있다고 외부 전문가가 판단을 하면, 아무리 편향적인 시민이라도 이를 비난할 수는 없다. 사실을 사실대로 진실을 말하기 때문에 도덕적 양심을 지닌 사람이라면 진실을 말하는 전문가를 비난할 수 없는 것이다.

외부전문가의 가치판단이 발생시키는 위험: 그런데 공식적 결정권이 없는 외부 전문가가 사실판단만을 하지 않고 가치판단을 하는 경우가 흔히 발생한다. 그리고 이것은 극히 위험한 일이다. 비슷한 일들이 100여 년 전에 학자들 간에 대논쟁을 불러 일으켰다. 독일에서 후기 역사학파의 대표로 알려진 슈몰러(G. Schmoller)와 현대사회학의 창도자로 알려진 베버(M. Weber)가 격렬하게 싸웠던 가치판단 논쟁이다. 19세기 말부터 20세기 초에 계속된 논쟁이다. 독일의 경제학자들이 정부의 정책에 대하여 여러 가지 주장을 하였는데, 대부분이 현실을 정확하게 알지도 못한 채, 자신이 지닌 편향적 신념에 근거하여 주장하였다고 베버는 지적하였다. 사실을 정확하게 모르는 채 비현실적인 주장을 하여 학자의 본분도 망각하고, 정부의 정책에 대해서 큰 피해를 끼쳤다고 주장하였다. 교수(학자)는 그 분야의 전문가로 국민들이 가장 신뢰하는 직업(진실을 밝히는 전문가)이기 때문에 학자의 비현실적-편향적인 주장은 많은 국민들을 혼란에 빠트리고, 국가 전체를 오도하는 것이다. 이러한 행동은 <악마의 짓>이라고 극언을 하였다.

학자(외부전문가)가 특정한 정책을 바람직하다는 신념을 위하여 사실을 왜곡하는 경우도 있다. B 후보지가 좋다는 편향된 생각을 위하여 B 후보지의 농가가 1,000가구라고 사실을 왜곡하고, 이를 근거로 A, B 두 후보지의 농가 수는 동일하고, 수익은 B가 더 많으므로 B를 선택해야 한다고 주장하는 경우가 있을 수 있다.

사실을 정확하게 파악해 보지도 않고, 막연한 짐작으로 정책주장을 할 때는 의도하지 않게 이러한 위험에 빠지는 경우가 많다. 그런데 사실에 대한 정확한 파악을 하지 않고, 심지어는 사실을 왜곡하면서 특정 정책이 좋다는 식의 주장을 교수가 하면, 국민들은 전문가인 교수가 사실에 근거하여 주장하는 것으로 착각하게 된다. 교수는 비교적 양심적인 사람들이므로 사실을 왜곡하는 짓을 하지 않을 것이고, 전문가이기 때문에 정확하게 사실을 판단하였을 것으로 믿기 때문이다. 이러한 국민들의 믿음을 악용하여 정책을 오도하기 때문에 베버가 <악마의 짓>이라는 극언을 했을 것이다. 당시의 독일의 중요한 국가정책들, 예를 들면, 사회보험의 기본 틀을 정착시키는 정책, 독일의 산업정책이나 대외경제의 방향을 잡는 정책 등은 독일의 운명을 좌우할 수 있는 중대한 정책이고, 이러한 정책을 혼란에 빠트리는 경우를 생각해 보면, 베버의 걱정을 이해할 수 있다.

여하튼 베버 본인은 사실판단을 정확하게 하기 위하여 농민들의 실태를 직접 조사하기도 하였다. 베버는 이러한 자세로 사회현상의 객관적 파악을 강조하여 현대사회학의 창도자 역할을 한 것으로 알려졌다. 그는 학자들이 전문가로서 정확한 사실판단을 하여 국민들이 올바른 정책선택을 할 수 있게 돕는 것이 가장 중요한 임무라고 주장하였다. 전문성을 지닌 사람들이 사실판단을 정확하게 하고(이 일은 비전문가는 할 수 없는, 전문가의 독점적인 일이다), 가치판단은 국민들에게 맡겨야 한다고 주장한 것이다.

이 주장은 지금도 타당성이 있고 아주 중요하다. 전문가가 지켜야 할 기본적인 윤리규범을 강조한 것이다. 전문가들이 그 분야에서 가장 정확한 이론과 많은 정보를 축적하여 정확한 사실판단을 할 것으로 국민들로부터 신뢰를 받는데, 이를 악용하여 가치판단을 함부로 하는(앞의 사례에서 A나 B 중에서 어느 것이 바람직하다고 주장하는) 것이 바람직하지 못한 것이다. 더욱이 자신의 개인적 소신을 위하여 사실을 왜곡하는 경우는 그야말로 악마의 짓이라고 비난받을 일이다. 아마도 베버가 이런 지적을 했을 때에는 자신의 편향된 신념을 위하여 사실을 과장, 은폐하는 왜곡 현상을 걱정했을 것이다. 집정부가 불합리한 정책을 밀어붙이기 위해 사실에 대한 왜곡된 정보를 요구하고, 이 압력에 저항하기 어렵게 되어있는 공직사회의 풍토를 알았더라면, 베버도 지금 우리와 같은 걱정을 할 것이다.

공직자의 개인적 정책신념: 이와 관련된 심각한 이슈를 검토해야 할 시점이 되었다. 공직자가 개인적 신념을 위하여 담당하는 정책상황(객관적 사실)에 대하여 왜곡된 보고를 할 가능성이다. 원래 <4대강 보>는 수자원을 관리하던 건설교통부에서 담당하였는데, 문재인 정부에서 이를 환경처로 이관시켰다. 수질 문제가 심각하다는 환경단체의 주장에 따라 수질오염문제를 해결하라는 취지였을 것이다. 당연히 환경문제에만 관심을 기울여 온 환경처 전문가들은 수자원 관리에 대하여는 전문가가 될 수가 없었을 것이다. 이런 상태에서 경제효과에 대한 보고를 하라는 지시를 받았으니, 어려운 입장에 놓였을 것이다. 과거 건설교통부에서 4대강 사업을 추진하면서 작성한 타당성(가뭄과 홍수 피해를 감소시킴) 보고서를 제출할 수는 없고, 잘 모르는 분야에 대한 새로운 조사를 하기 위해서는 시간이 너무 부족하였을 것이다. 이런 경우에 환경문제 때문에 평소에 4대강 사업에 대하여 부정적인 생각을 하던 환경처 공직자가 소신을 지니고 <경제효과가 거의 없었다는 뉘앙스>를 풍기는 보고를 할 수도 있다. 그래서 경제효과가 거의 없었다는 보고를 한 것으로 외부에는 알려졌고, 집정부의 고위층에서도 그렇게 인식했을 가능성도 있다. 어디까지나 가능성의 이야기이지만, 중요한 함의가 있는 문제이므로 조금 더 논의하기로 한다.

통치이념이 다른 정권 교체가 반복되면서 공직사회 내부에서도 정책신념이 다른 공직자들이 등장하기 시작하였다. 공직자도 지식인의 한 사람으로 당연한 현상이고, 또 이것이 나쁘다고 볼 수도 없다. 원래 어느 한 쪽이 옳고 다른 쪽이 나쁜 것이 아니기 때문이다. 문제는 어느 한 쪽이 정책상황을 무시하고 과도하게 다른 쪽을 억누르고 밀어붙이는 경우에 발생한다. 여하튼 새로운 집정부는 자신들의 통치이념에 맞는 공직자를 골라서 필요한 직위에 앉힐 수 있다. 이 경우에 공직자는 어떻게 해야 하는가?[2)]

---

2) 집정부가 자신들의 정책신념에 적합한 공직자를 중요한 직위에 임명하는 관행이 계속되면,

결론부터 말하면, 공직자는 전문가이기 때문에 사실 왜곡을 해서는 안 된다. 자신의 신념에 따라 옳다고 믿는 정책을 위해서도 사실 왜곡만은 절대 해서는 안 된다. 전문가의 사실 왜곡은 직업윤리의 심각한 침해일 뿐만 아니라, 비합리적인 정책을 결정하도록 유도하여 국가사회적으로 큰 피해를 발생시킨다. 그래서 자신이 옳다고 믿는 정책을 정당화하기 위해서 정책상황에 대한 사실(정책효과, 비용, 수혜자, 비용부담자 등등)을 과장하거나 은폐하면 베버가 극언한 비난을 피할 수 없다. 그런데 신념이 강한 자는 무의식중에 사실을 편향되게 인식할 가능성이 있다. 그러므로 공직자는 이러한 위험에 빠지지 않도록 스스로 조심해야 한다. 더 근본적으로는 공직자는 가급적 편향된 신념을 지니지 않도록 노력하고, 그것이 안 되는 경우에는 자신이 원하는 정책을 위하여 사실을 왜곡하는 일만은 하지 않아야 한다. 웬만한 공직자들은 이것을 잘 알고 있다. 교육과정이나 공직생활을 하면서 바람직한 공직윤리를 습득하고 있기 때문이다. 그런데도 어쩔 수 없이 사실을 왜곡하여 상부에 보고하게끔 만든 우리 공직사회의 풍토를 개혁해야 하는 것이다. 그리고 이렇게 타락한 풍토 속에서도 용기를 지니고 사실을 밝히는 공직자는 외부전문가들이 앞장서서 응원하고 보호해야 하는 것이다.

여기까지가 가치판단을 하지 않고 사실판단에 입각한 외부전문가의 역할이다. 그러나 외부 전문가의 추가적인 역할이 있다. 즉, 경우에 따라서는 가치판단도 하여야 하는 역할이다. 지식시대가 전개되면서 모든 지식인들은 이중적인 역할을 하게 되었다. 자신의 전공 분야에서는 전문가로서, 다른 분야에 대해서는 일반 지

공직자들은 업무에 헌신하기 보다는 정치권에 줄 대기에 시간과 노력을 소모할 것이고, 결국은 전문직업직 공직을 정치화하여 정실주의 시대로 퇴행하게 된다. 1880년대에 진보주의 개혁가들(대통령이 되기 전 Wilson과 T. Roosebelt 등)이 온갖 어려움을 무릅쓰고 정실주의 인사제도를 개혁하려고 했던 이유이고, 트럼프 시절부터 미국의 행정학자와 행정전문가들이 또다시 심각하게 걱정하고 있는 이슈이다. 과학기술 등 전문분야의 전문지식은 급속도로 발전하고 AI가 공직자의 전문성을 위협까지 하는 시대로 접어들고 있는 상황에서 공직사회의 전문성을 파괴하고, 헌신적 공직수행의 의욕을 감소시켜서 공직자들의 공직을 향한 소명의식은 사라질 것이다. 이 부분은 대단히 중요하므로 정치인의 역할에서 자세히 논의할 것이다.

식인으로서의 역할을 하게 된 것이다. 그런데 일반 지식인들이 해당 분야 전문가들이 제시하는 사실판단을 근거로 정책대안에 대한 선호(가치판단)를 밝히고, 이를 근거로 여론이 조성되어, 이것이 국민의 뜻으로 정부를 움직이는 것이 민주정치의 일반적인 운영방식이다. 이렇게 이중적인 역할을 하는 전문가가 본인의 전문 분야에서 좋아하는 정책대안이 무엇인지를 밝힐 때에는 근거가 되는 사실들과 대안선택의 기준(가치판단기준)을 모두 분명히 밝히는 것이 좋다. 후보지별 수익과 농가 수를 밝히고, 자신은 국가의 현 상황에서 보아 능률성이 무엇보다 중요하므로 B 후보지를 지지한다든가, 아니면 형평성이 무엇보다 중요하므로 A 후보지를 지지한다는 식이다. 이러한 태도 표명은 분야별 전문가(특히 공직사회 내부전문가)가 정책선호를 주장하는 경우에 반드시 지켜야 할 규범이다. 그러지 않으면, 다른 사람들은 분야 전문가의 판단이 사실판단에 의존했을 것이라고 착각할 가능성이 크다. 즉, 어느 한 후보지가 다른 것보다 수익이나 농가 수에서 훨씬 유리하여 선택한 것이라고 착각하는 것이다. 일반 지식인들은 자신의 전문분야가 아닌 정책에 대하여는 이러한 태도 표명을 하지 않아도 자신들의 가치기준에 따른 선택일 것이라고 국민들이 생각하게 된다. 분야 전문가가 제공한 사실판단 자료를 근거로 하여 자신의 가치기준을 적용하는 것이 일반적이기 때문이다. 요약하면, 분야별 전문가는 특정 정책에 대한 자신의 신념과 관계없이 정책상황에 대한 정확하고 객관적인 사실판단을 반드시 해야 하고, 자신이 특정한 정책을 지지하고 싶으면, 파악된 사실과 가치판단기준을 밝혀야 한다.

이상은 연구를 주로 하는 지식인, 즉, 대학교수, 연구원 등의 지식인들이 공직자를 지원하기 위한 역할을 본 것이다. 지식인 중에서 여론형성에 주도적 역할을 하는 언론인에 대해서는 조금 더 논의가 필요하다. 언론인 중에는 특정한 분야를 담당하는 전문 언론인도 있다. 이들의 경우는 연구를 담당하는 지식인들과 마찬가지의 역할이 요구된다. 사실은 이들의 여론에 대한 영향은 연구원이나 교수들보다 강력하므로 더 강한 전문가의 윤리가 요구된다.

여하튼 일반 기자들을 포함한 언론인들이 소명의식 있는 공직자들을 지원하기 위해서는 무엇보다도 정확한 사실을 독자들에게 알리는 것이 중요하다. 앞에서 누누이 지적했듯이 정치권에서 불합리한 정책을 정당화하기 위해서 사실 왜곡을 할 때 이를 바로잡아 국민들이 올바른 판단을 하도록 해야 하는 것이다. 그러나 언론이 사실을 정확하게 보도하는 것이 무척 어려워지고 있다. 미국과 같이 세계에서 가장 민주적이고 언론이 자유스러운 국가에서조차도 이것이 어려워졌다고 전문가들이 걱정하고 있다. 브루킹스 연구소(Brookings)의 저명한 원로 정치분석가인 토마스 만(Thomas Mann)이 동료와 공저로 쓴 책을 보면 이 걱정을 이해할 수 있다. 2012년에 출판되어 상당한 기간 베스트셀러가 되었던 이 책에서 이들은 미국의 정치가 양극화되어 가고 있음을 자세히 밝히고, 이를 극복하기 위해서 정치제도적 개혁, 정치인들의 태도변화, 투표자들의 각성 등의 대책을 건의하면서, 무엇보다도 언론의 변화를 촉구하고 있다. 이들은 트럼프가 등장하기 이전부터 극단주의자들(outlier)이 극단적인 주장을 하면서 사실을 왜곡하기 시작하였는데, 언론에서는 서로 대립되는 주장을 보도하여, 결과적으로 거짓 주장도 마치 사실인 것 같이 착각을 하게 만들어서 양극화를 더욱 부채질하고 있다고 걱정하였다. 국민들이 상황을 정확하게 파악하여 올바른 정책선택을 하기 위해서는 대립되는 주장(양쪽의 story)을 그대로 보도할 것이 아니라 진실(truth)을 보도하여야 한다고 강조하였다. 왜곡된 사실을 근거로 하는 양쪽의 대립되는 주장 내용을 그대로 보도할 것이 아니라, 사실을 정확하게 밝히는 것이 언론의 역할이라고 지적한 것이다. 신문 방송만이 아니라 인터넷(Google, Apple 등)에서도 거짓이 보도되지 않도록 해야 한다고 강조하였다.

그러나 이것이 현실에서 어렵기 때문에 어느 쪽에도 편향되지 않은 진실을 보도하는 언론기관을 새로이 만들어야 하고, 이를 위해서 새로운 기금을 만들자고 제안하였다. 기존의 언론기관은 운영비를 확보하기 위하여 독자들의 인기를 끌어야 하고, 독자들이 편향되어 있는 상황에서 객관적으로 사실보도를 하는 것은 독자들을 포기하는 행위가 된다. 이러한 상황에서 독자들의 인기를 의식하지 않고 언론기관을 운영하려면 막대한 경비가 필요하기 때문이다. 이 새로운 언론기관이 미국에서 성공할 수 있을지 판단하기는 어렵다. 우리의 경우는 미국보다 더 힘들 것으로 짐작된다. 거대한 기금을 확보하는 것도 쉽지 않지만, 운영과정에서 정치권력의 압력을 피하기도 어렵고, 정치권력에 맞서 독립성을 유지할 수 있는 지도집단을 확보하는 것이 무척 힘들 뿐만 아니라, 무엇보다 직접 현장에서 취재를 하는 기자들이 객관적이고 중립적인 태도를 유지하기에는 사회 전체가 너무 분열되고 양극화되어 있기 때문이다. 그렇지만, 지금과 같이 왜곡된 보도가 범람하여 합리적 국정관리를 위한 객관적 실체를 파악하기 어려운 상태는 어떻게 해서든 개선해야 한다. 공직자들의 객관적이고 합리적인 행동을 지원하기 위해서도 중요하지만, 사회 전체의 붕괴를 방지하기 위해서도 필수적이다. 그래서 KBS를 완전히 탈바꿈시키는 등 가능한 방안을 다 시도해 보아야 한다. 언론을 전공한 학자들과 원로 언론인들이 힘을 모아 개혁을 추진해야 할 것이다. 이러한 언론개혁과 별개로 언론인들이 각성하여 주기를 간절히 부탁드린다. 언론인들은 대한민국의 운명을 책임지는 지식인들 중에서도 가장 강력한 영향력을 행사하는 사람들이기 때문이다.

8-2 공직자를 질식시키는 공직풍토의 개혁

설상가상으로 공직자의 소명의식을 파괴시키는 외부적-비주관적 요소가 있다. 공직풍토이다. 공직자에게 소임의 중요성과 소임수행의 자부심을 아무리 고취시켜도 대한민국의 현재 공직풍토에서는 공직자가 소명의식을 지닐 수 없다. 지금까지 우리는 공직자들이 열심히 업무를 추진하는 경우를 전제하고, 대통령실이 중심이 된 집정부가 불합리한 정책을 추진하려고 할 때 공직자들이 이를 바로잡아야 할 소임에 대해서 논의를 해 왔다. 그런데, 최근에는 공직자의 복지부동이 심각한 문제를 발생시키고 있다. 아예 적극적으로 일을 하지 않으려는 것이다. 소명의식이 완전히 실종되었다고 생각될 정도가 되어 공직자의 소명의식을 걱정해야 하는 또 다른 부분이 되었다. 어떤 의미에서는 더 심각한 경우라고 볼 수 있다. 이런 상태는 최근에 와서 극도로 악화된 공직풍토 때문에 발생하고 있다. 이러한 공직풍토의 개선이 없이는 공직자들의 소명의식 강화는 불가능하다. 건전한 공직풍토를 확립하기 위해서는 정확한 상황분석과 합리적인 개혁안을 수립하여야 하는데, 이 책에서 더 이상 논의할 수가 없다. 학자들과 실무자들이 협력하여 개혁을 추진해야 한다. 여기서는 이러한 개혁에 참고가 될 만한 몇 가지 아이디어를 논의하고자 한다.

두 가지 유형의 극단적인 복지부동을 검토하기로 한다. 첫 번째는 정부의 도움을 요청하는 민원에 대하여 부정적 태도를 취하는 경우이고, 두 번째는 새 정권이 새로운 정책을 추진하려고 할 때, 소극적으로 대응하는 태도이다.

첫 번째 유형의 복지부동을 보기로 한다. 최근 정부의 도움을 얻고자 민원을 내면, 도움을 받지 못하는 경우가 많아졌다. 민원인이 볼 때 심각한 공직자의 복지부동이다. 민원을 제출하면 정해진 기일 내에 정부가 답변을 해야 하는데, 이 기일을 넘기는 경우는 거의 없다. 문제는 답변의 내용이다. 도움을 주지 못한다는 것이다. 많은 민원인들에게 엄청난 고통을 준다. 공직자들도 이 고통을 대강 짐작한다. 그런데도 부정적 답변을 한다. 민원인과 유착했다고 오해를 받을 가능성이 있기 때문이다.

20년여 전까지는 거의 볼 수 없었던 일인데, 요즈음은 자주 벌어진다. 규정이 허용하는 범위 내에서 도와줄 수도 있는데, 민원인과 밀착했다는 오해를 받지 않기 위해서 부정적으로 응답한다. 민원인들은 속이 터진다. 그래도 혹시 나중에 보복이라도 받을까 걱정이 되어 공개적인 불평도 하지 못한다. 사실 옛날에는 민원인들이 개인적 목적을 위해서 옳지 못한 부탁을 하기도 하였다. 그러나 최근에는 이러한 민원은 거의 사라졌다. 그런데도 공직자들이 움직이지 않으므로 문제가 심각한 것이다.

왜 이렇게 되었는가? 민원인과 밀착했다는 오해를 받으면 그 후유증이 너무 크기 때문이다. 이러한 후유증은 민원인과 적대적인 관계에 있는 사람들이 민원인과 공직자가 밀착하여 부정을 저지른다고 투서를 하면서 시작된다. 공직자가 평소에 민원인과 가까이 지낸 것으로 알려지면, 심각한 문제가 발생한다. 투서가 들어가면 내부감사가 시작된다. 그리고 이 단계에서 무혐의가 밝혀지면 큰 고통도 없고, 후유증도 비교적 가볍다. 근무평점 점수가 약간 나빠지거나 승진에서 약간 손해 보는 정도로 끝난다. 그러나 오해가 풀리지 않으면, 감사원 감사가 시작된다. 이때부터 심한 괴로움과 신분상의 불이익을 각오해야 한다. 그러다가 상황이 심각하다고 검찰에 넘기면, 최악의 사태가 벌어진다. 검찰심문도 괴롭지만, 불려 다니면서 담당 부서에는 물론이고 부처 내부에도 알려지고 천만다행으로 무혐의 판정을 받아도 신분상의 불이익은 커진다. 조사과정에 상당한 시간이 소요되므로 그동안의 고통도 엄청나다. 불행하게도 무혐의 판정도 아주 희귀하다. 약간의 죄증이 보여도 용서하지 않기 때문이다. 그리고 재판까지 가게 되면, 오랜 기간 동안(2-3년이 걸린다)의 고통으로 공직자는 정신적으로 붕괴되기 쉽다. 공직생활이 뒤틀릴 뿐만 아니라 삶의 의욕도 상실한다.

이렇게 후유증이 심각하게 되는 것은 감사나 검찰업무를 담당한 사람들이 아주 작은 혐의가 있어도 이를 부풀려서 유죄로 몰고 가기 때문이다. 10개의 사안 중에서 9개는 무혐의를 입증해주는데, 1개가 약간의 의심이 가도 유죄로 몰고 간다. 감찰관들이 나쁜 사람이라 그런 것이 절대 아니다. 죄인은 한 사람도 빼지 않고 잡아서 처벌하는 것이 이들의 임무이기 때문이다. 그리고 이 임무를 소홀히 하여 피의 공직자를 너그럽게 대하면, 본인이 오해를 받는다. 당연히 감찰관은 염라대왕과 같이 행동한다. 공직자가 민원인과 평소에 친했다면 꼼짝없이 당한다. 과거에 골프를 치면서 골프 요금을 지불한 일이 있으면 당연히 뇌물수수로 몰고 가고, 심지어는 같이 자동차를 타고 간 경우에 차량운행비(휘발유 값)도 뇌물로 계산한다. 식사대접을 받은 것은 물론이고, 심지어는 커피값도 뇌물로 취급한다. 몇 년 간에 걸쳐서 벌어진 일들을 합계하여 총 뇌물액이 얼마라고 밝힌다. 혹시 언론에 공개되면, 평균수준의 공직자도 타락한 부패공직자의 상징이 되어 버린다. 그래서 모르는 사람이 민원을 하면 당연히 도와줄 일도 자신과 친한 사람이 민원을 하면, 안 도와주는 것이 안전하다. 옛날에 한두 번 만난 사람은 아무리 본인과 친한 관계가 아니라도 도와주지 않아야 안전하다. 자신의 업무와 관련된 분야에서는 민간인은 아예 만나지 않아야 된다. 현장의 상황에 대한 정보를 획득하기 위해서 만나도 오해를 받을 수 있다. 더 근본적으로는 민간인에게 도움이 되는 일을 하지 않는 것이 안전하다. 이런 상황에서 공직자가 복지부동하지 않을 수가 있겠는가? 이것이 국민이 주인인 대한민국 공직사회의 풍토이다. 국민에게 봉사해야 하는 공직자들이 살아가야 할 생활환경이다. 이런 상황에서 공익을 위하여 혼란에 빠진 정책을 제대로 바로잡을 수 있겠는가?

무엇이 잘못 되었는지를 밝혀서 획기적인 개혁을 해야 한다. 사찰을 담당하는 사람들이 좀 더 너그럽게 공직자의 행동에 대처하도록 하는 방안을 강구하면 좋다. 감사나 검찰업무를 담당하는 사람들이 자신들의 행동이 공직자들에게 얼마나 큰 영향을 주는지를 잘 알지 못한다는 사실에 주목하여 대책을 마련해야 한다. 이러한 대책 중에서 무엇보다도 시급한 것은 지나치게 행정을 억누르는 법규들을 과감하게 정리하는 일이다. 법규에 어긋나지 않으면, 공직자들이 형사처벌을 받는 최악의 상태는 피할 수 있다. 앞에서 지적한 커피값이나 간단한 식사값을 몇 년에 걸쳐 누적하여 뇌물로 처벌하는 식은 규정으로 금지해야 한다. 공직자를 얽어매는 규정들을 전부 조사하여 과감하게 정리해야 한다.

이러한 규정들 중에서 행정 전체를 복지부동으로 몰고 가는 두 가지만 지적하기로 한다. 이 두 가지는 아래에서 볼 두 번째 유형의 복지부동을 발생시키는 가장 큰 원인이 되기도 한다. 첫째는 배임죄의 성격을 지닌 직권 남용과 직무 유기에 관한 규정이고, 둘째는 정책감사이다.

배임죄는 문자 그대로 담당해야 할 소임을 배반하여 조직에 피해를 끼치는 죄이다. 원래 무슨 업무이든지 효과나 혜택이 있으면, 반드시 지불해야 하는 대가가 따른다. 이때 효과는 당연히 있어야 하고 대가 지불은 조직에 주는 피해이므로 이를 처벌해야 한다고 하면, 누구나 웃을 것이다. 그런데 공직에서는 흔히 벌어지는 일이다. 다리를 건설하는데 대가로서 건설비를 지불하는 것은 당연하다고 본다. 그런데 공적 업무 중에서 이렇게 단순하지 않는 경우가 많다. 큰 이익을 산출하는 A와 B를 사들이면서 이 두 가지에 끼워 파는 C가 약간 손해를 보지만, 같이 인수하여 프로젝트 전체적으로 큰 순수익을 남기는 거래를 하는 경우를 상상할 수 있다. 사기업에서 이런 거래를 하면, 훌륭한 거래를 한 것으로 칭찬받을 것이다. 그러나 공직자는 처벌 받을 가능성이 크다. 두 가지 이유 때문이다. 첫째는 누가 보아도 말이 안 되는 논리인데, A와 B를 인수한 것은 공직자로서 당연히 해야 할 일을 한 것이고, C를 인수한 것은 국고 손실을 가져 왔으니 처벌해야 한다는 것이다. 억지 논리이지만, 이런 일이 흔히 벌어진다. 특히 새로운 정권이 전임 정권의 업무를 폄하하고 정치적 보복을 하는 경우에 감찰관을 동원해서 벌이는 일이다. 그러나 두 번째 이유가 공직자를 훨씬 더 괴롭힌다. C를 인수하면서 뇌물을 받았을 것이라고 모함을 받고(정권에 편향적인 시민단체 등의 고발을 받고) 감찰을 시작하는 것이다. <끼워 팔기>라고 주장하지만 반드시 사지 않아도 되는 것을 뇌물을 받고 샀다는 식의 모함이다. 그래서 공익을 위하여 훌륭한 일을 한 공직자는 칭찬이 아닌 범죄인 취급을 받고 모욕적인 심문을 받는다. 공직자는 분노를 억누르고 본인의 결백을 밝히기 위해서 이곳 저곳에 호소하고 다녀야 한다. 불행하게도 뇌물을 받지 않았다고 결백을 밝히는 것은 원래 불가능할 정도로 힘이 드는 일이다.

정권이 바뀌면 최악의 상태에 빠진다. 새 정권에서는 공직자가 구 정권의 실세들과 결탁한 것으로 몰고 간다. 그리고 이런 식의 뇌물 사건으로 몰고 가면, 도와주는 사람이 거의 없다. 혼자서 변호사도 고용하면서 악전고투 한다. 이렇게 상당한 시간이 경과하면 육체와 정신이 모두 허물어진다. 인생이 망가지는 것이다. 이것을 보고 있는 후배들이 소명의식을 지니고 업무에 헌신할 수 있는가?

정책감사는 더 심각한 문제이다. 아마도 세계적으로 유례가 없는 감사일 것이다. 이 정책감사는 정책관리의 다양한 측면 중에 강조하는 부분에 따라 효율성 감사, 성과감사, 시스템 감사 등의 이름으로 불리기도 하는데, 그 본질은 정책결정의 합리성, 집행의 효율성, 성과의 확보 등을 감사하는 것이다. 감사원의 핵심업무는 회계감사인데(그래서 선진국에서의 감사기관의 이름도 회계검사원-Board of Audit-이다), 우라나라의 감사원은 특별히 직무감찰을 추가적으로 담당하여 왔다. 이 직무감찰이 위에서 논의한 배임죄적 성격을 지닌 행위를 감사하거나 지금부터 논의하는 정책감사를 정당화하는 명분으로 활용된다. 이 직무감찰은 처음에는 감찰위원회에서 담당하던 것을 총리실 산하로 옮겼다가, 감사원에서 담당하기로 한 것이다.

회계검사는 공금의 횡령을 방지하기 위한 것이고, 공금횡령과 관계없는 공직자의 위법부당한 행위를 조사 처벌하는 것이 직무감찰이 담당하는 일이다.

정책감사적 성격의 것이 처음 등장한 것은 1960년대 말부터이다. 이스라엘 등 몇몇 국가에서 효율성감사를 추진하기 시작하였고, 우리나라도 1980년대 중반부터 이 제도의 도입을 신중하게 검토하였다. 회계규정대로 지출을 하면, 오히려 예산의 낭비가 심해지는 경우가 많기 때문에 예산의 능률적 사용을 촉진하기 위한 제도이다. 예를 들면, 보일러 시설에 고장이 나서 부품을 교체하여야 하는데, 부품 값이 5,000달러 이상이면, 조달청이 최종결정하는 조달절차를 밟아야 한다. 절차를 밟는데 3개월이 걸리는데 이 기간 동안 고장 때문에 낭비되는 가스값이 10,000달러를 넘는다. 원래 이러한 조달규정(회계규정)이 만들어진 이유는 고장 난 부품을 담당 부서에서 마음대로 사도록 하면, 뇌물로서 국고손실이 생길 것을 방지하려는 것이었다. 예를 들면, 부서의 담당자가 5,000달러 짜리를 5,300달러 주고 사면서 300달러의 뇌물을 받는 것을 방지하기 위한 것이다. 이런 경우에 담당자가 조달절차(회계규정)를 생략하고 신속하게 5,500달러에 부품을 사면, 가스값 10,000달러 손실을 피하게 된다. 실제로 조달규정에 따라 공개경쟁입찰을 하여 사면 5,000달러에 살 수 있는데, 이 절차를 생략하여 500달러를 더 주고 산 것이다. 국고 손실이 500달러나 된다. 그러므로 감사를 하면 공직자는 조달절차를 무시하였기 때문에 처벌을 받아야 한다. 가스값 10,000달러 손실을 방지한 것은 처벌에 영향을 주지 않는다. 실제로 미국에서 벌이진 일이다. 이렇게 불합리한 사태를 방지하기 위하여 공직자가 회계규정을 위반하더라도 업무의 효율성(능률성)을 현저하게 향상시켰다면, 면책을 해주어야 한다는 것이 효율성 감사의 취지이다. 위의 경우에 공직자를 처벌하지 않도록 하여야 한다. 회계규정의 불합리성 때문에 예산의 낭비가 생기는 경우에, 이를 방지하기 위해서 회계규정을 위반하는 경우의 공직자를 보호하려는 제도이다.

그러나 위에서와 같이 능률성이 명백한 경우가 아니면, 감사원의 능률성 판단이 무척 어려워진다. 위에서 본 능률성 감사는 소극적 의미의 것이다. 즉, 능률성을 향상시켰으면, 회계책임을 묻지 않는 것이다. 그러나 적극적 의미의 능률성 감사는 이와 다르다. 즉, 능률적으로 일을 할 수 있었는데도 이를 하지 않았으면 이를 처벌하는 경우이다. 이러한 목적을 위해서 는 감사기관이 능률적인 업무추진 방식을 잘 알고 있어야 한다. A 방식과 B 방식 중에서 어느 것이 더욱 능률적인지 판단할 수 있어야 한다. 즉, A 방식을 추진할 때 효과와 비용이 어떻게 될 것인지, B의 경우는 어떤지를 예측할 수 있어야 한다. 해당업무를 능률적으로 수행하기 위한 이론과 기법들을 정확히 알아야 하는 일이고, 비용과 효과 및 업무맥락에 대한 풍부한 정보를 축적하고 있어야 한다. 이러한 전문성은 업무를 담당하는 정부의 각 부서에서 평생을 근무하면서 그 분야의 전문지식을 축적한 직업공직자들이 지니고 있다. 그리고 공직자들의 직위는 이런 전문성을 위해 만들어진 것이다. 즉, 전문성은 실적관료제의 존재이유이다. 이를 위해 행정부서 전부가 분야별로 국가 전체업무를 분담하고 있다. 그런데 감사원의 역할은 이러한 전문성으로서 담당하는 일이 아니라 행정행위의 합법성을 판단하는 일이다. 회계검사는 원래 회계규정을 위반했는지의 여부를 판단하는 것이고, 직무감찰도 법규정 위반여부를 판단하는 일로서 둘 다 합법성을 감사하는 것이다. 그래서 관련 법규를 정확하게 해석하고 행정행위가 이 법규를 충실히 지켰는지를 판단하는 것이 핵심업무이다.

그러나 업무의 능률성을 판단하는 것은 법규에 적합한 업무수행을 전제로 하여 법규의 허용범위 내에서 업무를 처리하되, 비용대비 효과를 많이 산출하였는지 여부를 판정하는 작업이다. 해당업무를 능률적으로 수행하기 위한 이론과 기법들을 정확히 알아야 하는 일이고, 이는 업무를 담당하는 정부의 각 부서에서 평생을 근무하면서 그 분야의 전문지식을 축적한 직업공직자들이 담당할 수밖에 없는 일이다. 그러므로 감사원이 업무분야별로 각 부처와 같은 전문가를 채용하지 않으면 불가능한 일이다. 하는 수 없이 외부 전문가를 임시로 동원하여야 하는데, 공식적 책임이 없이 일시적으로 일을 담당하는 외부인들이 공정하고 정확하게 판단해줄 것이라고 기대하기는 무척 어렵다. 감사결과가 잘못 되어도 외부인들에게 책임을 묻지는 못하기 때문이다. 정치적으로 악용되기 쉬운 제도이다. 결국 많은 국가들이 효율성 감사를 공식적으로 채택하지는 못하고, 그 취지는 살려서 회계규정을 너무

엄격하게 적용하는 것을 완화하는 정도로 활용하게 되었다. 즉, 경비절약을 위해서 불가피하게 회계규정을 위반하는 경우에 처벌을 하지 않는 식으로 소극적 의미의 능률성 감사를 활용하는 것이다.

1980년대 어느 시기에 또 다른 형태의 정책감사 아이디어가 등장하게 되었다. 그리고 2000년대부터 이를 시도하는 경우가 많아졌다. 이 정책감사는 효율성 감사보다 훨씬 더 과격한 발상이었다. 그리고 다양한 이름으로 부를 수도 있는데, 성과감사라고 부르기도 하고, 한때는 시스템 감사라고 부르기도 하였다. 이름과 관계없이 정책감사의 본질은 정부 각 부처에서 추진한 정책이 최선의 대안을 선택하였는지, 제대로 집행을 하여 의도한 효과를 발생시켰는지, 그리고 투입된 비용(희생)에 비해서 효과가 컸는지를 판단하겠다는 취지였다. 합법성을 주로 점검하는 감사원의 인적 규모와 전문성으로서는 감당할 수 없는 일을 시도한 것이다. 정부의 정책에 대하여 심한 불만을 품은 감사원의 책임자로부터 감사원이라도 나서서 불합리한 정책을 시정해 보자는 좋은 취지로 시작된 발상이다. 그리고 여건이 좋은 경우에는 바람직한 결과를 얻기도 하였을 것이다.[3)]

그러나 정책감사는 장점보다 단점이 훨씬 큰 제도이다. 무엇보다고 새 정권이 구 정권을 폄하하고 비판하는 정략적 목적으로 악용하기 쉬운 제도이다. 감사원이 대통령의 산하에 있기 때문에 대통령과 집정부가 요구하는 정책감사를 피할 수

---

3) 임보영(2017, p.179)은 2004년도에 실시한 사회복지시책에 대한 감사에 대하여 다음과 같이 지적하고 있다. "국민기초생활보장제도의 근로유인체계 미비, – 자활사업 실시기관 간 업무협조 등 미흡, 중증질환자 보호 등을 위한 노인복지시설 지원방안 미강구 등 제도와 정책의 문제점을 지적, 개선요구 모두 12건을 감사결과로 발표했다"고 밝혔다. 상당히 좋은 지적을 하여 담당 부서에도 도움이 되었을 것이다. 그러나 뒤집어 생각해보면, 이러한 지적을 담당 공직자들이 모르고 있었거나 시도하지 않았던 것은 아닐 것이다. 상대편이 비협조적이거나 제도가 이상적인 성격이 강해서 현실성 부족으로 문제가 발생했을 것임을 쉽게 짐작할 수 있다. 이때 이러한 실상을 이해하고 담당 공직자를 지원하는 차원에서 감사를 하면 극히 바람직스러울 것이다. 그러나 감사원의 리더십과 감사관의 자질이 훌륭하지 않으면, 엉뚱하게 공직자를 괴롭히게 될 것이다. 집정부에서 정책감사가 악용하려는 경우는 최악의 상태가 벌어진다.

가 없기 때문이다. 좋은 취지로 출발했지만, 감사원을 정치판의 가장 사악한 부분으로 몰아넣은 결과가 된 것이다. 불합리한 감사로 감사원은 웃음거리가 되고 정부 전체의 신뢰도 추락한다. 그리고 행정부에서 담당하는 모든 사업들이 정략적인 평가를 받을 수 있게 되면서, 공직자들은 움츠러들 수밖에 없다.

공익을 위하여 중요한 사업이라고 열심히 추진해서 보람도 느꼈는데, 정권이 바뀌면 업무 자체가 감사를 받고, 아무런 잘못이 없는데도 불려 다니면서 괴로움을 당한다. 재수가 나쁘면, 감방도 간다. 이러한 사태를 보면서 어느 공직자가 소명의식을 지니고 일을 하겠는가? 새 정권이 들어서서 새 장관이 대통령을 만나고 오면, 만나지 않고 도망쳐야 한다. 사람들이 복지부동이라고 욕을 하더라도 엎드려 있어야 한다. 이리하여 두 번째 유형의 복지부동이 등장한다. 새 정권의 집정부는 공직자들이 복지부동한다고 비난을 하고, 공직자들에게 눈을 부릅뜨게 된다. 강하게 질책하면 공직자들은 움츠러들 수밖에 없다. 이렇게 움츠러든 분위기를 이용하여 합리적인 정책들에 덧붙여서 비합리적인 정책들(공익을 심히 훼손하는 정책들)도 밀어붙인다. 합리적인 정책보다 집권에 도움을 준 집단들을 위한 비합리적 정책들을 더 열심히 밀어붙인다. 그리고 공직자의 복지부동을 비난하면서 정당화시킨다.

이런 식으로 공직풍토가 악화되기 시작한 것은 IMF 사태를 극복하던 시기부터인 것으로 보인다. 정책감사는 훨씬 전에 시도되기 시작한 예외라고 볼 수 있다. IMF 이전에는 공직자들이 고도성장과정에서 주역의 한 축을 담당해 왔다는 자부심을 지니고, 자기 분야의 전문성에 대한 자신감도 지녔다. 그래서 간혹 뇌물을 받는 부패한 공직자도 있었고, 엘리트 의식으로 오만방자한 행동을 하여 지식인들의 지탄을 받기도 했지만, 상당한 숫자의 공직자들이 강한 소명의식을 지니고 자신의 소임에 헌신해 왔다. 민간기업이 세계적인 수준으로 성장하여 엘리트들을 흡수하고, 민주화의 진전으로 공직자들의 행위가 다양한 외부적 통제의 대상이 되면서 공직이 민간부문보다 선호되던 시대는 막을 내렸다. 드디어 <공직자 때리기>나 정부기구 축소로 공직자 숫자 줄이기가 선거 때마다 인기 있는 구호가 되고, 정부기구 개혁이 행정학자들의 압도적인 연구 주제가 되었다. 이에 이르러 공직에 대한 국민들의 평가가 크게 하락하였는데, 이어서 벌어진 몇 가지가 심각한 타격을 가하였다. 공직자의 연금축소와 행정수도의 세종시 이전 같은 것들이다. 이러한 외적 근무환경의 악화와 국민들의 공직평가의 하락은 공직자들이 자부심과 소명의식을 허물어 뜨린다. 공직풍토개혁에서 반드시 고려해야 할 요인들이다.

앞의 복지부동 사례에서 보았듯이 도움을 요청하는 국민들을 잘못 돕게 되면 감사에서 참기 어려운 고통을 당하기 쉽다. 민원인이 정치권과 연계된 경우에는 더욱 심각한 경우가 되기 쉽다. 적대정치가 심화되면서, 여야 간의 대립과 갈등이 모든 정부 활동에 영향을 미쳐서 과잉정치의 폐해가 극심해진다. 민원 문제 처리에서까지 영향을 받는 것이다. 적대정치-과잉정치의 폐해는 정책관리에서 극도에 달한다. 정권 교체 후에 지난 정권의 정책을 감사하여 아무런 잘못이 없이 공익에 기여하는 정책도 적폐로 몰아간다. 하나의 프로젝트를 전체적으로 훌륭하게 실행하였어도, 약간의 실수가 부분적으로 나타나면 가차 없이 처벌한다. 야당이 반대하는 사업은 아무리 공익적 기여가 커도 정권 교체 후에 감사의 대상이 되어 관련자들을 괴롭힌다. 여기에 더하여 새로운 집정부가 핵심적으로 추진하는 정책은 공익을 상당히 훼손하는 경우에도 강력하게 밀어붙이고, 이를 위하여 담담부서의 공직자들에게 정책상황에 대한 사실 왜곡도 강압적으로 지시한다. 이러한 사실 왜곡 지시에 따르면, 정권 교체 후에 당연히 처벌을 당하게 된다. 이 모든 것들의 희생자가 공직자들이다. 이런 일들로 처벌을 받는 정치인은 전혀 없다고 해도 과언이 아니다. 이러한 풍토에서 공직자가 소명의식을 가지는 것은 기적이다.

공익과 국민들을 위하여 해야 할 일을 하다가 감사를 당하기도 하고, 정치적으로 논쟁이 있던 정책은 아무리 바람직한 것도 정권 교체 후에 감사대상이 되기 쉽고, 공익을 훼손하는 경우는 더욱 처벌의 가능성이 커진다. 한두 번만 이런 사태가 벌어져도 공직사회 전체가 업무 추진의 의욕을 상실할 수밖에 없다. 우수한 대학졸업생에게 인기가 없는 직종이 되고, 그나마 정년이 보장되는 직업이라는 것으로 만족하는 직장이 된다. 그러나 이 정년보장 마저도, 적대정치 속에서 위협받기가 쉽다. 공직에 대한 인기는 계속 하락한다. 더욱이 국민들의 공직자에 대한 인식이 극도로 악화된다. 공직자들은 민원인도 열심히 돕지 않고, 올바른 일을 제대로 하지 않으며(복지부동), 걸핏하면 집정부의 불합리한 정책을 추진하는 하수인 역할(영혼없는 공직자)이나 하는 사람들로 국민들은 인식한다. 국가발전의 기둥 역할을 하는 엘리트들이 담당하는 자랑스럽고, 누구나 부러워하던 직업이 이제는 온갖 천대와 구박을 받으며 밥벌이를 위해 어쩔 수 없이 매달려 있는 직업으로 바뀌었다. 이러한 국민들의 평가는 공직의 중요성 인식과 공직수행에 대한 자부심을 파괴한다. 그리고 공직자가 억울하게 피해를 당해도 구원해주는 사람이 없다. 이런 상태에서 공직자가 공직수행에 대한 소명의식을 가질 수 있겠는가?

이러한 공직자들을 격려하고 지원해서 국정을 올바르게 관리할 수 있도록 해야 하는 사람들이 정치인이다. 공직자들은 정치인들의 국정관리를 보좌하는 사람들이기 때문이다. 그러나 정치인들은 오히려 공직자들을 가장 힘들게 하는 집단으로 변질되었다. 왜 그런가? 어떻게 해야 하는가?

8-3 정치지도자의 각성

국가공동체의 지도자 역할과 딜레마: 정치인은 공동체의 지도자이다. 인류 역사에서 공동체가 형성되면서부터 시작된 직책이다. 처음에는 씨족장이나 부족장과 보좌진들이 이런 역할을 하였고, 군주 시대에는 군주와 그의 부하들이 정치인이었다. 민주정치가 시작되면서부터는 국민들이 자신들을 대신하여 국정을 운영해줄 인물들을 투표로 선출하여, 이들이 정치인이 되었다. 국민들에 의하여 대표자로 뽑힌 선출직들로서 정치적 책임을 지는 사람들이 이 책에서 말하는 정치인이다. 옛날 막스 베버가 직업정치를 이야기할 때는 정치적 책임과는 관계없이 국정관리에 직접 영향을 미치는 직업을 모두 지적했다. 국가 관리직만이 아니라 대학교수는 물론이고 언론이 대표적으로 지적되었다. 그러나 이 글에서는 공식적으로 국민들의 대표로 선출된 사람들만을 지칭한다. 민주정부에서 대통령과 국회의원 및 지방정부의 수장과 의원들이다. 이들이 공식적으로 정책결정의 주역이 되고, 잘못에 대하여는 다음 선거에서 국민의 심판을 받는다. 즉, 국정운영을 담당하면서 정치적 책임을 지는 사람들이다. 이 책에서는 대표적으로 대통령과 국회의원들을 대상으로 논의를 진행한다. 여기서 논의된 것들은 지방정부에서도 비슷하기 때문이다. 대통령과 국회의원들이 공직자들을 신뢰하고 지원한다면, 공직자들의 소명의식 문제는 절반 이상이 해결된다. 그러나 현실은 그렇지 못하다. 정치인들이 나빠서 그런 것이 아니다. 이들이 담당한 역할과 정치적 상황이 그렇게 만든다. 구조적인 문제가 대부분이다.

정치인, 특히 국회의원은 지역구민을 대표하고, 국가를 위하여 일을 해야 하는 지도자로서의 역할을 수행해야 한다. 그런데 이 이중적인 역할이 공직자의 소명과 충돌하는 경우가 생기도록 구조화 되어 있다. 전문직업직 공직자들은 분야 분야에서 국가기능 수행에 필요한 업무를 수행하여 공익을 증진시키는 역할을 한다. 그런데 정치인의 역할은 그렇게 단순하지가 않다. 국회의원은 해결이 극히 어려운 역할상의 딜레마를 안고 있다. 국회의원으로서 국가적인 입장에서 모든 결정을 하는 것이 원칙(그래서 공익을 증진시키는 것)이지만, 지역구민의 대표로서 구민들의 고충처리도 해주어야 한다. 특히 이것은 다음 선거에서 지지를 받기 위해 필수적인 역할이다. 그러나 민원과 공익은 많은 경우 서로 충돌한다. 국민들은 국가와 공익을 위해서 국회활동을 하라고 부탁하지만, 정당의 결정에 따라서 국회활동을 하지 않으면, 다음 선거에서 당의 공천이 어려울 뿐만 아니라, 정당의 입장을 지키지 않는 당원은 정치도의가 없다고 비난을 받기도 한다. 불행하게도 정당의 결정이 공익과 일치한다는 보장이 없다. 이익집단이나 이해관계자의 이익을 위해서 공익에 위배될 수 있는 활동을 해서는 안 되지만, 선거에서 표를 얻기 위해서는 어쩔 수 없다는 현실적인 고려는 더욱 공익과 거리를 멀게 한다. 한마디로 표현하면, 국가적 정치인(statesman)이 되고 싶지만, 현실에서는 지방정치인(local politician)으로서 행동하지 않으면 살아남기 힘들다.

종합적으로 보면 대의제 민주정치에서 공익을 기준으로 대표자를 선출할 수 있는 실현가능한 제도적 수단은 마련되어 있지 못하다. 정치인들의 국민대표 역할이 공직자들의 공익수호 역할과 충돌하게 되어 있는 것이다. 약간 다른 이야기이지만, 프랑스의 토크빌(Tocqueville)이 1840년대의 미국 민주주의의 거의 모든 부분을 경이로운 것으로 찬양하였지만, 선거에 대해서는 실망스러운 지적을 하였다. 위대한 사람이 미국에서는 대통령이 될 수 없다고 한탄을 한 것이다. 선거는 이상적인 상태보다는 현실적인 상태를 언제나 선호하기 때문이다.

현실적 정치는 더욱 심각하게 공직자의 공익수호와 충돌한다. 제3장에서 본 바와 같다. 정치인(국회의원들)은 이러한 딜레마의 고비 고비를 힘들게 넘으면서, 순간순간의 결정을 해야 한다. 결국은 다음 선거에서 당의 공천과 지역구민의 표를 얻는 것을 가장 중요한 목표로 삼고 활동을 하게 된다. 당에서 결정한 방침이 중립적 지식인이나 공직자들로부터 저항을 받게 되면, 이를 돌파하는데 힘을 기울여야 한다. 보다 높은 차원의 국가이익이나 공익을 위한 고려는 뒤로 밀릴 수밖에 없다. 설상가상으로 국회의원들 중에는 정책결정에 필수적인 전문지식이 극히 부족한 외부인(outsider)이 많다. 그리고 변화가 급속하기 때문에 전문지식이 부족한 외부인이 주류를 이루는 상황은 계속될 것이다. 그래서 당 지도부의 태도가 이들의 행동을 결정적으로 좌우하는데, 양극화가 당의 태도를 점차 과격한 방향으로 몰고 간다. 정치권이 합리적으로 국정운영을 할 수 있도록 대개혁이 필요하지만, 이 논의는 정치학자들에게 부탁하고 이 책에서는 논의하지 않는다.

절실한 집정부의 대각성: 다만 제도적 정치 대개혁이 없어도 정치권이 국정운영을 합리적으로 수행하지 못하여 발생하는 문제들을 어느 정도 해결할 수 있는 방법이 있다. 대통령을 중심으로 한 집정부가 크게 각성하는 방법이다. 집정부가, 특히 대통령이 국정관리를 분담할 적임자를 임명하고, 담당 부서의 전문성을 최대한 활용하여 정책결정을 하면, 많은 문제가 해결된다. 정략적 고려를 완전히 배제할 수는 없지만, 국가의 운명을 책임지는 지도자들의 집합체로서의 집정부가 인사와 정책관리에서 최대의 합리성을 확보해야 하는 것이다. 그런데 적임자를 찾고, 정책관리에서 전문성 활용을 최대화하려면, 정부의 공식기구로 제도화된 공직을 담당하고 있는 공직자들의 보좌를 충실히 받아야 한다. 그런데 현실에서는 이것이 잘 되지 않는다. 여러 가지 장애물이 가로막기 때문이다. 그러한 장애물 중에 국정

최고관리자의 의식과 행동에 의하여 좌우되는 것이 많다. 제도적 개혁이 없이도 개선이 가능한 일들이다. 이것들을 보기로 한다.

먼저 왜 공식기구의 담당 공직자들을 최대한 활용해야 하는지를 보기로 한다. 민주국가의 모든 정부 기구는 국가경영에 필요하기 때문에 만들어진 것이다. 그리고 이 기구에서 일하는 공직자들은 직업 전문가들로서 자신의 담당 분야에 대한 전문지식(업무 추진에 필요한 전문이론과 정보)을 동원하여 업무를 합리적으로 추진하기 위하여 임명된 사람들이다. 이들에게 자신들의 담당 분야에 대하여는 가장 정확하고 풍부한 전문지식을 축적하도록 독점적 임무가 주어진 것이다. 다른 누구도 이들의 역할을 대신할 수 없다. 그러므로 국정관리의 어느 업무라도, 그 업무의 합리적 추진을 위해서는 담당 공직자들의 지식을 최대한 활용해야 하는 것이다. 국가의 최고통치권자와 집정부는 이들 공직자가 자신들의 전문지식을 최대한 발휘할 수 있는 분위기를 만들어야 한다. 그래야 정권도 성공할 가능성이 커진다.

그런데도 많은 새로운 정권이 이러한 사실을 무시하는 잘못을 범한다. 여러 가지 이유가 있다. 몇 가지 이유는 타당하고 피하기가 어렵지만, 몇 가지는 반드시 극복해야 한다. 가장 핵심적인 이유는 두 가지이다. 첫째는 이들 공직자들이 새 정권이 추진하는 정책에 대하여 지지를 하지 않을 것이라는 생각이고, 둘째는 이들이 새로운 정책에 대하여 합리적 관리를 위한 전문성이 부족할 것이라는 짐작이다. 이 두 가지는 약간의 타당성이 있는 부분도 있지만, 크게 보면 잘못된 오해이다.

급속한 변화와 내부 전문성이 취약한 경우(외부정치인 주도의 장점): 먼저 두 번째 오해부터 보기로 한다. 새로운 정권이 새로운 정책문제를 해결하기 위한 정책을 결정하는 과정에서 공직사회 기존의 내부전문가들이 과거부터 축적해온 전문지식이 도움이 되지 못한다고 짐작하는 경우이다. 결론부터 말하면, 이 짐작이 타당한 경우도 있지만, 오해인 경우가 훨씬 더 많다.

원래 국정관리에서 부닥치는 문제는 대부분이 오래된 것들이다. 그러므로 이 오래된 문제해결을 위한 정책에서는 내부 전문성이 충분히 보좌를 할 수 있다. 당연히 내부 전문가인 공직자들을 활용해야 한다. 그러나 21세기가 되면서 모든 것의 변화가 빨라졌다. 그래서 새로운 문제들이 많이 등장한다. 이 새로운 문제들에 대해서는 공직부서의 내부 전문성이 빈약하고, 외부 전문가의 전문성이 강한 경우가 많다. 그리하여 내부인을 불신하는 외부인 주도정치(outsider politics)가 등장하여 외부전문가들의 도움을 받으며 정책결정을 시도한다. 그러나 상황을 자세히 검토하면, 이런 경우에도 공직사회 내부의 담당 부서에서 합리적인 정책결정을 보좌할 수 있는 전문성을 상당히 축적하고 있는 경우도 있다. 그런데도 불구하고 외부정치인들(outsider politician)이 주도하는 집정부는 공직사회 내부 전문지식이 전혀 도움이 되지 않는 것으로 오해하거나 착각한다. (설상가상으로 내부전문가들은 새로운 정책에 대하여 적대적일 것이라고 지레 짐작한다. 이에 대해서는 뒤에서 검토한다.) 이를 자세히 보기로 한다.

공공분야에서 해결을 위해서 논의하고 검토하는 새로운 문제에는 대강 다음의 2가지 유형이 있다. 첫째, 문제의 내용이 변하여 과거에는 문제가 아니던 것이 새로이 문제로 등장하는 경우이다. 초고령화는 가난하던 시절에는 문제가 아니었는데, 소득수준과 보건상태가 좋아지면서 문제가 된 것이다. 환경문제도 공업화의 초기에는 심각한 문제가 아니었다. 산업화와 더불어 생활수준이 향상되어 자동차 매연까지 악화되면서 심각한 문제가 되었다. 이런 유형의 문제는 서서히 변화를 일으켜 임계점에 도달하면 사람들이 문제로 인식하기 시작하고, 점점 악화되면서 공적인 해결이 필요하다는 인식이 확산되기 시작한다. 그러다가 정도가 더 악화 되면, 그 해결이 선거공약으로 제시되고, 드디어 집권당이 새로운 정책을 시도하게 된다. 그런데 이 시기쯤에는 담당 공직부서에서도 문제의 내용, 원인과 결과, 그리고 문제의 맥락에 대한 전문이론과 정보를 상당히 축적한다. 비록 외부인 정치가들이 이슈 제기나 정책적 해결을 주도하지만, 공직 분야별 내부 전문가들은 전문지식을 충분히 축적할 시간적 여유가 있다. 내부 전문가들을 활용하는 것이 좋은 경우이다.

그럼에도 불구하고, 이 경우에 외부정치인들은 공직사회 내부 담당 부서의 전문성에 대해서는 신뢰를 하지 않는 경우가 많다. 이러한 불신이 근거가 없는 것은 아니다. 문제가 심각하다고 문제의 피해자들이 해결을 요구해도, 담당 공직부서에서는 집정부가 문제해결을 위해 정책결정을 공식적으로 시도하기 전까지는 적극적으로 행동하지 않을 뿐만 아니라 대수롭지 않은 문제라는 식의 태도를 취하는 것이 일반적이다. 처음에는 심각하지 않은 문제였기 때문이다. 그래서 외부에서 문제의 해결을 반복적으로 요구하게 되는데, 내부 공직자들은 문제가 경미하던 시절에 부정적인 답변(해결이 필요한 정도가 아니라는 식)을 한 것이 정박효과(anchoring bias-처음 인식이 계속 영향을 미치는 현상)를 발생시켜서 문제해결에 적극적이지 않을 수가 있다. 그래서 공직 담당 부서의 이 문제에 대한 전문성 축적도 부족할 수가 있다. 결과적으로 외부인들은 내부 공직자들이 이 문제에 대한 정보나 이론에 대하여 관심이 없는 것으로 인식하기 쉽다. 그리고 문제해결에 사명감을 지닌 외부 전문가가 등장하여 이론과 정보를 축적한다. 문제해결을 위한 정책결정을 주도하는 집정부는 정책결정과정에서 이러한 외부전문가를 활용하면서 내부 전문가들을 소외시킨다.

그러나 이런 경우에도 위에서 지적한 바와 같이 내부 전문성이 언제나 많이 부족한 것은 아니다. 문제가 정치권에서 심각하게 논란이 되고, 정책적 해결을 시도할 때쯤이면, 공직사회내부에서도 준비를 시작한다. 그러므로 대부분의 경우는 집정부가 정책결정을 시도할 때쯤이면, 공직 내부에서 부족하지만 보좌할 준비가 된다. 그러므로 어느 정도의 시간적 여유를 주고 담당 부서에게 준비를 맡기면, 빠른 시간 내에 부족한 전문성을 충분히 보완할 수가 있다. 내부 공직자들이 주의를 기울여야 하고, 외부정치인들은 이 경우에 내부 공직자를 활용할 수 있을 것인지를 면밀하게 검토해 보아야 한다.

문제의 내용이 변하면서 내부의 준비가 부족한 경우 중에서 가장 심각한 것이 저출산 문제이다. 문제의 본질이 바뀌어 필요한 전문성의 내용이 완전히 달라지는 경우이다. 산업화시절에 출산억제정책을 추진하다가 반대로 출산장려정책을 추진하게 된 것이다. 이런 경우는 문제 때문에 발생하는 피해가 완전히 바뀌면서, 피해를 억제하기 위한 대책이 전혀 다른 전문이론과 정보를 필요로 한다. 당연히 분야의 전문가들이 완전히 달라진다. 과거에는 산아제한에 대한 의학적 이론이나 정보와 산부들의 건강문제가 중심이었는데, 출산장려의 경우에는 결혼적령기의 젊은 이들이 출산을 기피하는 원인에 대한 정보와 전문이론 등이 필요하다. 즉, 유아 양육비, 교육비, 교육문제, 출산휴가, 주택문제, 일자리 등의 사회경제적 요인에 대한 지식과 정보가 필요하다. 당연히 담당 부서의 공직자도 전혀 다른 전문지식과 배경이 필요해진다. 이런 경우는 새로운 부서를 창설하여 전혀 다른 전문가를 양성해야 한다. 집정부가 주도하여 외부전문가를 동원하여 정책을 결정하는 양상이 전개된다. 물론 시간이 많이 경과하면, 새로운 전문부서가 축적한 내부 전문성으로 다시 핵심적인 역할을 하게 된다.

문제가 급속도로 악화되어, 내부 공직사회에서 대비를 못하는 경우도 있다. 과거에 경험하지 못한 문제가 발생하는 경우이다. 당연히 내부 외부를 가리지 않고, 전문가들을 발탁하여야 하는 경우인데, 위기가 발생한 경우이다. IMF 사태나 코로나 바이러스가 갑자기 확산된 경우 등이다. 그러나 여기서 알 수 있듯이 문제는 갑자기 발생하지만, 해결책을 위한 전문지식은 기존의 문제해결에 활용하던 것과 비슷한 경우가 많다. 그래서 외부의 전문가도 동원되지만, 내부에서고 빠르게 전문지식을 축적할 수가 있다.

두 번째 유형은 문제 내용은 악화되지도 않고 비슷하거나, 심지어는 좋아지기도 하는데, 문제의 상황이나 맥락이 변하여 피해자가 문제로 인식하는 경우이다. 대기오염수준은 옛날과 비슷한데, 생활수준이 향상되고 보건상태가 좋아지면서 옛날에는 신경을 쓰지 않던 대기오염이 중대한 문제로 인식되는 경우가 대표적이다. 비슷한 경우를 생활주변에서 흔히 볼 수 있다. 이 경우는 피해자들이 생활 주변에서 주관적으로 느끼는 문제의 악화이므로, 타인들은 인식을 못하거나 인지해도 심각성을 경시하기 쉽다. 그래서 문제 주변의 사람들이 문제해결을 강하게 요구하는 경우이다. 이런 경우에는 대기오염문제를 언제나 관찰하고 조사하는 전문가들이 착각에 빠지기 쉽다. 대기오염 상태를 나타내는 지표는 변함이 없기 때문이다. 공직사회내부나 외부나 관계없이 대기오염 전문가는 착각에 빠진다. 그러므로 대기오염이 심각하다고 느끼는 사람들은 정치인에게 호소하게 되고, 특히 외부정치인들이 앞장서서 문제해결을 주장하게 된다. 외부인주도정치가 크게 빛을 보는 경우이다. 내부 정치인들(insider)들은 공직사회 내부 전문가와 비슷한 생각을 하기 때문이다. 이런 경우는 문제의 제기에서부터 정책결정을 준비하는 과정까지 외부정치인이 주도할 가능성이 크고, 정책결정에 필요한 전문지식도 내부 전문가를 불신하고 외부에서 얻으려고 한다. 실제로 공직사회 내부전문가는 문제 자체의 내용은 변화가 없기 때문에 문제해결에 필요한 전문이론이나 정보를 축적하지 않는 경우가 많다. 그래서 외부정치인들이 주도하고 외부전문가들의 전문성이 활용되어 정책이 결정된다. 내부공직자의 전문성이 저평가된다.

그래서 내부 담당 공직부서에서 크게 각성을 해야 하는 경우이다. 외부에서 문제가 심각해진다고 피해자들이 호소하면, 문제 자체의 악화가 없더라도, 문제 주변의 상황을 면밀히 검토해 보아야 한다. 그리고 특히 유의할 것은 이러한 유형의 문제가 의외로 많다는 사실이다. 사회 전체가 발전하는 과정에서 모든 분야가 같은 속도로 발전하기 못하기 때문에 뒤처진 분야는 문제로 등장하는 경우가 많기 때문이다. 옛날에는 찜통 교실에서 공부했는데, 예산을 들여 선풍기를 설치했더니 몇 년 지나지 않아 에어콘이 없는 것이 심각한 문제로 등장한다. 자갈길 10리를 걸어서 등교하던 아이들을 위하여 아스팔트 길을 깔았는데, 얼마 지나지 않아 스쿨버스가 없는 것이 심각한 문제가 된다.

요약하면, 집정부가 내부 공직자의 전문성을 불신하고 외부 전문가에게 의존하는 경우는 외부인주도정치에서 많이 등장하는데, 새로운 정책문제 때문이다. 변화가 빠른 상황에서 새로운 정책문제가 많이 등장하는데, 공직사회내부에서 축적한 전문성이 부족하다. 문제의 내용이 서서히 악화되어 과거에 없던 정책을 새로 추진하여야 하는 경우는 내부에서도 전문성을 축적할 여유가 있지만, 문제의 내용은 변화가 거의 없는데, 정책 주변의 상황이 변화되어 문제로 인식되는 경우에는 내부에서 축적한 전문성이 크게 부족할 수가 있다. 또 급진적이고 이상주의적 정책을 추진할 때도 그러하다. 그러나 출산억제정책에서 출산장려정책으로 전환하는 것과 같은 경우를 제외하고는 집정부에서 담당 공직부서를 신뢰하여, 시간적 여유를 주면, 빠른 속도로 부족한 전문성을 보완할 수가 있다. 더욱이 위에서는 논의하지 않았지만, 정책의 집행을 위해서는 담당 공직부서가 헌신적으로 노력해야 하기 때문에 결정과정에서부터 주도적 역할을 담당시키는 것이 훨씬 효율적이다.

집권당의 통치이념: 새로운 정권의 집정부가 공직자들의 전문성을 무시하는 이유 중에 가장 심각한 것이 통치이념이나 정책신념의 문제이다. 통치이념이나 정책신념이 현저히 다른 새로운 정권이 등장하면, 기존 정책을 폐기하고 새로운 정책을 추진하게 된다. 그래서 새 정권은 과거의 정책을 위한 전문성은 새로운 정책에 도움이 되지 않고 방해가 될 것이라는 생각을 한다. 그래서 내부 공직담당자들의 전문성, 그리고 그에 따른 정책적 판단을 믿지 않는다. 이러한 불신에는 상당히 타당한 이유가 있다. 과거 영국에서 2차대전이 끝난 후에 집권한 노동당 정권이 중요 산업의 국유화, 복지 정책의 추진 등 좌파정책을 대대적으로 추진하면서 벌어진 일이다. 영국의 고위 공직자들이 과거 보수정권의 정책들을 지지하면서 좌파정책의 추진에 제동을 걸었던 것이다. 대부분이 명문대학 출신이었기 때문에 사회계층적 배경도 보수당의 우파에 가까웠지만, 오랫동안 추진하던 과거 정책에 대한 신념적-정서적 지지도 강했기 때문이다.

그러나 좌파와 우파 간에 정권 교체가 반복되면서 고위 공직자들의 이념적 편향이 대폭 감소되고, 통치이념이 다른 정책에 대한 저항감은 많이 사라졌다. 그런데도 불구하고 새로이 정권을 잡은 집정부는 기존 고위관료들을 불신한다. 우리나라의 경우도 비슷하다. 고위 공직자들의 정책의지에 대한 불신과 새로운 정책을 추진하는데 도움이 되는 전문성에 대한 불신이 혼합된 것이다. 그러나 이러한 불신은 대부분이 오해 때문에 생긴다. 이 문제는 중요하므로 좀 더 자세히 보기로 한다.

일반적으로는 대립되는 통치이념은 대립되는 이해관계를 대표하기 때문에 발생한다. 그래서 대립되는 정당들이 내 거는 정책목표나 방향은 이 대립을 상징적으로 표현하여 극단적인 차이를 나타낸다. 그러나 실질적인 정책내용이 되는 정책수단은 큰 차이가 없는 것이 일반적이다. <헌법은 바뀌어도 행정법은 바뀌지 않는다>, <정치는 바뀌어도 행정은 변함이 없다>는 등의 격언이 이 사실을 잘 표현한다. 국토방위, 치안, 교육, 경제 등 국가기능은 물론이고, 기능수행을 위한 중요한 업무들은 누가 정권을 잡아도 마찬가지이다. 전제군주국가나 민주국가나 큰 차이가 없다. 집권자나 통치이념에 따라 기능상의 强弱이나 多少의 차이를 나타내는 경우가 대부분이기 때문이다. 흔히 사회적 약자를 돕는 것을 기치로 내거는 좌파 정권은 정책목표나 방향에서 형평성, 평등을 강조하고, 발전을 통해 파이를 키우고 성장잠재력을 강화하자는 우파 정권은 자유, 시장 경제, 수월성(excellence)등을 강조한다. 그래서 정책방향과 목표 측면에서 서로 현저히 다른 식으로 표현이 되거나 포장이 되어 제시된다. 이름만 보면 완전히 다른 정책으로 오해하기 쉽다.

그러나 정책수단의 종류는 비슷하고, 다만 수단 하나하나의 비중 면에서 輕重의 차이, 분량 면에서 多寡의 차이만이 다른 경우가 대부분이다. 원래 통치이념의 대립은 동일한 사안에서 정반대의 주장을 하는 집단 간에 발생한 대립인 경우가 많기 때문이다. 학생들에게 장학금을 지급할 때. 현재 정책은 성적 우수학생에게 50%, 가난한 학생에 50%를 주고 있는데, 좌파는 40:60으로 바꾸자고 주장하고, 우파는 60:40으로 바꾸자고 주장하는 식이다. 전자는 목표로 형평성을 내 세우는 좌파적 정책의 내용이 되고, 후자는 발전과 수월성을 강조하는 우파적 정책내용이 된다. 도로확장으로 승용차의 소통 원활을 위하여 경비의 20%, 지하철 건설에 80%을 지출할 것인지, 아니면 30:70로 할 것인지 하는 식이다. 극단주의자들이 등장하면 어느 한 쪽으로 몰고 가려고 하지만, 현실에서의 최적 상태는 중간의 어느 지점이므로, 보통은 타협안으로 극단적인 한쪽으로 몰아붙이지는 못한다. 여하튼 이런 경우에 새로운 정책내용 속의 정책수단을 추진하여 나타날 결과는 과거에 축적한 이론과 정보로서 예측할 수 있다. 당연히 담당 공직분야에서 기존에 축적한 전문성이 잘 활용되어야 합리적인 결정이 된다.

통치이념이 다른 정권의 집정부가 걱정하는 고위 관료들의 새로운 정책에 대한 정서적-이념적 저항문제는 정책이 한 쪽으로 과격하게 이동하는 경우에 발생할 수 있다. 장학금 지급에서 50 대 50을 10 대 90으로 바꾸는 식이다. 이런 경우는 대부분이 새로이 증가하는 공익보다 증가 되는 피해가 더 크기 때문에 공익훼손이 심해지고 공직자가 저항하여 공익을 수호해야 하는 경우이다. 집정부가 이런 식의 과격한 정책을 추진하는 경우에도 공직자의 전문성은 활용될 수 있지만, 이념적-정서적 저항을 피할 수는 없을 것이다. 그리고 외부의 전문가나 일반 지식인들도 이러한 정책에 반대할 것이다. 그러나 대부분의 경우는 이렇게 과격한 정책을 추진하지 않기 때문에 내부 공직자의 이념적-정서적 저항도 크지가 않다. 즉, 30 대 70으로 바꾼다면, 대부분의 공직자들은 이에 순응할 것이다. 그리고 내부에서 축적한 전문성을 최대한 활용하여 보좌할 것이다.

집권자의 개인 신념과 비선조직의 문제: 그러나 새로운 정권이 과거에는 없던 전혀 새로운 정책을 추진할 때는 기존의 공직사회에서 축적한 전문성이 빈약한 경우가 생긴다. 집권자의 개인적 신념으로 추진하는 정책이 대부분 이러한 경우가 된다. 통치이념은 보통 정당 차원에서 집단적으로 공유하는 것이므로 이를 실현하기 위한 정책은 대부분이 정당 차원에서 검토되고, 반대당의 공격과 비난을 극복하기 위한 대책들도 준비한다. 그래서 공직부서에서도 여기에 대한 대비책을 마련한다. 새로운 정책의 영향을 예측하고 채택할 수 있는 정책대안을 검토한다. 그런데 통치이념에 따른 경우에도 그 정책이 선거과정이나 평소에 찬성자와 반대자 사이에 논쟁이 표출되고, 공직부서에서 주목할 정도로 논란이 되지 않는 경우도 있다. 담당 공직부서에서 이러한 정책에 대한 대비를 하지 않거나 소홀하게 한다. 정치적 목적으로 상징적인 주장을 하지만, 진심으로 추진할 의사가 없는 것으로 인지되기 쉽기 때문이다. 그러다가 이러한 정책을 집정부에서 갑자기 추진하게 되면, 공직부서는 준비 부족으로 외부의 주장에 따르는 수밖에 없다. 그러나 공직부서의 치밀한 전문적-체계적 검토-분석을 거치지 않은 정책은 많은 문제를 발생시킨다. 윤석열 대통령이 추진한 의료개혁은 시작부터 반대에 부닥쳐 결국 실패로 끝났지만, 문재인 대통령이 강한 신념으로 추진한 원전 폐쇄 정책은 상당한 진전을 보였지만, 결국 실질적인 포기를 하게 되었다. 예상하지 못한 상태에서 갑자기 최고결정권자가 강하게 명령하였으므로, 담당 공직부서에서는 과거에 축적한 전문지식이나 정보도 부족하였고, 정보를 수집하고 합리적인 분석을 할 여유도 없었을 것이다. 원전의 폐쇄는 여러 가지 측면에서 엄청난 영향을 가져오고, 원전을 대체할 에너지원의 개발과 이용을 위한 대대적인 대책이 필요하므로 합리적인 폐쇄를 위해서는 오랫동안의 자료수집과 정밀한 분석이 필요하지만, 평소에 크게 주목하지 않았던 정책이라 담당 공직부서에서는 축적된 자료나 전문지식도 아주 부족한 상태였을 것이다. 그런데도 대통령의 완강한 태도 때문에 서둘러서 추진하였다. 합리성을 결여한 추진은 여러 가지의 피해를 발생시키고, 많은 지식인들의 비판과 국민들의 비난이 강해지자, 폐쇄 정책 추진을 포기하였다. 결국 엄청난 국가적 피해와 대통령을 비롯한 집정부에 대한 비난만 남기고 끝난 해프닝이 되었다. 맥락과 추진방법은 다르지만 의료개혁의 경우도 비슷한 과정을 겪었다. 중요한 정책을 담당 공직부서들의 철저한 분석과 검토를 거치지 않고 추진하면 언제나 나타나는 결과이다.

이런 식의 해프닝이 자주 일어나는 것은 아니지만, 대통령이나 집정부의 강자가 자신의 지나친 개인적 소신으로 담당 공직부서의 전문성을 무시하고 정책을 추진하는 경우는 흔히 발생한다. 국가를 위하여 가장 옳은 일을 하는 것이라고 믿기 때문에 무슨 일이 있어도 추진하려는 강력한 의지로 밀고 나가려고 한다. 그러므로 조금이라고 반대를 하는 의견은 무시한다. 당연히 심각한 피해가 발생하게 된다. 그래서 다음의 경구는 타당성이 있다. <권력자의 지나치게 강한 개인적 소신은 국가에 엄청난 피해를 끼친다>. 물론 보좌진의 합리적인 검토와 전문적인 분석을 무시하기 때문이다. 히틀러의 유대인 말살 정책이 대표적인 경우이지만, 강한 성격의 리더가 흔히 범하는 중대한 과오이다.

권력자의 개인적 신념을 전문성의 테스트를 거치지 않고 정책에 반영시키면서 발생하는 문제는 약간 다른 원인에 의한 것도 있다. 흔히 비선(秘線)조직의 문제라고 알려진 것이다. 박근혜 대통령 취임 직후 최순실의 경우와 김영삼 대통령의 아들 김현철의 경우는 널리 알려진 사례이다. 김현철의 경우는 쉽게 짐작할 수 있다. 처음에는 좋은 의도로 시작된다. 인사문제에서부터 시작되는 것이 일반적이다.

야당시절부터 부친과 자주 접촉한 인물들을 관찰해 왔고, 더욱이 중요한 대통령선거에서 같이 고생한 사람들이기 때문에 본인은 인물에 대한 올바른 평가를 하는 것으로 믿는다. 그래서 본인의 판단으로 훌륭하다고 생각된 인물들을 골라서 부친에게 천거하였고, 부친도 천거가 합리적이라고 판단하여 관직에 임명한다. 아들은 대통령과 국가를 위하여 사람을 추천하였다고 믿고, 대통령도 그렇게 믿는다. 두 사람 모두 극히 선의의 뜻으로 시작하는 것이다. 그러나 이렇게 인사가 되었다는 소문이 나면서 문제가 발생하기 시작한다. 한번 누구의 천거로 임명이 되었다는 소문이 돌면, 천거자는 실력자로 소문이 나고 관직을 추구하는 사람들이 은밀하게 줄을 서기 시작하기 때문이다. 구직자는 실력자에게 영향을 미치는 보좌진들에게 아부하여 자신을 선전한다. 그리고 동일한 관직에 대한 잠재적 경쟁자들의 약점을 열심히 조사하여 보고한다. 당연히 사실보다 과장된 내용들이 된다. 인사부서에서도 후보자에 대한 인사검증을 한다. 그러나 인사부서의 검증결과도 실력자는 미리 파악한다. 그래서 대통령이나 실질적 인사권자에게 실력자가 특정 후보를 천거할 때는 인사부서에서 조사한 것 보다 훨씬 많은 정보들을 파악하여 보고한다. 물론 이러한 정보 중에는 경쟁상대에 대한 과장된 인신공격이 많이 포함된다. 대통령이나 실질적 인사권자가 마지막 결정을 하는 순간에 보면 인사부서의 공식적 보고보다 비선조직의 보고가 훨씬 내용이 많고, 전혀 새로운 것도 들어 있다. 인사부서의 공식보고는 확실하게 검증된 사실만을 보고하기 때문이다. 대통령은 비선조직이 능력 있는 조직으로 착각하게 된다. 그리고 비선조직의 천거를 믿게 된다. 이 정도의 상태가 되면, 인사에 대한 것만이 아니라 국정관리에 대한 중요한 정보, 특히 정치적으로 민감하거나 외부로 알려서는 안 되는 국가적 기밀에 속하는 정보도 비선조직으로 흐르기 시작한다. 사실을 확인할 수 없는 자극적이고 왜곡된 정보가 많이 포함된다. 공식 부서에서는 취급하기가 껄끄러워서 기피할 수 있는 정보도 비선조직으로 흘러 들어간다. 이러한 정보에는 공식 부서에서 지불할 수 없는 대가가 따를 수도 있을 것이다. 결과적으로 인사에서는 악화가 양화를 구축하는 피해가 발생하고, 정책정보에서는 정확한 사실판단을 왜곡시켜서 합리적인 정책결정을 방해한다.

지내놓고 보면, 이러한 비선조직의 피해는 누구나 쉽게 알 수 있을 것 같지만, 비선조직이 문제를 일으키는 당시, 특히 초기에는 누구도 짐작하기 어렵다. 평소에 신뢰하고 친숙하게 지내는 사람들이 선의를 지니고 국정관리에 대한 생각을 제시하여 대통령이나 실력자가 무의식적으로 수용하면서 시작되는 경우가 적지 않다. 이런 경우에는 제언을 하는 사람이나 대통령이나 누구도 악의로 이런 일을 시작하지 않는다. 그러므로 권력자가 약간만 방심하면 발생할 수 있는 문제이다. 물론 예외도 많다. 개인적 이익을 위하여 사람을 추천하거나 사실을 왜곡 보고하는 경우이다. 어느 경우거나 권력자가 특별한 주의를 기울이지 않으면 쉽게 함정에 빠진다. 그리고 일단 문제가 발생하면, 급속도로 악화되어 건잡을 수 없게 국가적 피해가 커지게 된다. 본인들이 그 피해를 깨닫게 될 때는 후회하여도 소용없는 상태가 된다. 처음에는 이렇게 심각한 국가적인 피해와 파문을 발생시키리라고 짐작조차 못했던 일이 벌어지는 것이다. 그러므로 무서운 일이다. 최고통치권자나 주변의 실력자들은 각별히 조심해야 한다. 비선조직에서 얻은 정보나 아이디어는 아무리 좋은 것이라도 그 자체로 독이 되는 수가 많다. 이 독성을 뽑아내고 보약으로 활용하기 위해서는 공식 부서의 전문성으로 반드시 한번 걸러야 한다.

공식 부서에 의한 검토는 상당히 귀중한 다른 효과도 산출한다. 최고 결정자가 신뢰하는 사람들이나 비선조직의 건의를 혼자서 판단하고 혼자서 결정하여 지시를 하게 되면, 세 가지 심각한 부작용을 초래한다. 첫째, 앞에서 누누이 지적한 대로 불합리한 결정을 할 가능성이 대단히 크다. 인사문제에 대하여 최고결정권자에게 사적으로 건의하는 경우는 거의 대부분 건의자가 친숙한 사람을 추천하는 경우이다. 건의자가 불순한 동기로 부적격자를 천거하는 경우가 아주 많다. 혹시 사심없이 국가를 위하여 훌륭하다고 판단하여 천거하는 경우에도, 진실로 훌륭한 인재는 공식적 검증을 통과할 것이다. 그러나 개인이나 비선조직이 공식적 검증을 거치는 사람보다 더 훌륭한 인재를 천거할 가능성은 거의 없다. 정치적인 이유 때문에 정권적 차원에서 꼭 필요한 경우는 예외이다. 정책건의를 하는 경우에도 공식적 검토를 거치지 않으면 합리적인 정책이 될 가능성은 거의 없다.

둘째, 정책이나 사업은 언제나 의도된 효과나 예상한 부작용보다 더 많은 부수효과나 부작용이 잠재되어 있다. 그리고 사적으로 정책을 건의하는 사람은 언제나 효과를 중시하고 과장하면서 부작용은 가볍게 생각한다. 그래서 좋은 정책으로 믿고 건의하는 것이다. 그러나 부작용으로 피해를 보는 국민들은 이러한 정책에 반대하게 되고 건의자가 예상한 것보다 반대가 강력하기 마련이다. 더욱이 정부에서 정책으로 결정할 의지를 보이기 이전에는 조용하게 있는 잠재적 반대집단(latent interest group)이 반드시 존재한다. 이들 반대집단들은 정부가 결정할 의지를 보이면서 공식적인 정책검토를 하게 되면 강력한 반대 목소리를 내기 시작한다. 정책의 부작용으로 입게 될 피해를 최소화시키는 조치를 정책의 내용 속 포함시켜 이들의 반대를 정책결정 전에 해소하여야 결정된 정책이 무난하게 집행될 수 있다. 부작용을 최소화시키지 못해도 공식적 검토 과정에서 반대자들의 목소리를 충분히 들어야 반대를 감소시킬 수 있다.

셋째, 그러므로 사적인 건의 내용을 포함한 정책대안들을 반대자들의 참여 속에 공식적으로 검토하고 정책을 결정하면, <국민들과의 소통이 없다>는 비난을 감소시킨다. 더 중요한 것은 이러한 공식적 검토가 없이 결정하면 음모론에 휘말린다는 사실이다. 우리나라는 사회 전체가 심한 불신에 시달리고, 정부에 대한 불신이 특히 심하기 때문에 온갖 악성 루머가 정책에 대한 비난, 정권에 대한 비난을 불러일으킨다. <어디에서 저런 정책안을 듣고 저러는지 모르겠다>, <왜 저런 사람을 꼭 써야 하는지 모르겠다>, <요즈음 누가 실세인가?> 그리고 이러한 질문에 대한 답변은 언제나 최고결정권자에 대한 심한 인격적 모욕으로 가득찬 루머가 된다. 그리고 악성 루머는 인사에 대해서 특히 심하고, 모처럼 훌륭한 인재를 발탁하여도 공식적 검증을 충분히 거치지 않으면, 더러운 정실인사로 오해된다. 훌륭한 인재도 더러운 인간으로 알려진다. 물론 정책은 집행 과정에서 심한 어려움을 각오해야 한다. 공개적으로 작동하는 공식 부서의 담당자들이 제공하는 정보와 판단을 존중해야 국가에도 도움이 되고 통치권자들 자신들도 후회하지 않게 된다. 인사 정책 등 거의 모든 국정관리사항은 반드시 공식 부서에서 충분한 검토를 거쳐야 한다.

요약하면, 통치이념이 다른 새 정권의 집정부는 새로운 통치이념을 추진하기 위한 정책에 필요한 전문성을 기존의 고위 공직자들이 축적하지 못했을 것이라고 흔히 짐작한다. 그러나 통치이념의 차이는 정책수단의 종류는 거의 동일하고, 수단의 강약(强弱), 경중(輕重) 다소(多少)로 실현되는 것이 대부분이므로 필요한 사실판단에 대한 전문성에서는 차이가 없다. 당연히 기존의 공직부서에서 축적한 전문성이 활용될 수 있다. 한편, 통치권자가 집정부의 강자가 지닌 개인적 신념을 강하게 추진하려는 경우는 대부분 준비된 전문성이 부족하거나 없을 수도 있다. 그래서 외부전문가를 활용하지만, 이러한 경우는 대단히 큰 국가적 피해를 가져오기 쉽다. 히틀러의 유대인 대량 학살과 같은 경우이다. 비슷한 것이 통치권자가 특별히 신뢰하는 비선조직이나 개인(멘토)에게 정책적 아이디어나 인사에 대한 정보를 의존하는 경우이다. 대부분 선의로 출발하지만, 통치권자나 실력자가 과오를 인식하게 될 때쯤에는 돌이킬 수 없는 국가적 피해가 발생하는 경우가 대부분이다. 이런 경우는 반드시 공식적인 기구의 전문성을 활용하여 비선조직이나 멘토가 제공하는 아이디어와 정보를 검토하여야 한다.

8-4 집정부의 공직자 활용

새로운 정권이 기존의 고위 공직자들을 활용하기 싫어하는 또 다른 이유는 기존의 공직자들이 지난 정권이 추진하던 정책에 몰입하여 새로운 정책을 추진할 의욕이 없을 것이라고 지레짐작을 하는 것이다. 그리고 이 짐작이 크게 틀린 것은 아니다. 과거 영국에서 2차 대전 후에 노동당이 과거 보수당과 정반대되는 중요 산업 국유화, 노동정책, 복지 정책 등을 대대적으로 추진할 때 실제로 벌어졌던 사태이다. 그러나 앞에서도 지적했듯이, 통치이념이 다른 정당 간에 정권 교체가 계속되면서 이러한 현상은 서서히 사라졌다. 우리나라도 비슷하다.

우리의 경우에는 앞의 복지부동 사례에서 보았듯이 고위 공직자들이 새로운 정권의 정책을 담당하는 것을 꺼리는 경우도 있다. 그래서 공직자들이 자신들의 안위를 위해서, 또 정책신념을 위해서 새로운 정권의 업무 추진에 적극적이지 않을 것이라고 외부에서는 흔히 오해한다. 지금의 공직풍토가 공직자들을 심하게 억눌러서 이러한 오해를 받게 만들고 있다. 공직풍토를 개선하여 공직자들이 헌신적으로 일할 수 있도록 해야 한다. 특히 이들의 소명의식을 파괴하는 배임죄나 정책감사 등의 논리를 타파하는 개혁이 반드시 있어야 한다.

그리고 고위 공직자에 대한 지나친 오해는 하지 않아야 한다. 평생을 공직사회에서 일을 하고, 더욱이 고위직까지 승진한 사람들은 윤리적으로 그렇게 나쁜 사람들이 아니기 때문이다. 특별한 이유가 없는 한, 공직자들은 새로운 상관의 뜻을 받아 새로운 정책을 성공적으로 추진할 생각을 하고 있는 사람들이다. 그리고 보람있게 공직생활을 마감하고자 하는 사람들이다. 예외적인 공직자는 아주 드물다. 더욱이 원전폐쇄나 4대강 보 허물기에서 보듯이 집정부에 지나치게 순종하는 경우가 훨씬 많다. 물론 집정부가 정권초기에 공포분위기를 조성하는 경우에 두드러지게 많이 나타나지만, 그렇지 않더라도 정권 이후의 처벌을 두려워하는 복지부동보다는 소명의식 없는 순종이 더 큰 문제가 되어 있다. 그러므로 새 정권은 공직자들이 정책 추진에 적극적 의지를 보이지 않을 것을 걱정하지 말고, 공직자들을 믿고 국가장래를 위해 이들의 전문성을 최대한 활용하는 것이 현명하다. 그리하여 위기를 부추기는 고질적인 정책문제들을 해결하도록 노력하여야 역사적인 평가를 받을 수 있다.

집정부의 불합리한 정책 추진에 제동을 걸면서, 대통령의 명령에도 불복하는 공직자는 3가지 조건을 갖추고 있다. 첫째 투철한 애국심이다. 국가를 위하여, 국민을 위하여, 또는 공익을 위하여 대통령의 명령도 거부하는 것이다. 둘째, 대통령에 대한 진정한 충심을 지닌 사람이다. 잘못된 정책이 결국 대통령에게 커다란 피해를 준다는 것을 예측하고 이것을 막으려고 시도하는 것이다. 상관의 명령에 반대하는 부하들이 흔히 지니고 있는 생각이다. 진심으로 상관이나 대통령을 위하는 것이다. 세 번째로 문제된 정책상황에 대하여 가장 깊은 전문성을 지닌 사람이다. 본인이 가장 잘 알고 있다고 믿지 않으면 이러한 행동을 할 수 없다. 결국 애국심, 대통령에 대한 진정한 충심, 그리도 단단한 전문성을 지닌 공직자이다. 이러한 공직자를 만난다는 것은 큰 행운이다. 그리고 훌륭한 지도자들은 이 사실을 알고 있다.

지도자들은 이러한 공직자를 육성하기 위해 노력해야 한다. 국가적으로 개인적으로 모두 큰 복이 되기 때문이다.

새로운 정권이 훌륭한 공직자들을 육성하고 최대한 활용하기 위해서는 고위공직 인사를 합리적으로 해야 한다. 내부에서 훌륭하다고 평가받는 고위 공직자들을 최대한 발탁해야 하는 것이다. 내부의 평가가 훌륭한 공직자들을 발탁하면 두 가지 큰 효과를 얻는다. 첫째, 공직자들의 사기를 진작시키고, 추진하려는 정책을 합리적으로 수정-보완하여 효율적으로 집행할 수 있다. 이들은 의욕을 지니고 업무에 헌신할 것이다. 뿐만 아니라 이들이 공익수호를 위하여 폐지-수정-보완하자는 주장을 하면, 이를 면밀하게 검토하여 적절한 대응을 하여야 한다. 그러면 나중에 큰 후회를 하는 일이 없을 것이다. 집권자의 개인적 신념, 신뢰하는 비선조직이나 멘토에 의존하여 추진하려는 정책들을 공식적으로 점검하여 국가적 피해를 막을 수 있을 것이다. <원전폐쇄>나 <4대강 보 허물기>와 같은 해프닝은 피할 수 있을 것이다. 둘째, 더욱 중요한 것은 공직사회내부에 전문성을 축적하고 성실하게 일하는 풍토를 조성하여 미래의 국정관리에 큰 도움을 줄 것이다. 반대로 내부에서 하류로 평가되는 공직자를 발탁하면 그 피해가 대단히 크다. 이는 중요하므로 조금 더 검토하기로 한다.

원래 훌륭한 공직자는 성실성과 업무수행능력(전문성)을 갖추고 다른 사람들과 협력을 잘하는 사람이다. 성실성과 업무수행능력은 필수적 조건이다. 그리고 타인과의 협력은 조직생활을 하는 누구에게나 요구되는 기본적 요소이다. 협력성이 특히 훌륭한 공직자는 조직을 위하여 많은 공헌을 한다. 이러한 공직자는 상관으로서는 부하들을 잘 배려하고, 동료들 간에는 원만한 협조관계를 유지하며, 상관의 올바른 뜻을 충실히 보좌한다. 여하튼 성실성 업무수행능력 협조성 이 세 가지 모두가 A급이면 탁월한 공직자로서, 앞으로 장관은 물론이고 총리까지 될 수 있는 사람으로 칭송받는다. 그러나 그 숫자는 아주 적다. 전문성이 A급이고, 나머지 두 가지 중 하나가 A급이면 훌륭한 공직자이고, 나머지 두 가지가 모두 B급이면 수준급 공직자로 평가받는다.

새로운 정권이 훌륭한 공직자를 발탁할 때에 부닥치는 가장 큰 어려움은 공직자를 정확하게 평가하기가 어렵다는 점이다. 조직 내부에서 오랫동안 업무를 수행하면서 면밀하게 관찰해야 공직자를 평가할 수가 있기 때문이다. 그리고 내부의 평가는 공개적이 아닌 암묵적인 경우가 대부분이다. 그래서 새로운 정권의 초기에는 집정부가 공직자들의 객관적인 평가를 할 수가 없을 뿐만 아니라, 공직사회 내부의 평가에 대해서도 알기가 어렵다. 그래서 새로운 집정부는 인사관리에서 많은 실수를 하게 된다. 이 문제는 중요하므로 자세한 논의가 필요하다.

새로운 집정부가 보통 의존하는 고위 공직자에 대한 정보는 정치권에서 획득된 것이다. 그런데 정치권의 정보는 외부에서 획득한 다른 정보들이나 마찬가지로 사실과는 차이가 나기 마련이다. 새로운 정권의 실세들이 야당 생활을 하면서 형성된 특정 공직부서의 사람들에 대한 편견이 작동하기도 하고, 대인관계에 능숙한 공직자를 과대평가하기도 하고, 간혹 정치권에 줄을 대는 고위 공직자들의 편향된 의견이 작동하기도 한다. 이러한 편견은 대부분이 소명의식을 지니고 훌륭하게 업무를 추진하는 능력 있는 공직자들을 헐뜯는 왜곡된 것이다. 예를 들면, 훌륭한 공직자로 알려진 자는 구정권의 집정부 실세와 가깝고 새 정권의 정책에 비판적이라고 음해하거나, 상관에게 아부를 잘해서 출세하고 자신들은 억울하게 피해를 본다는 식의 비난이다. 야당에서 정권 교체로 집권한 집정부는 편향된 정보를 근거로 인사를 하는 경우가 많을 수밖에 없다.

이러한 왜곡된 정보에 근거한 인사는 정권이 안정기에 접어드는 2년 차부터는 크게 감소하지만, 초기 1년 사이에 잘못된 정보에 입각한 인사관리가 공직사회를 망가트리는 경우가 빈번하다. 왜곡된 정보에 근거하여 공직사회에서 저평가되는 사람을 발탁하면서 훌륭한 공직자를 탈락시키는 경우에 발생하는 부작용이다. 전문성과 성실성 협조성 중 하나는 B급 정도이지만, 나머지 2가지는 모두 C급 정도 되는 사람이 발탁되는 경우이다. 공직사회에서 하류로 평가되는 사람이 발탁된 것이다. 특히 대인관계가 원만하여 협조성은 A나 B급이지만, 공직자의 필수적 조건인 성실성과 전문성 면에서 평균 이하인 C급 정도의 공직자가 발탁되면, 최악의 상황이 된다. 그리고 이런 부류가 정치권에 열심히 줄을 대어 발탁된 것으로 소문이 나게 되므로 공직사회 내부의 사기를 크게 떨어트린다. 고위 공직자 임명에서 이런 부류가 30% 정도가 되거나, 훌륭하다고 평가받는 사람들 중에 30% 정도가 탈락하면 공직사회의 사기는 커다란 타격을 받는다. 물론 집정부에 대한 신뢰도 크게 상처를 입는다.

공직사회 내부의 평가가 나쁘지만, 집정부에 줄을 달아서 발탁되는 고위 공직자는 집정부에서 요구하는 업무는 무조건 열심히 수행한다. 그래서 두 가지 측면에서 공직사회에 커다란 피해를 끼친다. 첫째, 능력 있고 열심히 일하는 공직자들이 천대받게 되므로, 사기를 떨어트리고 근무 의욕을 잃게 만든다. 이 사기 저하와 의욕 상실은 동급의 공직자보다 부하들(미래를 담당할 공직자들)에게 더욱 큰 피해를 준다. 부하들이 공직사회의 장래에 대해서 비관적이 되고, 소명의식을 상실하게 만든다. 둘째, 이보다 더욱 심각한 것은 성실성과 전문성에 대한 심각한 타격을 입힌다는 것이다. 특히 합리적인 정책관리와 효율적인 업무처리에 필수적인 전문성(전문이론과 정보)을 축적하는 노력을 손상시킨다. 더욱이 전문성이 풍부한 것이 집정부의 정략적인 국정업무 추진에 걸림돌이 되는 경우(심각한 공익훼손을 하는 정책을 반대하여)가 흔히 있다. 담당 공직자가 집정부가 추진하려는 정책의 불합리성을 정확하게 알게 되면, 양심상 반대하지 않을 수 없게 되기 때문이다. 그래서 전문성이 강한 공직자는 개인적인 피해를 입기 쉽다. 잘 모를 때는 집정부의 명령에 순종하면서 보복을 걱정하지 않아도 된다. 모르는 것이 약이 되는 경우이다. 과거 청담사상가들이 타락한 황제들에게 환영을 받고, 유학자들이 핍박을 받은 것과 같다. 이런 식으로 전문성 강화에는 의외로 여러 가지 방해요소가 등장한다. 그러므로 집정부에서 전문성이 약한 자를 발탁하면, 젊은 공직자들의 전문성 축적 노력에 큰 피해를 준다.

전문성도 축적하지 않고 소명의식이 상실되는 분위기는 퇴락한 공직풍토를 만든다. 그리고 퇴폐적인 사고가 공직사회를 지배한다. <하루 앞도 점치기 어려운 불확실성 시대에 국가의 장래나 후손들을 위한 미래와 같은 일들은 꿈같은 이야기

다. 공직자들의 약한 힘으로 어떻게 할 수도 없는 꿈같은 이야기에 현혹되지 않는 것이 현명하다. 뜬구름같은 세상사에 너무 집착하여 원칙을 고집하지 말고, 위에서 시키는 일만 충실히 하면 된다. 대인과 같은 너그러운 태도로 원만한 인간관계를 두루두루 유지하면서, 국민들의 대표인 집정부의 눈치를 적당히 살피며 살아가는 것이 현명한 공직자이다> 이런 식의 사고가 공직사회를 지배하게 되는 것이다. 실제로 1950년대 후반에 우리 공직사회를 지배하였던 풍조였다. 그리고 최근에 다시 우리의 공직사회를 서서히 병들게 만드는 풍조이다. 이런 식의 풍조에 물들고 전문성이 약화된 공직사회는 적대적인 과잉정치에 휘둘리는 정책을 바로 잡을 능력을 완전히 상실한다. 국가 관리에 대한 지식이 부족했던 청담 사상가들이 세상사를 뜬구름같이 생각하면서 타락하고 부패한 황제나 환관들과 야합하고, 이들과 같이 국권을 농락하여 드디어 왕조를 멸망시킨 경우에 나타났던 현상이다. 그리고 역사적으로 수없이 되풀이되었던 비극이다. 지식이 모든 것을 결정하는 지식시대에 정부의 핵심적 전문성이 파괴되면서 국정관리의 합리성이 사라지고, 정치적 폭력이 국정관리 전체를 퇴락의 구렁텅이로 밀어 넣을 것이다.

요약하면, 하류에 속하는 공직자들을 발탁하면, 이들이 열심히 일하여 집정부의 정책을 강력하게 추진할 수는 있지만, 전문성이 약한 국정관리는 곳곳에서 엄청난 부작용을 발생시킬 뿐만 아니라, 이러한 부작용이 발생할 가능성을 다음 정권, 다음 세대까지 넘겨준다. 공직사회의 전문성 약화와 붕괴는 미래세대에 더욱 큰 피해를 주는 것이다. 국가 관리의 책임자로서 역사적 평가를 받아야 하는 집정부로서는 심각하게 성찰해야 하는 문제이다.

8-8 요약 및 결론

애착집단이 없이 외톨이로 불의와 싸워야 하는 공직자에게 중립적 외부 전문가가 유일한 지원 세력이 될 수 있다. 교수 연구원 언론 분야의 전문기자들과 같은 외부전문가는 축적된 전문이론과 정보를 활용하여 정책결정의 기본이 되는 정책효과와 비용, 정책상황의 상태 등에 대한 객관적인 사실판단을 할 수 있다. 이들이 여론 형성에 가장 중요한 역할을 하는데 공직자가 상부의 사실 왜곡 요구에 저항하는 경우에 이를 강력히 지원해야 한다. 그리고 특정한 정책을 지지하려면, 자신이 채택한 정책선택기준(가치판단기준)을 명확히 밝혀야 한다. 특정한 통치이념이나 정책신념을 지닌 전문가가 자신이 선호하는 정책을 선택하도록 유도하기 위해서 사실판단을 왜곡하는 것은 전문가 윤리에 반할 뿐 아니라 국민들의 정책판단을 오도하는 베버가 말하는 악마의 짓에 해당된다. 공직자도 마찬가지다. 그리고 여론에 가장 강력한 영향을 미치는 언론은 사실을 왜곡하거나 거짓을 보도하지 말고 객관적 사실을 정확하게 보도하여야 한다. 사회가 양극화되어 국민들이 편향된 보도를 좋아하는 풍토 속에서 객관적 진실만을 보도하기 위해서는 언론 개혁도 필수적이다.

2020년대 현재로 보면, 공직자들의 소명의식은 최악의 상태에 빠진 것 같다. 그리고 이러한 상태를 발생한 가장 큰 원인이 파멸적인 공직풍토이다. 이를 시급히 개혁해야 한다. 공직자들이 소임을 적극적으로 수행하지 않으려고 한다. 민원인과 밀착했다는 오해를 받으면 그 후유증이 너무 무섭기 때문에 민원인을 돕지 않으려고 한다. 놀랍게도 대통령이나 집정부의 지시도 최대한으로 회피하려고 한다. 배임죄(직무 유기와 직권 남용)적 처벌을 받을 가능성 때문이다. 새로운 정권이 전임 정권의 업무를 폄하하고 정치 보복을 하기 위해서 폭넓은 정책감사를 한다. 원래 감사원은 회계규정과 관련 법규를 위반한 경우에 이를 처벌하는 회계감사와 직무감찰을 하는데, 법적인 타당성을 지녀도 정책의 합리성을 판단하려는 정책감사는 해당 분야의 충분한 전문지식이 없이는 불가능한 작업이다. 감사결과에 대한 책임을 지지 않는 외부 전문가를 동원하여 지난 정권을 폄하하고 정치보복을 하는 수단이 되어 감사원의 신뢰를 극도로 추락시키고, 열심히 업무를 추진한 구정권의 담당 공직자에게 엄청난 고통을 준다. 공직자들의 소명의식은 소멸되어 갈 수밖에 없다.

소명의식을 지닌 공직자들을 정치인들이 보호하면 가장 바람직하지만, 정치인들은 공직자들의 공익수호 역할과 충돌되는 역할을 수행해야 하는 경우가 많다. 자신들을 선출해 준 선거구민들의 민원을 위해서 움직여야 하고, 당의 공천을 받기 위해서 당의 방침을 따라야 함은 물론, 선거에 도움을 주는 후원자나 후원단체들의 요구도 정책에 반영시켜야 한다. 대부분 공익과는 맞지 않는 역할들이다. 그래서 현실적 정치는 더욱 심각하게 공직자의 공익수호와 충돌한다. 제3장에서 본 바와 같다. 설상가상으로 국회의원들 중에는 정책결정에 필수적인 전문지식이 극히 부족한 외부인(outsider)이 많다. 그리고 변화가 급속하기 때문에 전문지식이 부족한 외부인이 주류를 이루는 상황은 계속될 것이다. 그래서 당 지도부의 태도가 이들의 행동을 결정적으로 좌우하는데, 양극화가 당의 태도를 점차 과격한 방향으로 몰고 간다. 정치권이 합리적으로 국정운영을 할 수 있도록 대개혁이 필요하지만, 이 책에서 논의하지 못하였다.

다만 정치 대개혁이 없어도 정치권이 국정운영을 합리적으로 수행하지 못하여 발생하는 문제들을 어느 정도 해결할 수 있는 방법이 있다. 국정관리의 핵심이 되는 대통령을 중심으로 한 집정부가 크게 각성하는 방법이다. 대통령이 국정관리를 분담할 적임자를 임명하고, 담당 부서의 전문성을 최대한 활용하여 정책결정을 하면, 많은 문제가 해결된다. 그런데, 적임자를 찾고, 합리적인 정책관리를 하려면, 이 일을 담당하는 각 분야별 공직자들의 보좌를 충실히 받아야 한다. 공직자들은 직업 전문가들로서 자신의 담당 분야에 대한 전문지식(업무 추진에 필요한 전문이론과 정보)을 동원하여 업무를 합리적으로 추진하기 위하여 임명된 사람들이기 때문이다.

집정부가 내부 공직자의 전문성을 불신하고 외부 전문가에게 의존하는 경우가 외부인주도정치에서 많이 등장한다. 변화가 빠른 시대에 등장하는 새로운 정책문제에 대해서 공직사회내부에서 축적한 전문성이 부족할 것으로 짐작하기 때문이다. 그러나 문제의 내용이 서서히 악화되어 과거에 없던 정책을 새로 추진하여야 하는 경우가 대부분인데, 이 경우에는 내부에서도 전문성을 축적할 여유가 있다. 공직부서의 내부 전문성이 심각하게 부족한 것은 주로 두 가지 경우이다. 문제의 내용은 변화가 거의 없는데, 정책 주변의 상황이 변화되어 문제로 인식되어 해결을 시도하는 경우이다. 또 다른 경우는 급진적이고 이상주의적 정책을 추진할 때이다. 그러나 출산억제정책에서 출산장려정책으로 전환하는 것과 같은 경우를 제외하고는 집정부에서 담당 공직부서를 신뢰하여, 시간적 여유를 주면, 빠른 속도로 부족한 전문성을 보완할 수가 있다. 더욱이 위에서는 논의하지 않았지만, 정책의 집행을 위해서는 담당 공직부서가 헌신적으로 노력해야 하기 때문에 결정과정에서부터 주도적 역할을 담당시키는 것이 훨씬 효율적이다.

새 정권이 기존 공직자들을 불신하는 두 번째 이유는 새로운 통치이념을 추진하기 위한 정책에 반대하여 필요한 전문성을 축적하지 못했을 것이라고 짐작하는 것이다. 그러나 통치이념의 차이는 상징적으로 정책목적에는 큰 차이를 보이지만, 정책내용의 핵심이 되는 정책수단에서는 그렇지 않다. 정책수단의 종류는 거의 동일하고, 수단의 강약(强弱), 경중(輕重) 다소(多少)에서 차이가 나기 때문에 정책효과나 비용추정에 필요한 전문지식에서는 차이가 없다. 당연히 통치이념의 차이와 관계없이 기존의 공직부서에서 축적한 전문성이 활용될 수 있다. 한편, 집정부의 강자가 지닌 개인적 신념을 갑자기 추진하려는 경우는 전문성이 부족하거나 없을 수도 있다. 그래서 외부전문가를 활용하지만, 이러한 경우는 대단히 큰 국가적 피해를 가져오기 쉽다. 히틀러의 유대인 대량 학살과 같은 경우이다. 비슷한 것이 통치권자가 특별히 신뢰하는 비선조직이나 개인(멘토)이 제공하는 정책적 아이디어나 인사에 대한 정보를 공식기관의 비판적 검토없이 수용하는 경우이다. 이런 경우는 반드시 공식적인 기구의 전문성을 활용하여 이들 아이디어와 정보를 검토하여야 한다.

대부분의 고위 공직자들은 새로운 정권이 요구하는 새로운 정책이라도 성공적으로 추진하여 보람 있게 공직생활을 마감하고자 하는 사람들이다. 이들의 전문성을 최대한 활용하는 것이 현명하다. 그러므로 고위공직 인사를 합리적으로 해야 한다. 내부에서 훌륭하다고 평가받는 고위 공직자들을 발탁하여 공직자들의 사기를 진작시키고, 이들의 건의에 따라 정책을 합리적으로 수정-보완하여야 이들이 의욕을 지니고 업무에 헌신할 것이다. 훌륭한 젊은이들이 공직에 입문하여 헌신하는 분위기를 형성하고, 국가적 위기 극복에 결정적 역할을 하면서 미래의 공직사회를 더욱 탄탄하게 만들 것이다. 반대로 새로운 정권이 공직사회에서 평판이 좋지 못한 사람들을 발탁하는 경우에는 국가의 미래가 암담해질 것이다.

대통령이 싫어하는 줄 알면서도 대통령의 뜻에 반대하는 행동은 투철한 애국심과 충심, 그리고 탄탄한 전문지식의 뒷받침 없이는 불가능하다. 그러므로 이러한 훌륭한 공직자의 보좌를 받는 것은 대단한 행운이다. 바른말 하는 공직자를 중용하여야 한다.

참고문헌

* Thomas E. Mann & Norman J. Ornstein(2012), 『It's Even Worse than It Looks』, Basic Books, New York
* 문호승, 심호, 임보영, 신민철(공저)(2017), 『감사정책의 역사적 변동과 전망』, 서울대학교 출판문화원

제9장

요약과 마무리

제9장

요약과 마무리

1장 벼랑 끝으로 밀려가는 대한민국

1 대한민국은 지금 벼랑 끝으로 밀려 가고 있다. 그런데 이 위기를 주도적으로 해결해야 할 정부가 능력을 발휘하지 못하고 있다. 정치권은 양극화되어 적대적인 대립을 계속하고 공직사회는 과잉정치와 사회적 혼란에 위축되어 제 역할을 못하고 있다. 그러면서 위기를 발생시킨 문제들은 더욱 심각해져 간다. 경쟁력 강화를 위하여 도입하는 컴퓨터와 로봇, 그리고 AI가 양질의 일자리를 차지하는 것이 핵심적 문제이다. 불행하게도 이들 새로운 과학기술의 발전이 인간생활을 대단히 풍요롭고 편리하게 만들면서 거스를 수 없는 시대적 흐름이 되고 있기 때문에 일자리 감소는 해결이 거의 불가능할 정도로 어렵다.

일자리는 인간의 생계수단이므로 일자리가 없는 국민이 많으면, 사회가 뿌리부터 흔들린다. 그리고 심각한 각종 사회문제를 파생시키고, 기존의 문제도 악화시킨다. 대학은 오래 전에 취업 준비 기관으로 전락하였지만, 취업은 더욱 어려워지기만 하고, 2020년대가 되면서 처음부터 취업을 포기하는 대학생이 압도적 다수가 되어 가고 있다. 부모의 품에서 끊임없는 스트레스를 받으며 살아간다. 부모들보다 지적능력이 우수하고 합리적이며 공정한 마음 자세를 지닌 선량한 시민이지만, 평생직장의 신화를 믿지 않고, 직장을 구해도 어려운 직장 동료들을 도우려 하지 않는다. 퇴근시간은 칼같이 지키고, 미래의 꿈은 헛된 것으로 생각하고 하루 하루 생활에 매달린다.

일류대학을 나와야 취업의 가능성이 있다고 믿기 때문에 유아원에서부터 과외 공부를 시킨다. 어린애들의 육체적-정신적인 건강은 뒷전으로 밀리고, 엄청난 과외비가 젊은 부부를 짓누르고 저출산의 원인도 된다. 일류대학교에 입학해야 취업의 가능성이 있다는 생각은 대학입학시험의 공정성을 절대적으로 요구한다. 객관식과 단답식 문제 위주의 대학입학시험은 고등학교까지의 교육을 얽어매고 대학에서도 창의성 있는 인재를 육성하는데 족쇄가 된다. 기업에게 창의적인 인재공급을 하지 못한다. 저출산으로 귀하게 자라 어린애 시절부터 육체적으로 힘든 일을 해보지 않아서, 힘들거나 조건이 마음에 들지 않으면 취직을 하지 않으려고 한다. 중소기업에서는 사람을 구하지 못하여 호소하는데, 웬만한 대학의 졸업생은 중소기업의 취업을 거부한다. 그리고 끊임없는 스트레스를 받으며 부모의 품에서 살아간다.

저출산은 미취업자가 다수가 되면서 국가사회에 가하는 압력과 피해를 감소시키는 엉뚱한 효과를 내기도 하는데, 이것이 최근의 30대 초반-20대 이하의 젊은이의 취업노력에 결정적인 영향을 미친다. 형제자매가 없는 외동이 절대 다수가 되어 부모들에게 얹혀살아도 큰 부담이 되지 않고, 젊은 부부는 양쪽 부모의 지원을 받기 때문에 취업에 매달리는 절박감도 사라진다. 조건이 나쁜 기업은 물론이고 웬만한 중소기업은 외면한다. 부모 사후에는 집도 두 채가 되기도 하여 이렇게 무위도식하는 생활을 더욱 부추긴다. 그러나 이러한 일시적인 소강상태가 오래 갈 수는 없다. 양질의 일자리의 감소속도는 더욱 빨라지고, 부모 중에는 이러한 능력이 없는 사람이 더 많다. 그리고 운 좋게 이러한 능력을 지니고 있어도 빠른 속도로 감소된다. 무엇보다도 젊은이들의 마음 자세가 허물어지고 있다. 부모에게 기대어 살아가면서, 끊임없는 스트레스와 패배의식, 좌절감에 시달리면서 건강한 시민정신이 파괴된다. 이러한 젊은이들이 중심이 될 국가의 미래가 극히 어둡다. 무엇인가 대책이 있어야 한다.

자녀교육비 등 생활비가 가장 많이 소요되는 40대 후반이나 50대 초반에 조기 퇴직하는 중년 퇴직자들이 계속 증가하고 있다. 이들은 미취업 대졸생에 비교가 되지 않는 고통에 시달린다. 아무도 도와주지 않는다. 새로운 일자리를 찾기 위해 온갖 노력을 다하고, 분식점, 카페 등 사업을 시도하지만, 대부분이 실패한다. 좌절과 분노로 사회에 대한 적대감과 자신과 다른 사람들에 대한 적개심이 강해져, 정치적 과격화-양극화를 부채질 한다. 가장 역할을 못하는 처지에 대한 자괴감과 자책감으로 생의 의욕을 잃고 자포자기 하기 쉽다. 가정이 파탄에 빠지면서 이혼이 급증하고, 부부간의 갈등이 자녀들에게 심각한 심리적 타격을 입혀 학교폭력을 유발시킨다. 최근에는 마약까지 이들을 유혹한다.

초고령화의 급속한 진전은 일자리 문제를 더욱 심각하게 만들고 있다. 정상적으로 정년퇴직을 하고서도 건강하여 일자리를 찾으려 한다. 더욱이 생계비를 감당할 수 있는 연금의 혜택을 받지 못하는 사람들이 너무 많다. 수명이 연장되면서 생계가 어려운 노인들이 계속 늘어난다. 생계를 위하여 무슨 일이든지 해야 한다.

양질의 일자리는 계속 감소하고, 광범위하고 빠른 속도로 진행되는데, 새로이 증가하는 일자리의 대부분은 생계비를 충당하지 못하는 허드렛일들이다. 미용업무, 간병업무, 보건위생업무 등은 그나마 나은 편이지만, 대리운전, 편의점이나 커피집, 식당 등에서의 아르바이트 등은 생계비를 충당하지 못하고, 택배는 업무가 과중하며 연예계나 스포츠 등의 일자리는 증가하지만, 보수격차가 심하고 생계비를 보장받는 사람의 숫자가 너무 적다. 새로 증가되는 고급 일자리마저 AI가 차지하는 속도가 빨라진다. 환자진료와 치료의 상당 부분을 이미 AI에 의존하고 있고, 변호사회계사의 업무, 심지어는 판검사의 업무, 행정업무의 상당 부분도 머지않아 AI가 담당할 것이다. 고급 전문직종의 거의 대부분이 AI에게로 넘어가게 된다.

3 국제경제여건의 변화가 이러한 위기상황을 더욱 악화시키고 있다. 우리나라는 수출의존도가 40% 정도가 되므로, 수출이 되지 않으면 생산 중단으로 잃게 되는 일자리가 엄청나게 많아진다. 그동안 경쟁력에서 우리 기업에게 추월을 당했던 외국의 선진 기업들이 다시 경쟁력 강화노력을 하고 후발국들도 맹렬히 추격하고 있다. 일본, 독일, 프랑스, 영국 등의 기업들이 모두 필사적인 노력을 하고 있고, 후발국인 중국은 대대적인 국가지원으로 기초기술연구를 획기적으로 증가시키고 있다. 치열한 경쟁 속에서 지금과 같은 일자리를 유지하는 것도 우리 기업들과 과학기술분야에서 천신만고로 노력한 덕분이다. 우리는 그동안 혼신의 노력과 두뇌만으로 발전해 왔으므로 창의적 능력을 갖춘 인재를 양성하지 못하면, 순식간에 후발국으로 전락할 것이다. 그런데도 정치적 혼란과 후진성, 그리고 사회적 갈등이 세계 시장에서 악전고투를 하는 기업들의 결사적 노력에 타격을 준다. 기업들이 낭떠러지 위에서 외줄타기를 하고 있는데 일부 정치인 공직자 국민들이 걸핏하면 외줄을 흔들어 대는 것이다.

북한 핵문제를 위시한 국제정치는 지금의 국가위기를 더욱 부채질한다. 이 분야는 필자가 잘 알지 못하기 때문에, 아쉽지만 이 책에서 논의를 전혀 하지 않았다. 트럼프 대통령이 미국 국익우선 외교를 강력히 추진하면서 국제질서를 뒤흔들어, 우리의 수출주도 경제를 어렵게 만들고 있다. 외국 제품에 엄청난 관세를 부과하는 등의 미국식 보호무역주의는 자유무역을 위축시키고, GDP의 40% 가까이 차지하는 수출이 위축되어 일자리가 더욱 감소될 것이다. 불행하게도 트럼프 식의 미국 국익우선주의는 정권변동이 되어도 크게 변화되지 않고 지속될 가능성이 크다.

종합하면, 제대로 된 일자리를 찾지 못하는 국민들의 숫자가 엄청나게 증가하고 있고, 또 국제질서의 변화는 이 상황을 더욱 악화시킬 것이다. 일자리를 찾지 못한 대학졸업생들은 미래에 대한 희망을 잃어 가고, 중년 퇴직자들은 극심한 좌절감 속에서 계속 일자리를 찾아 헤매며, 생계비를 감당하지 못하는 노령자들은 절망에 시달린다. 선진국 중에서 우리나라의 자살율이 가장 높다고 한다.

4 일자리가 없어서 생계를 유지하기 어려운 국민은 어떤 방법으로든지 구제해야 하지만, 사회안전망이 튼튼하지 않다. 설상가상으로 재정문제가 사회안전망의 기본을 위협하기 시작했다. 국민연금은 국민 전체를 대상으로 하고 있어서 규모가 큰데, 현재 1,000조 원의 엄청난 기금 잔액이 2055년에는 완전히 소진될 것이라는 예측이 있다. 그러나 그보다 훨씬 이전에 소진될 가능성이 크다. 건강보험의 경우도 2032년 누적적자액이 61.8조 원에 달할 것으로 전망하고 있지만, 실제로는 훨씬 더 빠른 시기에 심각한 상황이 예상된다. 국민연금과 건강보험에서는 빠른 시기에 고통스러운 개혁(부담금을 증액하고 수령액을 감축하는)을 하지 못하면, 짐작하기 어려운 파멸적 사태를 맞을 것이다. 코로나 사태 등으로 피해를 본 국민들을 돕는 복지비적 지출이 급증하였고, 가계부채도 언제 터질지 모르는 시한폭탄과 비슷하다.

그런데 이러한 지원을 담당해야 할 국가재정이 급속도로 악화되고 있다. 국가채무가 지금 당장은 선진국들에 비하여 그렇게 나쁘지 않지만, 악화속도가 최근에 들어 너무나 빨라서 언제 위기가 닥칠지 모른다는 것이 전문가들의 의견이다. 엄청난 국가부채를 후세대에게 떠넘기려 하고 있는 것이다. 이 모든 것들이 대한민국을 벼랑 끝으로 몰아가고 있다.

5 이러한 위기상황을 극복하는 것은 불가능할 정도로 어렵다. 더욱이 위기극복을 책임져야 할 국정관리주체들이 심각한 상태에 빠져 있다. 문제해결을 위한 능력이 부족한 상태에서, 정치인들은 선거승리와 정권장악에 혈안이 되고, 공직자들은 자신의 안위를 위해 움츠리고 있으며, 지식인들은 방관자세로 침묵하거나 정치적으로 편향된 주장만을 큰소리로 떠든다. 대한민국은 구제불능의 상태에 빠진 것이다. 사실 그동안 정부는 각종 노력을 해왔지만 위기는 계속 악화되어 간다. 특히 일자리 감소문제는 기업활성화만으로 해소시킬 수 있는 단계를 넘어서서 계속 악화되고 있다. 설상가상으로 시급한 문제들도 계속적으로 등장한다. 북한 핵문제를

포함한 국제정치문제도 그렇지만, 여러 가지 생활 주변의 문제들이 끊임없이 등장하여 정책결정자나 공직자들의 시간과 노력을 빼앗아 간다. 이리하여 중요한 문제들은 계속 악화되고 어두운 미래를 후속 세대에게 떠넘기려 하고 있다.

6 위기극복이 불가능하다고 많은 지식인들이 좌절하고 있다. 적절한 해결방안을 찾아내는 것도 어렵고, 방안을 찾아내었다고 하더라도 개혁을 위하여 국민 각자가 분담할 희생을 싫어할 것이며, 정책관리주체들이 소극적일 것이라는 이유 때문이다. 정책 대종합계획(Grand Policy Master Plan)의 예시에서 볼 수 있듯이, 기업을 최대한 활성화시켜 일자리를 창출하고 사회안전망구축에 필요한 세금을 부담하도록 하여야 하는데, 이를 위해서는 각종 규제완화, 지나친 노조활동 자제, 우수한 인재공급을 위한 여러 가지 개혁과 관련인들의 희생이 필요하다. 사회안전망 확충에 필요한 재정수입을 위해서 기업과 고소득층의 조세부담이 크게 증가되어야 한다. 표를 얻어야 하는 정치인, 이들의 위세에 위축된 공직자들이 절대로 적극적인 행동을 하지 않을 것이다.

이런 상태가 애국적 지식인들을 좌절시킨다. 철저하게 망해야 모두가 각성을 할 것이라고 생각하는 사람도 많다. 그러나 선진국이 내부적 요인으로 패망한 후에 다시 선진국에 합류한 사례는 아주 드물다. <내가 조금 나쁜 짓을 한다고 큰일이 나지는 않겠지>, <설마 별일 없겠지>라는 생각은 내부적으로 패망할 때 지도층에 광범위하게 나타나는 마음 자세이다. 이러한 마음 자세는 사회를 내부적으로 붕괴시키고, 이렇게 패망한 국가는 다시 일어서지 못한다.

2장 국정관리의 대혼란

1 지금의 위기를 극복하려면 정부운영주체들이 획기적인 노력을 해야 한다. 불행하게도 위기발생의 뿌리인 경제-사회적 변화가 문제만 발생시킨게 아니라, 문제해결을 담당해야 하는 정부운영주체들의 노력을 심각하게 방해하고 있다. 문제해결을 위한 정책관리를 혼란 속으로 몰아넣고 있는 것이다. 세계화 정보화 과학기

술발전이 맞물려 급속한 경제-사회적 변화를 발생시키고, 3불사회(불안, 불만, 불신)라는 탈현대사회적 병리현상을 악화 시켰는데, 이 병리현상이 정책관리를 혼란시키고 있는 것이다.

세계화는 자유무역을 동반하면서 기업들 간의 경쟁을 격렬하게 만들었다. 경쟁 패배는 기업의 도산으로 인한 실업과 경제침체라는 심각한 혼란을 초래하므로 정부도 기업의 경쟁력 강화를 위하여 총력을 기울이게 되었다. 이를 위해 컴퓨터 로봇 AI의 사용이 급속하게 증가되었고, 과학기술의 발전은 이들의 성능향상과 제작비감축을 가속화시켜 이들의 광범위한 사용을 부채질하고 있다. 대학졸업생의 취업이 극도로 어려워지고 구조조정에서 밀려 나온 중년실업자들이 크게 증가되었다. 저출산-초고령 문제와 맞물려 많은 문제들이 파생되고, 고질적 문제들도 악화시켜 대한민국을 벼랑 끝으로 몰아가고 있는 것이다.

생계수단을 얻지 못하면 사람은 <불안>에 시달린다. 사회 전체가 불안에 시달린다. 중년퇴직은 흔히 가정파탄을 초래하고 본인, 가족들이 모두 심한 좌절감과 사회에 대한 적대의식, <불만>에 시달린다. 급속한 변화가 일상화되면서 사람들은 정보홍수에 휩쓸리게 되고, 하루 종일 휴대전화기를 붙들고 마음에 드는 정보만 수집하여 거짓정보와 악성루머가 난무하여, 사실판단의 편향성을 강화시킨다. 나와 다른 생각을 지닌 사람에게는 소외감과 적대감을 느낀다. 공동체가 와해되고 사회 전체가 심한 <불신>에 빠져든다.

불안, 불만, 불신이 결합되면, 쉽게 분노의 사회, 분열된 사회가 된다. 자신에게 불리한 정책이나 행동에는 분노를 참지 못한다. 집단 간의 갈등이 발생하면 자신과 비슷한 처지에 있는 쪽을 무조건 지지하고 반대편의 주장은 무조건 배격한다. 이해관계가 충돌되는 집단들 사이의 적대관계가 악화되어 상호이해와 배려, 타협의 정신은 사라지게 된다. 사회적 양극화는 정치적 양극화를 심화시켜 대의제 민주주의를 뒤흔든다.

2 일자리 문제 등 고질적인 문제에 고통 받는 국민들은 새로운 정치인들에게

기대를 걸고, 3불사회적 부조리가 뒤엉키면서 정치-행정경험이 적은 아마추어들이 주도하는 외부인 주도정치(outsider politics)가 일상화된다. 1980년대에 접어들어 세계적으로 유행하기 시작한 외부인 주도정치는 변화가 절실한 시기에 그 변화를 획기적으로 이끄는 장점도 있지만, 대부분의 경우는 장점보다 단점이 훨씬 많다. 이 단점을 이해하여야 단점극복방안을 마련할 수 있다.

외부인 주도정치의 단점은 외부인이 국정관리의 어려움을 정확하게 모른다는 사실 때문에 발생한다. 변화의 필요성은 내부인보다 빨리 감지하는데, 그 해결책에 대해서 잘 모르는 것이다. 몇 가지 정책이나 사업을 추진하면 문제가 해결될 것으로 믿고, 문제가 해결되지 않는 것은 기성 내부인들이 특정 세력과 결탁하기 때문이라고 생각한다. 국민들의 고통을 해소하기 위한 정책을 반대하는 세력은 사회의 공적이므로 타도하여야 한다고 선동한다. 그러나 반대편은 외부인들이 문제해결의 어려움을 모르면서 인기 위주의 공약으로 국민들을 속이는 정상배 무리라고 생각한다. 고질적인 문제 때문에 고통을 받는 다수의 국민들이 <혹시나> 하는 기대를 지니고 외부인을 지지하여 외부인주도정치가 전개되는 것이다. 그리고 외부인도 정권을 잡고 나면 서서히 내부인으로 변화된다. 결국 집권정당과 야당 간의 격렬한 정권쟁탈전이 일상화된다.

극단주의자들이 주도권을 잡고 정권쟁탈을 위하여 국익이나 공익에 대한 고려를 뒷전으로 밀어낸다. 반대편이 합리적인 정책을 추진하여 인기를 얻는다고 믿으면 무슨 수를 써서라도 정책 자체를 실패시키도록 노력하는 파멸적인 행태까지 등장한다. 충신 오자서를 반역죄로 모함하여 처형시키고 정권을 장악한 간신 백비, 명나라 말기 반란군을 저지하던 유능한 장군 원숭환을 처형시킨 환관들의 행태가 이러하였다. 두 가지 경우 모두 나라는 망하고 본인들도 처참한 죽음을 당했다. 이순신을 죽이려고 했던 선조와 그의 동조자들의 심리상태도 이러했을 것이다. 불행하게도 이러한 비극적 역사는 되풀이된다.

3 많은 국민들이 심각한 적대적 정치병에 감염되어 가면서 바람직한 정책을

결정하기가 무척 어렵게 된다. 문제를 해결하기 위한 정책은 반드시 수혜자와 피해자가 있고, 이들 간에 제로섬 게임 같은 대립이 생기는 경우가 많다. 정치인들은 어느 한쪽을 지원하는 공약을 내걸지만, 중립적인 유권자들의 지지를 얻기 위해서 정책효과는 확대 과장하고 정책비용은 축소 은폐한다. 그리고 선거에서 승리하면 공약은 국민들의 지지를 받은 것으로 정당화된다. 인기주의적 공약은 효과와 비용이 정확히 밝혀지면 국민들의 반대가 더 큰 경우도 많고, 공익을 심각하게 훼손시키는 경우도 있다.

선거에서 승리한 집권세력이 추진하려는 선거공약은 기존의 정책을 수정-폐기하거나 새로운 정책을 수립하려는 것이다. 기존 정책의 무분별한 수정이나 폐기는 기존의 정책을 전제로 구축되어온 질서를 망가트리는 피해를 발생시킨다. 그리고, 정권 교체가 빈번하게 이루어지면서 짧은 기간 내에 정책을 대폭 수정하거나 폐기하고 새로운 정책을 도입하는 행태가 되풀이되면, 엄청난 피해가 발생할 수 있다. 허쉬만 교수가 남미가 몰락한 근본 원인으로 지적한 정책뒤집기 현상이다.

정책이 집행 과정에서 여러 가지의 방해요소로 실패하는 경우도 많다. 정책이 완전히 실패하지는 않더라도 효과가 크게 감소되는 경우는 너무나 많다. 1960년대 후반의 미국 오클랜드 실업자 구제사업은 일자리 창출사업의 어려움을 잘 보여 주었고, 2010년도에 아랍 에미리트로부터 수주받은 원자력발전사업의 경우나, 장기적으로 성장잠재력을 키우는 사업들이 모두 이러한 운명에 빠진다. 일자리 창출을 위한 갖가지 대책들, 대학입시를 포함한 학생들의 교육개혁, 유아원부터 시작되는 사교육비 경감대책, 저출산-고령화 대책 등이 모두 그렇다. 대부분의 사업이나 정책이 그 효과는 장기에 걸쳐 서서히 발생하는데 비용이나 희생은 지금부터 당장 지불해야 하므로 반대세력이 증가하면서 정책의 집행을 방해하기 때문이다. 효과의 숙성기간이 긴 중요한 사업이나 정책일수록 반대세력에 의하여 이러한 비극을 당한다. 그리고 아마추어 정치인들이 앞장서게 된다. 새로운 정부가 들어서거나 새로운 지도자가 등장하면, 많은 정책들이 이러한 어려움을 당한다. 중장기적 사업은 뿌리째 뽑히기도 한다.

4 문제 때문에 고통받는 국민들, 무엇인가 새로운 것으로 문제를 해결해 달라는 요구들, 문제의 얽히고설킨 복잡성과 문제해결의 어려움을 정확하게 모르는 정치인들, 그중에서도 목소리가 큰 외부인(outsider)들, 이들이 몇 가지 정책이나 사업들로서 문제를 해결할 수 있다고 믿는 착각과 오해, 여기에 정략적 고려와 인기주의적-선동적 과장 등이 난무한다. 이러한 혼란 속에서 비교적 객관적이고 정확한 판단을 할 수 있는 사람들이 담당 부서의 공직자들이다. 이들이 오랫동안 시행착오를 거치면서 문제해결을 위해서 축적해온 경험과 정보, 그리고 전문지식 등으로 특정한 사업이나 정책이 가져올 결과(정책효과와 정책비용 및 희생)에 대해서 가장 사실에 가까운 판단을 할 수 있다. 그리고 외부인들의 주장 중에서 적실한 요소를 골라내어 정책내용에 포함시킬 수 있다. 이들이 착각과 오해에 빠진 대통령과 보좌진들을 설득하거나 지식인들에게 정책 타당성판단을 위해서 필요한 보다 객관적이고 정확한 정보를 제공하여야 한다. 외부전문가들도 설득하고 경우에 따라서는 편향적인 지식인들도 설득하여야 한다. 이것이 공직자의 가장 중요한 임무이고, 실적주의-전문직업 공직자 제도를 도입한 이유이다.

그런데 공직자들이 전문성과 용기를 지니고 이러한 소임을 충실히 수행하기 위해서는 주관적-객관적 조건들이 갖추어져야 한다. 공직풍토를 개혁하는 것이 객관적 조건이지만, 이 책에서는 그 방향만 제시할 것이다. 이 책에서는 공직자의 주관적 조건, 즉, 소임을 충실히 수행할 마음 자세인 소명의식의 강화방안을 자세히 검토할 것이다. 공직자들이 소명의식과 용기를 지녀야 한다. 그래야 위기극복을 위한 첫걸음을 내디딜 수가 있다. 어떻게 해야 하는가?

3장 정책의 민주성과 공직자의 공익수호

1 그러나 공직자들이 나서기 위해서는 먼저 해결해야 할 정당성 문제가 있다. 공직자들이 집정부에서 결정한 비합리적인 정책을 저지할 명분이나 정당성이 있는가? 대통령은 국민들이 투표로서 선출한 국민의 대표인데, 그가 추진하려는 정책을 반대하는 것은 민주주의에 대한 심각한 도전이 아닌가? 이 문제는 반드시

한번 짚고 넘어가야 할 주제이다.

이 책에서 말하는 공직자는 평생을 공직에 봉사하는 직업 공직자과 이들과 비슷한 성격을 지니고 공공기관에서 근무하는 사람들을 말한다. 이들은 대통령이 임명한 정무직(장관 차관 등)을 상관으로 모시고 보좌하면서 업무를 수행하는 사람들이다. 공식 제도상으로 보면 이러한 공직자들(행정)은 정책의 민주성을 위하여 국민의 대표로 구성된 집정부의 지시를 따라야 한다. 그러나 다른 한편으로 행정은 정치적 편향을 지니지 않고 국민 전체에 봉사해야 하며, 공익을 수호해야 할 임무도 부여받고 있다. 공식제도상으로는 공직자가 대통령의 명령을 거부할 수 있는 권한도 지니고 있는 것이다. 문제는 어느 경우에 이러한 거부권이 행사되어야 하는가이다. 정책의 정당성에는 두 가지가 있는데, 정책이 국민의 뜻을 따르는 정도를 정책의 민주성, 그리고 공익에 기여하는 정도를 정책의 공익성이라고 부른다. 공익성이 심각하게 훼손되는 경우에는 행정이 집정부의 정책을 저지하여 공익을 수호하여야 한다.

정책의 민주성은 선거공약을 정책화할 때 국민들로부터 지지를 받는 공약 민주성을 의미하는 경우가 대부분인데, 공약은 약점이 심각하다. 공약상의 정책은 효과를 과대 포장하고 비용은 은폐-축소하는 식이기 때문에 정확한 사실 파악을 하면, 국민들의 반대가 더 많을 수도 있다. 민주성이 취약한 것이다. 대의제 민주주의가 도입되던 초기에는 어리석고 근시안적이며 인기주의에 빠지기 쉬운 일반 대중들을 대신하여 선출된 대표자들이 현명한 결정을 할 것으로 믿고 정책결정권을 위임을 한 것이므로, 집정부가 결정한 정책은 민주성을 지닌다는 논리도 있었다. 그러나 임기가 끝나면 선거를 치루는 정치인들이 장기적 시각과 넓은 시야로 전체를 보면서 합리적인 정책결정을 하기는 너무 어렵다는 점 등의 약점이 있고, 그래서 이러한 합리적 정책결정은 평생을 공직자로서 축적한 전문성을 지닌 행정이 담당해야 한다는 것이 실적주의가 확립된 이후에 당연한 논리가 되어왔다. 초기 대의제 민주주의에서 선출직에게 부여한 포괄적 위임은 현대 민주주의에서 논리적 타당성을 상실한 것이다. 그래서 현재에는 국민의 대표자로 선출된 사람들이 결정한 것이므로 민주성을 지닌다는 논리만이 살아남았다. 국민이 실제로 원하는 것인가 와는 관계없이 대의제 민주주의의 핵심적 뿌리를 지키기 위하여 민주적 정당성이 부여된 명분이므로 정책의 민주성은 그 근거가 약화될 수밖에 없다. 그러므로 이러한 정책이 공익성을 심하게 훼손하면, 누군가가 나서서 그 추진을 저지해야 하고, 그 일이 공직자의 공익수호 역할로 제도화된 것이다.

한편 정책의 공익성은 정책결정과 집행 과정의 합리성에 의하여 그 크기가 결정된다. 정책을 합리적으로 결정하기 위해서는 정책방향과 목표를 올바르게 설정하는 것이 첫 번째 작업인데, 이는 집정부의 몫이다. 공익 증진에는 두 가지 측면이 있는데, 첫째는 이익집단의 특수이익이 아닌 공공이익을 파악하고, 또 가급적이면 사회적 약자의 편익을 좀 더 배려하는 형평성적 요소를 정책에 투입하는 측면이다. 이 부분은 집정부에서 정책방향과 목표를 설정할 때 담당하는 몫이다. 두 번째는 분야별로 축적된 전문지식과 정보를 활용하여 정책의 구체화 과정에서 가장 효율적인 수단을 선택하여 공익의 크기를 증가시키는 것인데, 이것이 공직자들(행정)의 몫이다. 정부기관의 어느 누구도 대신할 수 없는 행정의 독점적 역할이다. 더욱이 구체적인 정책목표 설정에서도 실현 가능성을 점검하여 실질적인 결정을 하는 경우가 많다. 즉, 공익을 증진하기 위한 합리적 정책과정에서는 행정이 주도적인 역할을 수행한다.

2 그런데 정책결정과정에서 집정부와 행정이 담당하는 역할이 다르기 때문에, 집정부가 추진하려는 정책이 강한 민주성을 지니고 있음에도 불구하고 공익을 심각하게 훼손하여 행정이 무조건 공익수호를 해야 하는 경우가 발생한다. 이런 경우를 통치이념과 직결된 정책을 예로 들어 검토하였다. 좌파는 복지를 강조하고 우파는 성장을 강조하여 제로섬 게임적 정책결정을 할 때, 공익적 차원에서 <지속가능발전>을 최대화하는 자원 배분을 예로 들었다. 좌파를 강조하면 우파적 가치가 희생당하고, 우파를 강조하면 정반대의 경우가 나타나는 가장 대립이 격렬한 경우이다. 현존하는 생산능력으로 자원을 성장과 복지 사이에 가장 잘 배분하면 지속가능발전은 최대화된다. 이 최적점에서 벗어나면 전체의 지속가능발전은 감소하게

되는데, 더 감소하여 임계점을 벗어나면, 전체의 지속가능발전 능력이 마이너스가 되어 국가가 퇴보하게 된다. 임계점에는 두 가지가 있는데, 복지자원을 감소시켜 복지 부분의 지속가능발전 능력이 너무 축소되어 전체 지속가능발전 능력이 마이너스가 되는 복지임계점, 정반대의 경우인 성장 임계점이 존재한다. 자원 배분은 양 임계점 내부에 머물러야 지속가능발전이 가능하고 어느 쪽이라도 임계점을 일탈하면 국가는 퇴보하는 것이다.

선진국들은 최적점을 중심으로 자원을 배분하면서 임계점을 일시적으로 일탈하는 경우가 있어도, 중장기적으로는 제3의 길을 선택하여 임계점 내부에서 안정되어 발전한 것으로 볼 수 있고, 알젠틴 같이 선진국의 문턱에서 좌절한 국가들은 임계점을 일탈한 경우로 볼 수 있다. 바로 국가의 발전과 쇠퇴를 좌우하는 임계점 일탈이 심각한 공익훼손의 경우라고 볼 수 있다. 그래서 어느 정권이든지 임계점을 일탈하지 않도록 지식인들과 국민들이 노력해야 하는데, 이때 임계점 일탈 여부를 판단하기 위해서는 전문성을 갖춘 행정이 적극적 역할을 해야 한다. 그리고 이상의 논리는 이해관계가 대립되는 집단 간의 관계를 결정하는 모든 정책의 경우에 그대로 적용될 수 있다.

그러나 최적점은 물론이고 임계점의 위치나 일탈 여부는 판단이 극히 어렵다. 행정이 전문지식과 축적된 정보를 이용하여 상황을 파악하는 것이 무엇보다 중요하다. 즉, 추진하려는 정책의 효과와 비용에 대하여 객관적이고 과학적인 방법에 의한 추정, 정책상황의 실태와 변화 가능성 등에 대한 합리적인 판단 등이다. 그럼에도 불구하고, 임계점 일탈 여부를 판단하는 것은 무척 어렵다.

3 현실에서는 논란이 많은 공익훼손 여부를 판단하는 힘든 작업을 할 필요 없이 공직자가 공익을 수호할 수 있고, 또 반드시 해야 하는 경우가 있다. 정책이나 사업, 그리고 모든 국정관리 활동의 원인이나 결과에 대한 사실판단이다. 전문지식을 활용하고 축적된 정보를 이용하여 사실판단을 정확하게 하여 정책평가나 공약 평가가 정확하도록 해야 한다. 이것이 공익수호를 위한 공직자의 1차적 임무

이고, 누구도 대신할 수 없는 가장 중요한 임무이다. 그런데 이것이 쉽지 않다. 집정부는 자신들이 추진하는 정책에 대하여 효과는 가급적 크게 하고, 비용은 가급적 적게 하여 정당성을 확보하려고 하기 때문이다. 집정부가 공직자들에게 왜곡된 정보를 강요하게 되는 것이다. 오랫동안 모범적인 민주정부 운영으로 알려진 미국에서도 트럼프 정권이 등장하면서 이 문제가 심각하게 제기되었다. 여하튼 집정부의 이러한 압력에 저항하려면, 공직자는 희생을 각오하는 용기와 소명의식을 지녀야 한다. 어떻게 해야 하는가?

4장 5장 6장 조선조 선비와 화랑의 소명의식

1 공직자가 집정부의 불합리한 정책을 바로잡아 공익수호를 하기 위해서는 강한 소명의식이 필요하다. 뿐만 아니라 나중에 보겠지만, 공직자들이 자신의 안위에 매달려 발생시키는 많은 문제들을 극복하기 위해서도 강한 소명의식이 필수적이다. 이러한 소명의식을 함양하기 위한 교훈을 조선조 선비들의 행동으로부터 얻기 위하여 당쟁시기의 행동과 주자학을 검토하였다. 주자학(성리학)은 조선조 선비들로부터 종교 수준의 믿음을 받아 그들의 행동을 결정적으로 좌우한 것으로 보인다. 이 도덕철학에서는 우주창생에서부터 시작하여 삼라만상이 존재하고 유기체가 생명을 유지 발전하는 것은 모두 理(天理)에 따른 것이며, 인간사회에서의 理는 바로 전통 유학에서 옛 성현들이 가르친 仁義禮智信으로 구체화되었다고 가르친다. 그러므로 이 구체화된 理를 충실히 터득하고, 이를 체현하면 바로 天理에 통하게 되어 天人合一을 성취할 수 있고, 이를 국왕 이하 지도층이 솔선수범하면 국가가 평화롭고 국민들은 행복하게 살 수 있다고 가르친다.

우주창생의 논리에 대해서는 필자가 평가할 수 없지만, 그 이후 리가 작동하면서 천인합일을 성취할 때까지의 논리는 일견 황당해 보이지만, 지금 보아도 나름대로의 상당한 타당성이 있다. 인류사회에서 仁義가 작동하는 예를 보면 이해가 된다. 仁은 부모의 자식에 대한 사랑으로부터 형성된 것이고, 이것이 없었더라면 인류는 멸종했을 것이다. 상대편이나 약자에 대한 배려가 없는 이기적 인간들만이 모인 집단은 경쟁 집단에 의하여 멸망당했을 가능성이 크다. 모든 생명체의 종족보존에는 仁의 작용이 필수적이다. 義도 마찬가지다. 최근의 진화생물학이 연구한 바에 의하면 두뇌가 없는 박테리아도 먹이 사냥 이후에 먹이 사냥에 기여하지 않는 개체(즉, 무임승차자-free rider-)를 먹이 배분에서 배제 시킨다고 한다. 그리고 이러한 박테리아 군(群)은 번성한다고 한다. 정의는 성공적인 협동을 위하여 필수적인 요소인 것이다. 그리고 義의 또 다른 부분인 공정성(fairness)은 건전한 경쟁을 통하여 집단 전체가 발전하는데 필수적이다.

그러므로 인의는 인간사회의 유지와 발전을 위한 필수적 도덕규범이고, 모든 동물사회도 마찬가지다. 당시의 성리학자들도 호랑이의 자식 사랑을 보고 仁의 싹을, 개미와 벌의 사회에서 義의 싹을 볼 수 있다는 지적을 하고 있다. 인의가 잘 보장되는 집단일수록 더욱 발전하고 생존을 유지한다. 이런 식으로 주자와 동료들은 당시 인류사회에서 가장 선진화한 자연과학적 지식을 총동원하여 자신들의 논리를 정당화하였는데, 이들의 논리와 이를 뒷받침하는 근거가 탁월하였으므로 많은 후세의 학자들을 성리학의 열렬한 추종자로 만들었다. 이퇴계, 이율곡 등 성리학의 대가들을 탄생시키고 송시열 같은 열렬한 추종자도 등장하였고, 국왕에게 목숨을 걸고 간언하는 조선조 선비들의 소명의식에 결정적인 영향을 미친 것이다.

이러한 주자학이 공직자인 선비들에게 요구하는 내용은 크게 두 가지다. 첫째 우주의 천리인 도덕규범(인의예지신)을 습득하여 체현하라. 둘째 국왕이 도덕규범(인의예지신)에 어긋나는 행동을 하지 않도록 국왕을 보좌해라. 광해군이 동생인 영창대군을 유배시키고 죽이는 것은 엄청난 주자학적 不倫이므로 이는 막아야 충성이다.

2 한편 화랑의 경우는 주자학자와 약간 다르다. 주자학자들의 소명의식을 결정적으로 좌우한 것은 주자학적 소임이 중요하다는 종교 수준의 확신이었다. 주자학이라는 통일된 하나의 사상체계가 심어 준 확신이었다. 막스-레닌주의가 공산주의자에게 심어준 확신과 비슷하다. 그러나 화랑의 경우는 이러한 단일적-확정적 신

념체계는 없는 것으로 보인다. 다양한 요소들이 화랑이 목숨을 버리는 소명의식 형성에 영향을 미친 것 같다. 세속오계에서의 유학적 규범이 가장 큰 영향을 미친 것은 분명하다. 5계 중 3개가 충효신(忠孝信)으로, 충은 국가에 대한 애국심, 효는 단순한 부모에 대한 효도를 넘어 가문의 영광을 위한 헌신, 그리고 신은 화랑 동료들과의 신의 등으로 가장 큰 영향을 미친 것은 틀림없다. 그러나 당시에 크게 유행하던 불교도 내면적으로 작동한 것이 틀림없고, 山神에 의존하는 샤머니즘적 요소도 도교의 자연 의존적 요소와 결합되어 작지만 영향을 미친 것 같다.

忠의 개념도 주자학자들과는 본질적인 차이가 있다. 주자학의 경우는 전통 유학의 예에 따라 충의 대상이 주로 국왕이다. 물론 국가에 대한 직접적 충성도 있지만, 이슈가 되는 忠은 국왕이 인의예지신이라는 유학규범을 일탈할 때에 이를 바로잡는 것이라고 가르친다. 이 유학규범은 天理가 구체화된 것이고, 이 천리에 순종해야 국가가 평화롭고 백성들이 행복하게 살 수 있다고 가르치기 때문이다. 광해군이 어린 동생(영창대군)을 유배 보내려고 할 때, 이를 방지하도록 노력하는 것이 충이다. 광해군이 周나라의 嫡統인 명나라를 섬기지 않고, 오랑캐 청나라와 등거리 외교를 하는 것은 주자학의 가르침인 존주대의(尊周大義)를 그르치는 것이므로 이를 방지하는 것이 충이다. 그러나 화랑의 경우는 크게 다르다. 국가에 대한 직접적 충성을 강조한다. 외국의 침략을 막아서 국민들이 평화롭게 살 수 있도록 하는 것이 국가에 대한 충성이다. 그러므로 외국과의 전투에서 목숨을 버리는 것은 당연하다. 청소년들의 이러한 의식공유는 고구려 백제에서도 동일하게 나타난 당시의 시대정신으로 보인다. 忠의 대상과 내용이 주자학자와 달랐던 것이다. 이 차이는 충을 위한 헌신이나 희생에 대한 국민들의 칭송이나 존경에서 근본적인 차이를 발생시킨다. 존주대의를 위하여 나라가 망해도 좋으니 청나라와 싸우자고 하면 주자학자들은 찬성하겠지만, 나머지 국민들은 대부분 반대할 것이다.

3 다시 본론으로 돌아가기로 한다. 주자학자들의 소명의식은 주로 주자학이라는 단일의 의식체계에서 형성되었고, 화랑은 다양한 요인들이 영향을 미쳤다. 인간이 우주여행을 시작하고 AI가 모든 지식을 흡수하고 개발하는 시대에 젊은 공직

자들을 설득할 수 있는 단일의 신념체계를 수립하는 것은 불가능하다. 그런데 화랑의 경우는 강력한 단일체계가 아니라 다양한 요소들이 결합되어 죽음도 두려워하지 않는 소명의식을 함양시킬 수 있었다. 이것이 합리주의적-과학적 이성이 지배하는 21세기에서도 공직자의 소명의식을 함양-강화할 수 있는 방안이 가능함을 시사한다. 공직자들에게 소임의 중요성을 깨우치게 하고 소임수행에 대한 자부심을 지니도록 하면 강한 소명의식이 함양될 수 있을 것이다. 비록 박태보의 죽음이나 소년 화랑들의 죽음을 각오하는 정도의 소명의식은 아니더라도, 집정부의 사실 왜곡 명령을 거부할 정도의 소명의식은 키울 수 있을 것이다.

상당한 차이가 있기는 하지만, 주자학자와 화랑의 소명의식 사이에는 공통점이 훨씬 더 많다. 삼국통일 직전의 화랑과 조선조 중기의 주자학자들은 시대적으로 1천 년의 간격이 있고, 상황적으로도 많은 차이가 있다. 더욱이 화랑은 전쟁터에서 죽음으로 소명의식을 실천하였고, 주자학자들은 논쟁으로 국왕이나 당쟁 상대편과 싸우면서 소명의식을 실천하였다. 그럼에도 불구하고, 양자 사이에는 많은 유사점이 보이는 것이다. 시대를 초월하고 상황을 뛰어넘는 현상이므로, 21세기의 한국 정부에서도 참고가 될 만하다. 앞에서 검토한 내용들을 다음과 같이 종합할 수 있다.

소명의식에는 크게 두 가지 요소가 필수적으로 있어야 한다. 자신의 소임을 수행하는 것이 자신의 책임이라는 의식이 있고, 이 임무가 중요하고 바람직하기 때문에 반드시 성취하려는 마음 자세가 있어야 하는 것이다. 임무가 중요하고 바람직스러우면, 이를 수행하는 것에 대한 자부심이 생기고 이 자부심은 소명의식을 더욱 강화시킨다. 화랑의 경우나 주자학자의 경우 모두 이 요소들을 지니고 있다.

7장 공직자의 소명의식을 강화하는 요인들 1

1 소명의식은 자신의 소임에 대한 책임과 임무의 중요성을 인식하여 소임을 충실히 수행하려는 마음 자세이다. 여기에 더하여 자신의 능력으로 소임을 훌륭하게 수행할 수 있다는 자신감이 있으면 소명의식은 더욱 강화된다. 그래서 소임의 중요

성을 인식하고 소임수행능력이 강하면 강한 소명의식을 지닐 수 있다. 그리고 소임의 중요성을 인식하면 수행능력을 강화하기 위한 노력을 한다. 그래서 소명의식을 지니기 위해서는 자신의 소임이 중요함을 인식하는 것이 무엇보다 중요하다.

그러나 불행하게도 대한민국 공직자들의 대부분은 자신이 담당하는 업무가 얼마나 중요한지를 잘 알지 못한다. 그러므로 공직자의 소명의식을 강화시키려면 공직업무의 중요성을 인식시켜야 한다. 공직자의 소임은 두 가지 이유 때문에 극히 중요하다. 첫째, 공직자가 담당하는 업무가 국토방위, 치안 법치 등 국가기능을 수행하기 위한 것이기 때문이다. 둘째, 국가기능을 분담하여 수행하는 과정에서 공직자들이 가장 중요한 역할을 담당하고 있기 때문이다. 우리를 벼랑 끝으로 몰고 있는, 해결이 어렵고 복잡하게 얽힌 문제들(일자리 문제를 필두로 한)을 해결하여 미래세대에게 희망을 주는 일에 중심적 역할을 하여야 하는 것이다. 과잉정치와 양극화정치에 휘말려 있는 정치권으로부터 정책을 보호하여 공익을 수호하여야 하는 것이다.

공직자가 자신의 소임이 지닌 중요성을 쉽게 인식하지 못하는 이유는 다양하다. 광범위한 분업체계 속에서 각각의 공직자가 담당하는 업무로 분해하여 놓고 보면, 대수롭지 않은 일로 오해하기 쉽기 때문이다. 중앙정부의 업무는 중요하지만 지방정부의 업무는 그렇지 않다는 오해, 조직의 핵심 업무는 중요하지만 보조 업무는 중요치 않다는 오해, 상위직의 업무는 중요하지만 하위직의 업무는 중요치 않다는 식의 오해 등이다. 뿐만 아니라, 업무수행에서 파생되는 중요한 간접효과, 부수효과나 파급효과를 망각하는 경우도 많다. 또한 사회적 약자를 정부의 예산으로 돕거나 공권력으로 강자의 횡포를 방지하여 약자를 보호하면서 즐거움을 얻을 수 있다는 것도 간혹 망각한다. 더욱이 시대가 변하면서 문제가 복합적으로 뒤얽혀 있기 때문에 많은 분야의 업무를 상호보완적으로 동시에 추진해야 할 필요성이 커졌고, 이 때문에 관련된 업무들이 모두 중요해지지만 이런 것을 인식하는 것은 쉽지 않다. 이런 일들을 공직자들이 정확하게 인식하도록 해야 한다.

2 업무추진기술과 능력도 소명의식에 큰 영향을 미친다. 업무수행능력이 강하면 소명의식도 강화되는 것이다. 업무수행능력에는 업무를 수행할 방법을 결정하는 의사결정능력, 결정된 방법을 실현시키는 실행능력이 있다. 의사결정능력은 축적한 전문적 지식에 의하여 결정된다. 풍부한 전문성을 지닌 엘리트 관료들은 자신들의 전문성에 대한 자부심도 강하고, 적극적으로 업무를 추진한다. 전문성은 공직수행의 무기이자 실적관료제의 존재 이유이다. 한편 집행현장에서는 정책수단을 잘 실현할 수 있는 능력이 성과를 좌우한다. 정책에 반대하는 사람들의 저항을 극복하거나 설득하는 능력, 치밀하면서도 인내심 강한 추진력, 움직이지 않으려는 부하들을 독려하여 실행시키는 리더십 등이다. 실행능력에는 물리적 실행능력도 있는데, 활을 잘 쏘거나 칼을 잘 쓰는 무술실력 등이다. 이러한 물리적 실행능력은 의사결정능력과 달리 사람들이 쉽게 인지할 수 있으므로, 빨리 칭송의 대상이 된다. 여하튼 탁월한 전문기술을 지니면 자부심도 커지고 업무수행에 대한 소명의식도 강해진다.

공직자들이 소명의식을 자각하고 성실하게 업무수행을 하기 위하여는 소명의식을 강화시키기 위한 훈련이나 교육이 필요하다. 가장 중요한 것은 공직자가 담당하는 소임의 중요성을 인식할 수 있도록 하고 업무수행능력을 키워야 한다. 이러한 훈련을 위한 뉴욕 경찰교육원(New York Police Academy)의 채용훈련이 큰 도움을 준다. 훈련의 맨 처음 6주간 경찰업무의 힘들고 고통스러우며 치욕스러운 측면을 여러 가지 방법을 통하여 알려준다. 그리고 다음 6주간은 정반대의 측면, 즉, 경찰업무의 중요성, 국가 사회적 기여, 국민들의 신뢰와 사랑 등등으로 경찰업무의 밝은 측면을 보여 준다. 그 후에 경찰 발령 여부를 본인이 선택하도록 한다. 밝은 면과 어두운 면을 모두 미리 알고 선택을 하게 되므로 웬만한 어려움에도 좌절하지 않는 강한 소명의식을 키워줄 것이다. 그리고 비슷하게 소명의식이 강한 사람들이 동료가 되어 상호작용으로 집단적인 소명의식이 강화될 것이다.

그리고 나머지 12주간 경찰 업무에 대한 법 규정, 행동수칙, 범죄자 체포기술 등등 전문지식을 철저하게 교육시킨다. 이 부분도 대단히 중요하다. 업무수행능력이 소명의식의 필수적 요소이기 때문이다. 소명의식과 업무처리능력은 상승작용을 한다. 전문성 함양은 공직자의 기본적 의무이기도 하다. 탄탄한 전문지식이 있어야 공익수호를 위하여 집정부의 불합리한 정책을 수정-폐기시키는 설득력도 생긴다. 상관 동료 후배 모두에게 신뢰와 존중을 받기 때문이다. 전문성이 약한 공직자는 기관총이 난사되는 전쟁터에 소총을 들고 출전하는 군인과 같다.

3 용기 있는 행동에 대한 보상이 소명의식을 더욱 강화시키면서 개인적 희생을 각오하고, 공익수호를 위해서 나서게 만들 수 있다. 조선조의 박태보나 화랑 관창과 같은 용기를 내기 위하여는 강한 소명의식에 추가하여 <플러스 알파>가 있었는데, 그것은 소임수행을 위한 희생에 따르는 명예와 칭송이었다. 명예나 칭송은 죽음도 두려워 않는 용기를 불러 일으키는 것으로 유명하다. 중세의 기사나 무사(기사도나 무사도), 선비들(선비정신)에게 공통적으로 큰 영향을 미치는 것으로 알려져 왔다. 명예나 칭송은 화랑이나 주자학자들의 용기에 직접적이고 가장 강력한 영향을 미치는 보상이었던 것이다. 한편, 칭송이나 명예와 정반대로 당연히 수행 할 것으로 기대하는 소임(책임)을 회피하는 경우에는 비난-파문-사회적 매장 등 강력한 처벌이 따르는데, 이것이 명예나 칭송보다 더욱 강한 영향을 미쳤던 것으로 보인다. 훌륭한 공직자들에 대한 국민들의 존중과 격려는 이들의 애국심과 소명의식에 결정적인 힘을 실어준다.

4 칭송과 명예, 불명예에 대한 응징으로서의 처벌이 강한 영향을 미치는 것은 본인이 중시하는 애착집단(愛着集團)이 보여 주는 경우이다. 조선조 주자학자들의 경우에는 같은 당파, 같은 학맥, 심지어는 같은 지역의 지식인들이 애착집단의 역할을 하였고, 화랑의 경우는 같은 화랑생활을 한 동료들, 그리고 가문이 결정적인 역할을 하였다. 불행하게도 현재 대한민국의 공직자들에게는 이러한 애착집단이 없다.

화랑 시대나 조선조 중기에는 대가족 제도가 유지되어 왔기 때문에 가문 전체가 하나의 강한 응집성을 지닌 애착집단으로서 영향을 미쳤다. 그러나 현재 우리의 가족제도는 부부 중심의 핵가족으로 변화한 지 오래고, 최근에는 결혼도 기피하여 1인 가구가 늘어나고 있다. 더욱이 배우자의 한쪽이 직장에서의 피해를 각오하고라도 공공의 정의를 위해서 집정부와 대항하겠다는 결심을 하고, 다른 쪽이 이를 지지하는 경우는 거의 상상하기 어렵다.

공직자들은 각각 담당하는 소임이 다르므로, 상관의 지시에 반대하는 고민은 혼자서 감당해야 한다. 그리고 상관의 불합리한 결정을 뒤집으려는 시도는 조직에게 피해를 주는 배신행위로 낙인찍히기 쉽다. 또한 편향적 통치이념을 지닌 시민단체들은 공직사회 내부에서 집정부의 정책에 대하여 불만이나 저항이 있게 되면, 이를 자신들의 목적을 위하여 최대한 활용하려고 한다. 당연히 정책의 약점을 사실 이상으로 확대하고 그 효과를 축소하여 이슈화하려고 하기 때문에 의로운 공직자에게 도움이 되지 않는다.

8장 공직자의 소명의식을 강화하는 요인들 2

1 애착집단이 없이 외톨이로 불의와 싸워야 하는 공직자에게 중립적 외부 전문가가 유일한 지원 세력이 될 수 있다. 교수 연구원 언론 분야의 전문기자들과 같은 외부전문가는 축적된 전문이론과 정보를 활용하여 정책결정의 기본이 되는 정책효과와 비용, 정책상황의 상태 등에 대한 객관적인 사실판단을 할 수 있다. 이들이 여론 형성에 가장 중요한 역할을 하는데 공직자가 상부의 사실 왜곡 요구에 저항하는 경우 이를 강력히 지원해야 한다. 특정한 통치이념이나 정책신념을 지닌 전문가가 자신이 선호하는 정책을 선택하도록 유도하기 위해서 사실판단을 왜곡하는 것은 전문가 윤리에 심각하게 반할 뿐 아니라, 국민들의 정책판단을 오도하는, 베버가 말하는 악마의 짓에 해당된다. 공직자도 마찬가지다. 여론에 가장 강력한 영향을 미치는 언론은 사실을 왜곡하거나 거짓된 정보를 보도하지 않아야 한다. 사회가 양극화되어 독자들이 편향된 보도를 좋아하기 때문에 정확한 사실 보도를 위해서는 언론 개혁이 필수적이다.

2020년대 현재로 보면, 공직자들의 소명의식은 최악의 상태에 빠진 것 같다. 공직은 고도성장기에 국가발전의 기둥 역할을 하는 엘리트들이 담당하는 자랑스러운 직업이었는데, 이제는 온갖 천대와 구박을 받으며 밥벌이를 위해 어쩔 수 없이 매달려 있는 직업으로 바뀌었다. 정치인들의 위압 속에서 국민들의 냉대를 받으며 억울한 일을 당해도 도와주는 사람이 없다. 소명의식은 고사하고 자신의 안위에만 매달려 복지부동한다고 곳곳에서 질책을 받는다. 이러한 상태를 발생시킨 가장 큰 원인이 파멸적인 공직풍토이다. 이를 시급히 개혁해야 한다. 민원인과 밀착했다는 오해를 받으면 그 후유증이 너무 무섭기 때문에 민원인을 돕지 않으려고 한다. 놀랍게도 대통령이나 집정부의 지시도 최대한으로 회피하려고 한다. 정권이 바뀌면 배임죄(직무 유기와 직권 남용) 처벌을 받을 가능성이 있기 때문이다. 정책의 합리성을 판단하려는 정책감사는 해당 분야의 충분한 전문지식이 없이는 불가능한 작업으로 감사원이 감당하기 어려운 업무인데, 집정부에서 지난 정권을 폄하하고 정치보복을 하는 수단으로 사용하기 쉽다. 결과적으로 구정권에서 업무를 담당한 공직자에게 엄청난 고통을 준다. 공직자들의 소명의식은 소멸되어 갈 수밖에 없다. 행정학자들이 앞장서서 분야별 전문가와 협력하여 시급하게 개혁을 추진하여야 한다.

2 소명의식을 지닌 공직자들을 정치인들이 보호하면 가장 바람직하지만, 정치인들은 공직자들의 공익수호 역할과 충돌되는 역할을 수행해야 하는 경우가 많다. 당의 공천을 받기 위해서 당의 방침을 따라야 함은 물론, 자신들을 선출해 준 선거구민들의 민원을 위해서 움직여야 하고, 선거에 도움을 주는 후원자나 후원단체들의 요구도 정책에 반영시켜야 한다. 대부분 공익과는 맞지 않는 역할들이다. 그래서 현실적 정치는 더욱 심각하게 공직자의 공익수호와 충돌한다. 제3장에서 본 바와 같다. 설상가상으로 국회의원들 중에는 정책결정에 필수적인 전문지식이 극히 부족한 외부인(outsider)이 많다. 그리고 변화가 급속하기 때문에 전문지식이 부족한 외부인이 주류를 이루는 상황은 계속될 것이다. 그래서 당 지도부의 태도가 이들의 행동을 결정적으로 좌우하는데, 양극화가 당의 태도를 점차 과격한 방향으로 몰고 간다. 정치권이 합리적으로 국정운영을 할 수 있도록 대개혁이 필요하지만, 이 책에서 논의하지를 못하였다.

다만 정치 대개혁이 없어도 정치권이 국정운영을 합리적으로 수행하지 못하여 발생하는 문제들을 어느 정도 해결할 수 있는 방법이 있다. 국정관리의 핵심이 되는 대통령을 중심으로 한 집정부가 크게 각성하는 방법이다. 대통령이 국정관리를 분담할 적임자를 임명하고, 담당 부서의 전문성을 최대한 활용하여 정책결정을 하면, 많은 문제가 해결된다. 그런데 적임자를 찾고, 합리적인 정책관리를 하려면 이 일을 담당하는 각 분야별 공직자들의 보좌를 충실히 받아야 한다. 공직자들은 직업 전문가들로서 자신의 담당 분야에 대한 전문지식(업무 추진에 필요한 전문이론과 정보)을 동원하여 업무를 합리적으로 추진하기 위하여 임명된 사람들이기 때문이다.

3 집정부가 내부 공직자의 전문성을 불신하고 외부 전문가에게 의존하는 경우가 외부인주도정치에서 많이 등장한다. 변화가 빠른 시대에 등장하는 새로운 정책문제에 대해서 공직사회내부에서 축적한 전문성이 부족할 것으로 짐작하기 때문이다. 그러나 문제의 내용이 서서히 악화되어 과거에 없던 정책을 새로 추진하여야 하는 경우가 대부분인데, 이 경우에는 내부에서도 전문성을 축적할 여유가 있다. 공직부서의 내부 전문성이 심각하게 부족한 것은 주로 두 가지 경우이다. 문제의 내용은 변화가 거의 없는데, 정책 주변의 상황이 변화되어 문제로 인식되어 해결을 시도하는 경우이다. 또 다른 경우는 급진적이고 이상주의적 정책을 추진할 때이다. 그러나 특별한 경우를 제외하고는 집정부에서 담당 공직부서를 신뢰하여 시간적 여유를 주면, 빠른 속도로 부족한 전문성을 보완할 수가 있다. 더욱이 위에서는 논의하지 않았지만, 정책의 집행을 위해서는 담당 공직부서가 헌신적으로 노력해야 하기 때문에 결정과정에서부터 주도적 역할을 담당시키는 것이 훨씬 효율적이다.

새 정권이 기존 공직자들을 불신하는 두 번째 이유는 새로운 통치이념을 추진하기 위한 정책에 반대하여 필요한 전문성을 축적하지 못했을 것이라고 짐작하는 것이다. 그러나 통치이념의 차이는 상징적으로 정책 목적에서는 큰 차이를 보이지만, 정책내용의 핵심이 되는 정책수단에서는 그렇지 않다. 정책수단의 종류는 거의 동일하고, 수단의 강약(强弱), 경중(輕重) 다소(多少)에서 차이가 나기 때문에 정책효과나 비용추정에 필요한 전문지식에서는 차이가 없다. 당연히 통치이념의 차이와 관계없이 기존의 공직부서에서 축적한 전문성이 활용될 수 있다. 한편, 집정부의 강자가 지닌 개인적 신념에 따라 새로운 정책을 갑자기 추진하려는 경우는 담담 공직부서의 전문성이 부족하거나 없을 수도 있다. 그래서 외부전문가를 활용하지만, 이러한 경우는 대단히 큰 국가적 피해를 가져오기 쉽다. 히틀러의 유대인 대량 학살과 같은 경우이다. 비슷한 것이 통치권자가 특별히 신뢰하는 비선조직이나 개인(멘토)이 제공하는 정책적 아이디어나 인사에 대한 정보를 공식기관의 비판적 검토 없이 수용하는 경우이다. 이런 경우는 반드시 공식적인 기구의 전문성을 활용하여 이들 아이디어와 정보를 검토하여야 한다.

대부분의 고위 공직자들은 새로운 정권이 요구하는 새로운 정책이라도 성공적으로 추진하여 보람 있게 공직생활을 마감하고자 하는 사람들이다. 이들의 전문성을 최대한 활용하는 것이 현명하다. 그러므로 고위공직 인사를 합리적으로 해야 한다. 내부에서 훌륭하다고 평가받는 고위 공직자들을 발탁하여 공직자들의 사기를 진작시키고, 이들의 건의에 따라 정책을 합리적으로 수정-보완하여야 이들이 의욕을 지니고 업무에 헌신할 것이다. 훌륭한 젊은이들이 공직에 입문하여 헌신하는 분위기를 형성하고, 국가적 위기 극복에 결정적 역할을 하면서 미래의 공직사회를 더욱 탄탄하게 만들 것이다. 반대로 새로운 정권이 공직사회에서 평판이 좋지 못한 사람들을 발탁하는 경우에는 국가의 미래가 암담해질 것이다.

마무리 대통령과 공직자의 마음 자세

충성스러운 공직자 격려하기: 당태종 이세민은 아버지를 도와 당나라를 건국하는 과정에서 중심적인 역할을 하여, 세자이던 형과 동생을 죽이고 황제가 되었다. 부하들이 볼 때는 자신의 목적을 위하여 형제도 죽이는 무서운 사람이므로, 평소에도 접근하는 것을 어려워했다. 그런데 설상가상으로 당태종은 얼굴이 무척 무섭게 생겼다고 한다. 좋게 말하면 강포한 사람들의 기를 억누르는 카리스마가 넘치는 얼굴이었지만, 처음 만난 사람은 말도 제대로 못 할 정도였다고 한다. 그래서 조회 때에도 신료들 중에서 기가 약한 사람은 황제에게 자신의 의견을 제대로 표현도 못하고, 황제가 정색을 하고 주시하면 벌벌 떨었다고 한다. 그래서 당태종은 큰 거울을 방문 앞에 두고, 조회에 나가기 전에 거울을 보면서 표정을 부드럽게 만들어서 나갔다고 한다. 거울을 한참 보고 얼굴 표정을 고친 후에, 장손 황후가 OK 해야 조회에 나갔다고 한다. 장손 황후는 현명한 황후로 유명한 사람이다. 조정 신료들이 바른 말을 하도록 유도하기 위한 황제의 마음씨이다. 그래서 <정관의 치>는 중국역사에서 모범적 통치로서 칭송을 받는다.

이러한 황제의 배려에도 불구하고, 조정 신료들은 조회에서 황제가 싫어할 말을 하기 어려웠다고 한다. 위징만이 바른말을 계속하였는데, 원래 세자이던 형을 보좌하던 사람을 형을 죽인 후에 당태종이 특별히 모신 참모였다. 그럼에도 불구하고, 위징이 심한 말을 하는 경우에는 당태종이 화가 나서 조회를 중단하고 나와서 씩씩거렸다고 한다. <이 촌놈을 죽여 버려야겠다>고. 그때마다 장손 황후가 태종을 달래고 설득했다고 한다. 황제가 싫어할 말을 공개석상에서 하는 신하가 있다는 것은 황제의 덕이 그만큼 크다는 것을 나타낸다는 식이다. 불행하게도 위징은 당태종 집권 10여 년 후에 사망한다. 그리고 당태종은 타락하기 시작하여 말년에는 포악하고 부패한 황제의 한 사람이 되고 말았다. 처음 10년 동안의 통치(정관의 치)가 아주 훌륭하였기 때문에 중국 역사에서 최고의 황제라는 칭송을 받았지만, 충신들의 바른말을 듣지 않으면서 타락하게 된 것이다. 그리고 임종 직전에 세자와 왕자들을 모아 놓고, 자신의 잘못을 되풀이하지 말라고 훈계하였다고 한다.[1)]

훌륭한 공직자가 대통령이나 집정부가 추진하는 불합리한 정책에 대하여 반대를 하는 경우는 국가를 위하여 반대를 하는 것이다. 그리고 이러한 정책을 강행하면, 그 실패나 정책적 피해에 대한 비난은 결국 대통령이나 집정부로 향하게 된

---

1) 거지엔슝, 『천추흥망, 수당나라』, pp.150-152, 최초 10년 동안의 통치가 훌륭했고, 또 임종시의 훈계가 높이 평가되어서 당태종이 크게 칭송을 받고 있지만, 객관적으로 보면 청나라의 강희제나 건륭제가 당태종보다 훌륭한 통치를 한 것으로 보인다. 청나라가 만주족이기 때문에 한족들이 당태종을 더 높이 평가했을 것이다. 당태종은 대신들의 바른 말을 듣기 위해서 다양한 노력을 하였다.

다. 그러므로 정책에 대한 반대는 국가를 위한 것만이 아니라 대통령을 위해서도 해야 한다고 생각한다. 그리고 자신의 전문지식을 총동원하여 검토한 결과로 내리는 결정이다. 당연히 자신의 판단이 옳음을 확신하여 주장하는 것이다. 자신의 전문지식에 대한 확고한 자신감이 없으면, 할 수 없는 일이다. 한마디로 이러한 공직자는 탁월한 능력을 지닌, 보기 드문 애국자일 뿐만 아니라, 상관에 대한 진정한 충심을 지닌 사람이다.

이러한 부하는 상관에게 의외의 개인적인 도움을 주기도 한다. 상관이 엉터리 명령을 하는 경우는 대부분이 피치 못할 청탁 때문이다. 민주화가 진전되고 언론 시민단체 정치권의 행정통제, 각종 감사가 강화되면서 개인적 이유로 불합리한 명령을 부하에게 하는 사람은 거의 없다. 그러므로 부하가 그 명령 수행을 강하게 반대하면 청탁자에게 청탁을 거부하는 제일 좋은 명분이 된다. <부하놈이 꼴통이라서 아무리 이야기해도 듣지 않는다> 라고 둘러댈 수 있다. 그러므로 상관이 엉터리 명령을 할 때는 2-3차례에 걸쳐서 반대를 하여야 한다. 이러면 웬만한 청탁자는 물러서게 되어 있다. 청탁을 들어서 후일 상관이 당하게 될 피해를 방지해주는 역할을 하는 것이다. 상관에게 항의하는 강직한 부하는 이런 식으로 상관에게 개인적 도움을 줄 수도 있다.

역사적으로 보면 훌륭한 국왕이나 대통령들은 이러한 사실을 잘 알고 있었다. 그 당장에는 공직자에게 호통도 치고 화도 내면서 반대 주장을 수용하지 않는 경우가 많다. 그러나 그 부하는 기억 속에 각인되어 나중에 발탁을 하는 경우가 대부분이다. 그리고 공직자가 걱정하는 정책의 부작용에 대한 대책도 마련하여 정책의 실패 가능성과 피해를 감소시킨다. 요약하면, 대통령이 싫어하는 줄 알면서도 대통령의 뜻에 반대하는 것은 투철한 애국심과 대통령에 대한 충심, 그리고 탄탄한 전문지식의 뒷받침 없이는 불가능하다. 그러므로 이렇게 훌륭한 공직자의 보좌를 받는 것은 대단한 행운이다. 국가의 최고지도집단은 이러한 공직자들이 많이 등장하도록 노력한 당태종의 고사를 잊어버리지 않아야 한다.

훌륭한 공직자 양성하기: 훌륭한 공직자들은 하늘에서 뚝 떨어지는 것이 아니다. 대통령을 비롯한 정부 지도자들, 정치인들, 그리고 지식인들이 훌륭한 공직자들을 양성하도록 노력해야 한다. 그중에서도 대통령과 정치인들의 공직자에게 대한 태도가 결정적인 영향을 미친다.

태종 이방원이 다음과 같은 말을 하였다고 한다. <10명의 대신이 있으면, 반드시 한 명의 충신(忠臣)이 있다. 그리고 한 명의 역신(逆臣)도 있다. 나머지 8명의 사람은 어떤 행동을 하는가? 국왕이 강하면 충신이 되고, 국왕이 약하면 역신이 된다> 조선조 초기에 통치의 기틀을 다져서 후일 세종대왕의 훌륭한 치적이 가능하게끔 만든 국왕의 말이다. 국왕의 리더십에 저항할 신하들을 제거하여 왕권을 확고히 다지기 위한 논리이다. 그런데 이 이야기는 비슷한 상황에서도 타당하였을 것이다. 즉, <국왕이 충신을 중용하면 8명이 충신이 되고, 간신(奸臣)을 중용하면 8명도 간신이 된다> 최고 지도자의 고위 공직자 발탁도 비슷한 결과를 가져 온다.

능력 있고 성실한 공직자들을 발탁하여 활용하면, 당장의 국정관리에서 큰 도움을 얻는 것에 그치지 않고, 미래의 대한민국을 위해서 탄탄한 기둥을 세우는 것이다. 능력 있고 성실한 인재들이 공직에서 능력을 발휘하여 보람 있는 삶을 살아갈 수 있으면, 훌륭한 젊은이들이 공직사회에 모여들어 헌신할 것이고, 이것은 국가적 위기 극복에 결정적 역할을 하면서 미래의 공직사회를 더욱 탄탄하게 만들 것이다. 반대로 새로운 정권마다 공직사회에서 평판이 좋지 못한 사람들을 발탁하는 경우에는 국가의 미래가 암담해질 것이다.

소명의식과 더불어 살아가는 공직생활: 공직자도 크게 각성하여야 한다. 공직자의 중대한 역할을 인식해야 함은 물론이고, 개인적으로도 소명의식을 지니고 공직생활을 하는 것이 극히 바람직스럽다는 사실을 깨달아야 한다. 소명의식을 지니고 업무를 추진하는 경우와 그렇지 않은 경우에 생기는 차이를 깊이 성찰하면 깨달을 수 있다.

소명의식을 지니고 업무를 추진하는 경우는 자신이 담당하는 업무가 자신의 책임(의무)이라는 인식을 하고, 여기에 더하여 업무가 중요하다고 생각하면서 열심히 일을 한다. 그리고 또 그 업무를 수행하는 것이 자랑스럽다고 생각하면, 더욱 헌신적으로 일을 할 것이다. 이러한 소명의식을 지닌 사람과 아무런 생각 없이 일을 하는 사람과는 대단한 차이가 있을 것이다. 자신의 소임을 대수롭지 않게 생각하여 눈가림으로 적당히 시간을 보내는 경우는 말할 것도 없고, 열심히 일을 하여도 소명의식 없이 그때그때 부닥친 일, 또는 소극적으로 위에서 시키는 대로만 일을 처리하는 경우에는 업무수행의 효과나 능률이 소명의식을 지니고 헌신적으로 일하는 사람과 비교가 되지 않을 것이다. 업무수행의 성과도 차이가 나지만, 평소의 행동에서도 성실성 측면에서 큰 차이가 날 것이다. 업무수행의 성과와 행동의 성실성이라는 두 가지 측면에서의 차이는 사람에 대한 평가를 완전히 달리 할 것이다.

뿐만 아니라 소명의식이 강한 사람은 자신의 소임을 효과적으로 수행하기 위하여 필요한 능력을 향상시키는 노력을 한다. 자기 분야에 대한 전문지식을 끊임없이 습득하고 정보를 축적하여 업무 처리능력을 향상시킨다. 이런 식으로 노력하여 담당 분야에서 탄탄한 전문지식을 갖춘 사람으로 평가되면, 그렇지 못한 사람과 엄청난 차이가 발생한다. 집정부의 정책결정에서 중요한 보좌를 할 뿐만 아니라, 집정부가 불합리한 정책을 결정하려고 할 때 이를 억제할 수 있는 설득력을 지닌다. 상관이 평소에 믿고 신뢰하기 때문에 정책적 건의는 강력한 영향력을 지니게 되는 것이다. 상관이 싫어하는데도 개의치 않고 정책의 수정이나 폐기를 강력히 주장하면, 상관도 이러한 부하의 의견은 심각하게 고려한다. 그리고 앞에서도 지적했지만, 훌륭한 상관은 이러한 부하의 말이 국가를 위해서나 상관을 위한 충성심이 강하기 때문에 자신을 희생할 각오를 지니고 한다는 것을 안다. 그리고 자신의 전문지식을 총동원하여 자신이 있기 때문에 바른 말을 한다는 것도 안다. 훌륭한 상관은, 대통령을 포함해서, 이러한 부하를 높이 평가한다. 물론 자신의 의견에 반대하는 순간에는 큰소리로 화를 내기도 하고 사무실에서 내쫓기도 한다. 심지어는 부하를 그 직위에서 해임하여 다른 자리로 좌천시키기도 하지만, 이것은 정책신념의 차이 때문에 어쩔 수 없이 발생하는 일이라고 이해하면서, 마음속으로는 그 부하의 능력과 애국심에 대해서 높이 평가하게 된다. 전문성이 풍부하고 성실한 자세로 최선을 다하는 공직자는 이런 식으로 상관의 신뢰를 받는다. 당연히 하급자들로부터 존중을 받고, 여기에 리더십까지 갖추면 최상의 공직자로 존경받는다.

능력 있고 성실한 공직자는 승진이나 보직에서는 물론이지만, 정년퇴직 후의 생활에도 큰 혜택을 받는다. 21세기가 되면서 고령화가 대대적으로 진행되어 정년퇴직 후에도 체력과 건강상태가 양호하여 새로운 일을 할 수 있는 사람들이 많아지고 있다. 그래서 정부는 초고령자의 재취업을 위한 여러 가지 조치를 할 것이다. 이때 공직생활에서 소명의식을 지니고 전문성을 축적한 사람은 그 분야에서 재취업의 기회를 찾기 쉬울 뿐만 아니라, 새로운 분야에서의 일에도 쉽게 적응을 할 수 있다. 원래 어떤 분야든지 깊이 있는 전문지식을 축적하면, 다른 분야의 전문지식도 빨리 습득하는 능력이 커진다. 그리고 여기에 더하여 공직생활에서 헌신적으로 일하였다는 평판이 새로운 일자리를 찾는데 결정적인 도움이 된다. 젊음을 바치면서 일을 하는 공직생활에서 소명의식을 지닌 행동은 공직생활에서만 큰 보답을 받는 것이 아니라, 정년 후 제2의 삶에서도 결정적인 도움이 되는 것이다.

소명의식을 지니고 공직에 헌신하면, 일의 보람도 느끼고 즐겁게 일을 하며, 행복하게 살아가는데 큰 도움이 된다. 세상사를 가볍게 보고 적당하게 업무를 수행하면서 살아갈 것인지, 아니면 소명의식을 지니고 헌신적으로 일하면서 살아갈 것인지의 여부는 근본적으로 사람의 인생관 문제이다. 그러므로 그 차이를 쉽게 예단할 수는 없다. 그러나 속세를 떠난 생활을 하는 경우가 아니면, 소명의식을 지니고 살아가는 삶이 행복한 삶이 될 가능성이 훨씬 크다. 하고 싶은 일을 하여 즐거움을 얻게 되면 행복감을 느낀다. 공직자가 국가의 예산으로 불쌍한 사람들을 구제하거나, 공권력을 활용하여 폭력배를 억제하여 약한 자가 억울하게 피해를 입는 것을 막아주어, 이들이 고마워하는 모습을 보면 마음이 즐겁고 행복해진다. 정책대상자를 상대로 집행현장에서 일선 공직자들이 일상적으로 수행하는 업무에서 자동적으로 얻게 되는 즐거움과 행복이다. 물론 이 즐거움은 자신의 업무에 대한 소명의식이 없더라도 느낄 수 있다. 그러나 이것은 공직자가 지닌 엄청난 특권에서 얻게 되는 즐거움이다. 그리고 공직자가 자신의 소임이 지니는 중요성을 깊이 이해하면, 소임수행에 특권이 부여된 이유를 알 수 있고, 소임수행에 헌신하려는 소명의식이 강화되면서 훨씬 큰 즐거움을 얻을 수 있다.

공직자들은 자신의 소임이 지닌 국가-사회적 중요성을 인식하고, 업무수행능력을 향상시켜서 헌신적으로 업무를 수행하여야 한다. 이렇게 소명의식을 지닌 공직생활은 국가사회에 기여할 뿐만 아니라, 공직생활을 성공적으로 수행하고 상관과 선후배들의 신뢰를 받으며, 퇴임 후 제2의 삶도 성공할 가능성을 높여 준다. 더욱이 소명을 의식하는 삶은 공직생활의 즐거움을 일깨워 보다 행복하게 살아가게 해 준다. 그리고 대한민국의 미래를 밝게 하는 밑거름이 될 수 있다.

마무리: 이제 긴 여정을 마무리할 때가 되었다. 대한민국은 지금 심각한 위기에 봉착해 있다. 일자리 부족으로부터 심화되기 시작한 위기가 2020년대 현재는 국가 전체를 벼랑 끝으로 몰아가고 있다. 위기극복의 주체들인 지식인, 정치인, 공직자들이 모두 혼란에 빠져 있다. 위기 상황에 대한 정확한 판단을 하지 못하고 그 합리적 해결책을 찾기 어려운 상황에서, 이해관계가 충돌하여 대립과 갈등이 위기극복을 어렵게 한다. 더욱이 사악한 탐욕이 건강하고 합리적인 지혜를 억누르는 상황도 흔히 발생한다.

국가 관리 주체들이 혼신의 힘으로 노력해도 해결이 어려운 상황에서, <내가 약간 잘못해도 별문제 없겠지> 하는 사욕에 찌든 생각이 패배의식을 정당화한다. 국가패망 직전에 역사적으로 자주 나타나는 지배 계층의 망국적 정신자세이다. <위대한 선조들이 세계가 부러워하는 기적을 이루어 역사 이래 처음으로 인류사회를 선도하는 국가가 되었는데, 못난 작자들이 탐욕에 눈이 멀어 선조가 벌어 둔 자산을 뜯어 먹으며 자신들은 잘 살았지만, 결국 국가를 망가트려 구제 불능의 천대받고 동정 받는 나라를 후손들에게 물려 주었다> 이런 기록을 후세의 역사가들이 쓰면서 우리 세대를 보고 더러운 선조라고 침을 뱉을 가능성이 커졌다.

그러나 너무 비관적으로 생각해서는 안 된다. 우리들 모두가 크게 각성하면 밝은 미래를 준비할 수 있다. 우리는 그동안 인류역사상 유례를 찾기 힘든 기적이라고 무수한 외국의 학자들이 칭송하는 발전을 이룩해왔다. 물론 이런 성과가 대가 없이 이룩된 것은 아니다. 고도성장과 민주화의 연이은 성취라는 신화를 창조하면서 무수한 위기와 도전에 직면하였다. 몇 번이나 부닥친 역사적 변곡점에서 도박적 선택을 강요받기도 했다. 그리고 비록 적지 않은 잘못도 저질렀지만, 결정적인 실패 없이 이러한 위기와 도전을 극복하였고, 변곡점도 통과하였다. 다양한 분야에서 탁월한 능력과 소명의식을 지닌 지도자들이 헌신적으로 움직이고, 무수한 국민들이 엄청난 고통과 희생을 감내하여 이룩한 것이다. 오늘의 위기를 극복하기 위해서는 또다시 우리 모두가 희생과 고통을 각오하여야 한다.

무엇보다 정책관리 주체들이 먼저 크게 변화되어야 한다. 공직자들은 소임의 중요성을 인식하고 업무수행능력을 향상시켜 헌신적으로 업무수행을 해야 한다. 국민들은 이러한 공직자들을 따뜻하게 격려하면서 정치인들과 지식인들의 각성을 촉구하여야 한다. 지식인들은 공직자와 정치인들이 합리적인 국정관리를 하도록 그 해결할 문제와 문제 상황에 대한 정확한 사실을 파악하여 모두의 판단에 제공하고, 특히 언론에서는 거짓과 편향된 정보가 범람하는 의사소통망에서 진실을 밝히는 역할을 하여야 한다. 무엇보다도 정치인들이 적대정치-과잉정치의 파멸적 상황에서 벗어나야 한다. 그리고 공직자들을 괴롭히는 공직풍토를 개혁하는데 앞장서서 공직자들을 격려해야 한다. 공직자들의 각성이 개혁의 필수조건이기 때문이다. 특히 대통령을 중심으로 한 집정부의 핵심인사들은 훌륭한 공직자들을 최대한 활용하여 국정을 관리하도록 하여, 일면 현재의 위기극복에 최선을 다하면서, 타면 미래의 공직사회를 튼튼하게 구축해주어 더욱 불확실하고 어려워질 미래 상황에 대비시켜야 한다.

공직풍토를 개혁하고 훌륭한 인재들을 발탁하게 되면, 소명의식을 지닌 공직자들이 주도하는 공직사회가 분발하여 국정관리의 튼튼한 기둥 역할을 할 것이다. 이러한 준비가 불충분하더라도, 공직사회만이라도 분발하여야 밝은 미래에 대한 가능성이 조금이라도 생긴다. 위기에 빠진 국가를 구제하여 밝은 미래를 후손들에게 물려주는 마지막 보루 역할을 담당한다는 자부심을 공직자들이 지녀야 한다. 공직자들이 소명의식을 지녀야 젊은 세대들이 현재의 고통을 인내하며 밝은 미래를 그리기 위해서 힘을 합칠 것이고, 늙은 세대는 비록 어렵게 생을 이어가도 큰 후회 없이 생을 마감할 수 있을 것이다. 공직자들의 헌신적인 노력을 간곡히 부탁드린다.

참고문헌

* 거지엔슝 편(2010), 『천추흥망, 수당나라』, 따뜻한손

에필로그

공직자의 소명의식을 찾기 위한 知的 오디세이

필자는 서울대학교 행정대학원에서 국가의 합리적인 정책관리와 최고 지도자의 바람직한 리더십을 주로 공부하면서 학생들을 가르쳤다. 정부에서 공직생활을 하는 한 학년 50명의 야간부 학생들과 한 학년 100명 정도의 주간부 학생들이었는데, 야간부 학생은 전부 공직자들이고 대부분이 과거에 행정 시험을 합격한 계장급 이상의 중견 관리직이었고, 주간부 학생들은 학부졸업 후에 입학하여 대부분이 행정시험을 쳐서 공직으로 진출하였다. 한 해에 40-50명이 기본으로 시험에 합격했는데 많을 때는 80여 명이 합격하여 행정대학원 입학은 경쟁이 치열하였다. 나머지 학생들 중에는 공기업 등 공공직으로 진출하거나 박사과정을 거쳐 교수나 연구소의 연구원으로 진출하여, 한국 공직사회의 주류를 형성하고 있었다. 나의 책임이 무겁다는 생각이 언제나 머리 한쪽을 사로잡고 있었지만, 대학졸업생의 취업문제를 심각하게 생각해 본 적은 없었다.

그런데 2003년의 6월 초 정몽준 울산대학교 이사장으로부터 총장직을 담당해 달라는 제안을 받으면서 상황이 달라지기 시작하였다. 처음 이 제안을 받았을 때에는 앞으로 내가 심각하게 고민해야 할 상황과 마주칠 것이라는 생각은 전혀 하지 못하였다. 당시 이 제안은 전혀 다른 이유로 나에게 고민을 하게 만들었다. 나는 행정대학원을 졸업하고 농림수산부에서 잠시 기획계장을 맡아서 3차 5개년 경제개발계획수립에 참여하였다가 경북대학교 교수가 되어 풀브라이트 장학금을 받아 유학을 떠났는데, 귀국한 후에는 서울대학교 행정대학원 교수가 되어 평생 학자로서 국가에 기여할 것을 결심하고 있었다. 그런데 행정대학원 원장직과 얼마 후 대학원장직을 잠시 맡아 보면서 대학교 전체의 관리가 대단히 중요함을 깨닫고 있던 참이었다. 또한 전공인 정책학에 대한 이론적 탐색은 어느 정도의 수준이 되었으므로 현실에서의 실천적 지식을 습득하는 것이 더욱 필요할 것으로 생각되던 시기였다. 정책관리에서 중요한 최고관리층의 리더십을 심도 있게 이해하기 위하여 현실에서의 대학관리가 큰 도움이 될 것으로 생각되었던 것이다. 그러나 학문적 생활을 중단하는 것이 아쉽기도 하고 또 불안하기도 하였다. 그렇지만 실제 생활에 부딪혀서 경험을 한다는 것이 더욱 중요하다는 판단을 하였다. 더욱이 당시 울산대학교는 재단의 지원이 탄탄하고, 무엇보다도 정몽준 이사장이 학교의 모든 관리를 총장에게 완전히 일임하는 것으로 유명하였다. 그래서 나는 제안을 고맙게 받아들였고, 2003년 7월부터 2008년 6월까지 만 5년 동안 울산대학교의 관리를 맡게 되었다.

울산대학교에 가서 2년쯤 지내면서 충격적인 사실과 마주치게 되었다. 졸업생들의 취업문제가 심각하다는 사실이었다. 비록 1990년대 말에 IMF 사태를 당하여 한국경제가 어려운 상태에 빠지게 되었다고는 하지만, 위기를 극복하여 다시 발전의 궤도에 서서히 진입하는 것으로 짐작하였고, 울산대학교는 취업조건이 좋아서 졸업생의 취업은 전혀 걱정할 필요가 없을 것이라고 짐작하고 있었던 상태에서 마주친 현상이다.

울산대학교는 당시 서울의 몇몇 초일류 대학을 제외하고는 가장 취업조건이 좋은 대학이라고 믿었다. 이러한 믿음이 근거가 없는 것이 아니다. 울산은 고도성장을 이끌었던 산업 수도라고 자부할 정도로 세계적인 기업들의 현지 공장들이 줄줄이 자리 잡고 있었다. 석유 화학 공단을 비롯하여 자동차 조선과 각종 소재-부품 공장들이 자리 잡은 인구 100만의 도시이다. 졸업생들의 취업 기회가 많은 것은 물론이고, 지역 내에 종합 대학교가 하나밖에 없었다. 당연히 취업률이 80-90%에 육박할 것이라고 어림짐작을 하고 있었던 것이다. 그러나 2005년도 봄에 교육부의 지시로 처음 조사한 취업률(졸업 1년 후까지)은 겨우 60% 턱걸이였다. 그래도 지방대학 중에서는 최고 수준이었다. 울산대학교의 취업률이 이런 상태면, 다른 지방대학의 경우는 불문가지이다. 나의 충격은 대단하였다.

당시 울산대학교는 정몽준 재단 이사장의 획기적인 지원으로 국내 대학 역사상 유례를 찾을 수 없는 프로그램들을 추진하였다. 아산스포츠 센터(190억 원의 건축비)를 개관하고, 조선공학 일류화 사업을 추진하였다. 이 사업은 단순하게 대학의 취업률 향상을 위하거나, 현대중공업(조선분야)의 우수 인재 확보만이 아니라, 대한민국 조선산업의 경쟁력 확보를 위한 보다 높은 차원의 목적을 지닌 것이었다. 조선은 바닷가에서 이루어지는 업무인데, 대학 4년을 대도시(특히 서울)의 일류대학에서 공부한 졸업생들은 지역의 바닷가 근무를 견디지 못하고 취업 후 얼마 되지 않아 이직을 하는 경우가 너무 많았다. 이러한 현상은 당시 세계 최고 수준의 대한민국 조선산업을 위기에 빠트릴 가능성이 컸다. 사실 우수 인재의 바닷가 근무 기피 현상은 오랫동안 세계 최고 수준을 자랑하던 일본의 조선이 퇴조하는데 큰 영향을 미친 원인이기도 하였고, 더욱이 조선 후발국인 중국이 우리를 맹렬하게 추격하고 있었다. 설상가상으로 우수한 고등학교 졸업생들의 서울 소재 일류대학교 편향이 갈수록 심해져서 지방 대학 학생들의 수준이 급격하게 하락하고 있었다. 조선공학 일류화 사업은 이러한 문제 상황에서 추진된 것이다. 정몽준 이사장의 획기적인 결단으로 대대적으로 추진되었다. 조선공학과 건물과 수조의 개축, 매년 26억 원의 예산을 들여 거의 대부분의 학생들 등록금과 생활비를 부담, 학비 전액 지원으로 세계 일류대학 박사과정 유학 지원, 졸업 후의 취업 보장과 교수들의 연구비 지원 등으로 조선해양공학과를 세계 최고 수준의 학과로 만들려고 시도한 것이다. 이러한 목표는 지나치게 의욕적인 것으로 생각하기 쉬우나, 그렇지 않다. 소득수준이 높아져서 잘살게 되면서 학생들이 바닷가 근무를 기피하게 되었고, 이에 따라 과거 세계 최고 수준을 자랑하던 대학들이 조선공학과를 유지하기가 어려워진 것이다. 당시 세계 최고 수준의 조선업을 오랫동안 유지해 왔던 일본에서는 동경대학 등 세계수준의 대학 중 오사카 대학만이 조선공학과를 존치하고 있었고, 세계최대해운국인 미국에서도 MIT 등 일류대학 중 미시간(Michigan) 대학만이 조선공학과를 유지하고 있었다. 다른 일류대학들의 조선공학과는 학생들에게 인기가 없어서 유지하기 어려웠던 것이다. 더욱이 우리에게는 절박한 필요도 있었다. 세계 최고 수준으로 올라선 대한민국 조선업의 위상을 지키기 위해서는 최고 수준의 인재 양성이 필수적이었던 것이다. 여하튼 이 사업 시작 2차 연도부터 70명의 신입생들이 서울대학교 조선공학과와 입학성적으로 경쟁하게 되었다. 이어서 화학 화공 분야(KCC 정상영 회장님의 특별지원) 전기-전자, 기계 등의 이공계통학과를 모두 일류화 사업 대상으로 지원하여 전국대학 중에서 산학협력 프로그램의 전범이 되었다.

한편 어문학계열은 장학금으로 한 학기를 모국어 대학(영문학과는 미국, 불문학과는 프랑스, 스페인학과는 스페인과 멕시코에, 중문학과는 중국, 일문학과는 일본의 자매대학)에서 연수시키고, 사회 과학 분야 학생들을 위하여도 한 학기를 연수하는 해외 대학 연수 프로그램을 확충하였다. 또 서울 지역의 대학교와 학생 교류 사업을 개시하였는데, 고려대학교를 시작으로 하여 서울대학교 한양대학교 외국어대학 등 서울 시내의 10개 대학에 한 대학에 10명 정도로 총 100여 명 정도의 학생들을 보내어, 한 학기 또는 두 학기를 공부하여 학점취득을 해 오도록 하였다(서울대학교와 고려대학교에서 all A에 가까운 성적을 받아 자신감과 자부심을 키운 학생들도 제법 있었다). 이를 위하여 재단에서 서울 서대문 근처에 기숙사도 마련하고 장학금 지원도 충분히 하였다. 이러한 지원으로 울산대학교는 대학평가에서 언제나 20위 이내에 들어 거점 지방국립대학교 2-3개와 평가순위 면에서 어깨를 나란히 하게 되었다. 자연히 학생들의 취업가능성은 크게 향상되었다. 더욱이 울산은 세계적인 기업의 공장들이 입지하고 있고, 국가 경제상황도 IMF 사태 이후에 계속 상승세에 있었기 때문에 외부적 취업조건도 아주 좋았다. 그런데도 졸업생의 취업률은 계속

60%에 턱걸이였다. 이상과 같은 울산대학교의 조건이라면 적어도 80-90%는 되겠지라는 막연한 기대를 깨트린 것이다. 그런데 시간이 흘러도 상황이 개선되는 것 같지 않고, 오히려 악화되는 것 같은 느낌마저 들어 나는 심한 혼란 상태에 빠졌다.

혼란 속에 상황의 변화와 그 원인에 대한 오랜 탐색 끝에, 비로소 인류사회를 휩쓰는 커다란 변화를 감지하게 되었다. 악화되는 취업상황이 대학의 잘못이 아니라 시장과 산업구조의 변화 때문임을 깨닫게 된 것이다. 기업이 경쟁력 강화를 위하여 도입하는 컴퓨터와 로봇이 일자리를 차지하는 속도가 빨라지고, 새로운 기술이 창출하는 일자리가 사라지는 일자리의 숫자를 메우기 어렵기 때문임을 알게 된 것이다. 그리고 이러한 산업 기술 구조의 변화는 거스를 수 없는 시대적 흐름으로 더욱 가속될 것임이 분명해지고 있었다. 나의 충격은 울산대학교의 미래에서 한국대학의 미래, 그리고 한국의 미래에 대한 우려로 변화되었다. 국가의 미래에 대하여 심각한 걱정을 하지 않고 지내왔던 내가 받은 충격은 컸다. 국가의 미래가 장밋빛이라는 생각을 한 적은 없었지만, 그렇다고 암울하다고도 생각지 않았었는데, 이러한 낙관적인 짐작이 무너져 내리는 느낌이 들었다. 고도성장 이후에 처음으로 커다란 벽에 막힌 느낌이었다. 그때부터 걱정하기 시작했던 상황이 계속하여 악화되어 지금은 최악의 상태에 부닥친 느낌이다. 대학생의 상당수가 아예 취업을 생각조차 않는다고 한다. 일자리 부족에서 파생되고 악화된 문제들이 우리를 벼랑 끝으로 몰아붙이고 있다. 벼랑 끝에서는 떨어지지 않으려고 발버둥을 치는데, 뒤쪽에서는 이를 알지 못한 채 벼랑으로 밀고 있는 형국이다.

그런데 적지 않은 선각자들이 이미 이 심각한 상황을 걱정하고, 정부에서는 대책 마련을 위해 노력을 하는 것 같았는데, 효과는 잘 보이지 않았다. 한편 일부 학자들은 큰 걱정을 하지 않아도 된다고 하였다. 과거에도 새로운 기술혁신이 일어나면, 일시적으로 마찰적 실업이 발생하지만, 얼마 지나지 않아 새 기술이 새로운 일자리를 많이 만들어 문제를 해결하였던 역사적 사실이 있었기 때문이다. 그러나 40대 50대에 구조조정으로 일자리를 상실한 중년 실직자들이 급증하고, 많은 대학 졸업생들이 일자리를 얻지 못하게 되면서 여러 가지 문제가 파생되기 시작하였다. 본문 제1장에서 자세히 본 바와 같다.

설상가상으로 기존의 문제들도 덩달아 심각해지기 시작했다. 아무리 노력해도 악화일로만 걷는 저출산 문제, 복지문제와 건강보험 재정을 심각하게 만드는 고령화 문제, 창의성 함양과는 거리가 먼 교육문제, 유아원부터 시작되는 과외공부로 인하여 급증하는 사교육비 문제, 걸핏하면 등장하는 주택 문제와 이와 연계된 가계부채 문제 등등이 모두 합리적이고 일관성 있는 중장기 정책들을 절실히 요구한다. 그러나 정책을 담당하는 국정 주도집단은 합리적인 결정과 효율적 집행을 하지 못하고 이해관계의 대립과 정치적 갈등, 정책상황에 대한 오해, 착각, 무지 등으로 정책을 제대로 관리하지 못하고 있다. 그리하여 땜질식 해결책을 겨우 마련하거나, 강력한 지지집단의 요구에 휘둘려 공익을 훼손하는 정책을 결정하기도 하고, 비교적 합리적으로 결정된 정책을 폐기하기도 한다. 이리하여 정책관리체제는 수습이 불가능한 혼란 속에 빠져든다.

왜 이렇게 상황이 악화되었을까? 왜 아마추어들이 정치를 주도하고, 왜 공직자들이 합리적 정책관리의 밑뿌리 역할을 못하고 있는가? 왜 건강하고 생산적인 여론을 주도해야 할 지식인들이 합리적인 판단보다 편향적인 주장을 당연시 하는가? 왜 국민들은 선량한 시민정신과는 너무나 동떨어진 자신들의 이익만을 위해서 투쟁을 할까? 이들이 각성을 하지 않고는 아무런 희망이 없다. 이들이 각성하도록 하려면, 이들이 이러한 정신자세로 빠져들게 만든 원인을 먼저 정확하게 파악해야 한다.

무엇이 잘못되었는가를 알기 위하여 상당히 오랫동안 헤매었다. 그러는 과정에서 여러 가지를 깨닫게 되었다. 먼저 이러한 부조리가 대한민국만의 문제가 아니라 선진국에서 다 같이 나타나는 현상이라는 사실이다. 2013년 어느 날 지인이 미국 출장에서 돌아오면서 책을 하나 사 왔다. 책의 내용이 상당히 충격적이었다. 미국의 의회에서 여-야가 대립하면 타협을 못하고 갈등을 계속하다가 표 대결로 결정을 하는 경우가 많아졌고, 그 원인이 무엇인지를 분석한 책이었다. 얼마 전까지만 하여도 미국의 의원들은 비록 정당이 달라도 서로 친밀한 관계를 유지했고, 정책문제로 대립이 되어도 당지도자들이 막후에서 조정하여 2-3개월 후에 타협안을 만들고 이것을 의회에서 만장일치로 의결하는 것이 관행이었는데 이 관행이 깨어진 것이다. 원래 민주주의는 힘으로 상대방을 누르지 않고, 상대방의 입장을 이해하고 배려하는 타협의 정신이 기반이 되어야 바람직하게 운영되는 체제이고, 이것이 미국에서는 모범적으로 실천이 되는 것으로 알려져 있었기 때문에, 이 기반이 붕괴된다는 것은 미국 민주주의가 위기에 봉착했음을 의미하는 것으로 보여서 필자는 무척 놀라게 되었다. 당시는 한국 지식인들의 대부분이 이 문제를 눈여겨 보지 않았고, 필자도 일시적 현상으로 생각했지만, 문제는 그 후 계속 악화되어 갔다. 드디어 1기 트럼프 시절에 더욱 극단적인 상황이 전개되자 많은 사람들이 알게 되었고, 걱정하고 있다. 불행하게도 우리나라에서는 더 심각한 상황이 되었다.

민주주의를 위협하는 이러한 사태가 벌어지게 된 원인을 탐색하다가, 그 뿌리가 경제-사회적 상황에 있음을 알게 되었다. 즉, 세계화, 정보화, 과학기술발전이라는 인류사회의 대변화가 일자리 감소라는 치명적 문제를 만들고, 이와 얽혀진 불안(不安)-불만(不滿)-불신(不信)이라는 사회적 부조리를 악화시키면서 정치적 양극화를 부채질하게 되었음을 알게 되었다. 울산대학교 졸업생들의 취업문제를 걱정하다가, 이 문제를 해결해야 할 정책관리 주체들의 병리 현상이 동일한 사회-경제적 요인에 뿌리를 두고 있음을 알게 된 것이다. 문제와 문제해결 주체에 동시에 발생한 병리 현상은 해결이 불가능할 정도도 어려울 수밖에 없다. 양자가 상호 악순환을 계속하기 때문이다.

정리를 해보면, 일자리 감소문제는 자체가 심각한 사회문제일 뿐만 아니라 많은 다른 문제들을 파생시키고, 또 기존의 중대한 문제들을 더욱 심각하게 만들어, 정책적 해결을 불가능할 정도로 만들고 있었다. 타면, 이러한 문제들을 해결해야 할 주체들인 정치인, 공직자, 지식인들의 행동에도 결정적 영향을 미쳐, 합리적 정책결정과 효율적 집행을 심각하게 방해하고 있었다. 그래서 일면, 일자리 문제를 포함한 중요한 문제들의 해결 자체를 대단히 어렵게 만들고, 타면 정책관리 주체들의 합리적 해결 능력과 의지를 저해하고 있었던 것이다. 이리하여 문제는 더욱 심각해져서 국가 전체가 벼랑 끝으로 밀리어 가는 위기에 봉착한 것이다.

<2> 이러한 상황에서 어떻게 해야 하는가? 필자는 두 가지 해결책을 추진해야 한다고 판단하였다. 첫째는 일자리 문제를 중심으로 하는 중요 문제들을 해결하기 위한 정책내용상의 대책마련이다. 이것을 필자는 정책 대종합계획(Grand Master Policy Plan)이라고 불렀다. 그동안 산발적이고 부분적으로 결정하여 혼란스러운 정책들을 종합적으로 검토하고, 큰 틀의 방향을 제시하자는 취지의 것으로, 국가 주도의 계획을 의미하는 것은 아니다. 공직자, 정치인, 지식인들이 한번 깊이 생각해 보아야 하는 큰 틀의 국가운영방침을 말하는 것이다. 그 내용은 정책들을 크게 두 묶음으로 정리한다. 하나는 일자리 창출을 위한 각종 정책과 사업들을 종합 정리하고 새로운 정책안들을 탐색하는 것이다. 다른 한 묶음은 일자리를 얻지 못한 국민들의 생계를 지원하기 위한 사회복지사업 등이다. 이러한 중장기적 정책들의 묶음은 젊은이들에게 지속가능한 발전에 대한 희망을 줄 수 있는 미래의 큰 그림이 되어야 한다. 조금 더 구체적인 내용은 일자리 부족문제의 심각성과 함께 정리하여 부록에 첨부하였다.

둘째는 정책관리 주체들의 행동 변화이다. 문제해결을 위해서 정치인, 공직자, 그리고 지식인들의 변화가 필수적이다. 대통령과 그의 보좌관들, 그리고 국회의원 등 선출직 공직자인 정치인들의 행동 변화를 위하여 정치 대개혁이 필수적이고, 축적한 전문지식으로 정치인들의 정책결정을 뒷받침하고 정책집행을 직접 담당해야 하는 전문공직자들의 의식변화가 무엇보다 중요하다. 여기에 이들에게 비판적 조언을 하면서 국민들의 여론을 좌우하여 정책 추진의 성공에 결정적 영향을 미치는 지식인들의 각성이 결합되면, 아무리 어려운 문제라도 해결하면서 위기를 극복할 수 있을 것이다. 이 중에서 정치 대개혁에 대해서는 필자보다도 더 훌륭한 생각을 지닌 사람들이 많다. 그리고 지식인들의 각성에 대한 방법도 마찬가지이다. 필자의 전공이 아니기 때문이다. 그래서 필자의 전공인 전문 공직자들의 행동개혁에 대한 방법을 탐색하였다.

필자의 전공이기 때문이기도 하지만, 혼란을 극복하고 합리적인 정책관리체제를 구축하여 현재 부닥친 문제들을 해결하기 위해서는 공직자들이 헌신이 대단히 필수적임을 새삼 느낀다. 중장기 정책 대종합계획을 수립하는 데에서도 마찬가지다. 이들이 분야 분야에서 문제해결을 위한 경험, 정보, 전문이론 등을 축적하여 정치인들이 정책을 결정할 때 실질적인 영향력을 행사하고, 정책의 집행에서는 이들이 독점적인 책임을 진다. 이들이 헌신적으로 소임을 수행해야 실질적인 문제해결이 가능하다.

불행하게도 대한민국의 공직자들은 현재 자신들의 소임을 제대로 수행하지 못하고 있다. 예외적인 공직자가 없지는 않지만, 대부분의 공직자들이 자신의 안위를 위해서 몸을 움츠리고 있다. 혹시라도 뇌물을 받은 것으로 오해를 받을까 무서워서 민원인들의 절실한 도움 요청에 부정적으로 대응하고, 정권이 바뀌면 정책감사를 받을 가능성 때문에 야당이 반대하는 정책은 열심히 추진하려고 하지 않는다. 복지부동이다. 더 심각한 것은 인사상의 불이익을 받을까 겁이 나서 불합리한 명령에 대해서도 상관을 열심히 설득하거나 항의하는 행동을 하지 않는다. 이리하여 복지부동이라고 비난을 받다가, 영혼을 팔았다고 비난받는다. 국가발전의 기둥으로서 고도성장을 이끌고, 선진국으로의 진입에 주도 역할을 하였다는 자부심은 흔적도 없고, 취업이 어려운 시기에 정년까지 일할 수 있는 직장에 안주하는 분위기가 공직사회를 지배한다.

공직풍토를 개혁해야 한다. 이를 위해서 두 가지가 병행되어야 한다. 하나는 공직자들을 얽어매는 각종 법규들을 개혁하고 감사나 정치적 과잉통제 등 제도적 장치를 획기적으로 바꾸어야 한다. 이 일은 바람직한 개혁의 내용을 알지 못해서 현재의 상태에 빠진 것이 아니다. 알고 보면 내용은 비교적 단순하다. 이 개혁이 어려운 이유는 이러한 제도적 개혁이 외부에서 가해지는 불합리한 간섭을 수정하거나 제거하는 것이므로, 외부를 설득하여야 하는 실천문제가 어려운 것이다. 그리고 개혁의 내용에 대해서는 행정학자들이 그동안 많은 논의를 해온 것들이다. 그러므로 이일은 행정학자들이 중심이 되어 개혁안을 만들면서, 외부간섭의 담당기관들을 개혁과정에 참여시켜 이들을 설득하는 일이 중요하다. 그래서 이 책에서는 개혁의 필요성과 몇 가지 개혁대상에 대하여 논의하는 것으로 그쳤다. 행정학회의 노력이 절실하다.

<3> 공직풍토개혁의 두 번째는 공직자들의 정신자세를 바로 잡는 일이다. 이것이 이 책의 목적이다. 현재의 위기극복을 위한 하나의 큰 기둥으로서 공직자들이 자신의 업무에 헌신하도록 하는 마음 자세인 소명의식을 강화시켜야 한다. 그래서 이 일은 필자가 그 방법과 논리를 밝혀야 한다고 생각했다. 어떻게 해야 하는지에 대한 선행연구도 보이지 않고, 그 내용이 간단하지 않다는 것을 직감했기 때문이다. 외부 환경이 좋아지더라도, 자동적으로 소명의식이 강화될 리가 없고, 더욱이 외부환경이 나쁜 상태에서는 완전히 불가능한 일인지도 알 수 없었다. 그래서 탐색을 시작하였다. 가장 먼저 찾아본 것이 조선조 선비들의 정신자세이다. 조선조 중기의 영의정 이덕형은 광해군 시절에 광해군의 배다른 동생인 영창대군을 유배 보내어 죽이려는 집권세력들의 주장을 막지 못하자, 국왕인 광해군이 주자학에서 반드시 지켜야 할 윤리규범을 범했음에도 이를 영의정으로서 막아 내지 못한 자신을 자책하며 괴로워하다가 영의정직 삭탈 후 불과 2개월이 되지 않아 죽음을 맞이했다. 많은 조선조 선비들이 국왕에게 간언을 하다가 귀양도 가고 심지어는 사형도 당했다고 한다. 그런데도 간언을 그치지 않았다. 이렇게 강력한 소명의식을 지닐 수 있었던 이유를 탐색하기 시작하였다.

먼저 성리학(주자학)의 내용을 공부하기 시작하였다. 무엇을 공부했기에 정몽주 정도전 같은 국정관리자들이 신봉하였고, 이퇴계, 이율곡 등의 대학자가 평생을 바쳐 공부하였으며, 송시열 같은 맹신도가 등장할 수 있었는지를 알아보려고 한 것이다. 그러나 성리학이 학자들에게 강한 소명의식을 함양시키는 부분이 많이 있었지만, 그렇지 않은 부분도 보였다. 그래서 성리학을 공부한 선비들이 실제 행동을 어떻게 했는지를 파악하기 위하여 성리학이 가장 위세를 떨치던 조선조 중기의 당쟁과정에서 성리학에 몰입된 선비들의 행동을 검토하였다. 그러나 실제의 행동은 여러 가지 측면에서 논리적으로 유추한 행동과는 달랐다. 그리고 성리학적 규범을

완전히 무시한 행동들이 많았고, 예상과 달리 순수하게 성리학적 소명을 위하여 목숨을 버린 경우는 드물었다.

그래서 목숨까지 걸고 소명을 수행하려는 인간의 행동이 어떤 요인에 의하여 추동된 것인지를 알아보려고 하였다. 소명을 위하여 죽음을 선택한 경우에, 그 보상으로 천당이나 극락을 약속하는 종교는 일단 제외하였다. 21세기의 젊은이들에게 종교를 믿으라는 권유는 설득력이 약할 것이라고 생각했기 때문이다. 그래서 먼저 주목한 것이 일본의 무사도였다. 군인이 전쟁터에서 목숨을 거는 것은 당연하다고 하지만, 사실은 전쟁터에 나가는 군인들도 살아 돌아올 기대를 하고 나간다. 그리고 살아 돌아올 확률이 죽을 확률보다 훨씬 높은 것이 일반적인 경우이다. 그런데 일본의 군인들이 가미카제 출격 명령을 받으면, 주저 없이 나가서 죽었다고 한다. 이러한 소명의식을 함양시킨 무사도를 공부하기 시작하였다. 당연히 관련이 깊은 서양의 기사도에 관한 책도 부지런히 읽었다. 그런데 무사도에 관한 책을 4-5권 읽어 보니 일본 사람들이 지나치게 무사도를 미화하여 그 내용에 대한 신뢰를 할 수 없다는 느낌이 들었고, 또 공직자의 강한 소명의식 함양에 도움 되는 교훈을 얻을 수는 없다는 느낌을 지울 수 없었다. 특히 무사도에 관한 대표적인 책에서는 일본 무사는 성인의 고귀한 성품과 위대한 무인적 용감성을 모두 갖춘 인간 최고인격의 완성자로 묘사되어 있었다. 어떻게 이런 인격자를 양성할 수 있겠는가? 서로 양립할 수 없는 인격적 요소를 동시에 함양해야 하는 것은 불가능할 것인데 말이다. 그러나 기사도, 무사도 등의 연구에서 얻게 된 하나의 교훈은 있다. 이들의 죽음을 건 용기와 행동에서 가장 중요한 동기부여를 한 것이 명예라는 점이었다. 이것은 성리학이나 전통 유학자들에게서도 보이는 공통적인 요소였고, 다음에서 보는 화랑에서도 두드러지게 나타나는 요인이었다.

여하튼 무사도 연구를 포기하고 다시 지적(知的) 오디세이를 계속하였다. 죽음을 당하거나 죽음을 각오하고 국가를 위해서 활동한 독립운동가와 혁명가들의 경우를 살펴보기로 하였다. 어릴 때 읽었던 영웅전은 거의 도움이 안 되었지만, 현대의 독립운동가나 혁명가들의 경우는 충분한 자료도 있어서 도움이 될 수도 있다는 생각이 들었다. 그래서 안중근, 이승만, 김구, 손문, 레닌, 체 게바라 등의 전기나 평전을 읽었다. 그러나 이들의 경험이 우리 공직자의 소명의식 함양에 도움이 될 수는 없었다. 이들은 모두 비정상적인 상황에서 활동하였으므로 공직자들이 업무수행을 하는 정상적인 상황과 업무 맥락이 너무 다르기 때문이다. 더욱이 이들 중에는 종교적 믿음에서 도움을 얻은 경우도 있고, 타도해야 할 상대에 대한 개인적 원한과 격렬한 적개심으로 목숨을 걸고 싸운 경우가 많았기 때문이다. 그래서 이들에 대한 연구는 중단되었다. 그러나 전혀 도움이 없었던 것은 아니다. 이들은 모두 자신의 소임을 수행해야 한다는 확고한 신념을 지니고 있었다는 사실이었다. 자신이 하고 있는 독립운동, 혁명운동은 자신이 수행해야 할 책임이라는 생각, 그리고 이 소임이 중요하면서도 자랑스러운 일이라는 믿음이 그들의 강한 소명의식을 함양했다는 사실이었다. 강한 소명의식은 소임에 대한 책임감이 밑받침이 되고 소임의 중요성과 소임을 담당한 것에 대한 자부심에 의해서 결정된다는 사실을 확인한 것이다.

그러나 성리학과 조선조 당쟁의 연구에서 미진한 부분이 마음에 걸려서 오디세이의 마지막으로 화랑에 대한 연구를 시작하였다. 당연히 관창이나 사다함과 같은 어린 화랑들이 정규군인도 아니면서 자원입대하여 목숨을 걸고 싸우게 된 정신이 어떻게 함양되었는지를 연구한 것이다. 처음에는 동시대 고구려의 조의선인, 백제의 계백과 5천결사대의 소명의식도 조사하여 공통요소를 파악하려고 했으나 자료가 없었다. 하는 수 없이 어느 정도의 자료가 있는 화랑에 대한 것만 조사하였다. 거의 1년에 걸쳐 많은 논문들과 기초적 역사자료를 검토하였다. 화랑에 대한 논문은 상상 이상으로 많았다. 그러나 나의 연구목적이 독특하여 직접적으로 도움을 얻을 수 있는 글들은 아주 적었다. 그래도 이 글들은 상당한 도움이 되었다. 성리학(주자학)과 당쟁사에서 밝혀낸 소명의식을 강화시킨 요인들이 화랑에서도 확인되었기 때문이다. 3국 통일시의 화랑과 조선조 중기의 선비들은 시간적으로 1천 년의 차이가 있고, 화랑은 학자가 아니라 무인이고 주자학자들은 문인인데도 불구하고 두 집단의 소명의식의 강화요인은 거의 동일하였다. 물론 그 구체적 내용은 다르지만, 큰 틀은 거의 동일하였다.

그래서 성리학자들과 화랑들의 소명의식을 강화시킨 공통의 요인들을 중심으로 대한민국 공직자의 소명의식을 강화하는 요인들을 정리하였다. 불행하게도 여기서도 선행연구가 거의 없었으므로 필자가 생각한 몇 가지를 기록하고, 후학들의 보완적인 연구를 기다리기로 하는 수밖에 없었다. 그리고 공직자들이 소명의식을 강화시키기 위한 첫 번째 조건인 공직풍토개혁(불합리한 감사나 제도 등의 공직자들을 억누르고 괴롭히는 풍토를 개혁)의 필요성을 밝히고 구체적인 개혁안의 작성이나 실천을 위한 작업은 행정학회 차원에서 추진할 것을 부탁하였다. 그리고 두 번째 조건인 지식인들의 공직자들에 대한 지원과 대통령 등의 집정부의 각성이 필요함을 강조함으로서 글을 마무리하였다.

<4> 내용을 정리하고 글을 쓴 과정에서 많은 사람들이 도움을 주었다. 가장 중요한 도움은 성리학의 내용을 파악하고 조선조 선비들의 당쟁과정에서의 행태에 대한 연구에서 한국학 중앙연구원 교수들의 결정적 도움을 받았다. 교양 정도로 대학 중용 등 4서를 읽어 보던 필자가 성리학(주자학)의 논리와 전통 유학과의 차이를 이해하는 데에는 한형조 교수의 도움이 절대적이었다. 한 교수의 중요한 저서를 많이 읽고 개인적 대화를 통하여 많이 배우기도 했지만, 행정학회에서 토론자로서 지적해 준 내용들이 큰 도움이 되었다. 박병련 교수의 주자학에 대한 비판적 논리와 조선조의 행정제도와 관료들의 행태에 관한 책은 김학수 교수의 당쟁사에 관한 심도 있는 연구와 더불어 커다란 도움이 되었다. 최진덕 교수가 필자가 쓴 이 부분에 대한 글을 자세히 검토하여 알려준 여러 가지 새로운 시각의 견해도 큰 도움이 되었다. 서울대학교 동양철학과의 허남진 교수가 노장 사상에 대하여 필자가 지닌 편견을 수정하여 준 도움도 중요했다. 수원대학교의 김용훈 교수는 행정학 전공자이지만, 좋은 지적을 해주었다.

성리학이 공직자들의 소명의식에 미친 영향을 추론한 4장은 행정학회가 2023년 여름에 특별히 마련한 세미나에서 발표를 하였는데 한형조 교수, 서강대의 백민정 교수 등 저명한 유학자들이 유익한 토론을 해주었다. 2024년 봄에는 한국유교문화진흥원이 개원 기념으로 마련한 심포지움에서 비슷한 내용을 발표하였는데, 이 모임은 정재근 진흥원장의 야심찬 기획으로 이영범 한국행정학장과 협력하여 성사된 모임이었다. 중진 행정학자들과 중진 유학자들이 반반씩 참여하여 4개 정도의 분과 모임으로 유학적 가치를 공공분야에서 적용하려는 시도를 논의한 것이다. 상당히 다른 두 분야의 중진 학자들이 머리를 맞대고 공공분야의 이슈를 취급한 전혀 새로운 학회 모임이었다. 이 의미 있는 모임에서 필자는 기조 강연으로 서구식 민주주의가 자유 평등 등의 개인적 권리를 강조하는 정부를 운영하면서도 정부의 역할인 국가기능수행은 본질적으로 유학이 강조하는 인의의 정신을 구현하려는 목적을 지니고 있으며, 주자학적 논리가 이러한 기능수행의 중요성을 정당화하고 있음을 지적하였다. 그리고 서구 자유민주주의 정치철학이 부닥치고 있는 고민(자유와 평등을 강조하면서 개인주의가 이기주의로 변질되고, 이기주의의 폐해를 억제하던 기독교 윤리가 약화되어 개인적 욕망 추구를 우선하고 타인에 대한 배려의 정신이 사라지는 등의 현상)을 간단히 언급하면서, 상대를 위하고 공동체를 위하는 인의 등의 유학적 규범을 강조하는 유학이 그 대안으로서 고려될 가능성도 지적하였다. 그러면서 성리학의 여러 가지 측면에 대하여 4장에 쓴 것을 거의 그대로 이야기했다. 기조 강연이라 공식 토론은 없었지만, 나중에 유학자들의 반응이 비교적 나쁘지 않았음을 알게 되었다. 이 두 차례 학회 행사에서의 유학자들 반응을 통하여 성리학을 왜곡하거나 오해한 것이 아니었음을 확인하고 안심을 하게 되었다. 기존의 성리학자들의 연구와는 상당히 다른 측면(성리학의 어떤 부분이 선비들의 소명의식에 영향을 미치는지, 그 영향이 강한 것인지 등) 집중한 것이라 선행연구가 없었고, 그래서 본인이 추론한 내용이라 아마추어의 실수로 성리학의 기본 논지를 훼손하지 않았을까 걱정을 하고 있었기 때문이다.

화랑연구에서는 이기동 전 한국학중앙연구원 원장과 서울대 국사학과의 노태돈 명예교수, 두 분이 모두 필자의 글을 자세히 읽고 몇 가지 잘못을 수정하여 글의 수준을 높여 주었다. 여기서도 화랑에 대한 사학자들의 연구는 많이 있었으나 필자의 특별한 연구 목적(화랑 생활의 어떤 부분이 소명의식 강화에 얼마만큼 강한 영향을 미쳤는지)에 도움이 되는 연구는 충분치 않았고, 어쩔 수 없이 필자가 추론한 부분이 많아 오류나 착각이 많지 않을까 걱정하였는데, 두 분의 지적을 보고 크게 안

심하게 되었다. 성리학이나 화랑연구는 필자의 전공과 동떨어진 분야기 때문에 이 분들의 도움이 없었으면 이 책은 불가능했을 것이다. 감사의 말씀을 드린다.

이 책을 위해서 행정학을 공부한 동료 및 후배 제자 교수들의 도움도 중요했다. 먼저 3장의 공익수호와 민주성에 관한 글은 원래 <박동서 교수 논단>의 글로서 행정학회에서 발표를 하고 행정논총에 게재를 하였는데, 글을 쓸 때부터 서울대학교 행정대학원의 김동욱 교수가 큰 도움을 주었다. 특히 김 교수는 완성된 글을 꼼꼼히 읽으면서 좋은 지적을 하였다. 학회 발표 시에 오래전에 퇴임했음에도 학회에 나온 부산 경성대의 송근원 명예교수와 경희대의 강제상 교수를 비롯한 여러분들의 토론자들이 지적한 것들이 도움이 되었다. 이 부분은 중요한 주제임에도 행정학자들이 취급하기가 껄끄러운 통치이념의 갈등과 같은 이슈가 내포되어 선행연구가 없었기 때문에 교수들의 다양한 의견들이 도움이 되었다.

앞의 많은 부분이 머리를 짜낸 것이지만, 7장과 8장은 훨씬 더 심하다. 두 장이 모두 선행연구가 거의 없는 상태에서 조선조 선비와 화랑의 사명의식을 바탕으로 하여 필자의 개인적 경험과 과거부터 관심을 가지고 관찰해온 모든 것들을 총동원하여 쓴 것이다. 그래서 이 부분에 대해서는 많은 교수들과 고위공직 출신 제자들에게 코멘트를 부탁하였다. 그런데 집필이 완료된 후에 공공조직 근무자들의 근무동기를 밝히는 실증연구들을 알게 되었다. 필자가 2003년도에 울산대학교의 관리직을 맡기 전에는 알려지지 않았던 연구들이 그 후에 공공봉사동기론이라는 이름으로 많이 등장하였는데, 이 분야의 세계적 선도자의 한 명인 서울과학기술대학교의 김상묵 교수가 좋은 연구들을 소개하여 주었고, 서울대학교 행정대학원에서 이 분야의 박사학위 논문을 준비하고 있는 박정민 군이 모든 중요 논문들을 보내 주었다. 그리하여 이미 완성된 글에 몇 가지를 좀 더 강조하거나 수정하였다. 무엇보다 다행스러웠던 것은 조선조 선비들과 화랑의 경우에서 혼자 추론하였던 소명의식을 좌우하는 요인들이 이들의 연구결과와 거의 같았다는 사실이다. 1500년 전의 어린 청소년들과 500년 전의 선비들의 소명의식을 좌우한 요인들이 2000년대의 미국 지방정부 곳곳에서 근무하는 공직자들의 경우와 거의 일치하였기 때문에 무척 기뻤다. 필자의 노력이 헛수고가 아님을 알았고, 무엇보다 필자의 잘못된 판단으로 공직사회에 피해를 주지는 않는다는 확신을 얻었기 때문이다.

원고의 전부를 자세히 읽고 지적을 해준 동료 후배 제자 교수들도 있다. 먼저 모든 원고를 자세히 읽은 이달곤 교수와 김행범 교수의 지적은 특별히 감사의 말씀을 드려야 할 도움이었다. 따져 보면, 성리학이나 화랑에 대한 글과 마찬가지로 7장과 8장의 내용도 필자의 머리를 짜내어서 쓴 것이라 보편성을 걱정하다가, 여러 교수들의 코멘트를 듣고, 크게 잘못된 부분이 없다고 안심하게 되었는데, 행정부에서 고위공직생활을 마치고 지금 교수로 재직하는 최수현 교수 등의 지적이 그렇다. 그러나 무엇보다도 도움이 된 것은 이달곤 교수의 지적이다. 교수 생활을 하다가 국회의원, 대통령실 정무수석 비서관과 장관직 등 중요하고 다양한 공직을 역임하면서 쌓은 경험으로 지적한 내용에서 큰 문제가 없었음은 필자에게 안도의 숨을 쉬게 해주었다. 물론 교수들의 지적내용은 대부분 수정하고 보완하였지만, 제자뻘인 교수들이 차마 지적할 수 없었던 것도 많았으리라 짐작된다. 그런데 다행스럽게도 책이 완성된 후에 핵심적 내용을 두 부분으로 나누어 한 번에 3시간씩 다양한 분야의 분들을 상대로 발표하는 기회를 가졌다. 주민자치학회의 세미나였는데 1시간 20-30분 정도의 발표 후에 많은 분이 토론에 참여하여 여러 가지 의견을 제시하였는데, 발표한 내용에 큰 잘못이 없는 것으로 보였다. 선행연구 없이 지적 방황을 하면서 추론한 내용이라 편향적 인식 오해 착각 등이 있을까 계속하여 걱정하였는데, 이러한 걱정을 크게 해소해 주었다. 발표기회를 주신 전상직 주민자치회장에게 감사드린다.

마지막으로 책의 출판을 맡아 주신 박영사, 박영사의 조성호 이사, 그리고 편집부터 교정까지 빈틈없이 수고하신 전혜민 대리께 감사드린다.

<5> 이 책은 이 모든 분들의 도움으로 완성되었다. 그런데 이 책을 출판사에 넘기려는 순간에 돌발사태가 발생하였다. 윤석열 대통령이 비상계엄을 선포한 것이다. 그 후의 정치적-사회적 혼란은 이 책의 출판을 미루게 만들었다. 정치권이

대혼란에 휩싸인 상황에서 공직자에게 소명의식을 가져야 한다는 메시지는 너무나 안이한 태도로 보이기 때문이다. 정치적 혼란이 어느 정도 가라앉은 후에 출판하기로 한 것이다. 그리고 책의 내용에서도 아주 작은 수정이 있었다. 윤석열 정부에서 벌어진 정책 사례를 삭제하기로 한 것이다. 윤 대통령의 재판이 계속되고 있기 때문이기도 하고, 그 사례가 없어도 책의 내용에 아무런 흠집이 나지 않기 때문이다. 그리고 윤 정부의 정책에 관한 것은 시일이 좀 더 흘러 정확한 사실이 밝혀진 후에 인용하는 것이 옳기 때문이기도 하다. 아마도 수정판에서는 취급할 수 있으리라 짐작된다. 이렇게 하여 이 책은 5월 20일 대통령 선거가 있기 전에 본안의 손에서 마무리되었다.

2025년 12월

필자 정 정 길

본 도서의 별첨 자료는 QR코드를 통해

확인하실 수 있습니다.

위기의 대한민국과 공직자의 소명의식

초판발행　2026년 1월 5일

지은이　정정길
펴낸이　안종만

편　집　전혜민
기획/마케팅　조성호
표지디자인　BEN STORY
제　작　고철민·김원표

펴낸곳　**도서출판 박영사**
경기도 파주시 회동길 37-9(문발동)
등록 1952. 11. 18. 제406-3000000251001952000002호(倫)
전　화　02)733-6771
f a x　02)736-4818
e-mail　pys@pybook.co.kr
homepage　www.pybook.co.kr
ISBN　979-89-10-98055-1　93330

정　가　28,000원